不俗即仙骨

草圣林散之评传

路东 著

Lin Sanzhi
A Critical Biography

江苏凤凰文艺出版社
JIANGSU PHOENIX LITERATURE AND ART PUBLISHING

图书在版编目（CIP）数据

不俗即仙骨：草圣林散之评传 / 路东著 . -- 南京：江苏凤凰文艺出版社，2022.6
ISBN 978-7-5594-6156-8

Ⅰ.①不… Ⅱ.①路… Ⅲ.①林散之（1898-1989）-评传 Ⅳ.① K825.72

中国版本图书馆 CIP 数据核字 (2021) 第 141608 号

不俗即仙骨：草圣林散之评传
路　东　著

出 版 人	张在健
责任编辑	唐　婧
责任印制	刘　巍
封面设计	马海云
封面插图	谢中霞
出版发行	江苏凤凰文艺出版社
	南京市中央路 165 号，邮编：210009
网　　址	http://www.jswenyi.com
印　　刷	苏州市越洋印刷有限公司
开　　本	710 毫米 ×1000 毫米　1/16
印　　张	37.25
字　　数	375 千字
版　　次	2022 年 6 月第 1 版
印　　次	2022 年 6 月第 1 次印刷
书　　号	ISBN 978-7-5594-6156-8
定　　价	98.00 元

江苏凤凰文艺版图书凡印刷、装订错误，可向出版社调换，联系电话 025-83280257

目 录

序　　001

第一卷　1898—1914

第一章　生逢乱世　002
第二章　家世　010
第三章　就读私塾　018
第四章　金陵学艺　030
第五章　诗文书画　035

第二卷　1915—1928

第六章　设堂教书　054
第七章　恩师张栗庵　060
第八章　熟读经典　066
第九章　中学与新文化　069
第十章　更名　082
第十一章　问道　086

第三卷 1929—1930

第十二章　师从黄宾虹　　　096

第十三章　笔墨之法　　　　105

第十四章　大师真传　　　　113

第四卷 1931—1933

第十五章　修身齐家　　　　122

第十六章　江上草堂　　　　132

第十七章　水荒济民　　　　145

第五卷 1934—1945

第十八章　决定远游　　　　154

第十九章　寄身山水（一）　158

第二十章　寄身山水（二）　172

第二十一章　寄身山水（三）　200

第二十二章　山水艺术与师法自然　215

第二十三章　国破家亡丈夫耻　231

第六卷 1946—1949

第二十四章　解放战争时期　　254

第二十五章　与黄宾虹书　　265

第七卷 1950—1962

第二十六章　焦虑与决断　　294

第二十七章　任公职　　300

第二十八章　以文会友　　311

第二十九章　布衣的友情　　322

第八卷 1963—1972

第三十章　入江苏省国画院　　330

第三十一章　游于艺　　345

第三十二章　艺术转向　　359

第三十三章　相遇高二适　　378

第三十四章　羁身扬州　　388

第三十五章　多舛岁月　　401

第九卷　1973—1978

第三十六章　衰年变法　　　　408

第三十七章　名震书坛　　　　423

第三十八章　《书法自序》与
　　　　　　《江上诗存》　　431

第三十九章　好运　　　　　　443

第十卷　1978—1986

第四十章　　赴京参会　　　　464

第四十一章　草圣遗法在此翁　490

第四十二章　知己情深　　　　507

第十一卷　1987—1989

第四十三章　人书俱老　　　　518

第四十四章　林学院的晚霞　　537

第四十五章　生天成佛　　　　546

跋　　　　　　　　　　　　　560

序

我将大师林散之传奇般的人生理解为一部耐读的作品，它当然也是了不起的作品，但这作品在我们这个时代是如何完成的呢？它是不是有尚未被人们读懂的地方？一旦我这样去追问，许多过去未被思及的东西，成为现在必须入思的东西了，这为我再度理解林散之敞开了道路。这种理解的不断加深，重新唤起了我对林散之的好奇心。决定写这部评传，显然与我对大师林散之的敬意相关，林散之在草书上取得了不凡成就，这不仅是对中国书法史的重要贡献，也是我们这个时代罕见的艺术事件，可以说，林散之以风气独特的草书文本介入了中国书法史，也作为罕见的艺术事件介入了中国书法史。

从艺术事件的角度去理解，我们就会对林散之的草书成就更为惊讶。在很长一段不重视传统的时代，书法的传统文化根基已被动摇到虚弱不堪的状态。再从中国艺术史来看，书法作为中国艺术的重要门类已高度成熟了，书法史的高峰已难以逾越；加之清初以来碑学统摄了中国书坛，草书艺术三百多年沉寂无声——正是在这样的时代语境中，在几乎不可能诞生书法大师的时代，林散之竟能颠覆性地成为草书大师，并被人们誉为当代"草圣"。这件事太不寻常了，它近乎匪夷所思。要理解这事，正如我前面所说，就有必要将其当作这个时代的艺术事件来解读；解读这个事件，要求解读者深入林散之的个人存在史，从时代的风云中去理解林散之的整个人生，也从林散之复杂的生命印记去理解这个时代，进而，从中国书法史的角度去理解林散之对草书艺术的贡献。

决定写这部评传之前，我对林散之的诗和书法已有不算粗浅的了解，但大量阅读林散之的个人史料后，林散之艺术意志的坚韧还是感动了我，深刻感动我的还有林散之在任何生活情境中对诗性的坚定持守。诗性贯彻林散之的整个人生，作为一个以成为诗人为荣的人，林散之生命中似有一片与生俱来的林中空地，这林中空地的光照虽然有时显得微弱，但它从未泯灭过。因此，有时我觉得林散之特别亲近，甚至他骨子里坚守传统文化的那份"倔强"和"偏执"，也令我生出敬意。

林散之的一生既艰辛又幸运。艰辛在于他生逢乱世，也成长于乱世，一生都处在激烈的变革中。他少年丧父，必须学会自立，要从生活的各种晕圈中辨识前行的道路，为了在诗书画中安顿身心，每一次道路的选择和决断，都要排除世俗欲望的纠缠。当我们说林散之是幸运的，这幸运，在于林散之艺术之所求与难以料想的时代变革之需产生了呼应，这突如其来的呼应，虽然让林散之自己也颇为惊讶，但从根本上说，这幸运与创造者的才华相关，与林散之对中国传统文化精神的坚定持守相关，当然，与林散之立身动荡社会中的睿智也关联甚深。就幸运者的幸运而言，它是被放在许多不幸的事实中去谈论的，幸运，大多与幸运者对不幸的悲悯相关，不一定要以造化一词去注释它。其实，幸运的花朵不可能突然凭空绽放，而幸运的种子，往往是在人生最艰难时便已悄然播入的，对林散之来说，尤其如此。关于这幸运，这部评传的后半部分有较详尽的叙说。

　　人在成其为人的路上，不同的道路会把人带往不同的方向，大部分人在生活中走大致相同的路，极少数人孤独地走在偏僻之路上，大多数人并不在意他们；但当这些道路交错的时刻，在共同体中，这极少数人的生命往往会闪现曙光般的力量。从人类生存史来看，极少数人特立独行的那些路，离常识的花地很远，离深渊更近，失败和悲剧这两个词似乎是为极少数人准备的。但罕有的事总会发生，无疑，林散之属于这极少数人，是这极少数人中因成就自身而光芒醒目的人。有人说，林散之成为书法大师是命运使然，对这种说法，本书既不直接肯定也不兜圈子去否定，关键还在于人们如何理解和领会命运这个词。如果这命运正是在人的具体存在中展开的，那么，它与人的自由精神和创造欲求就并不冲突，可以说，本书的每个重要章节也就都与大师林散之的命运相关。

　　1898年11月20日，戊戌变法运动失败后两个月，林散之出生在古镇乌江一个晚清将军家族。他出生时，这个曾经荣耀乌江古镇的家族已呈衰败之势，家族关系的裂隙正在扩大，其时，清政府的根基也已腐朽并摇摇欲坠了。不久，辛亥革命推翻了清政府，具启蒙意义的新文化运动继之兴起，新政权大力提倡科学和民主，反传统文化已成为社会主流力量，新学堂在中国各地兴起，入新学堂读书已成风气，但在这样的历史情境中，林散之从未接受过新学教育，与乌江古镇选择新学的许多同龄人大为不同，他对新学不感兴趣。在乌江，他拜晚清进士张栗庵先生为师，过几乎是两耳不问窗外事、一心只读圣贤书的日子，决意走师古之路，甘于做个不合时宜的人，十几年如一日，孜孜不倦，埋头研读以儒家为重的传统经典，并沉浸在诗书画艺术精神中。那个时期，青少年们都在"与时俱进"，注重学习新学知识，并投身于时代变革中，像林散之这样逆时代潮流而行者极为罕见。师从晚清进士张栗庵，是对林散之一生影响重大的决定，他在张栗庵的门下熟读文史、向往圣贤，与古代大师精神相往来，并立志在诗与艺术领域开辟天地，整天写诗、作画、练书法。成为著名诗人和大画家，是少年林散之涌动在心的愿望。

　　从林散之早年的一些诗作和晚年生活的事实看，林散之对名声的欲求不仅强烈，而且远超常人，在成为大师之前，对名的欲求是生命深处的暗火，给他带去煎熬之痛。当然，林散之比许多人更明白，没有出众的艺术创造力，对名的欲求是不可能实现的。迄今，许多人仍在说林散之是个淡泊名利的大师，这只是人们对林散之还不够了解产生的假想，或为了赞誉大师的超越精神附加到林散之身上的说法。为了成名并留名于史，林散之临帖习碑、勤练书法，只是为了笔法入画，孤身远游名山大川，也是为了实现成为大画家的梦想，七十岁之前，林散之从没有想过自己有可能成为书法大师。自从少年时踏上了诗和艺术这条道路，他便自觉放弃了人们在生活世界中的那些日常追求，时代变革中，林散之历经了人生大大小小的各种波折。在这条道路上，有过困惑、忧郁、苦恼和困厄，也有过失落、迟疑和自卑，但林散之从不改初衷，仍旧以献身诗书画艺术为人生最高愿望。由他的恩师张栗庵引荐去上海拜黄宾虹为师后，这个愿望就更坚定在心了，他几乎整日不离笔墨，即便在他从政的那些日子里也是如此。但诗和艺术命运性地隐含着别开生面的力量，尽管这条常被浓雾锁住的诗和艺术之路坎坎坷坷常有狂风暴雨，但从没在林散之内心中断过，直到它奇迹般地通达当代书法的顶峰。

创造力丰沛的艺术家，不宜以常识的目光去打量他们，他们大多有一种近乎冥顽的内在偏执。就常识来谈，林散之生命中这种一意孤行的艺术意志，是很容易在生活中被挫败的。但事实与这个常识的断言相悖，林散之一意孤行的艺术意志并没有在生活中被挫败，他认定的道路并没有被中断，这条路竟然在1970年之后突然宽阔了起来。一旦我们将这种不合常识的事，当作既是个人的也是时代的隐私，正如我前面说，将它当作事件，这事情就会复杂得多，又因其复杂而值得人们去沉思。这是本评传不可避让的话题，动笔之前，我就已意识到这个写作难度，它与写作本评传的其他难度纠缠在一起。

写作的难度，写作者必须在写作中克服，写作的难度越大，写作者的写作兴致往往会越高。为了让读者更方便地了解这部评传，有必要在序言中打开这个话题。

林散之是个师古倾向极重的人，他对中国传统人文思想和诗书画艺术浸润很深，评传的写作者要有展开这方面话题的能力，这是最基本的要求。对中国传统人文经典和诗书画艺术了解不足，或理解的深度不够，当然会成为评传写作的难度，但我说的真正的难度并不在这里，而在于林散之近百年的人生都置身在变革中——一个向往圣贤的师古之人，在时代的主流文化中，如何既能持守传统文化艺术精神，又能有所革新？这是林散之在时代境遇中如何存在的严峻之事，不是三言两语可以阐释清楚的。林散之写过一幅自我提示的对联："我行喜圆，我志在方。"这就需要和光同尘的智慧。而要真正做到和光同尘，必先"挫其锐，解其纷"，林散之从传统人文思想中获取庇护的力量，在个人与时代的文化冲突中，显示了他出众的避让能力，且诗性充沛地行走在艺术道路上，并在晚年成为令人瞩目的草书大师。应该说，从林散之取得的草书成就来看，这个时代中最虚弱的那一点点可能，终于没被断送，它终于幸运地成了令人惊异的现实，这个现实已与林散之的名字历史性地结合在一起了。如果我们不从日常眼光去看，这个事实显然与奇迹相关，但要深度理解、叙述和阐释这种与奇迹相关的事实，必须深入到历史的实情中去。在林散之极其艰难的个人艺术历程中，有许多鲜为人知和不为人知的东西，它们不可能完全被还原，对欠缺之处如果进行替补性言说，它可能是还原真实的联想性阐释。就实事来谈，林散之中年时期的一些个人史料因战争因素已散失不全了，一些生活事实已被传说所遮蔽，还有一些要从境遇中辨识的事实已被半神话了，尽最大可能还原林散之个人存在史的真实，必须从林散之现存个人史料中去进行细致的梳理和甄别，从蛛丝马迹中去发现未被人们留意的历史印记。就这方面来说，尤其要关注的是林散之不同时期写的大量诗作、他与大师黄宾虹以及友人们的那些书信。它们不同程度地显露着林散之的心迹，结合时代具体境遇去细读这些文字，对深入林散之的精神生活、解读林散之对时代生活和艺术的理解有不可取代的重要价值。我认为，凡大有作为者，必有不为人知的事件隐匿在个人史中，林散之不会例外。写好这个评传，必须剥离掉各种遮蔽，包括来自媒体话语的遮蔽，解蔽求真，才能还原和叙述林散之历史存在的真实。在还原林散之个人存在史的真实这方面，这部评传已做出了非同寻常的努力。

这部评传，不将目光过多逗留在大师的书法成就上，从大师的书法成就和大师身份来理解林散之，只要有较好的专业眼光，这种理解并不难；而理解大师林散之在现实世界中的具体存在，尤其是理解林散之与变革时代的关系，这难度就要高得多。这部评传力求让读者了解：在书法艺术条件极为恶劣的时代语境中，大师林散之何以能成为大师？林散之在生活中是如何具体存在的？他的生活方式有哪些不凡之处？他的草书成就对中国书法史做出了怎样的贡献？与这些紧密相关的是，这部关于大师林散之的评传，能提供哪些可以滋养读者的力量？这是我在写这部评传时经常想到的事，这滋养力中至少应包涵大师林散之立身处世的睿智（这与人们如何理解生活相关）、他在书法艺术上的不凡见地，还有大师林散之一生闪耀着的诗性。此外，评传中还有些这篇序言未言明的东西，它们可能也含有滋养的力量。

许多人仰望大师、赞誉大师，是由于大师精神中有启发性的光照。林散之一生经历丰富、复杂而微妙，其中有许多令人惊异之处。他在世时便拥有了草书大师的身份，并被人们誉为当代"草圣"，这事堪称奇迹。林散之的草书成就令人瞩目，但当林散之说，在诗书画三者中，他认为自己的诗第一，人们可能很难认同林散之这个说法。其实，这个说法未必不能成立，作为诗人，他是写了七十几年旧体诗的诗人，不写诗的日子是贫乏无聊的日子，在林散之那里，诗是生命中深刻而微妙的力量，诗甚至与存在者存在的奥义相关，生命中如没有充沛的诗性，也就没有他的草书成就。由此可见，林散之格外注重精神生活，然而人们大多只从书法成就上理解大师林散之，对林散之的精神生活向来较少关注，更不会留意林散之生命意识中有没有神秘的胎记。在离开这个世界前不久，林散之书写了"生天成佛"这四个汉字的绝笔之作，这似乎是为人们解读他的精神世界敞开了一扇门，但这扇门是幽深的，它甚至是匪夷所思的，不相信灵魂的读者，一定会为此困惑不已。这里，不谈当代人如何理解这些事实，即便对将来者来说，要理解这些事实，也可能是对想象力的挑战。当然，在本评传中，也有关于以上话题的阐释。

　　这部评传写得好不好呢？一部作品写出来了，当然由读者去评判它的阅读价值，这个说法与作者是否谦逊并无多大关系。作为作者，我觉得这部书规避了文学虚构和对事实的想象，合乎实事地叙述和阐释了大师林散之的一生，在阐释或评说大师林散之时，它还在思想方面开启了新的维度，因此，它有值得读者留意的资格。我愿意说，它正在向读者发出阅读的邀约，这邀约中或多或少有作者不负读者的自信，至少，对绝大多数关注大师林散之的读者来说，它不属于读后就不想放书架上的那类评传。

第一卷 1898—1914

第一章 生逢乱世

1898年（即清朝光绪二十四年，农历戊戌年）的11月20日，天气渐冷，再过一个月就是冬至了，枝头的树叶正在风声中飘落，掠过乌江古镇的房屋，群鸟已开始南飞，驷马河正平缓流向不远处的长江。两岸旁的乌江古镇，一些小商贩在街巷中的青石板路上行走，小店铺的生意不温不火，小镇中很少出现生面孔，街坊邻居见了面打个招呼，人们的日子和往日一样平常，这平常中甚或还有些平庸。这一天，乌江的一切，似乎都处在某种压抑之中，没有电闪雷鸣，也没有大片彩云，天空并没出现异象，这一天，林散之出生在乌江镇江家坂村。

江家坂村的人，只知道1898年11月20日林家大宅中多了一个孩子，这孩子出生在日渐没落的家族中。依常理推想，他长大之后，也许会像绝大部分人一样在乌江这片土地上经受日晒雨淋，辛苦劳作，下地种庄稼或下水捕鱼。1898年，在江家坂村人的眼里没什么特别，和中国其他地方的绝大部分农民一样，江家坂村的人日出而作，日落而息，日复一日，没什么新奇事发生。他们只是清朝皇帝王土中顺从的庶民，过着听天由命的日子。耕地种田、生儿育女、柴米油盐之外，人们较少过问其他事，这个戊戌年，清朝究竟发生了什么，中国将会成为怎样的中国，这似乎都不是他们在意的事。

乌江镇，处于苏皖两省的交界地，原乌江镇的大部分在今安徽省和县，属于今江苏省的这部分，现在是南京市浦口区桥林街道下辖的乌江社区。驷马河两岸的乌江镇人，彼此交往频繁，生活习俗和生存方式相同，生活在同样的自然风物中。相较而言，就两个镇的历史人文氛围来说，南岸的和县的乌江镇要略胜于北岸的乌江镇。一个古镇介入两省，这种行政区位划分的现象，在中国是较为少见的，这也是驷马河两岸乌江镇的特点之一。

一百多年前出生在乌江镇北部一个衰败家族中的林散之，天性聪慧，勤奋好学，从一个对身旁事物充满好奇的孩子，成长为一个痴迷诗书画艺术的青年。他在动荡的时代生活中审时度势，历经各种曲折而不气馁，多年之后，林散之大器晚成，名震中国书坛，成为有"草圣"之誉的书法大师。这是乌江乡民们不曾想象过的事，当年的乡民们至多是觉得林散之好读书，喜欢写字画画，今后可能会比许多人有出息，但不会想到这个从小和他们在同样环境中生活的孩子，晚年竟能成为令世人仰慕的书法大师。一百多年似已久远，1898

年的乌江，曾有过怎样的风物，历史中发生了什么，大多已流于传说了。在百年后的乌江，如果人们不想到书法大师林散之的出生年——1898年，那么，1898年这一年对乌江现在的许多年轻人来说，不会有什么重要意义，除了地方政府保护的林散之的旧居，这里的一切，与1898年几乎已无关了。当年乌江的许多事物，那里的山山水水和花草林木、乡间小道，以及一些剪不断理还乱的事，都与林散之的成长相关，林散之生前曾感怀在心，但它们也已在岁月中散如烟云，不见痕迹了。这世界上发生的各种事，除极少数仍在时间的刻记中，大部分已被涂抹或删除，乌江镇也不会例外。这里，已看不到旧时的草屋和茂密的修竹，看不到林散之当年种植的大片桃树，更不见当年林散之谋生教书的私塾馆。

　　风物常新。在一片以往谷物生长的坡地上，墙体高大的林散之艺术交流中心馆，与修缮过的林散之旧居结为一体，它坐落在驷马河北岸的不远处。林散之艺术交流中心馆，设计为江南园林风格，占地三千八百平方米。这里绿草茵茵，中心馆分为主馆、副馆和学术馆，三个以茅草为顶的仿古建筑粉墙红窗、错落有致；邻近处是成片的青灰色民间小楼房。对比之下，林散之艺术交流中心馆风格殊异，格外醒目。林散之艺术交流中心馆，是浦口区文化旅游的一个重要景点，每天都有一些好奇的游客慕大师之名而来。如今，这北岸的乌江镇，这个1898年林散之的出生之地，已被称为书圣之乡。依托林散之"草圣"这个称誉的影响力，南北两岸乌江镇的名声，在历史上沉寂了很久之后，又再次响亮起来。

在中国地图上，乌江镇虽是个小地方，但它曾是历史风云聚集过的古镇。公元前202年，垓下之战失败后，溃逃中的项羽不齿于被汉军所俘，在乌江边刎颈自杀，染在草木间的那一腔血气，也只是英雄暮气，它早已在岁月的风声中散去。楚霸王项羽的死，终结了激烈的楚汉相争史，让乌江古镇在历史上有了名声，这名声的背景中，是江山争夺中交错的刀光剑影。从这个幽暗背景中，仿佛能闻出一阵阵杀戮的血腥气，这对古镇乌江的人来说，或许是某种历史提示。在此后的乌江镇地方史中，少有争勇好杀的风气，相比于好武，乌江古镇的人似乎更敬重人文。乌江镇在文化上有较深的蕴积，这里曾出过一些载入史册的名人，比较有影响的人物是唐朝诗人张籍、南宋爱国词人张孝祥，但在林散之之前，影响力不凡能被誉为大师的艺术人物，乌江镇从没出现过。对林散之成为书法大师这个事实，当初与林散之打过交道的人，甚至一些近在身旁的人都无不意外，没有人预见过出生在这个小地方的林散之，会成为中国书法史上的一位大师，而被誉为"草圣"，人们就更难想象了。

林散之出生这一年，是旧历戊戌年，1898年，正是动荡的十九世纪末，世界处在大纷乱之中，殖民时代产生的不同祸根，已埋入这个世界的体内，离大规模发作为时不远。在西方各帝国的殖民地和半殖民地，民族独立运动不断兴起，各帝国之间由利益冲突产生的裂隙正越来越大，不同政治文化之间的冲突也更加激烈，西方资本主义列强已经帝国化，正对东方进行新殖民扩张。1898年，向来自大的清朝政府，面对被列强瓜分的更大风险仍无应对之策，已是危机重重，这一年，戊戌变法发生了。戊戌变法是一场激烈而短暂的政治变革运动，因清廷发生政变而惨遭失败，这一年，在中国几千年封建专制史上，可以说是血色如曙的事件之年。

那个年代国民性中的奴性，不会比鲁迅在民国时指出的要少，这国民性中的奴性，虽与专制政治的长期规训有关，但从根本上说，也与绝大部分国民的无思相关。人们只知道这一年戊戌变法发生了，戊戌变法失败了，光绪皇帝被关起来了。大清的国民，包括一些最初支持变法的文人，为了在皇权下过所谓臣民的日子，并不在意这个事件意味着什么，它为什么会发生，又为什么失败了，这些似乎与他们的生活无关。一些文人只求不惹祸上身，在沉默中保命，亲近保守派的人视变法为患，为清朝叫好。在绝大部分国民的意识里，中国是皇帝的中国，天下是皇帝的天下，维新变法要改革腐败的清政府，动摇旧政治秩序，是对皇权的大不敬。一些极端保守派甚至认为，只有皇帝才能救中国，变法者要改变几千年因袭的帝制，是图谋不轨、大逆不道。在中国被列强瓜分的危机中，晚清社会风雨飘摇，中国被殖民的风险已越来越大了，但维新力量在中国仍比较虚弱，"天下兴亡，匹夫有责"这个口号，也曾喊得响亮，但这与天下兴亡相关的"责"，"匹夫"们究竟该如何担当，能有所沉思并付诸行动者极少。这正是林散之出生时的时代境况。

十九世纪末，甲午战争，清朝惨败，几十年的洋务运动至此终止了。内忧外患的清朝政府与列强签订了多种耻辱条约，到林散之出生的1898年，清朝的根基摇摇晃晃，像一个隐疾在身的庞大病体。孙中山、康有为等一批中国文人开始反思洋务运动，几十年的洋务运动，清朝政府只停留在器物层面的改革上，或称之为经济和技术层面的改革，而旧有的政治制度仍是原封不动。

维新人士认为，危机中的中国要救亡图存，就必须弃绝一些旧意识，对清朝的政治体制进行大力度改革。当时，大批恪守儒家传统、读圣贤书的文人，还在做科举入仕成为臣子的梦，乌江古镇的许多读书人也不会例外。秀才、举人、进士、状元这个梯子，挂向清朝权力的中心，读书人都想爬上这个梯子，都想爬向高处，他们正忙于乡试、会试这类事务的准备，读圣贤书的人，都在读书入仕的传统大梦中，林散之的儒学启蒙老师张栗庵，也应属于其中的一位。但1898年6月11日，光绪帝忧心旧政体的腐朽，毅然接受了维新派的改革建言，启动了这场维新运动。

救亡图存的戊戌运动，是一场涉及面较宽的改革运动，对积弱的清朝进行多方面的改革，是这个运动的主要目标。但运动启动后，在推行策略和方式上比较激烈，年轻的光绪帝改革之心急迫，一百天内，颁布了不下于一百条改革条令。而腐败成性的清朝官吏阶层，为了守护自身的利益，大都或私下里抵制，或根本没做好执行的准备，条令在实施中，出现了许多顽固的瓶颈。一系列政令难以贯彻，旧秩序中抵制变法的力量，则以各种方式堵截新事物的诞生。最终，历时103天的维新运动失败了。

之后，中国各地又恢复到旧秩序之中，对维新变革之事，噤若寒蝉。中央集权下的中国许多地方，人们仍生活在旧的政治风水中，与变法事件发生之前几无不同。显然，戊戌变法的短暂风暴，冲击力还没进入民间，清朝庶民们大都不明白变法是怎么回事。从安徽和县当年的县志记载看，林散之的出生地乌江镇，也没有一点响应变法的回声，乌江古镇的文人们也只是知道变法失败了，对这个事件少有深思，认为科举之路没有断就好。那时，林散之正在摇篮中。

戊戌变法失败之事，就发生在1898年9月21日。1898年11月20日，林散之在乌江出生，时间只相隔两个月。大致叙述戊戌变法的历史，是因为戊戌变法这个政治事件，是离林散之出生最近的历史背景。11月20日这一天，还在戊戌变法失败的影子里，清朝反变法的力量执掌了政权，变法已成了危及皇权的大忌。我们不以传统术数去推断林散之的个人命运，只从历史事实去谈，书法大师林散之出生在中国皇权专制政治史中的事件之年，出生在中与外、旧与新这两种力量的激烈较量之年，出生在弃旧立新的变法之年，不能说这对早慧的林散之在心理上没有任何暗示。从林散之复杂的人生经历来看，戊戌变法这个历史事件，是林散之出生之年发生的事件，从艺术创造到个人的社会生活，这都可算是林散之个人命运中不太好懂的序。

至于林散之出生这一年的戊戌变法，对林散之的成长有没有影响或暗示，从现有研究林散之的各种文字史料看，还没有人对此有过关注。不过，林散之在书坛被誉为"草圣"后，在一次与友人的交谈中，他曾半开玩笑地说："我出生于变法之年。"这句话自有其寓意，可算是林散之对自己在书法上何以能有不凡成就的个人解释之一，只是这解释中似有了点命运的意味。

第二章 家世

　　林散之的出生地江家坂村，坐落在原江浦县乌江古镇一个地势较高处，高出驷马河岸，江家坂村的东西两边，是谷物生长的大片肥沃农田，村民们生儿育女，世代耕作在这方土地上。以往年代，江家坂村就是乌江镇一个普普通通的村子，从没出过有影响力的人。清光绪十四年（1888年），江家坂村迁入了一户颇有名望的林姓人家，在大群低矮破旧的茅草屋中出现了一座青砖灰瓦的大宅——林家大宅，大宅的门庭廊柱醒目，油漆闪亮，前后共有三进，如将两边的厢房算在一起，共有四五十间。在江家坂村，这样一个宅院可以说是堂堂皇皇。林家大宅的周围，树木疏密有致，挡风截雨，遮阳庇阴。在大宅不远处，有一大片属于林家的田产。林家大宅的规模，不仅在江家坂村没有任何一家大户可比，即使在整个乌江古镇，也是赫赫醒目的。

当时，乌江古镇人都将林家大宅看作官邸，林家在当地声名显赫，为乡民所仰慕。好奇的乡民们总是以别样的眼光看这座林家大宅，认为这大宅中有许多乡民知之不详的事。这个原本在蒲圩打鱼的林家突然发迹了，乡民们对此事虽略有耳闻，但仍禁不住好奇。林家大宅建成后，与林家来往的都非等闲之人，在乡民眼里，发达的林家给江家坂村也挣了不小的面子。但到了旧历戊戌年（1898年）林散之出生时，林家的大宅已不太热闹了，甚至还有点冷清。林家的那道门槛，乌江当地有身份的人已很少踏入了，林家门前几乎已门可罗雀。林散之似乎生不逢时，林家刚在乌江兴旺不久，家道就开始衰落了，林家人不曾料想到的这变故，与林散之的大伯父直接有关。如果林散之的大伯父林成兴仍在世，林门就会是另一番夺目的景象了——林散之出生，及时前来林家道喜的不只是远亲近邻，乌江的地方官和富贾们也会不请自来，但在林散之出生前六年，林成兴已离世，这些事也就不会发生了。

林散之的大伯父林成兴，是那一代乌江人中的传奇人物。林散之父辈几个兄弟中林成兴是长兄，早年入清军后，出生入死搏杀了三十几年，被封为建威将军，官至山西大同镇台，这才有了这林家大宅和大片田产。没有他大伯父林成兴，在乌江，林家的显赫名声也就无从谈起。林成兴因战功卓著而被载入清朝史册，关于林成兴，林散之在《清明上坟诗》中赞曰："同治中兴忆伯父，干城之器力如虎。节制三关居雁门，出入严卫巴图鲁。"从这首诗中可以看出，林成兴是林家人的骄傲，林散之对他从没见过的大伯父敬爱在心。

林散之出生十多年前，林家还住在靠近长江边的蒲圩，蒲圩这个地方是从大片芦苇地里开垦出来的，这里水系比较发达，鱼虾之类的水产品很丰富。林散之的先祖擅长捕鱼，大半生与水打交道，从谋生的角度考虑，林家从安徽和县乌江的七棵松移居到了蒲圩。

据说，蒲圩这个地方曾是清朝军队围剿太平天国的江北大营，周边的一些村庄，至今仍还沿用旧时"营"的称谓。生活在蒲圩的人，有相当一部分是清朝打败了太平军之后编遣的兵勇。清道光二十年（1840年），林成兴生于乌江镇七棵松，林家迁入蒲圩时，太平军还占领着蒲圩，这里与乌江镇周边其他地方比，民风较强悍，习武斗狠的事时常发生，林家不是本地原住民，根基未稳，要在这地方不受欺辱，除了练武自保，没其他更好的方式。林散之的先祖生有三儿一女，林散之二伯父林成璧与林散之父亲林成璋是孪生兄弟，生于1861年。生于1840年的林成兴，与两个弟弟的年龄相差较大。兄弟间的年龄相差这么大，对事情稍敏感的人就会想到，林成兴与两个兄弟有可能是同父异母。这三个儿子中，除林散之父亲体弱又好文未学武功，他的大伯父和二伯父，都习有武功在身。林成兴为人直率，性烈好斗。在当地，年少气盛的林成兴，武功算是比较出众。林成兴十八岁那一年（1857年），为琐事与太平军发生了争执，被激怒的太平军军官命村民将林成兴捆绑在一块石头上沉入塘中。村民在捆绑林成兴时动了恻隐之心，将绳索打成活结。林成兴自小就随父捕鱼，水性很好，他在塘底解开绳索，躲入河塘边的芦苇丛中，深夜逃出蒲圩，投奔了清军。

此后，林成兴就献身于清朝，在清军与太平军和捻军的作战中，林成兴屡立战功，被清政府赐号"巴图鲁"，巴图鲁是满语中对勇士的誉称。林成兴随清军从苏皖转战到山西大同，直至官居山西大同镇台①。光绪十八年（1892年）四月，多年没回过家乡的林成兴，因旧伤复发告假回乌江蒲圩养病，但他没有在林家大宅养病，而是去了蒲圩的林家老宅。

新建的林家大宅中有他的两个弟弟在那里，他从军时，这两个弟弟还没出生，林成兴随清军转战，与这两个小他二十一岁的弟弟基本没什么交往。林成兴回乡养病，不喜喧嚣，蒲圩老宅离长江较近，比新建的林家大宅要安静许多，适于闲心养病，这只是林成兴回到蒲圩的原因之一。蒲圩是林成兴自小生长的地方，许多少小相识仍生活在蒲圩，林成兴离开蒲圩几十年了，从没踏入过这方土地。当年在蒲圩被捆绑沉入水塘之事，是一团在林成兴心里难以散开的阴影。也许，林成兴的蒲圩心结，回到了蒲圩才可解开。作为清军的建威将军，林成兴回蒲圩时，自有一众清军士兵护送，声势不会小，蒲圩以及周边的乡民们都知道，林成兴荣归故里了，这消息在乌江古镇周边传开来。在林成兴心里，这是乡民们对他的敬佩和赞誉，他完全有资格接受。林成兴在清军中因战绩出众官至镇台，刚满五十二岁的林成兴可能会想，病愈后回到

---

① 出自《清实录·光绪朝实录》，实录卷之二百六十七。

清军，他熟悉的那条清朝官路，还会有更宽之时。

　　世界上总有许多事不在料想之中，从身边的日常生活中看不出任何预兆，它们突兀而来，又难以理解。在民间，这种不在料想中的事若发生在某人身上，常会被说成是与某人的命数有关。林成兴于1892年春回乡，次年，当蒲圩的一切似乎依然如故、林成兴旧伤将愈之时，他被寻仇者暗杀于蒲圩老宅中。这事不仅让清朝的地方官深感不安，整个乌江镇人也都异常吃惊，人们议论说，蒲圩这地方的风水与林成兴相冲相克。林成兴被杀害在家中，身首被残忍分离，首级被身份不明的暗杀者带走。据林成兴的第六代孙林其太说，暗杀者是命丧于林成兴的洪泽湖水匪的徒弟。林成兴生前，可能对林家人说过他当年杀洪泽湖水匪之事，说这是洪泽湖水匪来复仇，不过也只是一种猜想。暗杀林成兴的人究竟是谁，当年官府将其作为要案来查，但并没有查明。林成兴入清军时，清朝的敌人是太平军，林成兴的战绩主要与杀敌相关，林成兴回乡养病的消息，在乌江远近皆知，这种谋划很深的暗杀之事，也就不能排除是太平军的后人干的。据《清实录·光绪朝实录》记载，战绩显著的林成兴是因多年积劳而死的，清政府给了林家不薄的抚恤。清军的建威将军被暗杀在家中，暗杀者身份未明，为了面子或其他原因，《清实录》掩盖了林成兴的死因。不过，这种虚掩真相之事，在历史中不足为奇。

　　林成兴在蒲圩被暗杀之事已成了悬案，像一个江湖仇杀故事不了了之，让乌江人产生了各种猜想。时年五十三岁的林成兴命丧乌江蒲圩，结束了他长达三十六年的从军生涯，林家人在哀痛之中，将林成兴葬于林家的祖茔所在地乌江镇七棵松。

　　林成兴的悲惨遭遇对林家的打击突然又沉重，林家的哀伤之情难以平缓。林成兴在这种残酷方式中离世，这在林家人心里留下的阴影是不易抹去的。林成兴在家中被寻仇人杀害后，当地人知道林家失去了顶梁柱，乌江镇失去了一个大名人。一些人哀叹林成兴的不幸，乌江镇也有人在私下议论，一个人还是要多行善举，在世间争强斗狠与人结仇，会伤一个人的善根，结仇树敌多了，是难有好下场的。这个话题，林家人不愿多谈，但不会觉得这些话没有道理，在这方面，不能说林家人对林成兴之死没有过反思。林成兴死后，在那个乱哄哄的新旧力量交锋的年代，许多离开乡土的青年凭一腔热血投身其中，林家三兄弟的后人中有好几个男儿，却不再有人从军，这个事实，也能大致印证林家人从林成兴之死中吸取了某种教训。

　　林成兴去世后，林家似乎已失去了家族砥柱，尚未坚实的根基已逐渐摇晃了，江家坂村林家大宅的生活已不再正常有序。从林成兴离世开始，直到林散之成年，林家的事务都由他二伯父林成璧掌管。林成璧为人做事不扎实，不善料理，对家族内外的许多事常把握不当，又武断任性，虚荣心较重，在乌江镇经常以家大业大自许，似乎林家大宅的光晕不会散去，它仍会像以往一样照耀门庭。邻里们私下议论林成璧，觉得他不是能让林家兴盛的掌管人。执掌家门的那些日子里，林成璧和他的儿子染上许多恶习，经常显摆于乌江街上，鸦片馆、烟花柳巷和赌局中也常见他们的身影，不见节制。林成璧及时行乐，不事家业，更谈不上兢兢业业为家族着想了。林家的财产被不断挥霍，状况一年不如一年，林散之出生后不到十年，这个在乌江刚发达不久的林家，已不再有往日的殷实富足。

　　林散之父亲林成璋与他二伯父林成璧虽是孪生兄弟，但两人在生活态度和处世方式上差异甚大。林成璋喜文乐静，从不往热闹的地方挤，安于一方空间读书是他最大的喜好。林成璧自小就好武，虽也读过私塾，但对与文相关的事，终是没什么兴趣。林散之父亲林成璋，性情温厚，林家的财富田产这些重要事务，林成璋基本上不去过问，一切都由林散之二伯父林成璧说了算，从不计较。这座大宅建成后，林成兴差他手下谭姓士兵将在山西的妻子和儿子护送到林家大宅。此后，武功很好的谭师傅便成了林宅的保镖师。林家大宅中，这三房加上用人共有近四十人生活在同一个空间里，难免会有一些纷乱之事。林成兴这一房自然会受到较好关照，而与三房林成璋这边相关的事，武断的林成璧常会处理不公。林成璋即使受了兄长的欺负，也从不争执，掌管家族的林成璧偏离了持家正道，林成璋也没去劝阻兄长改掉坏习气，做个重整家风的好长辈。中国传统家族文化中，父不在，长兄为父，这像是家族伦理的戒律，它对林成璋的制约力不会小。再说，林成璧自以为是又武断任性，很难接受批评的意见，林成璋过问不了家族大事，有与林成璧不同的想法也只是压抑在心中，他最大的担心是说出来会造成家族不和，甚至兄弟反目。

久之，林成璋的心思就放在了读书上，一旦有书在手，对柴米油盐这类日常庶务仿佛就不太在意了。在郁闷或失意中，文人们常会引曹操诗句自我安慰："何以解忧,唯有杜康。"也许，对林成璋来说，读书也可解忧，与酒比，读书更能解除他胸中的郁闷，圣贤书中，可能有消解这郁闷的一些微光。林成璋当年读了哪些书,是儒家经典还是明清小说，或是史书，这些林家人从未提及，已不得而知；说他对窗外事兴致不大，已读书成瘾，则似乎并无不当。实际上，林成璧掌管林家事务多有不当时，林成璋对这个家族也少有作为。在这种不见生机的境况下，这个刚兴盛不久的家族，正难以逆转地衰败下去。

第三章 就读私塾

对林家第三房林成璋来说，林散之的出生改变了林成璋在这大宅中的生活心态，这个家族的秩序也在响彻江家坂的鞭炮声中改变了。多年来苦闷郁积、萎靡不振的林成璋，看着大宅中的一花一草和深廊梁柱，心情开始明亮起来，这生活氛围一直压抑着的第三房，终于有了一个男孩。

晚清中国，在民间，如果不是官宦家庭或富贾人家，生了女儿养大嫁人，不过苦日子就很好，而望女成凤大都是一种幻念。生了男儿就大不一样了，望子成龙，这事与家族香火的承传相关，也许还与整个家族的荣耀相关。生男还是生女，家族重视程度明显有别，它会直接影响一个人在家族中的地位，在林家大宅中，这种男尊女卑的观念，也一直在支配着林家人的生活。

林成璋在三十六岁之前，林散之的大伯父林成兴有一个儿子，二伯父林成璧有三个儿子，而林成璋只生有两女，这两个女儿为林成璋前妻黄氏所生，是林散之同父异母的两位姐姐。与两位兄长比，林成璋没生出儿子，总觉得对不起林家，心里像不见阳光的阴霾天，时常郁郁不欢。为林成璋家生了两女的黄氏因病早故后，三十五岁的林成璋，续娶了安徽和县名门吴姓女为妻。第二年，1898年11月20日，林散之出生。这个林家男孩出生时，没人预见到他有一天会光耀门庭，但林散之至少是这第三房的曙光。

对生儿之事，林成璋是持愿在心，念兹在兹。林成璋中年得子，笑逐颜开，欣欣然喜上眉梢，在林家大宅中行走时，脚步都比以往轻快了许多。叔伯兄弟中，林散之排行第五，乳名小五子，由于出生后左耳有疾，听力不济，被叫唤时反应略缓，有时也会被喊作小五呆。从林家同辈女子不计入这个排序，可看出林家对男孩的偏重，林成璋对这个膝下麟儿，更是另眼相看。

依乌江当地习俗，林成璋先去和县吴门家报喜，此外，还有一件重要的事，去林家的祖茔所在地乌江镇七棵松祭祀，告知林家列祖列宗，林成璋这第三房已有传人，让列祖列宗护佑这男孩成长，将来为林家增添荣光。在乌江，这是一种仪式，是家庭生了男孩必须要做的事。

中国历史上，官宦们马背上起家，以诗文相传，是家族延续的惯常之事，林家也是如此。林成璋三兄弟中，林成兴尚武，林成璧好武轻文，只有林成璋喜文，但在对后辈的教育上，林家却认为经史诗文比大刀长枪更重要，林散之的几位叔伯兄弟，都入过私塾。书中自有黄金屋，林家对后辈在读书方面的事，从不耽搁，也从不放松。

林成兴在大同任镇台时，建了林家大宅后，还在江家坂村的后山上，建有一座林氏祠堂。祠堂是四合院，后进的三间房是正厅，供奉着林氏祖先们的牌位，林家春秋时在这里祭祀祖先。两边是厢房，前面三间房是厨房和用以堆放杂物的空间。祠堂的空间较大，平时这里空闲着，祠堂内就设有私塾，林氏家族以及本村和邻村的孩子，最初就在这里识字读书。林散之从六岁到十三岁，七年时间都在这私塾中就读，学习儒家文化和思想，为将来科举入仕进行早期启蒙。

私塾，是开设于家庭、宗族或乡间的教学机构，私塾启蒙的传统由来已久，从汉至唐，私塾的发展已较为成熟。私塾启蒙的主要内容是儒家思想和文化，私塾教育也是读书人参加科举考试的筑基教育。清朝与明朝一样，坚持八股取士，科举考试主要是在四书五经的范围内出题的，考生们只能写作八股文，不能随意发挥。私塾的最高目标，就是从八股出发，教出合乎科举考试要求的学生。

十九世纪八十年代后，洋务运动中的清朝，认识到与西方各帝国比，清朝中国在许多方面太落后了，清朝要重新强大起来。这种科举取士方式，已不能满足朝廷用人的需求，所以出现实学比八股重要的局面。1888年，清政府准许开新式学堂，设立算学科取士，自然学科纳入考试内容。次年，又加设了经济特科，用来招揽经时济变之才。林散之出生那一年（1898年），戊戌变法失败后，慈禧下令取消这种变革，科举考试又恢复了旧制。

各地私塾启蒙教育重新兴旺了起来，当时，乌江古镇上的私塾馆不少于十五家。这些私塾馆的启蒙水平不一，林家祠堂中的私塾馆与乌江古镇的其他私塾馆比，居于中等。林成璋没送林散之去更好的私塾馆，是由于林家本身就有私塾馆，林散之去别的私塾馆就读，就等于直接拆了林家私塾的台。况且，在自家私塾中就读，是不需要交学费的。

林家祠堂中的私塾老师，是林氏族人林昌志，一名在当地有丰富教学经验且小有名气的儒士，读了几十年圣贤书，以私塾启蒙为业。依林氏的谱序排，林昌志比林散之小一辈，属侄辈。林散之入私塾时，他已五十多岁，胡须花白，上课时戴一副老花镜，看上去有点迂腐。林昌志的一条腿有疾，行走时一瘸一跛，干其他事多有不便，教书，可能是他在乡下最好的选择了，私塾的小孩子们尚不懂事，有时会私下取笑这位私塾先生。林昌志教学极认真，一脸严肃，不苟言笑，私塾定的教规也严。俗话说，严师出高徒，孩子的父母们都很尊敬这位私塾老师。

入私塾时，林散之父亲为他取名以沃，后来改名为以霖。以霖这个名，林散之十六七岁时仍在用。乌江古镇的人信八卦算命，算命术士对阴阳五行理论只略有所知，靠八卦、天干地支、水火金木土这类事谋生。这两个名字都与水有关，可能有算命先生告诉林家人，这孩子的八字命局中五行缺水，起名时一定要有带水的汉字。在算命俗语中这叫"用神"，弥补了缺水之短，才可以气息不滞，才能达到五行秩序的平衡，这有利于孩子的成长，也有利于将来干出一番事业。

在私塾，林散之有其他孩子不可比的优势——他是林家孩子。心思灵活的林散之好奇心重，不太守私塾的规矩，读书上虽比别的孩子聪明许多，但顽皮的事没少干，也会受到私塾师的尺罚。林散之在私塾读书时，喜欢在纸上画点什么，林昌志每次发现后，就让他背刚教不久的古文，林散之如没能全背出来，就会遭罚，如果他不是林家的孩子，遭罚的次数就会更多。林散之的儿女们回忆林散之时，谈到林散之曾画蜈蚣吓私塾师，因不满私塾老师打板子，就在祠堂里装鬼捉弄私塾师，以及由于喜欢公鸡身上亮丽的羽毛，就用卡子诱捕公鸡。这类顽皮又机灵的事，老实巴交的孩子不会干，林散之少时干了不少。

在私塾的七年，林散之读完了《百家姓》《千字文》《大学》《中庸》《论语》《孟子》《左传》《古文观止》《古文辞类纂》《诗经》《唐诗》等私塾启蒙读物，这其中的儒家经典，说林散之真的都读懂了，是远不足信的，儒家经典的重要思想，林散之也可能只是略知一二而已。私塾师林昌志是个有点迂腐的乡村儒士，对清朝当时的时代境况并不了解，对新学几乎一无所知。这私塾像个封闭的空间，指望这位私塾师为孩子们开启窗口，看一看清朝时代天空中的风云，那是不可能的。1905年9月2日，危机中的清朝，为培养合乎时代之需的经时济变之才，不得不废除了科举，新式学堂在各地兴起，人们的意识正在发生微妙的改变，林昌志仍然在教儒家经典，一成不变。从能力上来说，这位私塾师本身对儒家经典的理解，就是很成问题的事，他很可能不能领会儒家经典的要义。科举年代，他曾多次应试不第，这很大程度上是由于能力不及，对儒家思想和文化把握不当。

但林散之读过这些经典是不争的事实，这些经典，都是私塾必须要教的课程内容。前面已说过，这些内容都与科举试题相关，源自隋唐、延续了一千三百年的科举，虽在1905年被废除了，但七年的私塾就读，儒家思想和儒家文化的一些种子，已落入林散之的生命中，在林散之今后成长的日子里，这些种子会暗自生发，并产生潜移默化的力量。

除了以上的启蒙读物必须读完，私塾教学中还有一个传统，就是要求学生写好汉字。写字，是私塾中的必修之课，初学描红，依葫芦画瓢，不可走样，继而开始临字帖。临唐、晋著名书法家的楷书字帖，首先要做到形似，对孩子们来说，这个难度很大，毕竟是用毛笔书写，毛笔是中国的传统书写工具，柔软度非常高，有丰富的弹性。学生在临楷书名帖时，一笔一画都要运笔到位，不能走形，许多孩子毛笔执在手中，总是把握不好。林散之与毛笔仿佛天生有缘，入私塾就读前，父亲在家以毛笔记账，幼小懵懂的林散之会好奇地拿起毛笔在纸上画，毛笔一上手，就显得特别兴奋。在私塾中，林散之的毛笔字比其他孩子写得好，他临的字放到字帖前，形似的程度也比较高，私塾师颇为吃惊。除了林散之写字时很专心，这当然还与天赋和悟性有关。不过，在孩子早期成长中，家庭的文化氛围对孩子的心理有决定性的影响。

林散之父亲好读书，他的妻子吴氏又来自和县书香门第，家里的书自是不少，林散之耳濡目染，幼时就意识到书是重要的东西。林成璋对这个儿子寄予厚望，他反复提醒林散之，万般皆下品，唯有读书高，书中有大道，长大后要勤奋读书，一个人只有真正将书读好了，才能明白这个世界上的许多道理，才能成为出人头地的人才。林散之读书的理解力虽高于私塾的其他学生，但他似乎自小就对图像更有兴趣。识字之前，林散之就喜欢在家看书中的插图，父亲有事不在身旁时，他会将书打开，用父亲记账的毛笔在白纸上描摹。林成璋看到他描摹出的那些图像，隐约感到这孩子有艺术天赋，书被林散之搞脏了，也从不指责。在林家，唯一喜欢诗画的人是林散之的仲兄林以濡，他是二伯父的长子，在大宅中，离三房林成璋的家最近。林以濡常在家中读书画画，林散之到二伯父家去玩时，看见仲兄画画，用一支蘸了墨水的毛笔，在空白的纸上画着画着，就出现了人和花或树之类的东西，这是一件挺神奇的事。仲兄画画，对儿童林散之产生了影响。在儿童成长时，心门初开，事物各有姿态，新鲜迷人，让儿童最好奇最感兴趣的东西会铭心难忘，这往往也与他今后的志趣密切相关。应该说，林以濡是最早让林散之迷恋图像艺术的人。这位仲兄去世得比较早，林散之成名之前有诗追忆仲兄：

仲兄字静泉，娟娟绝可怜。
读书秋树里，不逐世媸妍。
书画有真力，三昧追先贤。

走笔成风雨，落纸成云烟。

聪明惜不寿，物化之华年。

从诗句看，林散之对这位仲兄的诗文书画评价很高，虽然在写悼亡诗时对亡者或有礼予之词，但这种"三味追先贤"的人文认同和"走笔成风雨，落纸成云烟"的艺术赞誉，涉及了经、史、诸子百家和书画艺术，绝不是泛泛的称赞。三味，是古人对读书感受的比喻，读经，便味如稻粱；读史，便味如肴馔；读诸子百家，便味如醯醢。对这三类文本的阅读感受和切身体会，合称为三味。这位颇具才学和艺术禀赋的仲兄不幸早亡，林散之为之深深叹惜，从当初林家大宅的文化氛围来看，正是这位仲兄林以濡激发了幼年林散之对书画的兴趣。

写字这事，许多人觉得不会比写文章难，只要将字写得端正好看些就满足了，写得不好看甚至有点丑也没什么可纠结的，能辨认出是什么字就行。关于写好汉字的事，人们通常都这么看，不觉得这里面还有什么精深的道理，也不觉得有什么玄妙之处。写好汉字与中国文化的根源关系，绝大多数人从不在意，事实上，写好汉字不但与书法艺术密切相关，也与人的修身相关，有这种意识的人极少。

少年林散之喜好写字，虽不能明白汉字书写的奥义，但在写字方面已显露出过人的天赋。十二岁那年，林散之已能为江家坂村的邻里们写春联，执大字笔在手不慌不急，写在红纸上的楷书字体端庄对称。春节期间，亲戚朋友相互走动，各家门上的春联惹人注目，村民们惊叹他小小年纪，就能将春联写得这般漂亮。写春联之事，让这位少年在乌江古镇有了小小声名。

与写字相比，有更重要的事在吸引着林散之，十一岁左右，林散之着迷于诗。他已在私塾读了五六年书，读书仍是每日功课，在私塾中读的那些书，尤其是《大学》和《中庸》，在儒学思想上与《论语》有不少出入。《论语》是孔子的语录集，《大学》论述儒家如何修身齐家治国平天下，《中庸》谈道德行为尺度，私塾老师对这三部儒家经典的理解不深入，不能贯通起来讲，林散之有许多不解之处，但在乌江当地，也没人能为他解惑，于是他只能在成长中去领会。不断成长的林散之在私塾就读的兴趣开始有所转移，除了写字和涂画，林散之对诗产生了极大的兴趣。十三岁之前，他已尝试写诗，最先令那个时期的林散之敬慕不已的不是书圣王羲之，而是李白和杜甫这些光芒闪耀的诗人。林散之充沛的诗性萌发之后，他的少年生活，就成了与赋比兴相关的生活。江家坂村的河塘、早晨的薄雾、小树林，以及院墙旁的竹子等，似乎都神秘了起来。看见莲花，知道"清水出芙蓉，天然去雕饰"；看见路旁的小草，就想起"谁言寸草心，报得三春晖"这样的诗句。晚上入睡前，连窗外的月光和风声也有诗意。自此，在各种时代情境中，在个人生活处于各种困扰的时期，林散之的生活都与诗紧密相契，一辈子从不游离。

1978年，林散之的诗集《江上诗存》付印，少年时所写之诗，或丢失或因不太满意，未收入其中。在诗集《江上诗存》

的自序中，林散之谈及他少年时与诗结缘之事："余少而钝，六岁入塾，读毛诗，三年不能卒业，然于盛唐诸家诗，心窃好之，好而读，读而爱心生。师授以《唐诗三百首》，喜而藏之，无事即咏，久之成习，从此粗粗知诗之所以为诗矣。"这段回忆文字告诉我们一个事实：少年林散之倾心于诗，其他的事都不可与之并论。

林散之在七年的私塾生活中，初读了一些儒家经典，但最合他心性的首先是诗，其次是图像和写字，这是未成年的林散之艺术意识的萌芽，也是有关未来林散之的预示。换一种说法，对于之后的林散之来说，书画是与诗的灵性相通的。从根本上谈，如没有诗性内在于后两者之中，作为绘画的图像和作为书法的字，就欠缺真正的艺术性，所以不管下了多大的苦功夫，也只能算是日用装饰性的工艺产品。在这方面，林散之要比同年龄书画家开窍得更早一些。

一个不寻常的人往往会遭遇不寻常的事，在这样的说法中，这个人首先就被界定为不寻常的人了。但有时，也可以反过来说，不寻常的遭遇往往会造就一个人的不寻常，这个人应是被生活造就出来的人。前一句话似有命定之疑，大多数人会认同后一句话，也许，林散之的少年生活与这两句话都相关。

应该说，十四岁之前的林散之是江家坂村最快乐的孩子。林家虽在走下坡路，但相比于江家坂村的村民，还是宽裕许多。1910年，多病的林成璋，身体比以往更虚弱了，就医服药不见疗效。林散之二伯父仍然旧习不改、专横暴戾，而林散之尚小，林成璋担心自己在世不久，一旦离世，留下孤儿寡母，在林家大宅一定会受林成璧的欺负，不得不提前为妻儿做好安身的打算。与妻子吴氏商议后，林成璋一家果断从江家坂大宅搬出，到一华里外林家的一处旧房去住，加上两间厢房，这里共有房十间，前场后院还算较宽敞。虽然离开大宅分开过日子，但是经济上并没有和家族分开，林成璋这第三房的一切生活费用，仍是从林散之二伯父手里支取，搬离后他们的心情比在大宅中轻松了许多。

次年，林成璋担心的事未能避免地发生了，五十岁的林成璋因病医治无效离开了这个世界。临终前，他将林散之同父异母的两个姐姐唤到床前，对她们说："你们只有这一个弟弟，一定要尽力帮助他成人。"说完，看着立在身旁的独生子，老泪如雨，不再能说出话，林散之跪在床前号啕大哭。从此，他不再有父亲引导和保护，他必须更快成长，成长为一个自强男儿，独立面对生活中的一切。这一年，林散之十四岁。

林散之父亲去世后两个月，辛亥革命爆发。根基已烂的清王朝崩溃了，几千年中国封建皇权政治随之瓦解，但旧秩序中的力量并没真正消失，它们还在各方面起着抵制和较量的作用。不过中国已发生革命性大转折，新的事物，正从这古老土地上不断衍生。

林家大宅中的风气没有变。林成璋去世后，林散之被接到外婆家从陈姓廪生读书，日诵经史千言，并临写碑帖。陈姓廪生与林家私塾师一样，抱着儒家经典不问窗外事，对时代变局也不敏感，但从陈姓廪生读经，林散之在私塾产生的一些疑惑，或许已解除了少许。林散之时常会思念父亲，想起父亲的期待，更是发奋深读圣贤书，儒家思想文化对林散之的影响越来越大。但林散之家这时的日子，比以往过得更糟糕了，林成璧对林散之家的态度之差，已让林散之母亲吴氏不能接受，家族裂缝公开加大，亲朋关系也冷淡了许多。十五岁的林散之，已切身感受到了人情冷暖和世态炎凉。

第四章 金陵学艺

辛亥革命成功后,各地的新式学堂越来越多,与林散之同年出生的许多后来成为著名人物的人都入了新学堂读书。离南京不到一百里路的和县也有了好几所新学堂,读完了私塾去新学堂读书,是当时许多人的求学道路。林散之母亲知道时代已变,科举那条路断了,如读书到此为止,满脑子是儒家思想,守着旧文化,是不太可能有出息的。为儿子前途考虑,她曾动过送林散之去新学堂的念头。不过这个念头,像微弱的火星忽闪一下就熄灭了。林散之本人对新学堂在心理上有抵触,新学堂中那些西学中的东西,科技啊经济啊什么的与儒家的文化有很大冲突,一点诗意也没有,他不感兴趣,更不愿去学,至于西学究竟是什么,他当时其实一无所知,并且终其一生,也所知甚少。另一方面,林成璧根本就不支持他去新学堂,理由是林家已没钱供林散之读书了。科举之路彻底中断了，林散之进新学堂这条路也中断了。

种地，无力也无兴致；从商，没天分没钱也没经验；写诗，不仅解决不了温饱问题，反而可能因迷恋写诗饿死在书桌旁。总得有一技之长才能生存下去。

1912年，南京的大街上人来人往、熙熙攘攘，评事街绫装巷一家画店中学徒林散之正在忙碌，干完抹桌子泡茶这些事后，他将画框收拾整齐，以待客人来时恭敬地端凳子倒茶。这是师傅张青甫开的画店，店里的一切杂事，林散之都必须要干好。林散之父亲的挚友曾梓亭见林散之不再读书，又无合适的谋生之路可走，心想既然林散之喜欢写字画画，就介绍他到这家画店做个学徒，也算是学一门可谋生的手艺。

这家画店离夫子庙很近，人气比较旺，画店的生意不完全是卖画，还以工笔画技艺给人画像。在绝大多数人没见过照相机的年代，画店每天都能接好几单生意，有时，也会给死人画遗像。师傅张青甫是个小有名气的工笔画师，每天都有一些慕名上门的客户。那个年代，徒弟入门后，师傅是不会很快就教授专业技艺的，先要徒弟去干一些杂活，熟悉如何接待好客人的事，磨一磨徒弟的性子。林散之白天干杂活，有时也到不远处的师傅家里去打扫，晚上在店里看门，就照九宫格子学画人像，每晚都临摹到深夜。起初，林散之学画死人像，心里有一些悚，为了谋生也只能忍着坚持下去。此外，工笔人物画，也是人们看好的一门艺术，画得好并不容易，他必须下功夫才能学好。

工笔人物画，也称细笔人物画，与写意画相对，它以线造型，对线的品质有较高要求，画出的每一根线条，都要工整、细腻、严谨，并有力度和弹性，画面中的线条还要虚实相映。工笔画的行笔方式，一般都以中锋为主，兼用侧锋、逆锋、散锋、勾、擦等，工笔人物画的黑白对比要比水墨画强烈，在固有色的基础上再设颜色时，一定要做到画面的色调和谐，或艳丽，或轻快，或高雅，各具审美的意蕴。

林散之自小就喜欢写字画画，对线条向来特别敏感，学工笔画时很投入，孜孜以学，水平提高得很快。这出乎师傅的意料，加上林散之的字也写得好，张青甫不再轻视这个乡下来的孩子，而对这个徒弟越来越器重，开始让他白天在画店里学画了，教授林散之工笔画技艺时，也更细致用心了。不过，要林散之干的那些杂活，一点也没有减少。

在当时的南京，徒弟学艺期间，伙食自理。离乌江来南京时，母亲让他带了一些吃饭的钱，林散之同父异母的两个姐姐已出嫁，母亲和两个妹妹在乌江的日子过得艰难，他就一日三餐只以小菜下饭，伙食非常节俭。同村人沈长水去南京卖大米，林散之母亲请他去看望儿子林散之，沈长水见林散之在过这种苦日子，想到林成璋在世时视林散之如命，如今他家受二伯父欺负，这般困苦艰难，便心生怜悯，赠给林散之两块银圆。天天吃小菜下饭，缺少营养，会拖坏身体，他让林散之去街上买些食物改善生活，林散之含泪接下，藏在画店的包裹里，根本就舍不得用。

1913年春天，可能是因为评事街离秦淮河近，湿气较重，水土不服的林散之，生了满身脓疮，他要回乌江看病。一年多没回南京江北的乌江了，林散之思母心切，向师傅请假回乡，林散之母亲看见骨瘦如柴、满身脓疮的儿子，抱着儿子的头伤心得痛哭不止。林散之从衣袋中掏出那两块银圆交给他母亲，叙其原委，这就更让日日担忧他的母亲伤心不已。

林散之在乌江为了强身习少林武术。林成璋在世时，曾叮嘱过林家的保镖谭师傅，不要教林散之武功，以免惹是生非，林散之大伯父好武成性，最终遭难，习武当兵这类事，在林家几乎成了忌讳，但林散之还是瞒着父亲偷偷学了些武术，从不习武的林成璋五十岁就因身体多病离世了，母亲这才同意林散之学武健身。林散之的身体状况稍好，便准备动身去南京师傅的店里，他母亲吴氏不肯让儿子再去做学徒了，她对儿子说："学画的日子太苦，不要找那罪受，你就不要再到南京去学画了，你走远了我会很担心，不如在家继续读点书，也做个私塾师吧，今后在乌江教几个学生糊糊口算了。"母亲的这番话，是为林散之今后的日子做打算，令人注目的林家已成过往，林家已成了空架子，林散之能活得不让乌江人笑话，或稍体面一些，已是很不容易的事，她没期望儿子去成就什么大事。林散之听母亲的话留在了家中，没再去南京张青甫的画店。

林散之没再去画店，还有一个原因，这点他没让母亲知道，以免让母亲为他做学徒之事更伤心。从南京回乌江那年，立冬前某一天，天气阴沉，政府用囚车押几个犯人去斩首，死囚车从画店门前经过，气氛肃杀。师傅张青甫告诉他，以前，许多人会去看刽子手砍杀死囚，刀起头落，鲜血从砍断的颈项中直喷而出,头滚落在地时,有的眼睛还没闭上。那天晚上,林散之躺在床上,满脑子是砍头的血腥画面,他看见了死人,仿佛这些死人也看见了他,这太瘆人了,而他画过的死人遗像,也一幅幅冒了出来,尤其是当他想到大伯父死时身首分离的惨状,便觉得有个杀手,就藏在画店旁的某个地方。一个人躺在评事街绫装巷的画店里,林散之越想越害怕,就再也睡不着了。之后,他每晚上床睡觉,只要一闭上眼,这些画面就会出现,林散之因此失眠了好多天,他回乌江时骨瘦如柴,也与这件事有关。

第五章 诗文书画

林散之母亲吴氏出身书香门第，和县当时有影响的文化人，吴家没有一个不认识，与吴家有交往的清朝廪生范柳堂，是和县最好的工笔画画师，在当地很有名望，也擅诗文。林散之在南京做学徒时，已打下工笔画的基础，吴氏看到儿子画得像模像样，就让林散之从范柳堂继续学工笔画，并深读经史和诸子百家书，有了些真学识，将来去做私塾师，才不会误人子弟。

这一年，林散之十六岁，风华正茂。在南京做学徒时，由于和来店里的客人交往，他有了一点社会经验，心思也逐渐丰富起来。与他同龄的乌江少年们，一些在干农活，一些在新学堂接受新式教育，学习实用知识。林散之走的是另一条路，一边继续学工笔画，一边向范柳堂请教儒家经典方面的问题，当然，写诗是他最喜之事，不可缺少。

与林散之两年前从学的陈姓廪生不同，范柳堂虽也是廪生，但言行不那么因循守旧，在乌江这一带，算是个思想比较活跃的人。清朝已崩溃两三年了，辛亥革命后产生的新事物，范柳堂并不反感，甚至还挺好奇。当时民国秩序未定，时局不稳，北洋军阀之间争权夺利，新旧力量纠缠在一起，较量仍在持续。这些事情，和县的其他文人较少关注，范柳堂不一样，他常会与人议论时事，虽无非常见解，但不会抱紧旧皇历不放。

除了对儒家经史较为了解，范柳堂不仅擅工笔画，也常写诗，诗写得虽不优秀，也算是个诗人，他熟悉毛诗、唐诗和宋词，对诗的见识不浅。范柳堂看了林散之拿来的诗文习作，知他已读了不少书，看看这个出生在林家大宅中的少年，既喜又忧，以军武起家、闻名乌江的林家后人，已入斯文之道。乌江出了个少年才子，若科举未废，成举人进士之才，大可料想，当为之喜；忧的是这少年眼界尚窄，对新事物敏感不足，从诗文中，还看不出开阔的胸怀。据林散之二儿子林昌庚回忆，范柳堂当时对林散之说："你写的诗文胎气很好，有清气，诗意不俗，文也颇具情思，只此，还不能为好诗文。这些诗文不缺天赋，但病在质薄，不具恢宏博大气象。不能只比同乡少年稍强而自负，要觉察己之不足，多闻、多识、多读、多思、多做。这样才能厚积薄发，取宏用精。"范柳堂的这段话，既直率又有点锋利，虽有批评，但点拨、勉励和引导少年林散之，才是范柳堂的意图。

恢宏博大气象，只是范柳堂自己对好诗文的要求，气象不恢宏博大，也可成为好诗文。对一个十六岁的少年来说，世界幽深，未知之事众多，即便天赋极高，也不太可能写出恢宏博大的诗文。范柳堂可能在暗示林散之，一个人想闻达天下，内心格局不可小。而多闻、多识、多读、多思、多做，这种提示听起来似老生常谈，并不是独立于众的见解，但要写出好诗文，这每一项都是不可或缺的条件。只不过这几方面的真正贯通，对一个文才较高的成年人，也是极不容易的事。这种类似批评的话，林散之写诗文以来第一次听到，虽稍有不认同之处，但觉得范柳堂不仅肯定了自己的天赋，而且没将自己当作小才子去谈，批评中含有期待之意，于是暗自开心。

范柳堂的引导式批评，使林散之知道了自己的欠缺，也知道自己是一个可以有所作为的人。他读书、画画、写诗更加勤奋了，请范柳堂解心中的经史之惑、指点诗文，已成了日常之事。为了让林散之不自闭于以往所知，对经史有更深的理解，并对儒家现状有所了解，范柳堂推荐了《文选》《经史百家杂钞》《饮冰室文集》这几部书，后两部书，对当时的文人学子们影响很大，林散之还从未读过。

《经史百家杂钞》是由晚清重臣曾国藩选编，与同是古文选读本的《古文观止》《古文辞类纂》有较大差异，《古文观止》偏文才偏通俗，属私塾启蒙用本，在文化上欠厚重也欠广博，《古文辞类纂》较偏重对古文的研读、模习，在介入现实方面无具体效用。曾国藩主张文选之旨，在于使人了解历代的治乱兴衰、典章、学术思想和经世济民之道，《经史百家杂钞》在选文的思想底蕴上，认为四书五经外尚有必读之书，《史记》《汉书》《庄子》《韩非子》都应有所取，《经史百家杂钞》力求文与道相契，范柳堂觉得林散之读这部书，可获取文化滋养力，在儒学致用这方面也会有所启发。

以画在乌江谋生的范柳堂，不是那种一头扎进儒家经典出不来的人，他推崇儒家，但不否认西学有可取之处，将《饮冰室文集》推荐给林散之，是范柳堂思之再三后的决定。这部书的作者梁启超，十七岁成为清朝进士，之后成为维新运动的领袖之一。梁启超文才过人，积极倡导新文化，传播新思想，以补儒家经世致用之不足，是晚清和民国叱咤风云的人物，《饮冰室文集》是他三十岁前的自选文集。

林散之对西方文化的有限了解，正是来自对《饮冰室文集》的阅读。但这部书与林散之似乎气息不投，新文化和政治方面的事，他没多大兴趣，在林散之心里，政治或新文化，如同去新学堂学科技知识一样，他觉得没诗意。或许，在少年林散之的意识里，诗意至上，有没有诗意几乎成了他度量一切的尺度，又或许，命运的力量左右着林散之的喜好，与他兴致不相干的事，就算是人们都趋之若鹜，也仍不可为。但也不能说《饮冰室文集》对林散之一点影响也没有，至少，林散之读了这部文集，萌发了少年的社稷心，多了一些家国意识。只是从梁启超这部阐述维新思想的文集中，林散之没能读出与自己心性相契的东西，向范柳堂请教诗文时，就很少提及读这本书的感受。他可能根本就没想过，推荐这部书的范柳堂，会不会因此不太高兴，就算是想到了这点，他也很难深入《饮冰室文集》中。而阅读《经史百家杂钞》这部书时，林散之的心态就大有不同了,几千年的中国事物聚集在其中,圣贤们的智慧在书中闪耀,林散之用心甚深。其实,《饮冰室文集》这部书批评儒家不具备实学的功用,这只是梁启超早年的思想,晚年梁启超复归传统,对西学与儒学深入反思后认为,儒学以人生问题为自身旨趣,而西学以客观知识为归宿,二者不可相互取代,并著书立说,为儒家思想重开出路。关于《饮冰室文集》,范柳堂和林散之有哪些不同的理解,我们已不得而知,但林散之那个年岁写的诗文,不涉及新文化,他对梁启超的认识,很可能就止步于这部书。

不过,林散之因此开阔了眼界,以前,他只知道这世上有儒学和道佛之学,原来还有与这些大不相同的西学。至于《饮冰室文集》中涉及的西学,会不会只是真实西学的皮毛,林散之就不知道了,他也从不去想这些,读好圣贤书,写出好诗,才是他心向往之的事。

范柳堂看林散之学习日有长进,如果意志力强一些,克服贫穷家境的困扰,将来一定会有所作为。他在帮林散之改画时,语重心长地对林散之说:"艰难困苦磨砺人的意志,玉汝于成!文王拘而演周易,仲尼厄而作春秋,屈原放逐,乃赋离骚,这些你都已知道,历史上大凡有成就的人,大都是在困顿颠簸中挣扎出来的。"林散之知道这是在激励他,心里很感激,除了他母亲,还没有人这么鼓励过他。

范柳堂的话,不是要眼前这位少年只在乌江混出个小名堂,过一种像他一样勉强自安的日子。这个画画教书的清朝廪生,也曾颇有志向,但朝代几乎一夜间就变了,科举废除了,他想有所作为的道路也中断了，画画虽与自己的喜好有关，但主要还是为谋生而学的一技之长。在乌江，范柳堂算是个怀才不遇的文人。林散之在乌江少年中不仅聪慧过人，而且品性好，既谦虚又勤奋，范柳堂将自己未实现的愿望寄托到这个少年的身上，有朝一日，林散之成为一个有成就的人，闻名于社会，是这位画师对林散之最大的期望。

儒家文化犹如一条大河，在中国历史上流了两千多年，流到晚清末年，突然遇到了辛亥革命这块巨石的堵截，这是民主共和的巨石，周身还裹着许多泥沙。这条大河带着清朝瓦解后的残枝败叶，碰撞冲击着这块陌生的巨石，试图朝它既往的方向流下去，河水比以往更浑浊了，水势已逐渐虚弱下来，这巨石的根基尽管还没深深地扎入大地，但它矗立在这条河面前，虽有些轻微动摇，但很快又重新立定。这条遭遇了堵截的大河，在故土旧邦力势已衰，不再畅流，它正在产生一些细小的支流，清朝文人学子们看见这些细小的支流，大都会有一些感伤。在林散之的家乡乌江，清朝的儒士、廪生和秀才举人们，知儒风不再流行如往昔，不感伤者为数极少。

林散之身边很少有人谈及辛亥革命，像范柳堂这样对时代变革之事略有所知的人在乌江古镇上很少。况且林散之尚小，范柳堂也不一定会与他谈辛亥革命之事。范柳堂知道，康有为和梁启超这群激进的维新文人，认为儒家在守常时必须通达时务而知变。儒家仍是中国文化之本，但新学和君主立宪思想可补儒家经世之短，对于积病在身的中国政体，有所破才能有所立。辛亥革命前，他们主张君主立宪，不赞成民主共和。从范柳堂推荐给林散之的《饮冰室文集》就不难看出，在梁启超眼里，支持维新变法的光绪皇帝是中国历史上最英明的皇帝，只有好皇帝，才能救危机中的中国。范柳堂觉得梁启超的文章林散之有必要了解。范柳堂看好林散之，每天都在激励林散之继往圣之学，为他讲解经史子集、释疑解惑，倾注了大量心力，在范柳堂心里，新学堂中的那些科技新学知识，有术无道，属于料理眼前事物的权宜之举，与"吾道一以贯之"的儒家文化是不能并论的。况且，清朝解体后，各种力量还在纷争中，辛亥革命能不能算是真正成功了，这事还很难说，皇制有可能会恢复，科举也许会再兴。这时期，范柳堂即使与林散之谈到了辛亥革命，不认同的地方也不会少。辛亥革命才几年，新学和新政治在中国的姿态还摇摆不稳，不一定能成气候，而一年后风行中国的新文化运动，只在报端露出了少许迹象，还没有真正发生。儒风浸润较深的乌江古镇，离新文化力量聚集的城市较远，在这种较为闭塞的情境中，林散之从范柳堂口中获取的时代消息，既不可靠，也极为有限。范柳堂对新事物也不完全否定，还略有好奇心，但他仍一心守持儒道，认为儒家经典比新学深厚，即使不直接抵制新学和新文化，也不会鼓励林散之去接受它们。说不定范柳堂会提示林散之，传承了几千年的儒家文化，人们日用而不知，在中国人心里已根深蒂固，它是不会被连根拔起的，而搞民主共和的辛亥革命，废除了传统旧制，天下失序、乱而不整，这可能只是中国政治史的一段插曲。

当时，许多因辛亥革命辞官的举人进士，大都还心存复辟帝制之念，他们都在观望，也许要不了多久，儒家的政治力量会在中国重新聚集，中断的科举之路，会出现在有所准备的人面前。其实，当时辛亥革命已大致失败了，兵权在握的袁世凯，做了中华民国的大总统。1913年6月，他亲自发表了"尊孔令"，鼓吹"孔学博大"。1914年又发布《祭圣告令》，通告全国举行"祀孔典礼"，为帝制复辟做社会舆论准备。在这种时代情境中，在当年新文化消息稀少的乌江，范柳堂有可能私下对林散之说，受天之命的皇帝，也许会在中国重新出现，你只要饱读诗书，领会了经史要义，将来成为进士这样的人才，并非不可能。范柳堂若果真这么说了，也并非不可理解的事。

　　这也许只是一种幻觉，但辛亥革命后，有这种幻觉的失意文人不在少数。林散之不像同年生的许多名人那样，从小就对政治事物格外感兴趣，对政治这类事，林散之的意识较模糊，显然不是那种能成为政治家的人。他每日诵读经史子集，从不间断，对诗、书、画尤其是诗的兴致越来越高。至少，在范柳堂这里，他知道了不管时代如何变，儒家这条大河是不会真正枯竭的。少年林散之对这条河饶有兴致，许多先贤的名字与这条大河直接相关，他倾慕的大诗人李白、杜甫、白居易以及大书法家王羲之、米芾、王铎等，都接受过这河水的滋养。这条河流淌了几千年而不枯竭，哪里风大浪高至深如渊，哪里又浅显平缓清澈似镜，在这方面，极少有人能说出个所以然。林散之也知之甚少，但这条大河的上游，有令他着迷不已的秘密。

白天，林散之去范柳堂那里读经解惑，晚上回到家，等信佛的母亲念过佛经与妹妹们入睡了，林散之就关上房门，写字，画画。大部分时间林散之都在小房间里写诗，苦思冥想，字斟句酌，深夜上床后，会为一个诗句辗转反侧，突然有灵感来了，又匆匆起床，重新点上煤油灯修改诗作。写出了一首较满意的诗，便如释重负，第二天去范柳堂那里时，喜悦感仍在林散之周身弥漫，路旁微风中的一花一草都新鲜可人，似乎它们都根植在灵性之中。

古代的文人画家们，为多一份艺文之趣，写字画画后的题款都有一个切合心意的别号。林散之的工笔画已颇有长进，他给自己也起了个别号：林三痴。古人大凡称痴者，往往是内里傲骨不露，谦称在外，一些大才子如元朝画家黄公望、清代画家小四王中的王玖等，就都曾以痴自称，黄公望自称大痴，王玖自称二痴。有人说，林散之在艺术上有大志向，这三痴之说，是在与黄公望和王玖比肩相称；也有人问他，这是在哪三个方面称痴，林散之笑而不答，从不做解释，任凭好奇的人去猜想。民间有一种说法，一聋三痴，林散之出生时就有耳疾，听力较弱，他平时与人交往很谦逊，许多人觉得他是为此起了这个有点自嘲的别号。林散之十七岁作有《自慨》诗一首，其中有一个句子为"生平为痴诗书画"，这应是他取三痴为名号的主要缘由。

一个人从内心溢出的句子，是与心性和血气契合在一起的，林散之这个言志的句子是少年的誓愿，也是今生今世的自我要求。从这个句子，人们已能确认一个事实，十七岁的林散之，已将诗书画艺术作为他的终身所求、作为立身在世的根本意愿，在他心里，诗书画高于其他一切。《论语·述而》："志于道，据于德，依于仁，游于艺。"前三个方面，是儒家修养所欲求之境，也是游于艺的内在依据，由此，诗书画艺术才可近乎道，才可成为道在世间的发轫和绽出。

这些道理，林散之在读经时就已领会，但以诗书画为一生孜孜以求、不弃不倦之事，这是很难做到的。世事多变的时代，个人决断难以自持。辛亥革命后的时代，绝不是诗人陶渊明悠然见南山的时代，况且，即便是名篇留世、才华过人的陶渊明，也未必真能如后人认为的那般悠然，他三次因做官不适辞官回乡，劳作于田园，不得不为稻粱谋，虽没有因写诗饿死在书桌旁，但日子也常过得很窘迫，有时还要靠朋友的接济度日。再说，儒家文化并不太注重个人价值，个人在社会中因其弱小，往往难以拒绝主流的整合，有许多强制性的力量在左右着人们的行为，各种欲望每天都在泛滥，诱惑众多，而权力和制度的规训，支配着每个人的道路选择。林散之游于诗书画，有"不及，非人也"的志向，拒绝庸庸碌碌，是他基本的艺术自觉，这与日常流俗的意识格格不入。诗书画艺术，必须保持一种超越的维度，而艺术的真正超越，首先是对平庸生活的超越。但人的日子经常是平庸的，绝大多数人已习惯过平庸的日子，乌江古镇的人，也每天都生活在庸庸碌碌中，就林散之尤为钟情的诗来说，平庸者之所以平庸，往往并不在于平庸者不读诗或不理解诗，而在于平庸者根本就不需要诗意，甚至会以诗为敌。在这个世界上做一个真正的诗人，对人的命运总是关切在心，向往智慧的生活，这意味着要与平庸事物较量。人的成长，可能在平庸状态中被耽搁，平庸的力量，向来庞大，世道昏沉时，它可能成为时代精神的主流。一个真正的诗人，极少能被自身所处的时代认可，在心理上要做好被边缘化的准备，甚至在至深的孤独中付出常识不解的代价。显然，范柳堂不会这样提醒林散之，他只是觉得林散之在乌江才华出众，孺子可成气候。对林散之来说，今后的生活是难以预料的，没有一些犯痴的意志，对艺术的追求会饱受挫折，也极可能会被若隐若现的手扭曲得走样，甚或在某种挫折中烟消云散。十七岁的林散之当时未必能想到，将这誓愿贯彻一生已殊为不易，一个渴望诗意地栖身于大地的人，一生都要在动荡不安的时代中折腾，要在不合时宜中有别开生面的作为，这更是难乎其难了。

誓愿已定，就不能心思彷徨，要排除眼前雾障和各种世故念头的纠缠。诗书画这条路，许多人不宜行走，除了天赋和意志力，它还需要较好的人文修为。林散之认定，这是世界上最适合他的前行之路。乌江的同龄人走的是实用之路，一些人从新学堂出来谋职，少数人随父辈出门经商逐利，大部分人还是在田里干农活，没什么诗意可言。

林散之在诗书画方面每日用功，心无旁骛，但书法仍不见多大长进，只是由于画了几年的工笔画，驭笔能力有所提高而已。自己整天对着碑帖临写，不得要领，属于瞎折腾，很容易误入歧途。林散之自知不是世所罕见的无师自通者，学书法，无师指点不行。

林散之寻师之心迫切，在乌江，最有资格做林散之老师的人，是被乌江含山一带称为书豪的范培开。据说，范培开与上海文化名流多有笔墨交流，草书作品曾获全国书法大赛二等奖，收林散之为徒几年后，范培开经张栗庵介绍，曾去上海以书法会友，并以彰显个性的草书作品进入上海的书画市场，上海《申报》有评论称赞其作品："五体皆备，隶有霞舒云卷之姿，草有鸿戏蛇惊之态。"这评价有可能出自书画市场资本的炒作，但也大致能窥见范培开书法的个性和风格。

范家在乌江是一门大姓，范培开是这门大姓中社会见识最丰富的人，也是不喜欢从众的人，凡事自有主张，对那些趋时附势的流俗看法嗤之以鼻。在乌江儒文化圈子里，不理解范培开的人，认为他有一点狂傲，范培开也曾从叔伯范柳堂学诗文书画，后师从张栗庵，这和林散之的求师之路完全重合。在文化的师承上，林散之与范培开属一脉相承，经林家范氏亲戚介绍，林散之从范培开学书法。

"范培开，字朗轩，亦字新村。少时家贫，从含山张栗庵先生读书并习书法。初学唐碑，有功力，后学汉魏，用工甚勤。张先生为清末进士，富藏书，遂随宦游山东。余初学书，即寻其途径而学之，唯余自怀素以外，后又宗二王书帖，此其所异。范先生用笔甚泼辣，为近人所宗仰，惜晚年所宗消退，归山中购地数亩，种树读书其中。不能尽其所学，年五十五岁而卒，惜哉！"以上所引文字，是林散之1981年在范培开所书一副楹联上题写的跋文，除了对老师的追忆之情，文中也流露了对范培开书法的看法。范培开楷书功夫深，书法创新意识较强，想开新风气，笔力也深厚，但在书法上急于求成，有些狂傲不羁，未能依循常道而行，对二王之书尚领会不足，轻视了行书的习练，"习唐楷之后，就攻草书，当时，有识者就说他太狂太怪了，一步之差，终身不返，可惜可惜。"林散之为老师范培开未能尽展才华而惋惜。

随张栗庵从山东回乡后，范培开在乌江古镇深居简出，除了出门行医，就在家里书写条幅、楹联之类的作品，与乌江的街坊也少有交往，可能是"道不同不相为谋"吧。他看了林散之的行楷习作，暗自惊讶，一个十几岁的少年，无人指点，能写出这样遒劲又不失灵秀的行楷，实属难得。林散之在书写方面已下过一些功夫，教起来自是不会太费劲，范培开并非因此才收林散之为徒，让他尤为看重的并不是这习练的功夫，而是林散之的天赋。范培开生性不太喜欢和平庸者交往，也只愿收有天赋者为徒。林散之在书法上的天赋，范培开一眼便能看出，收林散之这个徒弟，绝不会辱没了自己的名声，今后的事实，会证明自己是个有好眼光的人。

林散之有一些书写基础，但范培开教授林散之书法时，不是只让林散之每日带些习作来给他看，而是要求林散之当他的面书写。以这种教授方式，可以看出林散之是如何执笔和行笔的，如有不当之处，可及时指点纠正，这既是为师者对林散之的尽心负责，也是对这个刚入门的弟子的格外重视。林散之觉得这像是拜师的一次补试，毛笔字写了十年，画工笔画也好几年了，驭笔的能力还行，当着老师范培开的面书写，也不会比老师看过的那些习作差，对当着老师的面写字，林散之不乏信心。但林散之第一次当面伏案书写，范培开就看出了问题，像绝大多数学书练字的人一样，林散之写字时，用胳膊肘支撑在桌案上，毛笔在纸上拖动，写出来的字有点僵硬，有些拘谨，这种常见的练字姿态，对以后习练行书草书会有诸多不利，必须教会林散之悬腕书写。不好的习惯养成之后再去改，会耗损大量时间和精力，又由于林散之已养成了支胳膊肘写字的习惯，悬腕书写的难度似乎更大。范培开认为，不改掉这伏案支肘书写的习惯，林散之以后在书法上就难有作为，便悉心教授林散之悬腕执笔之法，要求林散之中锋行笔，书写时，要凝神专注，做到意在笔先，锋尖要持中基本不变，把握好悬腕行笔的速度与书写状态，避免出现横画时笔头出尖或是落肚的现象。范培开结合历代名碑名帖，向林散之讲述中锋行笔的诸多好处，比如中锋写出的线条气息中和、饱满有力等，并耐心示范中锋行笔的书写方式。林散之成为书法大师后，仍感激当年范培开的教诲，不止一次对弟子们说："我从范先生学书，得益颇大，我用悬腕作书，完全亏范先生的教导，本来我写字是伏在案上，全用笔拖，不懂得悬腕，也不敢悬腕，从范先生学书后，才懂得悬腕，悬腕才能将笔用活，运转自如。"

范培开教林散之从唐楷入手，继而上及魏晋诸大家，要林散之遍临百种碑帖，学会贯通，博采众长。临名帖时，要不囿于形，能得其神，入而出之，久之，自会形成自己的风貌。目光敏锐的好老师，不仅对弟子之长了然于心，而且更善于发现弟子之短，范培开根据林散之当时习练的情况，又针对性地送了一本《李元靖碑》给林散之，让他习练。

林散之先学柳公权，范培开向林散之讲述了颜柳楷书的差异。柳公权对颜体有所汲取，柳公权的书法，是把筋骨外露出来，偏重骨力劲健，其字劲瘦豪健，点画皆有骨鲠，转折顿挫很明显，结构中密，非常注重书写法度，用笔多中锋，笔正而不偏。对笔画的始末端，柳公权尤其重视，方起圆收，方圆兼施，短线浑厚有力，长线坚挺自如，锋出锐利，笔画精确到位，一丝不苟，有不可当之势。而颜真卿的书法，是将筋骨向内藏敛，气象雄浑，点画肥硕，勾、捺出锋之处，往往有缺角，结构外紧内松，除了融合二王一派的帖学风格，又对篆书等进行了磨合。他的书法得到过张旭指导，又从历代名家如蔡邕、王羲之、王献之、褚遂良等处汲取营养，经过融会贯通，创造了出类拔萃、雄伟刚劲、大气磅礴的独特书风，在结构上方正茂密，方中呈圆，刚中有柔，竖笔向中略呈弧度，力足中锋，线条筋力丰满，富有弹性，气派雍容，堂堂正正，更增加了圆润浑厚的美感。这番比较之后，为了激励林散之，范培开又讲了颜真卿和柳公权在大名未成之前如何苦练书法的事，书法之事中有大学问，"仰之弥高，钻之弥坚"，天赋在身且心志不移者，才能有所成。范培开爱弟子之心，溢于言表。

范培开对颜柳书风的阐述和比较，为林散之打开了一个宽大的窗口，由此窗口，林散之窥见了他从未见识过的书法世界，这让少年林散之茅塞顿开，惊喜不已。以前，他只是照着选好的字帖临写，对这些书法大家各自的书风，从未想过做这般比较，这让林散之突然心生惭愧，觉得自己并不像人们说的那样聪明，甚至有些愚笨。他虽自知还不具备做这种比较的能力，但有没有想过是否有必要去做这种比较，则是另一回事了。林散之似乎已明白，这涉及对书法史的了解和理解，无论是从读帖或临写能力的提高，还是从对书法大家书写风格的理解来说，这种深入书法名帖的比较，都是一种很好的学习方式。

有了范柳堂和范培开这两位诲人不倦的老师，在书画方面，林散之有了引领他前行的力量，心里踏实多了，为了在诗书画艺术上有所作为，他每日刻苦勤练，竿头直上。

1914年9月13日，林散之将他几年来所写的诗稿细心装订成册，诗集名为《古棠三痴生拙稿》，封面用楷书书写，下钤自刻印章"三痴生"，第二页上，仍用楷书书写了他当时的名字"以霖"，下钤自刻印章"痴墨"。封底以行书写着："甲寅九月十三日午时。"抄诗的字体，行书楷书兼有，"甲寅九月十三日午时"这几个落款题字，中锋行笔且开合度大，明显有老师范培开的一些风气，这部诗集中有多处修改的墨迹，可见他为这些诗已再度用心，手抄本诗集中，还留有一些空白纸页，如有新作，便可续抄其上。

这本手抄诗集中，共有诗一百一十七首，其中有林散之这几年对生活的理解和感悟，有对山水田园等自然风物的吟咏，有个人志向的抒发，这些诗作，凝聚了他几年的心血，也初露出他作为一个诗人不为人知的才华。诗集《古棠三痴生拙稿》原在林散之二女儿林荇若处保存，为便于人们了解和研究早年林散之，已捐献，现藏于马鞍山林散之艺术馆中。

诗集装订好的第二天，林散之去乌江耆宿范柳堂家比以往早，从范柳堂学画读经史以来，这是他心情最激动也最忐忑的早晨。林散之将《古棠三痴生拙稿》双手捧递给范柳堂时，又想起了范柳堂最初看他诗文时的情景，那番批评的话至今未忘。这次，相当于向范柳堂交试卷，林散之虽不乏自信，但自己的诗是不是已写得不俗，这些作品有没有一点不凡之气，成为一个大诗人有没有可能，这些都还是悬挂在心的疑问。在当时林散之所了解的乌江，范柳堂对中国古典诗的研读罕有人比，他又从学于范柳堂，从范柳堂这里获得的印证，才是最可靠的。

范柳堂让林散之在身旁坐下，凝神阅读了这部诗集，除了以前看过的，这诗集中的每一首诗他都认真看了。读到较好的诗或一些好诗句，脸上便露出了会心的微笑，有时放下手中的诗集，闭上眼沉思片刻，又继续读下一首诗，一百一十七首全部读完了，也没像以往那样立即指出诗的不足。范柳堂已看出这少年成长得很快，诗书画方面都长进不小，尤其是在诗这方面，有一些诗，已不能仅当成弟子的习作来看了，已是一些比下有余的作品。虽偶尔有点少年写诗时"为赋新诗强说愁"的通病，但一想到林散之在林氏家族长期压抑的家庭境遇，便觉得这"强说愁"不一定成立。让范柳堂格外惊喜的是，一年前来到他身旁求学的林散之，现在已成为一名诗人。他从椅子上站了起来，没与林散之说话，去书房中踱了几步，便在书案上铺开一张宣纸，提笔用行书写了十六个字："词旨清婉，用典深切，凤鸣高冈，自非凡响。"加上落款和印后，交给了林散之。这十六个字的评语，让林散之不禁喜出望外，这是一种突然产生的惊喜，范柳堂对弟子要求较严，批评多于肯定，能对他的诗有如此高的评价，完全不在林散之的意料之中。"凤鸣高冈，自非凡响"这种异乎寻常的称赞，出自乌江名宿之口，林散之心里的那些疑问一瞬间消失了，他向范柳堂恭敬地深鞠一躬，由衷感激这位诲人不倦的老师，这一年多的求学时光中，是范柳堂的悉心传授和颇多勉励，引他在工笔画和诗文之路上励志前行。

自此，林散之献身于诗书画的信念更坚定了，写诗成了他生活中不可或缺之事，触景生情，睹物感怀，一日无诗，便饭菜不香。

《诗经》有云："嘤其鸣矣，求其友声。"这一年，他开始尝试以诗会友，与另两位喜好诗文的乌江才子许朴庵、邵子退相识，他们年龄相近，志趣也相投，时常聚在一起谈古人议今事，切磋诗艺，在这个文风较盛的乌江古镇，有朋在近邻，不亦乐乎。

这一年，中国在复辟帝制与民主共和间摇摆，民心不稳，袁世凯为复辟帝制，准备重振儒家文化，与儒家文化较量的新文化运动尚在酝酿之中。乱世正继续乱下去，世界殖民秩序已开始瓦解，第一次世界大战爆发了，这是西方帝国之间的战争，中国处在这场战争的边缘。乌江古镇上的文化人消息闭塞，不了解民国的社会危机，更不了解这场战争，也不会关心它。

第二卷　1915—1928

第六章 设堂教书

在乌江镇，林散之写诗已才华出众，经史子集读得多，乌江比他年长的一些读书人，也不如他领会得好；他工笔画人物画又画得比较传神。乌江地方不大，小名声也能传遍乌江古镇，林散之母亲觉得，林氏家族的败落可能已让人耻笑了，她没想过儿子有什么大出息，只指望他能在乌江有个私塾师等有点脸面的谋生职业就好。她这个愿望很快就实现了。

林散之准备教书了，乌江镇就有几家登门想请林散之。这消息不到一天时间，就被林散之大姐夫范期仁知道了。在和县，谈到特别精于算计的人，范期仁是排在第一位的。林家当时在乌江还算是一门望族时，他大姐嫁入了范家，门当户对。范家是和县最富的几个大财主之一，凡是与利益有关的事，范期仁都会再三掂量，不吃亏且能占便宜的事，他总是抢在前面。范期仁的儿子十岁，女儿八岁，怕被人绑票，就一直没敢请人上门教书，如果让林散之教他的一儿一女，他一定会比别人教得更专心一些。此外，范期仁因富有而格外担心盗匪，在院子里养了一条大狗，院墙上扎了密密麻麻的铁丝网，防止盗贼从房上进入院子。内弟林散之来了，除了能教书，又有武功，可以为他家护院。这位不文不武只好银子的大姐夫，对诗书画从不在意，他要林散之大姐赶快回一趟乌江娘家，去请自己的内弟来家设馆教书。他担心林散之会被别人用高薪聘去，这么有才华的内弟去教别人家的孩子，自己的儿女在家无人教，说出去也太让人笑话了。林散之如果真被别人请去了，自己的儿女什么时候才能读书识字呀。于是，他答应每年给林散之一百银圆作为教书薪金，林散之母亲知道儿子不仅能教书了，而且一年有这么高的收入，特别开心。在当时的乌江，这一百银圆是颇为丰厚的薪资了，一个四五口人的家庭，可以用这么多银子过几年的日子。林散之认识不久的诗友许朴庵也在乌江上门教书，年薪比林散之少得多。林散之也觉得，去大姐夫家教自己的外甥，这事挺好，用心教好外甥，这与亲情相关，是做舅舅当尽的一份责任，何况还有这么丰厚的收入，又不影响自己写诗、练字、画画，这事正合他心意。

范期仁给林散之单独安排了一间房，有时，小外甥也会来和他一起睡。他白天教书，有时帮姐夫处理一些家务。遇到要写字签约之类的事，林散之就随姐夫一道前去。范期仁像是带了一个文秘，多了个得力助手，还多了些不同以往的风光，心里自是高兴。到了晚上，林散之练过武功后，在房间里安心写诗、画画或读书，在姐夫范期仁家，林散之的日子过得很顺心。

范期仁虽被和县的一些人称作钱奴，但他对这个内弟却不吝啬，有时甚至出手很大方。可能是范期仁平时就留意观察林散之，看出他与同龄人很不一样，以后会有些出息，或是林散之姐姐私下对范期仁说过，对她这个弟弟一定要好些，父亲临终前特别关照，要尽力帮助这个弟弟，范期仁每次带林散之出门办完事后，都会给林散之一些报酬。

据林散之儿子林昌庚回忆，林散之大姐夫很善于经营田产，每年都会用银圆购买田产，这是他在当地致富的主要方式。有一次，范期仁又买进了一宗较大田产，是和县当地十分肥沃的一片良田，很久以来，范期仁为这片良田苦心积虑。这次，他带着林散之去写买田产的契约。几天前，他就将买田产的契约样本给林散之仔细过目，要他掌握好写买田契约的注意事项。林散之工工整整地写完了这张契约，绝无差错。买卖成交后回到家，范期仁将这契约反复打量，越看越舒心，一副心满意得的样子。他看了看正准备去教书的林散之，快步走进里屋，一下子拿出八十块银圆，要林散之收好这些银圆，说这是写这张田契的酬劳。写一张契约不可能会有这么多酬劳，精于算计的姐夫买了一片好地，也不至于激动得忘乎所以，林散之心里很感激，懂得这是姐夫在关照他。

买了这块田产，范期仁的确喜出望外，并在妻子面前夸赞内弟有才华，田契写得详细、规整，字也很漂亮，林散之姐姐觉得弟弟有点出息了，更是开心。

但接下来发生的事，林散之就让这个姐夫甚至姐姐感到既吃惊又失望了。当时，用珂罗版印刷术印制的一套《中国名画集》已出版，这套画集较好地显现了笔墨浓淡和阴阳互生的转化关系，由清末状元张謇题写书名，上海的有正、商务等几家大书局都有销售。这套画集，由高档铜版纸精印，是了解中国历代名画的佳本，也是学画者临摹的好范本。林散之很想买一套。但画集的价格很高，林散之手头拮据，一直为买不起这套画集暗自焦急，有了姐夫范期仁给的这一大笔钱款，买书的念头一动，就每天都在心里动荡，像是大海涨潮之水，无法抑制下去。书价太高了，如告诉了姐夫或姐姐，就一定会被阻止，林散之决定不声不响就下单。除了这套画集，他将自己平时写字画画欠缺的笔和宣纸之类的东西，还有想购买的书都列好名单，逐项对外汇款，款汇出后，八十块银圆只余十几块了。林散之一次性用这么多银圆去买这些图书、纸笔，让范期仁大为吃惊。可能是怕林散之心里敏感，他就没说这银圆来得并不容易之类的话，但直骂他是个不知生活事理的书呆子：这事传出去，保不准会有人说你是个败家子呀。在生活的意义和价值选择方面，林散之和像大姐夫这样的人差异很大，不在同一条路上。林散之虽感激大姐夫，在这些事情上，却一点也没指望姐夫理解自己。这银圆的价值，并不在于你已拥有了它，它真正的价值在于如何使用，一个人如何使用它，能看出一个人如何理解生活。林散之用这些银圆买了画集、宣纸和毛笔，在他心里，它们都比银圆更值得在意。画集和纸笔都到手了，被骂也不生气，林散之回到房间兴奋地将画集打开，忍不住一个人独自微笑了起来，许久未落实的愿望实现了，他快乐得几乎直想去乌江街上，告诉他的两位文友许朴庵、邵子退，他终于拥有这套心慕已久的《中国名画集》了。其实，在日常生活方面，林散之向来都没什么奢求，吃饭穿衣都很节俭，有点小银子也舍不得花，更不会乱用，唯独在买书和纸笔这方面，爱诗文艺术的痴劲一旦发作了，买起来就大方得出奇，几乎不顾今后的日子怎么过。

买回画集后，林散之如获至宝，有空闲，就细心观看作品，并认真临习，每日笔不停辍，经常深夜不眠。范期仁进门看了他临摹的作品，他不懂艺术，觉得画得像就挺好了，当他看到林散之画得几乎和原作一样，便知道关于林散之的传言不虚，内弟画画的天赋果然不寻常。

范期仁越来越富有，知道想藏也藏不住了，就开始整理起家庭门面。他想在大门两侧做一些石雕装饰一下，让别的工匠来做这事必须花钱，内弟如果也能做石雕，岂不更好？做石雕这事，林散之从没干过，觉得它与刻印章的道理应是相通的，思忖了一会儿，他答应帮姐夫做这事。在林散之眼里，做石雕，也是一种艺术。林散之去采石场选好合适的石料，搬运工将石料运到卜集范宅，一番构思设计后，林散之就开始动手雕刻了。这期间，范家院子里除了读书声，又多出了一些铁锤和铁砧敲击石料的声音，林散之每天铁锤在手敲敲打打，听着这声音，也觉得蛮有诗意。

几个月的劳作后，范家大门的两侧，出现了饱满的石鼓，东西两边的外墙上，龙、凤、狮、虎这四种吉祥动物的头像，已装饰在墙面上，看上去很有气势，惹人注目。这些石雕在做工和艺术上，还有不少可再讲究的地方，但范期仁已觉得雕刻得很好，他笑得合不拢嘴，范家门庭已旧貌换新颜了，非往昔可比。

范期仁给林散之的酬劳不会少，林家的日子已好过了许多。林散之二姐也嫁了富裕人家，二姐夫去世较早，二姐没有儿女，在家又能做主，对她弟弟家常有一些补贴，林散之对家庭的牵挂少了一些，读经史之外，大量时间和精力都投入在诗书画方面。他对诗书画的痴迷和投入，范期仁看在眼里。林散之来范家教书，对范期仁这样的人也有点影响，儒家重文轻商，但商家重商，不一定要轻文。范期仁想到儿女将来要继承家业，时代变了，没一些文化恐怕不行，而内弟林散之在乌江同龄人中才华出众，埋没了就很可惜。况且，林家和范家在大谱系上也算是一个大家族，林散之教范家儿女，既耐心又认真，可以说非常投入，一点也不马虎，还讲得头头是道，他心想，以后这个内弟真有大出息了，对范家也会大有好处的。想到这些，他心生一念，决定把林散之引荐给一个人，如果这个人愿意收林散之为弟子，从做学问到诗书画以及个人修养等方面，对他都会有较大帮助。

第七章
恩师张栗庵

范期仁要为林散之引荐的这个人，按乌江民间的说法，是林散之一生中最重要的贵人。林散之能成为日后名载史册的书法大师，与拜这个人为师有极大的机缘关系，甚至有人说，林散之当年如果不认识这个人，诗书画这条路可能中途就断了。就算这条路林散之能继续走下去，并有一些成就和名声，林散之也极可能是另一个林散之，绝不会是今天人们谈论的书法大师林散之。一个人能在这世界上成就一些事，产生大的影响，个人的天赋和意志力无疑是很重要的，但人生中的机缘也格外重要。这些关于林散之的议论，似不无道理，但许多议论者止步在某些常识中，并没有朝事情的更深处去想：对一个欠缺天赋和意志力的人来说，生活中许多被人们称作机缘的事，根本就算不上是真正的机缘。其实，人们议论的重点，并不完全是林散之这位恩师在儒家文化上对他的影响，而是后来他介绍了林散之拜黄宾虹为师——此后，林散之在艺术方面才真正开窍。这个事实已众所周知。林散之在后来谈及黄宾虹时，感恩之情每每流溢于文字。

范期仁关心这位内弟的成长，心里还藏着些私欲：如若林散之日后有大出息了，大姐夫的功劳不小，范家也会沾光的。他向林散之推荐的这个人，辛亥革命后从山东辞官回乡，在和县、含山县教书行医，他就是见过世面的前清进士张栗庵。

邵川编著的《林散之年谱》载："张栗庵（1870—1931），原名学宽，含山褒山乡下陇村人。童年读书过目不忘。弱冠以前，已博览群书，熟读经史百家。中年以后，锐意学医，终成为远近闻名之儒医。光绪三十年（1904）中进士，旋授山东莱阳知县。辛亥革命后，谢政返里，购置田庐，常在和县、含山县流动居住，曾设银杏坛课徒讲学，著有《观复堂诗文》《四书札记》等。"

张栗庵1904年中进士，第二年，袁世凯、张之洞等清朝重臣联衔上奏《立停科举推广学校并妥筹办法折》，认为"科举一日不停，士人皆有侥幸得第之心，以分具砥砺实修之志"。就是说，如果不废除科举制，文人们只会趋之若鹜地应考科举，追逐利禄，那么，兴办新式学堂为国家培养实用人才的作用，就会大打折扣。他们联名提出立即废除科举，并给出革新教育体系、提倡新学的建议，打消了停办科举的后顾之忧。1905年9月2日，清廷宣布废除科举制，一千三百多年的科举制寿终正寝了。张栗庵成了中国科举史上最后一批进士之一。

1911年，辛亥革命爆发，清朝皇权政府虚弱不堪，很快就陷入崩溃解体之危，各地大小官员知清朝已无力回天，纷纷弃官自保。仕途中断的张栗庵，回乡讲学行医。当时的失意官员们，大都感叹时不利我，也都有生不逢时的郁闷。这种清朝失意文人的集体性郁闷，张栗庵也有过，但他回乡已购置了田庐，到1916年，在和县、含山两地讲学行医已有五年了，在政治上受挫产生的郁闷或许已有所排遣，不再像辞官返乡之初那样，郁闷积压在心而不能与人言。

不过，张栗庵在山东做了七年知县，在政治感情上，对清廷不会无留恋之心，辛亥革命倡导民主宪政，张栗庵不可能认同。再说，1915年12月，袁世凯称帝，复辟了帝制后，重用反对共和、主张君主立宪的杨度，又重提尊孔，并正式颁布了《尊孔令》，公开恢复了清朝的尊孔规定，要人们恪守儒家的纲常伦理。许多失意文人知道辛亥革命失败了，似乎又看到了一丝曙光。袁世凯只做了八十三天皇帝，复辟之事也失败了，但复辟这件事在张栗庵的意识里，很可能印证了民主共和在中国欠缺社会基础。复辟帝制虽失败了，但中国政治中崇儒的力量仍在延续，连维新运动的领袖康有为都认为："中国民不拜天，又不拜孔子，留此膝何为？"儒家思想和文化在中国根深蒂固，而中国危机深重、国力明显不如西方列强；对儒士们来说，如何看待西学与儒学，这一问题攸关国运。对此，清朝重臣张之洞主张的"西学为用，中学为本"这个观点，张栗庵是大致上认可的。

林散之从范柳堂学画读经和从范培开学书时，就听说张栗庵是清朝进士，是个在儒学上修为很深的人，他的书法启蒙老师范培开就是张栗庵的弟子。林散之仰慕在心，也想过有朝一日能求学于张栗庵门下，只是无缘拜见，得知大姐夫要介绍他认识这位当地名儒，喜不自禁，那几日，他催促大姐夫早日动身。

张栗庵居住在和县卜集渔网家村，距林散之大姐夫家不到十里路程。范期仁备好一些拜师礼品，带着林散之去张栗庵处拜谒求教。张栗庵看了林散之的诗文，又与林散之聊了一些经史之事，得知林散之大伯父也曾在清朝为官，是建威将军，而林散之自小便接受儒家思想的滋养，从未接受过新学，觉得面前这青年谈吐不俗，没被时下流行的杂气所染，且在儒家经典和诗文书画方面，又有相当好的基础。张栗庵在和县和含山课徒这几年，未遇天赋不凡之才，能有这样的弟子入门求学，甚为欢喜，当即便答应收林散之为弟子。张栗庵语重心长地对林散之说："读书人到了能自立之时，首先要知道门径，一定要明确师承，讲求法度，自古学无绳尺，鲜有所成，读圣贤之书，不能满足于小有感悟，切不可图虚名，有了实学真才后，也不能不谦逊。"恩师这番推心置腹的告诫，林散之句句铭记在心。林散之师从张栗庵不久，张栗庵见弟子酷爱书法，并曾拜自己弟子范培开为师，他为林散之引正了书写门径后，还赠送了一本宋拓石印索靖《月仪帖》，并在上题字云："散之大弟，精心学书，而无佳拓，以此助其攻。"题后又附言："此帖文古其宕，具云鹤游翔之势，其为宋拓本无疑，墨林之宝也！"

拜张栗庵为师后，林散之昼夜苦读，从不懈怠，书桌上堆放着各种典籍，其中有让林散之一读再读的《论语》《史记》《汉书》《后汉书》等古籍经典。他的读书笔记每天都叠得很高，日日苦读又时时勤思。林散之书读得多了，疑问也越来越多，过去对一些事物的判断，在他现在看来，是当初见识上的幼稚，有一些属于不知深浅的自负。自以为是者，除了品质和性格因素外，客气点说，大都胸襟未开，其实是不知自身浅薄，又不具内省精神。从古至今，这类自以为是的事，最容易发生在一些读书人身上。林散之认为，以前那个自己，就是这些读书人中的一个，记忆中的那个虽也勤学苦练的自己，对这个世界只是略有所知。每次，听老师张栗庵从容阐释经典或在书中读到前人光芒闪动的见解时，林散之既激动又有点羞愧，总觉得以往的自以为是有些可笑。

这时期，林散之的阅读理解力和感悟力正在提高，他开始看清一个事实：在诗书画方面，无论是诗，还是写字或画画，自己才刚入门，夸赞他画的人，其实绝大部分只是觉得画好看，并不懂艺术；而老师范柳堂对他写诗才能的认可，可能只是勉励，是为了激发他写诗的潜力。《古棠三痴生拙稿》中的一些诗作，以前他还觉得比较满意，现在看来，不过是敝帚自珍罢了，想一想都心生愧疚；而画和书法，都还只处在艺术模仿的阶段，根本谈不上是真正的艺术作品。加上以前所学经史，思路和脉络也都还不是很清晰，他常会有一些茫然的感觉。

受教于张栗庵后，林散之仍在姐夫家认真教两个外甥，有空就筹划着怎样才能在老师张栗庵门下学得更好，真正贯通这些经典。与其他同门师兄弟比，至少要尽可能做到后来居上，才算是不辜负老师的厚望——这个想法，是林散之对个人成长的要求。能在恩师张栗庵这里求学，重筑儒家思想和诗书画艺术的基础，林散之觉得自己特别幸运。

第八章 熟读经典

张栗庵很器重这位弟子，每次指点他时，都力求详细入微，担心留下致惑的瓶颈。为了打开林散之的阅读眼界，除了让他再细读《论语》《大学》《中庸》《诗经》这些经典，也要求林散之读一些历代重要的注经文本，了解前人是如何理解经典的。为此，他开出了必读书单，并破例允许林散之去他的藏书斋阅读。张栗庵的藏书达两三万册，其中藏有儒道释各类经典以及史书和历代诗文集，还有大量书法碑帖和各种画集，在和县和含山，说张栗庵是个藏书家，也名副其实，没什么异议。张栗庵对这个刚入门的弟子尤为关心，根据林散之以往所学达到的程度，指导他理清学习思路，以期学问的根基更扎实。他慎重选择之后，推荐了一些书给林散之，让他带回家去认真细读，反复思考。"学而不思则罔，思而不学则殆"，这是孔子倡导的读书方式，听起来已有点类似老生常谈了,但要真正做到,难度之大会超出人们的日常想象。张栗庵告诉林散之,读书只有勤奋还不行,不能满足于只知道书中说了些什么,一定要有所思,才能真正有所得。不过,张栗庵辞官回乡行医课徒之后,像古代大多数文人一样,到了人生失意之时,或多或少接受了一些道家思想,但崇儒意识不会从根本上改变,他至多只是让林散之如自己一样,依孔子之思去思。一个人思的方式决定着思的能力,对于同一种事物,由于思的方式相异,会产生相异甚至相反的判断,学会如何思,是思之为思极为重要的事。在这方面,中国古代的文人们少有自觉,也向来都没对此引起足够重视,他们已习惯过引经据典的文人生活。张栗庵也在其中,他期待林散之成为满腹诗书的人。林散之学有所悟,所悟者,不外古代圣贤们阐述的道理,如有不解之处,便来张栗庵家里解惑。张栗庵这个藏书斋名为"观复堂",除了各种经典,其中还有大量名碑、名帖和一些画集,以及书论、画论方面的古籍。这方面的书籍,林散之以前接触得很少,在观复堂中,林散之算是开了眼界。张栗庵也擅书,对绘画之事也有一些兴趣,在书画方面,虽无出类拔萃的才华,但在书画上的见识和对书论画论的把握,却不是寻常文人能与之并论的。张栗庵看了林散之临的碑帖,便提醒林散之,不要一喜欢上某个作品就兴冲冲立即去临写,临写之前,一定要对所临作品反复阅读,读到整个人与所临的作品气息大致相通时,再去临写,就不会形似神远了。另外,要读出名帖的妙处所在,必须提高自身的人文修养,不具备比较高的人文修养,就很容易为技所役,以至于匠气过重。这些要领性的指点，让林散之此后在书法临帖上受益匪浅。

入张栗庵门下后，林散之在经史要义领会以及诗书画各方面都长进不小，《江上诗存》的自序中，林散之谈及当年师从张栗庵学诗的经历："余学诗，先从含山张先生，宗盛唐，后改中唐，力宗少陵，为之弗辍，韩氏为百代所宗，又勉为之，宋之苏黄，变唐之体，由唐而宋，不倦也！"在书法方面，《林散之书法自叙》中记叙了他在书法这条道路上的几次变化："余学书，初从范先生，一变；继从张先生，一变；后从黄先生及远游，一变；古稀之年，又一变矣。"其中师从张栗庵时这一变，对林散之之后成为书法大师尤为重要，这一变，剥离掉了他对书法的一些不当认识。他从书法史上溯源，由唐入魏后，再由魏入汉，临习大量汉碑，用力甚深，又转而入唐。这期间，他尤宗二王书帖，正由楷入行，在行书上用功着力。在张栗庵的引导下，林散之研读历代书法大家的作品，认为书法之道无捷径可行，如欠缺扎实的行书习练，急于求成，便直接由楷入草，线条易于钉头鼠尾，狂怪失理，以至于诸病丛生。与林散之不断提高的人文修为有关，在张栗庵门下的这一变，不仅只是书法之技上的一变，较之以往，他的书法意识也有了不小的改变，多年后，林散之二女婿李秋水撰文回忆，在张进士门下求学后，林散之的书法，才算是真正入了门径。

第九章 中学与新文化

就在林散之于恩师张栗庵门下苦读经史，接受儒家人文精神的滋养时，激烈反传统的新文化运动在中国爆发了。

新文化运动是由陈独秀、李大钊、鲁迅、胡适、蔡元培等受过西方教育的人发起的，"反传统、反孔教、反文言"是新文化运动的口号，也是这次文化革新运动的主导内容。辛亥革命失败后，中国大部分文人和知识分子，陷入中国去向何处的疑虑和困惑中，情绪茫然。致力于民主共和的文人和知识分子认识到，这次革命失败的根源在于国民缺乏民主共和的意识，实现共和政体的当务之急是对国民进行启蒙，要大力推广共和思想，批判封建文化和儒家传统政治意识，在故土旧邦造就时代新人。

影响广大的新文化运动，肇始于陈独秀主编的《新青年》杂志上所发的反儒檄文，在中国政治文化史上，这是第一次大规模的反儒运动。运动起始阶段，对中国传统文化的批判比较激烈，否定儒家文化传统时不乏偏激之说。中国文化几千年来以儒家思想为根基，出现了挑战性的新力量，争执和较量就在所难免，像辜鸿铭、章士钊等涉猎过西学的文人，就坚持儒家文化价值，对新文化运动持反对态度，被陈独秀和胡适当作新文化运动的敌人。而对西方现代性有过一些反思的梁启超，1919年游欧之后，从个人对西方的切身感受以及与西方哲学家柏格森的交往中，知道西方思想也有诸多不足，他支持以爱国为宗的"五四"新文化运动，认为文化改造运动必须有批判的锋芒，但以革命的方式来推动就太偏激了。在世界政治大格局中，虚弱的中国有必要吸收西方的科学民主观，这绝不意味着儒家文化已一无是处。梁启超认为，儒家文化在中国，仍有一些值得守持的价值，对儒家进行拔根而起的批判，无益于中国的未来。不过，梁启超这种改良中国文化的想法，没有成为"五四"新文化运动的主流。袁世凯复辟帝制这个事件，让"五四"的精神领袖们认识到，不改造国民意识，民主共和在中国就没有社会基础。而要改造国民意识，改良并不是可取之法，历朝历代的书生气政治改良，并未出现过与家天下不一样的政体，中国人也从未因这一类温和性的改良而真正拥有过个人权利和自由。在这个共识下，文化上的革命成为当时最合乎时宜的方式，革命的有效性大于改良。儒家思想在中国早已为封建政体所用，西汉大儒董仲舒为了稳定西汉政治，主张立孔子为中国圣人，这个主张被汉武帝采纳之后，"诸不在六艺之科孔子之术者，皆绝其道，勿使并进"，封建皇权政治定儒学为一尊。自此，儒家思想就成了两千多年封建政治意识形态的基础。新文化运动的重点，就是激烈批判儒家传统思想和文化，彻底瓦解封建政治意识形态的基础，将变革时代中公众蕴含的思想力，从儒家意识的制约中解放出来。

这场运动的范围不断扩大，两年之后，新文化运动延伸到文学地带。1917年，文学革命兴起，知识分子开始从文学上推动新文化运动，新文学革命提倡白话文，反对文言文，提倡新文学，反对旧文学。紧接着，在北京又爆发了反帝、反封建主义的"五四"爱国运动。新文学的呼声越来越高了，应运而生的新文学成为"五四"新文化运动的重要部分，一大批写新文学的诗人、作家出现在文坛上，以白话文为重的中国新诗变得越来越形式丰富、自由多样。新诗的形式，最初是对西方诗歌的模仿和借鉴，它取代了中国传统的讲究对仗、平仄、韵律、用典的旧诗。此后不久，自由体新诗被人们广泛认同，各种诗歌流派出现在文坛上，较短时间内，自由体新诗已成为中国诗的主流。而旧体诗则呈现出了日渐衰落的景象，写旧体诗的文人越来越少了，就表达时代变革的生活而言，许多人认为旧体诗已不合时宜。

据林散之二子林昌庚主笔的《林散之》一书记载，从1915年新文化运动开始，到1923年，这八年间，林散之正跟随张栗庵潜心研习古典诗词的声韵格律，进入旧体诗写作激情旺盛的状态。另几部林散之传记也对"五四"新文化运动只字未提，从这几部传记看，林散之从没写过一首新诗，对这类新诗从没兴趣，这与当时的文学现象反差极大。不过，林散之留下的所有文字资料中，不见他这个时期所写的关于文学革命的诗文，这是个令人困惑的空缺。林散之诗集《江上诗存》中所选的诗，自1928年始，是对这八年间所写诗作不太满意才未选入诗集，或是另有他因，我们不必急于去下判断。显然，这时期他所写诗文不见蛛丝马迹，这不意味着林散之与张栗庵在一起时从未谈过新文学。清朝进士张栗庵在古诗文中长大，对中国文化先贤的敬意甚深，成为清朝进士后，仕途中断于辛亥革命，回乡行医课徒。像当时的许多进士一样，张栗庵没有选择与民国合作，而反传统、反孔教、反文言的新文化运动，与他个人的价值观是直接冲突的，"五四"新文化运动中产生的新诗，从诗的形式、情感倾向到艺术观念，都与他的文化取向相左。由此去看，"五四"新文化运动时期，张栗庵几乎无接受新诗的可能性，在这种心理定式中，即使他不认为新诗是一堆堆斯文扫地的文学垃圾，即使不说新诗文质不相应，败坏了中国文学传统，有辱文学先贤，他与弟子林散之谈及新文学，谈及新诗与旧体诗时，也不可能态度暧昧，张栗庵对古诗文的认同会一如既往，不会建议弟子林散之去尝试写新诗。而在林散之心里，一向守持儒道的张栗庵，无疑是当时所见之人中最富学养也最有修为的人，张栗庵的文化取向直接影响着林散之，林散之不写新诗，或拒绝写新诗，不能说不与此相关。

任何诗人，都存在于时代生活的具体境遇中，绝无例外。作为诗人，那时的林散之虽身在乌江古镇，偏于一隅，但并不是置身在时代之外。对一个诗人来说，新文化运动之于时代变革，绝不会无足轻重，张栗庵在教授林散之诗文时，或深或浅，都会关涉到这个方面的事，甚至涉及"诗人何为"这种更重要的话题。"诗人何为"这样的话题，张栗庵不一定能谈得精深入微，大致不出对儒家诗学观"志于道，据于德，依于仁，游于艺"的阐释。其实，诗人之为诗人，对存在的秘密和人的命运尤为关切，不可能没有在世中的社稷担当，时代正发生重大变革，一切旧有的权威事物，都可能以另样方式被重新言说，思想观点的争执如此，文学的争执更是如此，而且往往会成为先锋。"五四"新文化运动的争执，与当时每个中国文人都相关，也与整个国家共同体将如何存在相关，诗人林散之与老师张栗庵不可能立身其外，在这场争执中沉默，可能是一种抵制，也可能是一种不同于抵制的态度。其实，在"五四"时期的文化争执中，一个人选择什么或拒绝什么，或迟疑在两者之间姿态摇晃，都会流露出一个人的文化倾向。仅就新诗与旧体诗之争而言，林散之不可能没有自己的倾向，幼学之年，他便已对旧体诗由衷喜好，"五四"运动时期，林散之的旧体诗已写得颇见才情，生活中的情景和意事，已能大致融贯于诗句之中。与老师张栗庵一样，他不认同新诗的可能性极大，他们甚至有可能会认为，所谓新诗，根本就不是诗，只是一些分行的文气不通的杂乱文字，连文才普通的散文都算不上，遑论为诗。当然，这只是根据张栗庵和林散之个人倾向做出的推想，而且很可能是极端的推想，并无实据。

这仍可再往深处去打量。清朝皇权崩溃之后，民国时代的文化变革力量，对绝大多数人产生了很大影响，而对极少数人却几乎没有影响。书法大师林散之，当时就属于这极少数人中典型的一个，为什么会有如此这般的现象？仅用文化进步与保守的尺度来丈量，被影响者一定是进步的，而不被影响者必然保守，这尺度，并非对所有人都合适。如果这尺度本身就有问题，这丈量就绝无抵达实事的可能。那个时代，泥沙俱下的生活中有许多晕圈，晕圈中存在众多人们看不清楚的东西，这些晕圈大多数产生于主流力量。民国之初，主流即进步，这两个概念都被注入了不同的文化假想，它们经常被混为一谈，从进步的最高意义来讲，人的成长，才是进步的根本诉求，一切耽搁人之成长的时代事物，一切有碍于人向往成熟的时代事物，皆是对进步的反动，或是对进步这个概念的利益性挪用。如果一个时代的主流力量没将这个根本诉求包含在自身中，那么，这种主流力量就未必是进步的东西，而被称为边缘的力量，但也未必就没有进步性可言。再从文化上来看，人类历史上有启示性的文化事件，大都产生于与主流意识相左的边缘力量，这种边缘性力量，不会像主流力量那样醒目，也不一定聚集为小群体，它首先总是与生命个体的意识有关，在时代的大语境中，它可能不声不响地独立于一隅。

　　我们可以换一种方式，再谈"五四"新文化运动时期的林散之，从具体的生存境遇去理解林散之的个人选择。"五四"新文化运动的风潮，波及各省大大小小的城市，这场运动的时间持久、影响甚大，乌江镇离南京只一百里左右，传播新知识疏远儒学的新学堂，几年前已在乌江显示出竞争力。虽然这古镇上的儒风仍时有拂动，年长者们看待事物的方式、日常交往中所守礼节，仍与帝制时代没太大改变，但乌江毕竟已是民国的乌江，这个古镇上的读书人，不可能对这场运动一无所知。年轻人不像父辈那样守旧，他们对民国新事物更好奇，不相信崩溃的封建帝制会去而复返，绝大部分与林散之同龄的人，不再读经史子集了。在乌江，儒家的思想和文化价值，也不再像以往那样不可置疑。"五四"运动激烈反传统的精神，在乌江镇的文化圈子里也有一些呼应。这个时期，与张栗庵的师生之情越来越深的林散之，师古之心也更甚于以往，所写诗文皆具古意，直追唐宋文学先贤。关于"五四"新文化运动为何会在中国发生，它对当时的社会变革意味着什么，林散之有没有想过呢？想了解青年林散之的人，对这些问题不感兴趣的可能很少，这些问题，与林散之的社稷心相关，与他对自己所处时代的理解相关。但对这些问题的解答似已不太可能，林散之的诗文以及他与弟子们的交谈，《林散之年谱》以及林散之儿女的回忆文字，都没留下任何可供判断的相关资料。

  不过，我们从林散之对他所处时代文学的态度，至少也能看出一些他个人与那个时代关系的端倪。作为诗人，林散之诗性常在，在他长达七十几年的写诗生涯中，写诗，这是内在于他生命不可或缺之事，经常是比书画更重要的事，只要几天不读诗或不写诗了，林散之就觉得生活很贫乏无趣。

但他对诗的理解和认同，与他所处时代的文学风气并不契合，在生活志趣和形式表达上，甚至有些格格不入，人们似乎可以认为，林散之在文化上崇古敬古，远甚于人们对时风的认同。新诗产生几年之后，已显赫地居于时代文学的主流位置，旧体诗其实已在文学史上让位于新诗了，这个事实，林散之并非不知道，但他一生从不写新诗，或者说一生拒绝写新诗，根本不在乎别人说他不合时宜。而旧体诗的写作，林散之七十几年来从未间断过，一直延续到他终老之时，但这些都并不足以说明在写诗这事上，林散之是个厚古薄今的人，写旧体诗，也可能只是林散之的个人喜好。林散之喜欢旧体诗和中国传统书画，心态上从不游离，甚至守持得有点偏执。林散之一生经历了近二十次复杂的运动，在这种时代情境中，在他感到诗书画的愿望难以实现时，他仍心向往之。林散之不写新诗，并不能证明他一定认为新诗不如旧诗。新诗产生至今已一百多年了，新诗史上一些颇有成就的诗人，即使他们从不写旧体诗，也不一定认为旧体诗不如新诗，更不会否定旧体诗在文学史上的意义和艺术价值，只是觉得旧体诗的写作已几乎制度化了，它强调对仗、平仄、韵律、用典等，形式约束性大，在表现形式上欠缺鲜活度和丰富性，自由度较低，已与变革中的时代精神不相契合。

在乌江，一些接受了新知识的人，认为林散之不识时务，守旧思想较严重。但林散之并不在意写旧体诗与时代精神合不合拍，"五四"新文化运动那些年，林散之一点也没偏离自己筹划的道路，他生活的姿态和意向不变，继续跟随张栗庵研读已受批判的儒家经典，每天习练书法和画画，继续写旧体诗，仍以儒家思想教授私塾，这与"五四"文学精神，与那个时期的文化主流很不相契。不写新诗写旧体诗，虽是林散之个人兴趣使然，也是他关于诗体的个人选择，这兴趣为什么未被新文化运动改变？如仅从张栗庵对他的影响来谈，判断的理由显然不充足。"五四"时期，中国在思想和文化方面的较量，可谓风云不定，复杂又激烈，许多年轻人走上了与师门相背的路。一般而言，一个老师对弟子的影响，不会大过整个时代的影响，除非弟子与老师的人生愿望完全一致。

综合来看，林散之之所以几乎没受到"五四"新文化的影响，有一个更深层的原因不可忽略，林散之执着于诗书画艺术，念兹在兹，对生活中的琐事心不在焉。林散之十九岁结婚之前，母亲一直公开称他为呆子，主要是由于他对诗书画投入得太深。但林散之知道自己必须矢志不移，才能有所成，诗写了十几年，还不敢冒昧言追李、杜、苏、黄这些大诗人；书法虽多有习练，凡名碑名帖，皆心摹手追，这还只能算是入门，未及堂奥，书法史上的二王及其他书法大家之精髓，尚待潜心领会；于绘画一事，林散之觉得自己只初悟水墨之道，其精妙还远未了然于心。诗书画之路，林散之誓愿一生行走其上，中国人文传统中有太多东西吸引着他，最根本的缘由在于：他不愿意与先贤们的人文精神断裂，林散之内心之所求，有别于那个时代的共识。

从1915年到1931年，这十六年间，中国儒家文化一直受到新文化的激烈冲击。而林散之与恩师张栗庵不合时风，正往儒家文化更深入处去，张栗庵尽自己多年来在儒门中所学所悟，对弟子林散之倾心相授，又循循善诱。从经史子集到诗文书画，涉及面既广又深，并启发林散之不可只满足于寻常之识，重文者入而不能出，就很可能成为文奴，就书法和绘画来讲，历史上的书奴、画奴不乏其人。对儒家文化要真正领会贯通，达到文而化之，佛家有转识成智之法，也不妨去留意一下，甚至从在乱世中好习性如何养成到立身处世的方式，张栗庵也都不遗余力地教授弟子，在尽为师之责方面，他堪为师表。林散之师从张栗庵十五年来，执弟子之礼，求知若渴，学有所悟，在各方面都不负这位恩师所望。随着林散之学业的长进、个人修养的提高以及年龄的增长，张栗庵越来越喜欢这个弟子，他不再将林散之仅当作弟子了，有时，他也视林散之为他不得志人生中的一位朋友。与林散之在一起时，会谈一些书本之外的事，有些话题，与张栗庵个人的私事相关，比方说张栗庵回乡课徒行医之事，显然不是这位晚清进士的自主选择，清朝崩溃之时，晚清的知府知县们对抗共和则性命堪忧，大部分进士都选择了继续忠于清室之路，不仕民国，或乡居一心著述，或以课徒育人谋生。从帝制到共和的政体转换中，民国亟需各类得力的人才，接受过新学或拥护民国的进士人才，当然在首需之列。旧朝已没，政体已新，一批进士选择了与民国合作，他们不仅未断仕途，而且从天子门生一转身就变成了民国的精英人士。进入新政体的这些进士中，有一些与张栗庵是同科进士，他们大都当年在进士馆培训后便留学日本。张栗庵为1904年的三甲进士，没走出国留学之路，未接受过新学的熏染，直接去山东做了知县。辛亥革命后，张栗庵的政治取向反映在他不做"二臣"的行为上，回乡课徒行医，是不得已情境下的选择。中国历史上的许多文人不得志时，往往会以独善其身的说法自我安慰，真正能超然于尘世者很少。古代落魄士人有"不为良相，当为良医"之说，张栗庵回乡后不再轻言政事，在和县和含山这片狭小的社会空间主要以行医谋生，仍持守"医者仁心"这种儒家济世之愿，内心的苦衷不为他人知，也不愿与他人言，在和县和含山，他没有可以倾泻心中郁闷的人。弟子林散之入门多年了，熟读儒家经典，尤喜诗书画，但对书本外的事情所知不多，尤其是对政事知之甚少，只从自我修身的要求去读圣贤书，不问政事，与圣贤的根本精神有所偏离。对于时代的一些大事，林散之不能全然不知，但他辞官回乡这事，林散之不一定能明白与他出生之年发生的变法有多大历史关联，张栗庵如不谈及1898年的戊戌变法，林散之对这个中国政治史上的重要事件，不一定比乌江其他文人有更多的了解。

　　林散之是戊戌变法那一年出生的，戊戌六君子在他出生两个月前被清廷在北京菜市口杀害，这个事件产生的社会阴影风吹不散，对十三年后崩溃的清廷来说，说祸起戊戌，并不是无根由的历史想象。对戊戌变法之事，清朝进士张栗庵不可能无所思，在张栗庵的意识里，戊戌维新运动，不能只界定为光绪帝被康梁力量所利用。戊戌变法未能从国情出发循序渐进，变法忽略了当时的社会条件，过于冒进，没有应合晚清现实情境的改良尺度。过犹不及，欲速而不达，清政府觉得维新运动的政治动机可疑，担心动摇了政权根基，才有消解维新变法力量的政治举措。关于戊戌变法，张栗庵可以告诉林散之的当然不止这些，八国联军挫败清军后，清政府出于自救在1902年实施新政。新政的主要内容和戊戌变法的内容基本相同，但清廷拒绝承认1898年的政变不当，并没对戊戌事件做出新的解释，被杀的戊戌六君子，也不可能因为实施新政而被平反。张栗庵认为，国无明君必有不祥，光绪帝被囚中南海之后，一直未恢复皇权，造成社会精英力量的分解，晚清没有决策国家大政的英明皇帝。1904年官制改造后，任用了一批有新学背景的官员居于要位，科举取消后，儒学呈衰退之势，自己身为知县的那些年，清朝官场旧时的腐败习性依然很重，对此，张栗庵有切实感受。清朝因辛亥革命瓦解了，张栗庵与林散之谈1898年变法之事，对戊戌变法事件，他有自己的反思，并为清朝的崩溃深感遗憾，从他对清朝的个人情感认同来说，对民国的新政体，不会有什么肯定的表述。

　　林散之对政治之事向来兴趣不大，他对出生之年发生的戊戌变法无个人见解，这个事件对他个人是否有什么暗示，林散之的感觉有点模糊，他知道恩师张栗庵的个人仕途正是中断于和戊戌变法有历史关联的辛亥革命，而走上回乡课徒行医这条退路的。张栗庵在民国已怀才难遇，他个人的政治价值观与民国政治主流相冲突，但林散之除了同情恩师的个人遭遇，并不理解更深层次的东西，林散之觉得这个争执不休的世界，绝无诗意可言，如以往一样，他仍认定诗书画之路，是这个世界上最适合他行走的路。

其实,张栗庵与弟子相处多年,知道林散之志在诗文书画。旧制已去,民国新政体与儒家思想冲突很大,林散之自小就接受儒家文化,近而立之年时,师古之心更甚,儒家文化的根基已深,与民国的主流文化相抵牾。这弟子艺术禀赋虽高,凡俗之事常不放在心上,但像所有人一样,他不可能生活在时代政治之外,不早一点知道这个人生事实,以后弟子执意要走的艺术之路,可能会出现意外的波折。在和县、含山这一带,张栗庵的弟子不少,林散之除了儒家学识高出他的众多弟子外,在诗文书画这方面,更没有一个弟子能与林散之并论。张栗庵对弟子林散之另眼相看,格外器重,不忍看弟子以后像自己如今这样怀才不遇,他教授林散之时,弟子哪些地方尚显虚弱,哪些方面还有欠缺,留意在心后,便因材施教,林散之上门请教时,张栗庵倾其所知,比当初教自己的长子张伯禧时更用心。林散之回忆自己跟随张栗庵学习的情景是:"力薄而涉远,学浅而尝深。"可见,张栗庵依据林散之当时学习的实情,经史并举,为林散之解惑时引经据典,着意拓宽林散之的眼界,引导这位弟子"究天人之际,通古今之变"。

第十章 更名

　　林散之原名林以霖，有时简用林霖，张栗庵觉得弟子以林以霖或林霖为名不太好，不如改名为林散之，张栗庵并没详告为什么要改名为林散之。林散之十七岁治"林三痴"印，林家后人猜度林散之这个名是取三痴的谐音，林散之自十八岁用此名终身未变，其实，张栗庵为弟子林散之改名可能另有其意。

　　张栗庵除了课徒教书，在当地，他还是个颇有名望的儒医。作为儒医，源自六经之首《易经》的阴阳五行术，是中医之为中医的根本精神，张栗庵对此有较深的研究。"子不语怪力乱神"，张栗庵对圣人孔子敬意深厚，研究阴阳五行术，只是为了悬壶济世，而依凭生辰八字，为一个人起名改名或算命之类的事，是儒门读书人之忌。这些都与《易经》的象数学有关，孔子早年就认为，易理远高于术数。为林散之改名时，张栗庵已四十七岁，离孔子知天命之年只差几岁，由于行医，他必须掌握阴阳五行知识，可能比晚清其他进士对易经多一些研究，对易理也可能会多一些领会。张栗庵的一生，以圣人孔子为宗，即便他偶尔留意过象数学，林散之也未必知道。

其实，孔子也曾对象数学好奇过，早年曾为自己占得"旅卦"，人有所求，在常有风雨的旅途中颠簸折腾，无安定之所。这"旅卦"后来成了孔子大半生的写照，怀治国平天下之志，一心想做君王师的孔子，带领弟子们周游列国长达十四年，君王们认为孔子的思想不合时宜，敬而不用。过了知天命之年，孔子才意识到自己并未真正通达易理，这是他多年志大而不遇的内在缘由，"子曰：加我数年，五十以学易，可以无大过矣。"① 从"加我数年"这个假想看，这句话当是孔子六十八岁返回鲁国后对弟子所言。《易经》被誉为中国诸经之首、大道之源，孔子晚年改过而从命，研修《易》学，《易》不离身，手不释卷，"居则在席，行则在橐。"②"不问于古法，不可顺以辞令。"③ 孔子遂沉下心来，向祝卜学习，并以占筮为手段，意在另辟蹊径，着重从德义的角度钻研《易》学，最终达到对史巫的超越。孔子提醒弟子们："君子德行焉求福，故祭祀而寡也；仁义焉求吉，故卜筮而希也。祝巫卜筮其后乎。"④ 孔子作《易传》时，尤重《易》之精深大理，而不重

---

① 出自《论语·述而》。
②③④ 出自帛书《周易》之《要》篇。

占筮之术数，后儒门中人习读、理解和阐释《易经》时，皆以《易传》为准，而八卦生辰八字、四柱五行起名算命这类占筮之术数，都被视为儒门不宜。

《易经》为六经之首，只读《大学》《论语》《中庸》，而不潜心读《易传》，终难把握孔子思想之精髓。张栗庵一定与林散之谈过《易经》，诸如"一阴一阳之谓道""形而上者谓之道，形而下者谓之器"，这些《易传》中阐述的道理，儒门读书人不能不知，也不可只满足于略有所知而不求甚解。关于易理，张栗庵会依己所悟向弟子耐心做一些阐发，但不会涉及易经中的术数，给林散之改名，更不会让弟子觉得这名字与术数有一些关联。林散之与林三痴，已有民间喜好的谐音之妙了，林家后人也都以此说为准，为什么说张栗庵为弟子取这个名可能另有其意呢？林霖，是林散之父亲为他取的名，多年无儿的林成璋中年得子，自是喜不自禁，觉得这是上天赐予的恩泽，取霖这个汉字为名，有沛雨甘霖之意，《左传》云："凡雨自三日以往为霖。"引申义为恩泽，但张栗庵如从五行术数来看，林霖这个名字就不算是好了，《说文》："林，平土有丛木曰林。"众木成群相聚为林，林这个汉字，本就是木多之意，林与霖这两个汉字结而为姓名，姓名中就赫然有四个木字，在中医思想中，凡生长生发之物，皆寓之于木，但木如过盛了，枝叶必繁密而风气不透，加之霖字又意为久雨，不见晴天日光的照耀，气息就一定晦暗。

观林霖这姓名的汉字之象，有幽晦淤积之气，不利于身体健康，也不利于个人成长，故张栗庵为弟子取林散之为名。

散，在中医称药末，意在让身体中病集之物松开、予以排遣。林这个汉字，双木在身，要消解它自身既有的幽晦之气，以期弟子林散之在生活中心智大开，通古今之变，成就自身，又惠及社稷。但改名之事，涉及林姓这个汉字之象，张栗庵是熟读史书的清朝进士，应知道殷商比干之事，比干乃林姓之祖，由于在政见上与商王相左，言行偏于固执不通变，被商纣王帝辛砍头。林姓源头之事，有血腥气，是政治史上的一个悲剧，张栗庵就算知道历史上比干之事，也不一定会说出来。此外，林霖这个原名，又是林散之少年失去的父亲所取，张栗庵为林散之改名的这番心思，自是不便与林散之明说。

张栗庵为林散之改名，可以说是一种馈赠，这馈赠中，既有张栗庵对弟子的关切之情，也有中国传统文化中林散之未觉知的东西。林散之领受这馈赠后，虽感激在心，但对这馈赠的寓意，未必就真的明白了。

以上所言，如从五行思想来看，似更符合张栗庵为弟子更名的初衷。说林散之的更名与"林三痴"谐音相关，此说意在渲染林散之对诗书画的痴迷，似有点牵强。不过，这只是对林散之更名之事的一种揣度，仅供人们参考。

第十一章 问道

　　林散之学到的东西越多，由于勤于思，问题也越来越多，问道意识也越来越急迫了。弟子有问道意识，张栗庵觉得弟子已进入可喜的成长状态，自己也仍在问道的路上，与弟子一起问道不亦乐乎。孔子晚年作《易传》，以易理推行仁道，张栗庵已大致与林散之阐述过，为避免误导弟子，他从不涉《周易》术数，不谈鬼神世界的事。子曰："道不远人。"世界之事，因人而生，没有人的在世，世界就是一个物的世界，它自然而然，是其所是，一个只有物而没有人事的世界，根本上就不存在事物了，一个因人而成事的世界，才是人成长于其中的生活的世界。于是，当孔子说"道不远人"时，便也意味着道不离事，圣人推行的仁道，为时代生活中各种幽晦的欲望所蔽，要在行事做人中去接近。张栗庵要弟子将读经和读史这两者契合起来，读史以明智，史乃人事之史，无人事，则无史可言。经与史,不可割裂开来去读,它们有同一可溯之源,要汇通去领会。在这个乱糟糟的世界中,张栗庵再三叮嘱弟子,不要被俗世的欲望所惑,要坚守圣人的仁道,在生活中践行,成为《中庸》里所说的明明德的君子,成为叩其两端、执两用中的近道之人。

在才华、学识、眼界、修为、品性各方面,林散之对恩师张栗庵都敬意在心。"朝闻道,夕死可矣",林散之与民国的时风相左,在乌江问道于张栗庵。一个人在世间的存在,短暂而有限,不负这短暂有限的生命,想在这世界上成为有作为的人,毕竟不多,绝大部分人从不想这类事,得过且过,随波逐流,他们只生活在炊烟、性与纸币中。在许多人眼里,这"闻道"之事,只是一代代书生自找烦恼的事。其实,孔子"朝闻道,夕死可矣"这句话,并不是说自己尚未闻道,孔子自认为已仁道在心,而他所处的时代幽晦未明,未能接受自己的政治主张,儒家对所欲之事,有"虽不能至,然心向往之"的执着精神,如能闻知这仁道运行于天下,"夕死可矣",也是生命之愿望实现后的自足。关于"朝闻道,夕死可矣"这句孔子名言,对弟子林散之做如此这般的解释,与孔子当初的感触相通,也合乎失意儒门人张栗庵的心理。张栗庵不会想到的是,这句话如不是记录在孔子自省前的《论语》中,而是在作《易传》之后说出来,似更有圣言的意义了。像历史上许多失意的儒家文人一样,张栗庵回乡之后,也有由儒而道的隐退意识,私下也会对老庄思想有所涉及,在他的观复堂中,就有许多关于老庄的注释文本,儒门中人对孔子曾师老子之事大致认同。从哲学上来说，老子所言之道有一个形而上的维度，有对存在之缘起的关注，相比于孔子的仁道，更接近事物的本真，也超越各种现实政治，它广大深邃。张栗庵不一定完全赞同老庄，但弟子读《老子》和《庄子》，他绝无反对的意思，在中国文化历史中，儒道思想也曾有过多次互补，林散之能从老庄思想中吸取一些文化滋养，多点自由意识，少些受制于社会的暗示，这对作诗、写字、画画这类艺事是多有益处的。毕竟，历史上的大诗人和大画家，儒道思想兼备者多，弟子林散之适合游于艺，其他方面的事林散之虽也能为，要做出点名堂和影响来，是没多大指望的。年近花甲的张栗庵觉得除了深读经典入仕从政之外，闻道方式还有多种，诗书画艺术，也是人生在世"闻道"的一种方式，有可能是一种更好的方式。

　　林散之接受恩师的谆谆引导，立命于诗书画，要一生诗意地劳作和栖身于这大地。对张栗庵为师十五年之恩，林散之铭记在心，与乌江的诗友们在一起聊天，他言谈举止彬彬有礼，都能看出张栗庵对他的影响。最使林散之感恩不尽的是，张栗庵为他引荐了另一位良师：黄宾虹。这对林散之今后成为书法大师，是一次命运转折式的引荐，可以说，林散之的艺术生命，当时还处在暗夜中，黄宾虹正是及时出现的曙光。

　　张栗庵很了解这位弟子，包括林散之的性格、个性、个人禀赋和喜好以及已养成的生活习惯，在教授林散之时，能做到扬其所长，避其所短，纠偏扶正，可谓引导有方。林散之天资聪颖，勤奋好学，且学有所悟，至而立之年，他在安徽东乡一带已有不算小的名声了。在乌江,他教书的薪资已涨到了一百二十银圆,上门求字索画的人也逐渐多了起来。当时,林散之写的是楷书、隶书和行书,画工笔画、人物画学陈老莲,山水画因无人指点,偶有为之,画得较少,主要是临摹王时敏和王翚的作品。前来求字索画的人,大都喜欢林散之的工笔人物画,工笔人物画比书法受到的赞誉更多。林散之听在耳里,嘴上虽说我还画得不太好,不能算是好作品,心里却不禁暗自陶醉。

1929年春,他临摹了一幅元画家钱选的《陶渊明醉酒图》。陶渊明倚坐于竹榻之上,醉眼蒙眬,解开了衣襟,开散怀抱,可想见适才痛饮时的豪迈。陶隐士的仪态,随意、率性、自然,从画面右侧的题字,可知他此时已真是小有醉意了。胸腹袒露的陶渊明对客人说:"我醉欲眠君且去。"这种不拘常礼的随意,还在于画中陶渊明慵懒的身姿,那双惺忪的醉眼似不愿睁开,画面的右下处是狼藉的杯盏。林散之临这幅作品,不仅出于他对作品艺术层面的喜欢,作品表达的隐士人物是田园诗人陶渊明,陶渊明也曾为县令,不满官场风气,看破了官宦生活,才辞官回归田园。想恩师张栗庵也算隐居乡间了,虽未必引陶渊明为知己,或也有心意相通处。林散之临好了钱选的这幅作品后,欣欣然十分自得,自己先在家中欣赏了一番,便兴冲冲带着临摹作品呈给张栗庵。张栗庵在名画集中看过钱选的这幅画,知道弟子临这幅作品给自己看,或有些安慰或称赞自己的意思,他在心里领受了弟子这份爱师之情。常有人向弟子求字索画之事,张栗庵没少听说,他微微皱起了眉头，对着画沉思良久。这时，他想到更多的不是如何像陶渊明这般自在超然，不是这隐士般的生活如何在民国过下去，而是弟子画画的前景。没能得到老师张栗庵对作品的及时肯定，林散之的表情有点茫然。张栗庵站了起来，在书案旁踱了几步，又抬起头看了看窗外，有鸟正从窗口飞往远处，他回过头语重心长地对林散之说："汝学诗古文辞，夙所秉承，尚能进其所解，惟书画之道，各有师承，非可臆造，此汉儒经师，所以有家法也。汝今力学甚勤，岂可骛于虚声，空度岁月，应求真师，以谋深造。"[1] 张栗庵话中有话，未直接言明林散之已为虚名所扰，林散之听出老师的话中含有批评之意，自己在画画上稍有点小小作为，就沾沾自喜了，古往今来，诗画方面的大才，向来就鄙弃虚名，只有那些俗气缠身的庸常文人，才会为世间的虚名左右。这虚名，就像一种慢性毒药，初始中毒而不自知，久之，渗入了生命深处，如膏肓之病，难以救治。其实，关于虚名累人以至于虚名毁人的话，恩师张栗庵以前也曾对自己说过，想到这里，林散之不觉为自己汗颜。张栗庵看出了弟子的心思，让林散之坐下来，说出了完全不在林散之料想之内的话："吾友黄宾虹先生，海内名宿，宜急求之，黄宾虹与余为同学，尔欲师之，当为书荐。"

　　林散之自 1912 年正式学工笔画，至今已有十七年了，他先后以张青甫和范柳堂为师，所学仍仅限于工笔画技法。在

---

[1] 邵川编著.《林散之年谱》第 36 页，江苏凤凰文艺出版社，2016 年。

范柳堂处，已初涉工笔画与中国人文精神之关系，山水画完全在临摹自学，并未得山水画中笔墨之妙。张栗庵名画看得较多，丹青之事只是偶尔为之，不属此中妙手，与林散之谈论的也多是历代的画论，在笔墨及作品形式方面，少有具体专业的指点，一切要依靠林散之去领悟。林散之画了近二十年了，对中国画艺术仍只算是略有所知，还远待深入，和县、含山这一带虽文气颇盛，画画这类艺事，似已无名师可拜，林散之的心里也时有难以前行的困惑。张栗庵要推荐画坛名宿黄宾虹为自己的老师，对林散之来说，这是大喜过望的事，他感动得泪水欲落，当即叩谢恩师。

1931年秋，张栗庵去世。恩师张栗庵病重在床时，林散之守候在床前，每日尽心侍候，林散之自知师恩未报，而恩师已病重难愈，心中既悲伤又愧疚。林散之十四岁时父亲便去世了，十八岁便师从张栗庵先生，十五年来，林散之执弟子之礼，情感上视师如父。张栗庵饱读诗书，满腹经纶，不遇于时代，辞官回乡过了二十年不得志的日子，却能倾心教授自己，在他弥留之际，林散之不禁泪流满面。想起1918年深秋，自己在临沈石田《洞庭秋色》长卷时受寒病重，卧床不起，为他看病的乡医误诊，说林散之已病重无救了。张栗庵听到最得意的门生病危在床，心急如焚，深夜从二十五里外的卜集匆匆赶来，对昏迷在床的林散之仔细查看。诊脉之后，他又查看了误诊用药的处方，立即开了药方，派人连夜去乌江镇抓药，用家中最大的砂锅煨好药，将药大碗大碗地灌入林散之身体中。张栗庵通夜未眠，焦虑地为他查看病情。

黎明时，林散之终于从昏迷中醒来，经恩师日日用心调治，他的身体一月内痊愈。当初，误诊用药后病情急剧加重，林散之以为自己将不久于人世了，他曾在病床上写有绝命诗：

　　此夕皋兰尘梦远，他年湘竹泪痕多，
　　未成风雨溪山愿，半卷飘零可奈何！
　　病里犹思湘水月，梦中苦忆洞庭波，
　　画缘未了今生愿，墨债留为来世磨。

　　林散之如今看恩师病危在床，自己长叹不已却无力回天。恩师对自己有再造之恩，若无恩师张栗庵的及时救治，自己十几年前就不在人世了。林散之想着想着，泪水不禁又夺眶而出。看着床前这个悲痛不已的弟子，张栗庵头脑清醒，知道自己与这个世界的牵牵绊绊就要彻底了结了。张栗庵已为林散之推荐了名师黄宾虹，他将自己准备好的一幅肖像送给林散之，意在有这幅肖像在，或可免除弟子林散之思师之痛。接着，张栗庵语气平静地对林散之说："便与先生从永诀，九重泉路尽交亲。"这句话说出后，遂成永诀。林散之手捧先生的遗像，在榻前和泪长拜，泣不成声，几劝而不起。

　　张栗庵的这幅肖像，与林散之十五年的记忆密切相关，林散之一直用心保存着，后来他又将恩师的照片放大，配上镜框，悬挂在"江上草堂"的书斋中。恩师已去，林散之思念日甚，每次在江上草堂看见这幅肖像，对恩师的追忆之情便又上心头，唯诗能抒发这追忆之情。在《斋居苦雨对栗庵夫子遗像有感》这首诗中，林散之的哀思，不甘庸碌的心志，当时生活的心态，都流露在诗句中：

> 破书故纸堆满簏，非取自奇期免俗。
> 荒江寂寂秋不归，衰柳疏槐冷犹绿。
> 我之所思在空谷，师有虚堂日观复。
> 忆昔挟策从学时，文章两汉授我读。
> 春宵秉烛昼苦短，目尽千行犹未足。
> 抗心欲求有用材，岂甘局促为庸碌。
> 春风秋雨卧空山，冷月疏星照寒屋。
> 病中遗我容一幅，对之伤心严且肃。
> 读书万卷终何益，生死黄金买不得。
> 蒿里萧条薤露残，梦魂久已无消息。
> 人间多情每相忆，况此师生恩无极。
> 殷忧沧海起波涛，回首平生泪沾臆。
> 黄昏苦雨声满天，潮打江南又江北。

这首怀念张栗庵的诗，情感凄切质朴，诗中有浓而难遣的伤感、彷徨、苦闷。恩师离世后，林散之一度情绪很低沉，无画画习练书法的心情，但个人心志并未动摇，"抗心欲求有用材，岂甘局促为庸碌。"只有不为庸常事物所累，文心不移，文而能化，在诗文书画艺术上有些作为，才能不辜负恩师多年的教诲。"抗心"这个词，现在已很少有人用了，意指一个人拒绝流俗平庸、藏器待时的不凡志向。

如老师张栗庵一样，林散之也感叹生不逢时，这个时代的胡言乱语加枪炮子弹，让林散之向往诗性充盈的纸上云烟，但这时代只有战乱中弥漫的硝烟，乱世正继续乱下去。1931年，他老师离世前不到一个月，日本发动了侵略中国东北的"九一八"事变，天下纷乱，国无宁日，民生堪忧。今后的中国，将会是什么样的中国，就算圣人在世，也未必能预知在先。这几年，好事难成，坏消息不断，他的书法启蒙老师范培开于1925年去世。1926年，他少年时在乌江结交的良友杨啸锋，因参加北伐战争死于战场。不久前，自己相随多年的恩师也离世了。令人悲痛之事接踵而至，而自己至今仍是学无所成。在乌江镇做私塾师，也只是为稻粱谋，这与个人的誓愿相去甚远。林散之坐在江上草堂的书斋中，看着张栗庵的遗像，觉得自己准备前行的路笼罩在大雾中，唯一能安慰自己的是经恩师张栗庵的引荐后已拜黄宾虹为师。

第三卷　1929—1930

第十二章 师从黄宾虹

张栗庵知道弟子对拜黄宾虹为师一事兴浓意切,但让弟子直接去上海拜师有失礼貌,也不够尊敬。在当时的民国艺术界,"北齐南黄"之说广为人知,黄宾虹是与齐白石并称民国画坛的领袖人物,平时事务多,收弟子时眼界高。张栗庵虽与黄宾虹为友,黄宾虹愿不愿收林散之为弟子,这不是张栗庵能定的事,但引弟子入黄宾虹门,让弟子由此得到深造,张栗庵视为应尽之责。他写好致黄宾虹的推荐函,附上几幅林散之自己较满意的作品,先邮寄到上海给黄宾虹,黄宾虹看过林散之的作品后,张栗庵才让弟子直接去函向黄宾虹请教。不久,黄宾虹来函云:"顷得栗庵君函,并瞻大作山水画,才气磅礴,极为钦佩……内地唐宋画不易观!可多对古树疏柳不厌其繁复而临写之,精进将未可限量。"

"大作山水画,才气磅礴,极为钦佩……"这句话,显然只是黄宾虹对林散之的勉励，林散之不会当作是对自己作品的评价。山水画，林散之虽临摹渐多，仍属初入门槛，而"可多对古树疏柳不厌其繁复而临写之"，黄宾虹似在暗示林散之，不要仅临摹名画文本，也要从自然中去临写，函中虽没说收不收林散之为弟子，但黄宾虹愿对林散之的书画函授之意已较明显。

虽在门外，函授书画，也算是弟子了。有了名师指导，在学习山水画方面，他比以往更投入了。之后数月，林散之多次去函并附上习作向黄宾虹求教，黄宾虹也时有回函，其中有一封聚点化之力的回函，对林散之来说，可谓醍醐灌顶。这封回函，让很少不自信的林散之尤为震惊。林散之对黄宾虹的回函盼之已久，接到这回函后便急切地打开："得惠函并法绘，均读悉。古画大家全于笔墨见长，溯源糟篆，悟其虚实，参之行草，以尽其变。墨则有积墨、破墨、泼墨、焦墨、宿墨诸法，不徒浓淡二者而已。近人画学珂罗版影本，墨法全失，是学者不可不求观真迹也。"[1] 黄宾虹的这封回函，不兜日常礼节的圈子，直言己见，既说出了山水画的技法要义所在，又指出了近人画学珂罗版影本墨法全失，有不知墨法之通病。而林散之这几年所临的山水画，皆是珂罗版影本之画，还自以为临写到乱真时已算有不小的成绩了。林散之读了黄宾虹的回函，遂又想起了恩师张栗庵的告诫，"不可骛于不实之虚名"，黄宾虹的这番话指点了迷津，这些当头棒喝，

---

[1] 《黄宾虹文集·书信编》，上海书画出版社，1999年。

让青年林散之梦醒于乌江。

收到黄宾虹的回函,林散之觉得黄宾虹于山水画见解精深,是将自己当弟子看待了,才真言相告,自己画了这么多年,至今还未入正道,仍在歧途之中。林散之乡居僻远,山水画方面无良师指导,接到黄宾虹这封信后,他觉得自己照着珂罗版的影本生硬临摹,属于瞎折腾,在这样的歧路上走下去,是画不出什么名堂的。但是,在乌江,连一个有点作为的山水画师也没有,更不用谈看到古代大家的遗墨真迹了。他带着黄宾虹的回函去张栗庵处,向恩师说出自己的心思和苦衷。许多书画界的学子心志很高,还没入师门,就想着青出于蓝的事。青出于蓝,显然是值得称赞的事,这类事,世界上也并不鲜见,但较少发生在名师门下,而名师门下更能出高徒,这是有历史说服力的常识。林散之很想成为黄宾虹的入门弟子,张栗庵知弟子拜师心切,要林散之写信给黄宾虹,表明自己可以离开乌江去上海接受面授的心迹,并可将自己编的《山水类编》书稿寄给黄宾虹,黄宾虹会因此加深对林散之的了解。春节之前,他自己可能会去上海一趟,与黄宾虹见面时一定再作引荐。林散之回到家里,夜深人静时伏案给黄宾虹写信,其中一段内容是:

霖家贫失学,无所自立,从含山张栗庵先生游,始识学问之途,然优游不自努力,于学毫不明白,唯书画素所爱慕,颇自矜怜,乃欲有所成就,副其初心,照顾乡居僻远,既不得名师良友,以为砥砺之资,复未能睹先贤遗迹，书籍作观摩不助。不过于古人论画诸书，窥其遗绪，于近代影印版本，想其仿佛。虽用力愈深，而去道愈远，所谓扣槃扪烛，转失之矣。辱蒙雅爱，不见摈斥，谆谆教以用笔用墨之法，又示以观古人真迹为最。感谢之余，继以惭愧，唯是穷乡之士，多所艰难！睹影印本且不易得，况真迹乎？睹清代墨迹且不易得，况唐、宋之真迹乎？①

从林散之求教的信函中，黄宾虹已看出这个乌江青年在古诗文方面的好根基，且颇有意志力和上进心，是个可教之才。他一边指点林散之对这部书稿做一些必要的修改，建议林散之将书名《山水类编》改为《山水画法析论》，再增以序跋，一边筹划着在上海神州国光社为林散之出版这部书。《山水类编》这部书，是林散之根据恩师《观复堂》和自己的艺术藏书，用了好几年时间编辑而成的，"上自有（晋）唐，下止清末，凡山水家之言，甄采略备。"这书能在上海出版，自是再好不过的事了。在画论上能有多少自己不凡的见解权且不谈，书能出版，林散之至少会有些立身艺术界的资本。出版这部书的事，后来因故未果，但黄宾虹对林散之的印象因此加深了许多。

1929年年底，天气寒冷，张栗庵去上海与黄宾虹见面，两人相晤，故友重逢，从国事、家事到个人生活，话题打开，

---

① 出自《林散之序跋文集》。

谈兴甚高。张栗庵告别之时，提及自己的两个弟子夏伯周与林散之，虽喜好书画多年，但由于乡居僻远，无名师指教，望黄宾虹能收他们为徒。张栗庵荐徒之事，黄宾虹一直放在心上，林散之颇有才华，且笔力不浅，从往来书函看，品性也很好，只是对笔墨之事所知尚浅，作书作画还未入正道，拨正了才会有所成就。张栗庵自上海回乡不久，黄宾虹便作山水一纸寄张栗庵："散之之画，系学珂罗版者，才气可嘉。唯笔墨二字，未能深悉，欲求深造，请来海上。"

得知这个消息，林散之激动不已，自己终于成为黄宾虹入室弟子了，他毅然辞退了在乌江谢庄村范期锟家教书之事，赴上海学画。

其时，二子林昌庚刚出生，林散之已是五个不满十岁孩子的父亲了。林散之十九岁与邻村赵姓姑娘结婚，不到一年，新婚妻子便不幸病逝，后经范培开介绍，续娶了家境不弱的盛氏为妻，日子过得不算差，比上不足，比下有余。林散之教书写诗画画，家里的事过问较少，均由妻子担当。林散之在乌江教书的年薪是一百二十块银圆，在当时，可买一百二十担大米，是这个家庭的主要收入。放弃私塾教书，还要备一些钱去上海学画，如没有对画画这事的执着，像乌江人说他的那样有一股"呆"劲，这事是很难做到的。

乡民们议论这事，林散之要放弃一百二十块银圆的年薪，去上海学画，家里没了可靠收入，妻子的负担自会加重。林散之的画，已画得很漂亮，画鸟就像鸟，画花就像花。求字索画的人经常上门，会给一些银圆和礼物，日子过得比一般人家要好许多。二儿子刚出生,有五个儿女要抚养,这种情况下去上海学画,头脑里少了一根筋啊!邻居们不懂艺术,只从日常生活上看待此事,不明白这对林散之意味着什么,他们说林散之有股"呆"劲,不难理解。林散之的妻子很贤惠,她知道丈夫心志不凡,能拜名师黄宾虹学画,是林散之的幸运,她自应全力支持。新年伊始,乌江人都在春节闲逸的氛围中打麻将,或走亲串户。林散之足不出户,在家精心临绘了多幅山水画和人物画。1930年春暖花开时,林散之去上海成了黄宾虹的入室弟子。

黄宾虹生于浙江金华,后随父返原籍安徽歙县,擅山水画,兼善诗文书印。时年六十五岁,已是海内大家,声誉甚高,晚年变法之后,为山水画一代宗师。黄宾虹早年的山水画,受"新安画派"的影响,宗法元黄公望、倪瓒,着墨无多,干笔淡墨、疏淡清逸,此为"白宾虹"期;晚年变法之后,山水画作品黑密厚重、黑里透亮,画面元气淋漓,意境深邃,为"黑宾虹"期。林散之入黄宾虹门时,正是现代艺术史上所称的"白宾虹"的后期。

黄宾虹是海上书画界大家,各地来上海登门求教者络绎不绝,为黄宾虹婉拒者多。林散之是他在安庆敬敷书院的同学兼友人张栗庵推介来的,又是有天赋的安徽学子,之前便有半年以上的函授。黄宾虹热情相待,林散之登门前的拘谨和紧张瞬间就消失了许多,赶紧奉上张栗庵的推荐信。不知林散之当时行了什么样的拜师礼,在民国,敬儒的学子求师,仍是一定得行拜师礼的。拜师也有行礼的文化传统,唐朝在其法典《唐六典》中就规定过弟子要送给老师的礼物，国子学的学生入学时，须准备满筐成捆的绢帛、一壶好酒、一案干肉献给老师，称之为"束脩"，这是一种必要的礼仪。林散之向来敬师，至少也要准备些干肉和乌江土特产送给黄宾虹作为拜师礼物。至于学费多少，林散之的儿女回忆这段经历时从未提及，我们就不得而知了。张大千在上海拜李瑞清为师时，行礼五百块银圆，这数字只能做行拜师礼的参考。

黄宾虹见林散之鼻梁挺直、目光明澈，又谦恭有度、衣着朴素，属自己喜欢的一类学子，了解到林散之来上海学画没有后顾之忧后，便一张张仔细看了林散之带来的画，对他说："君之书画，略具才气，不入时畦，唯用笔用墨之法，尚无所知，似从珂罗版摹拟而成，模糊凄迷，真意全亏。"[1]去年黄宾虹函授林散之时，也有过类似批评和指点。林散之的心情，由最初的紧张转为既惭愧又高兴：惭愧的是经黄宾虹的函授指点后，自己画画时仍不得用笔用墨之法，其实，也不知如何改进；高兴的是从这一天开始，自己已真正成为黄宾虹的弟子，老师会当面亲授他山水画的技法了，自己将从迷津中返还，步入山水画的正途。黄宾虹的寓所四壁挂满书画，文气扑面，看着面前这位古意在身、风骨不凡的老师，林散之心中油然生出敬意。弟子远道而来，到了上海便急急登门拜师，黄宾虹让林散之先安顿下来，关于画画之事，以后再慢慢详谈。

林散之来上海之前，和县同门师兄弟夏伯周也经张栗庵

---

[1] 林散之著.《林散之书法集》自序，古吴轩出版社，1997年。

推荐,已先林散之几个月来上海随黄宾虹学画。林散之从没去过上海,人地两生,张栗庵提议他到上海后与夏伯周住一起,可共同学习,也好相互照顾,《林散之年谱》载:

> 夏伯周先林散之数月至上海。经堂弟夏荣湖(和县裁缝)介绍,夏伯周寄居在同乡杨邦珍寓所。杨系和县白渡桥人,字席庵,诨名杨老六,此人生性豪爽,重义轻财,被一些客沪同乡誉为"赛孟尝"。当时他在上海法租界西门路178号开设"元昇昶成衣铺",黄宾虹恰是"元昇昶"的老主顾,杨邦珍常上门为之服务,无意间又为其师生过从提供捷径。后来,林散之也由夏荣湖引荐和夏伯周同客"元昇昶",当时,夏伯周住杨寓二楼亭子间,林散之被安居三楼。①

元昇昶成衣铺位于西门路178号,地处法租界,离对面西门路169号黄宾虹的寓所很近,来往方便。三楼的亭子间空间很小,放一张床和可画画的桌子,就没什么余地了。从亭子间的顶部去看,西门路比较长,载客的黄包车多。不远处,石库门金神父路上有新华艺术专科学校,黄宾虹常去那里讲授国画课,与英租界不同,法租界石库门的里弄文化氛围很浓。民国时期,许多有影响的文化名人都曾先后在这里住过。林散之到上海时,中国左翼作家联盟刚于3月2日成立,夏衍、

---

① 邵川编著.《林散之年谱》第44页,江苏凤凰文艺出版社,2016年。

潘汉年、鲁迅、郁达夫、冯雪峰、蒋光慈等文化名人皆为联盟重要成员。这些事，与思想文化的革新相关，异于儒道释之旧有辞章。从国民精神中打扫旧时代遗存的思想，不是林散之心思所在，甚至与林散之的认识相左。在生活意识和思想上，林散之与这些事有一定隔膜，他只为书画之事来上海，心无旁骛，别无他求。作为入室弟子，林散之从黄宾虹学书画的生涯由此开始。

第十三章 笔墨之法

林散之的书画虽未真正入门,但笔上功力不浅,又遍读经典,诗也写得颇具才情,这几方面很合黄宾虹的心意,在书画上,当扶正弟子,导入正途,助弟子成才。黄宾虹一向认为,要画出好画,必先具备书法根基,否则,画中的线条不见笔法,品性差,就不值得去看了。画画一定要会书法用笔,他甚至认为,大画家先必是位书法家。在致友人的信中,他曾言明:"明之文、沈、唐、董,至于明季隐逸,画中高手,不减元人,皆从学问淹博,见识深闳而来;若四王、吴、恽,皆所未及,以其不能工书,故画不能极佳也。画以善书为贵,至清代扬州八怪,及文人画,不过略知大致,而无真实学力,皆鄙人所不取。"[1] 在教林散之和夏伯周这群弟子时,黄宾虹

---

[1] 出自《黄宾虹文集·书信编》。

复述自己的这一观点，要弟子们首先练好书法。与其他弟子比，林散之已有此笔力，且具工笔基础，领会了笔墨之法，当长进较大。林散之与其他弟子不同，他毕竟是清朝进士张栗庵的高徒，对儒家经典理解得较为深入，从黄宾虹让林散之教他儿子黄映宇读书、习诗文，就能看出他对林散之这方面能力的信赖。林散之从偏僻的乌江来，写字画画多年了，至今还未见过名家真迹，黄宾虹函授林散之时，已知其看不到真迹的苦衷。黄宾虹收藏历代名家字画甚多，从不轻易示人，但他经常取出这些字画让林散之观摩欣赏，并结合古代名家的手迹，口传手授，作画示范，并指出一幅书画作品一定要做到守黑知白，黑处沉着，白处空灵，这要把握得当，黑白错综开来，才能成其美。用笔用墨及虚实章法，乃书画艺术的关键，理论上说一说似不难，真动手在宣纸上作画，功夫和艺术境界就立见分晓了。虚实章法，历代的书画名家，对此各有所悟，差异也大，而用笔用墨，始为必执之技，要娴熟在手，而由技而道之事就全在个人的艺术修为了。林散之从黄宾虹的话语中，知艺道难行，不仅要有锲而不舍的精神，还要不断感悟。

　　书写者如何用笔，自古有论，关键在于笔法。黄宾虹总结了中国书法史中所涉笔法，凡用笔有五种：一是锥画沙，二是印印泥，三是折钗股，四是屋漏痕，五是壁坼纹。用墨有七种：一为积墨，二为宿墨，三为焦墨，四为破墨，五为浓墨，六为淡墨，七为渴墨。这便是山水画大师黄宾虹的"五笔七墨"之说。黄宾虹为弟子授课时，对"五笔七墨"逐一讲解，并结合名家作品，现场为弟子们示范，以解弟子之惑。这种理论阐述与书写示范相应的授课方式，既能提高弟子们的认识能力，又方便弟子们进行具体的书写实践，授课效果好，像林散之这样格外用心的弟子，自是受益匪浅。林散之从黄宾虹学书画，后来贯通了黄宾虹所授笔墨之法，主要以书法大师名世。为了让本书读者更多地了解林散之与黄宾虹在书画上的渊源关系，对黄宾虹所传笔墨之法，有必要在这里略作叙述。

黄宾虹所说的五种笔法：

一曰平，古称执笔，必贵悬腕，三指撮管，要不高不低，指与腕平，腕与肘平，肘与臂平，全身之力，运用于臂，由臂使指。用笔要如锥画沙，起讫分明，运笔需平缓，力度均匀，持重而行，气韵要贯通，不跳跃、飘浮，笔笔都要送到位，不可不及，行笔不能有柔弱处。

二曰圆，是指书写的线条圆浑沉厚，富有弹性。主要是行笔要把握好圆转，起笔用锋，收笔回转，皆需首尾衔接，无往不复，无垂不缩，如"折钗股"，连绵且盘旋，书写的线条看似阴柔婀娜，刚劲仍内敛其中，圆浑而润丽，不流于俗常的柔媚。

三曰留，就是做到从容驭笔，笔要收得住，如"屋漏痕"，积点而成线，且不疾不徐，行笔有回顾，上下映带，线条要沉着，力能扛鼎，停笔迟滞，是其留也。不涩，则险劲之状无由生，也如泥淖中的车辙，力道显见。

四曰重，用笔要力透纸背，如高山坠石，有往下沉的力度和厚重感，笔运行在纸，要沙沙有声，入木三分。

五曰变，这是五种笔法中较难把握的一种。变是书写整体情境中的贯通之变，是在平、圆、留、重这四种笔法基础上的综合之变。书写行笔时，轻重、提按、顿挫、方圆、缓急等，都需在这流变中去把握，尤为重要的是，变中自有法度，变而不失其雅。

黄宾虹还告诉弟子们，相对于五笔之法，用笔有五忌：忌尖、忌滑、忌扁、忌轻、忌俗，凡钉头、鼠尾、鹤膝、蜂腰皆为病笔。如果我们将这用笔之五忌，文学性转换为对人事之象征，从这笔法与用笔五忌之中，似乎也能对人生有所感通。这五忌之中，忌俗，当是最难之事，凡好诗文书画者，切不可俗病在身。史学家司马迁说："天下熙熙，皆为利来；天下攘攘，皆为利往。"唯利是图者，难免其俗，人常生活在各种俗事之中，这世间能不俗者少，书画艺术界也常为俗气所染。一些在书画界欺世盗名的所谓书画家，以俗乱雅，太欠缺人文修养，不知笔墨之道，只要看一看这些人作品中的笔墨，便可见俗气缠身，实不堪卒读。俗而不自知者尚可提醒，知俗而不思改过者也不乏其人，古人云"凡病好医，唯俗病难医，读万卷书者，气质可换，行万里路者，可开阔眼界"。

从笔墨技法到人文修养，这两者实有内在关联。要下笔不俗，做人也不能俗气缠身，人若是俗了，笔墨岂能不俗。黄宾虹不提倡雅俗共赏，自己画的那些作品宁可曲高和寡，也不求雅俗共赏。当年齐白石和张大千的画卖得很抢手，而黄宾虹的画能看懂的人很少。后来以艺术评论盛赞黄宾虹作品的傅雷，1930年还在巴黎大学学习西方艺术理论，在当时上海的艺术市场，黄宾虹是个不合时宜的画家，卖出的画也不多，但黄宾虹仍坚持自己的艺术观，孤独前行。黄宾虹在谈笔法时，对弟子着重提出了不俗的要求，其实，这是一种较高的要求，许多有些名气的书画家都还做不到。俗与不俗，在民国也有争执，主张雅俗共赏者较多，但书画界对不流俗、不庸俗、不媚俗的要求是有共识的。许多年后，不俗也成为林散之对他弟子们的要求。

来上海拜师之前，林散之主要画工笔画，山水画画得很少，且是从不见墨法的珂罗版摹拟，与对笔法所知相比，林散之对墨法以及如何具体运用所知更少。黄宾虹为弟子讲授墨法，他心无旁骛、凝神倾听，其中焦墨法和宿墨法，对林散之晚年的变法启发很大，宿墨蘸水以涨墨书写与渴笔书写微妙相契，是林散之草书的一大艺术特点。

七墨是指浓墨法、淡墨法、破墨法、泼墨法、积墨法、焦墨法、宿墨法。积墨，有时也以渍墨称。

1. 浓墨法

墨中掺水较少，墨的色度较深，浓墨用以表现物象的阴暗面、凹陷处和较切近的景物。浓墨之浓，要浓而滋润、活脱，用笔头饱蘸浓墨后速画，但墨不可过量，过量，则容易板滞、欠生动。黄宾虹谈浓墨时，曾引用诗人苏东坡言："若黑而不光，索然无神。要使其光清而不浮，精湛如小儿目睛。"

2. 淡墨法

与浓墨法相反，墨中掺水较多，直至墨的色度较浅。用淡墨，主要是为了表现物体的向光面、凸出处和远景。淡墨有湿淡和干淡两种：湿淡，是笔上先蘸清水，然后蘸极少量浓墨，略加调和后速画；干淡即是直接用笔蘸淡墨。淡墨，容易产生软弱无神之弊。黄宾虹提醒弟子们，用淡墨之时，墨要明净无渣，要"淡而不浮薄"，墨淡之淡，要见清逸淡远，有虚灵之气。

3. 破墨法

以不同水量、墨色，先后重叠，产生一种新的墨色效果。破墨通常有浓淡互破、枯润互破、水墨互破、墨色互破等。破墨，要在墨色将干未干时进行，妙用水分在宣纸上的自行渗化，破墨时，行笔的方向，也要适度注意变化，要点在于：直笔以横笔渗破之，横笔以直笔渗破之。破墨的效用，是使画面渗化之处的笔痕若隐若现，相互间有所渗透，水墨自行流动而无雕琢之气，有自然化生之感。

4. 积墨法

积墨法，是中国水墨画中一种由淡到浓、反复交错、层层相叠的画法。积墨，须等宣纸上前一遍墨色干后，再第二遍用墨，以至第三遍，前一遍的墨干了之后，才可往上再积，这样方可使整个画面的墨色层次分明、元气淋漓。用积墨之法，行笔一定要灵活，无论是用中锋还是用侧锋，笔线都应做到参差交错、聚散得宜，切忌用墨一味死板堆叠，堆得生硬无气，失去鲜活力。要有好眼光，看出第一次和之后所积之墨的墨色之差，看得出原初的笔痕，既要浑然一体，又要有笔迹墨痕可寻。积墨法如用得好，便能始终保持墨自身的光泽，积墨愈多，其光彩愈足，如干后出现了灰死之墨，这积墨就失败了。黄宾虹要弟子们学会如何积墨，他自己就很重视积墨法，积墨，可辅作品之云气，墨不碍墨，墨中有墨。在所有墨法中，积墨法是晚年黄宾虹最常用的，也是他作品之最大特点。

5. 泼墨法

大墨量、大面积、大笔头的绘制方法。这种方法墨足笔饱，水色淹润，虽干犹湿，有一种向外自然涨开的力度，但泼墨时有较大的不确定性，有意料之外的偶然效果，全靠对作品整体的意向性把握。泼法有两种：一种是墨水直接泼洒在纸上，根据自然渗晕的墨迹，用笔再加以适当点画；另一种是用笔泼墨，这种泼法，与前者比，驭笔在手，便于对墨的状态和走向进行控制。

6. 焦墨法

用笔枯干，滞涩凝重，极富表现力。焦墨用法的关键，在于笔根处仍需有一定水分，在运笔挤压中，使水分从焦墨中渗出，达到焦中蕴含滋润的效果。以焦墨行笔，要速度缓慢，生老辣苍茫之境。但焦墨不宜多用，与湿笔对比使用时，方可显出焦墨的意韵。

7. 宿墨法

宿墨，是指隔一日或数日的墨汁，这种墨熟而不生，用宿墨蘸清水在宣纸上书写，会呈现出脱胶后的墨韵，宿墨在宣纸上渗化的笔墨意味，具有一种空灵、简淡的美感。在画画时，宿墨常被用作最后一道墨，用得好了，能起到画龙点睛的作用。由于宿墨之中常会有渣滓析出，用不好，就极易出现枯硬污浊的现象，欠笔墨功夫者，一般都把握不好宿墨。

黄宾虹认为，七种墨法在山水画的具体运用中，可有取舍。但至少要用三种，不满三种，不能成画。凡对五笔七墨之法能汇通者，于书法于画，皆属在业绩上可被期待者。

现代艺术史上，在叙述大师身份时，常染有时代主流话语的风气或意识形态痕迹。关于现实生活，黄宾虹的作品基本上与此无干，看不出他有直接表达现实生活的取向，有评论家认为黄宾虹是典型的笔墨技法论者，黄宾虹的确有此倾向，对如林散之曾临的《陶渊明醉酒图》这类人文寓意较重的画，黄宾虹向来欠兴趣。吴昌硕去世后，当时的画坛有"北齐南黄"之说，这两位大师其实各有所长。从艺术上来谈，黄宾虹似有更多可被谈论的笔墨资本，但以画花鸟虫鱼为重的齐白石，当时在画坛的名声要高于黄宾虹，这与公众的审美趣味相关。黄宾虹不画人们喜闻乐见的东西，不迎合花鸟画盛极之时风，他对艺术的深度理解，与大多数画家有别。现代艺术史在论及山水画大师黄宾虹时，可能忽略了一个极为重要的方面，在黄宾虹的艺术意识中，可能有一种他自己从未言明的接近唯艺术论的想法，这与笔墨技法至上并不等同。黄宾虹认为山水画乃笔墨艺术，他甚至有可能认为，山水画师法自然后，当出自然而自立，山水画艺术，就是纯粹笔墨艺术。笔墨，可自成宽大幽深之技艺世界，近乎道之事，也可生发于这笔墨的技艺世界。

第十四章 大师真传

黄宾虹谈五笔七墨时，林散之听得格外投入。在恩师张栗庵处求学时，观复堂中的历代书论、画论，林散之虽多有阅读，但对其中许多论述的理解不够深入，或不甚得当，有一些关于笔墨的说法，林散之还恍惚未明，老师黄宾虹这般具体地逐一讲解和示范，打破了他以往理解的瓶颈，也消除了林散之心里的一些困惑。回到元昇昶成衣铺三楼的亭子间，依老师黄宾虹所授笔墨之法，林散之在宣纸上反复习练，尝试各种笔法和墨法，以探个中究竟，但常是手不从心，难以如意。

林散之住处离黄宾虹的寓所很近，他学习了笔墨之法，便常带着自己的习作上门请教，黄宾虹也常为弟子林散之开小灶。在《林散之书法自序》中，他回忆了黄宾虹所授笔墨之法的大致内容，并记录了黄宾虹当年对自己书法的一段评论:"'古人重实处,尤重虚处;重黑处,尤重白处;所谓知白守黑,计白当黑,此理最微,君宜领会。君之书法,实处多,虚处少,黑处见力量,白处欠功夫。'余闻言,悚然大骇。平时虽知计白当黑,和知白守黑之语,视为具文,未明究竟,今闻此语,恍然有悟。"书法艺术,原来是黑处难,白处更难,林散之对"知白守黑,计白当黑"有了新的感悟。黄宾虹所言,涉及布白之妙,涉及如何把握黑与白和阴阳相应的空间关系。这汉字书写的黑白世界,乃是黑白互生的世界,也是书家心性绽出的世界,其中,阴阳虚实相应之玄妙,实不为俗常意识所感知。

在山水画方面,黄宾虹让林散之先临摹新安画派,要多在渐江处用力,这与他自己走过的路大致相似。新安画派的开创者渐江,原名江韬,明末安徽歙县人,出家后名为弘仁,渐江始学倪瓒,法师而不泥师,出家后挂瓢曳杖,芒鞋羁旅。他长期游于黄山、百岳之间,后放弃了倪瓒远山平水、缓坡疏林的画风,直师造化,不甘囿于先人之藩篱,独辟蹊径,对所见层峦陡壑、老树虬松这类物象,加以创造性整合和艺术提炼,笔墨瘦劲简洁,风格冷峭雄奇。其作品或萧疏高简,或荒寒清幽,形成了"笔如钢条、墨如烟海、境界宽阔"的独特个人风格。黄宾虹要林散之临摹渐江的作品,就山水画技法来说,是为提高弟子书法入线的能力,往更深处谈,弟子在临摹过程中,会对渐江超然脱俗的画品有所认领。

关于山水画的墨法,那时的黄宾虹,正处在"白宾虹"向"黑宾虹"转换的前期,山水画变法之前,他在墨法方面已有了较强的思变意识,但与弟子谈山水画的墨法时,为了便于弟子们理解和接受,授课的内容大部分还是近于常识,比如:"古人墨法,妙于用水。""自古画者,筑基于笔,建勋于墨,而使笔之变化于无穷者,在蘸水耳。""古人书画,墨色灵活,浓不碍滞,淡不浮薄,亦自有术。其法先以笔蘸墨,墨倘过丰,宜于砚台略为揩拭,然后将笔略蘸清水,则作书作画,墨色自然滋润灵活,终见行笔之迹,与世称肥钝、墨猪有别。"这些皆是从古代书论和画论中所承,虽是近于常识之论,但作书作画时要把握恰当,却是殊为不易之事。它们既是历史上书画大家的艺术经验,也是今天不可抛弃的书画理论,弟子们听之在耳,能否领会得当并妙化在心,那是因人而异的事。从《黄宾虹书信集》中与弟子们的通信看,他并没有预见谁将来会在书画界出类拔萃,黄宾虹写给林散之的书信中,也未见这方面的暗示。

常言道,师傅引进门,修行在个人。林散之师从黄宾虹,这个导引非同一般,让林散之看和临写自己收藏的古书画文本,并亲自示范笔墨之法,乃一代宗师对林散之的导引。而这个门,也并非林散之浅涉即止之门,这堂奥之深妙,林散之至少已能窥见一二,老师所授笔墨之法及历代书画大家之章法,如何把握和运用,就全在于他个人用心习练和师古而不泥古的书画尝试了。

西门路就在法租界中,上海法租界是近代中国最繁华的租界,其中有高档住宅区、商业区、娱乐区,这里也是帮会组织的大本营、黄金荣和杜月笙的发迹之处。住在法租界的主要是各国的军人贵族以及华人中有钱有势的人，租界中的零售业和娱乐业很发达，其中酒吧就多达十四个，灯红酒绿中，声色犬马之事甚多。林散之在上海学书画近一年了，从没深入过法租界，上海城里也没去过几次。他的好奇心不在书画之外。

三十三岁的林散之来上海拜黄宾虹为师，只想学到真本领，在书画上能早日有所成就。上海是当时中国的艺术中心，文化界名人、书画名家们云聚，来上海拜师学艺的学子也多，学山水画的人少，学工笔画的人较多。这些学子们各有所宗，一些学子已颇有成就，最醒目的人物当推张大千，他师从曾熙和李瑞清，两位老师皆为晚清进士，先学工笔后又工写结合。以泼墨画名震画坛的张大千，只小林散之一岁。1930年前，张大千已在上海西门路以"大风堂"为名开堂收徒了。张大千就住在黄宾虹寓所旁，在画界影响很大，他与老师黄宾虹已几乎齐名，上门买画者络绎不绝，而林散之学书画应早于张大千，至今还自觉学无所成，在书画艺术上只是个大梦初醒之人，往后的路怎么走，他也还在自问之中。乌江家中还有五个需要抚养的孩子，作为父亲责任在身，林散之心理负担很重，有一种说不清被什么压迫住了的感觉，别说有朝一日扬名书画界了，就连什么时候才能成为一个有影响的画家或书法家都还很难说。林散之每次回到元昇昶成衣铺的三楼亭子间，一想到这些，他的情绪不免又低落下来。苦闷难眠时，便起床读书或写诗，也只有写诗，才能自我倾诉、排解忧郁。同乡人夏伯周画画非常投入，见林散之经常读书、写诗，就直接劝他："你花钱来上海是为了学书画的，书你已读了很多了，花许多时间看书写诗，岂非浪费了时间？"林散之只告诉师友夏伯周："若不读书，黄先生讲的那些道理就听不进去，就算是我们听进去了，也不一定能真正理解，只能学一些皮相而已。"他自己更深的心思以及写诗排解忧愁，这些就不必与夏伯周说了。夏伯周不知林散之是在为将来之事忧愁，只认为林散之还有些书呆子气，读书写诗已成癖了。

黄宾虹金针度弟子，林散之对老师所授笔墨之法勤加习练，领会的深度和个人的长进，黄宾虹的其他弟子未必可比。"我慕古人心，我慕古人虚。""谁能识此心，潭上黄夫子。"得黄宾虹真传，自己的书画在笔法墨法上得到老师一定程度的肯定后，林散之坐在十平方不到的小亭子中，心中生出许多感慨，写了多首呈黄宾虹的诗。其中，《申江春日呈宾虹夫子》这四首诗，林散之不事雕琢，真情质朴，向老师黄宾虹表露了自己的心迹。这几首诗中，除了表达对黄宾虹的崇敬和感激外，还率性说出了自己在上海冷落交游的孤独，以及他心理上对名利的疏远。但在自谦和淡于功名的诗句中，有一些若隐若现的茫然气息，"书剑未成"的不安和焦虑情绪仍纠结在心里，林散之已一年未见妻子儿女了，思乡之情也不禁流露在诗句之中：

草绿天涯又一春，小楼高迥静生尘。
十年膏火空皮相，千里风波访道真。
只为胸中战肥瘦，难教腕下粲星辰。

于今解得玄机秘，笑把浮名让世人。

小别家园道路遥，春光如水去无聊。
翠螺山色晓入梦，黄浦滩声夜上潮。
鸿去鸿来乡音远，花开花落壮心销。
此情脉脉人谁觉，浊酒一杯漫自浇。

寂寂沙鸥草堂思，纷纷车马沪埕征。
无成书剑心如捣，已敝衣裘影自惊。
利锁名缰羁薄俗，芒鞋藤杖负平生。
几回憔悴思归去，离别犹听园蕉声。

生涯潦倒感平居，冷落交游迹自疏。
水远山长千里梦，声闲心懒半床书。
未能梗梓成佳器，只合蓬蒿守故庐。
最是江南滞风雨，小园辜负一春锄。

这几首诗，明白如日常交谈，不难理解，从"千里风波访道真""于今解得玄机秘"到"无成书剑心如捣""芒鞋藤杖负平生"，可以看出在书画这方面要有所成，是林散之一直萦绕在心从没放下的事。有所成才能不负平生，人在这世界上所欲之事，有所成与大有所成，是判然有别的。所欲这"书剑"之事，如仅是满足于有所成，一般来说，就不值得为此念念不忘，也不值得多谈了，而能大有所成者，通常在社会上自有其盛名。当然,也有不为所处时代接受的例外者,凡此例外者,皆为与时代风气相左且有大成而未被时代认可者,这些大师类人物,大都言行不为庸常人事所羁,心有所往,特立独行,怀才不遇,他们那些不合时风的作品,如馈赠给这个世界的礼物,同时代人没有能力去接受,只待人们从历史中去认领。从这些诗句中,我们看不出青年林散之已想到了这个层面,如有人将"无成书剑心如捣"理解为成名心情的急迫,似也并无不当,如此这般去想,该如何理解"利锁名缰羁薄俗"这个句子呢?名似坚锁,利如缰绳,两者都受羁于薄俗,林散之似是在表明自己对名与利的看法和态度。接下去,在另一首诗中,林散之又感叹自己不能成"佳器","只合蓬蒿守故庐",自己不能成为黄宾虹先生所望之"佳器",只合在荒野偏僻地守故庐过日子。这自艾中也有自谦,在书画方面有所作为,成为名师所塑不俗之"佳器",却仍是林散之心向往之的事。

　　黄宾虹读了弟子林散之的诗,估计心里也会有点茫然,将几首诗放在一起看,"书剑"有成或成为"佳器",是弟子在书画方面的根本愿望。不想受羁于名与利这些薄俗事,是弟子向他表明的个人态度,但这其中似有一些不得已的苦衷抑郁在心。是想回乌江过春锄秋耕类似隐士陶渊明的日子?弟子尚年轻,真的看破了世间名利之事恐为时尚早,况且,即便弟子有隐居乡间之念,时代已变,政局动荡,乌江近靠南京,也不是可隐之地。黄宾虹是南社第一次雅集的成员,在诗词方面也造诣较深,弟子诗句中那些偏于低落的情绪,一读便知，黄宾虹知林散之已有归乡之意，对弟子的生活有些担忧。林散之少年时未求新学，尤爱诗书画，无其他谋生之技。其实，以林散之现有的笔墨能力，稍加些努力，在社会上以书画谋生，不会成问题；若弟子志向不凡，就不会以俗常的方式要求自己，那就要另当别论了。而弟子"书剑"未成的感叹，如与名利无关，则必是只为了游于艺，从书画技艺中寻人生觉悟之道。

上海的生活费用较高，林散之平时很节俭，在小亭子间常以腌制的小菜和豆腐干下饭，在上海学画一年了，乌江家中有母亲、妻子和五个孩子，自己来上海前留给家里的钱已快要用完了，他们家的生活已左支右绌，这是林散之儿女们回忆这事时的说法，这说法不一定合乎事实。不过，林散之来上海时所带的钱可能已所剩不多，自己继续在上海学画，这学费是不能不交的。一日，他脚步沉重地走进老师黄宾虹的寓所，说乌江家中有事要料理，自己不再能和先生一道编写《画史编年表》了。师生感情日笃，黄宾虹不舍弟子离开，林散之临行前，黄宾虹看着有点消瘦的弟子，深情地对林散之说："如今你的画已初变旧貌，笔墨大进，于章法也有所悟，唯此道有诸多不易，既要师古人，更需师造化，读万卷书，读书多了，则积理富，气质可换，还要行万里路，游历广了，眼界能明，心胸能宽，君其勉之。"老师黄宾虹的话，语重心长，对弟子的提醒和期待之意溢于言表，林散之含泪拜谢老师后，与夏伯周一道返回家乡和县。

第四卷　1931—1933

第十五章 修身齐家

从上海回到乌江,久别后,家乡的一切都格外亲切,四月初,春风拂面,杨柳青青,河岸内大片开始泛黄的麦子正在阳光下抽出谷穗。故土乌江的一花一草一木,都显得比往年更有生机,林散之的心境也渐渐明亮了起来。在上海拜师学艺一年,林散之在书画方面学有所成,但对当年在上海的许多事物不甚了解,在这一年的时间里,黄宾虹之外,他没结识过上海的其他艺术名家。与许多学子不同,他对大都市的繁华并没什么留恋,从林散之写于上海的那些诗中,看不出这个乌江青年对上海的好奇,能看出的是这位诗人对名利场的鄙夷和不屑,或是字里行间时常流露出的那份乡愁。上海是当时的文化艺术中心,机遇众多,一些学子留在大上海图求发展,林散之没想过这类事,他从没将上海看成是自己可施展才华的空间,相比法租界石库门那些整齐排列的青砖红瓦房,村子里错落在袅袅炊烟中的低矮草屋，看上去格外亲切。但眼下最要紧的事，不是去写诗抒发田园生活的意趣，也不是坐在"江上草堂"里写字画画，书画方面虽已得老师黄宾虹真传，但三两年内不可能有大作为。五个孩子都很小，需要林散之抚养长大，先将妻子儿女的衣食之事办好，让孩子们在良好的家庭环境中成长，这是父亲必须承担的责任，这个家虽不会为五斗米而烦恼，但如能做到衣食无忧当然更好。

根据现有林散之的资料看，林散之当时的家境，可谓比上不足比下有余。林散之儿女撰写的《林散之》传记中，常提到当时家境不好，日子过得比较艰难，可能是受主流意识励志教育的影响，觉得在艰难处境中成就事业的人更有价值，更值得称赞。其实，林散之家当时的生活条件虽不算殷实，不能与乌江镇的大户比，但与村子里的许多普通家庭比，显然要好出许多。林散之大伯父林成兴留给林家较丰厚的财产，由于林散之二伯父为人比较霸道，管理无方，这个大家族的状况不佳，不断衰退，林散之在大家族的日子过得太压抑了。父亲不在世了，林散之不想再忍受二伯父的欺负，二十三岁那年，他果断地向二伯父提出分家。林散之要分家自立门户，这意味着大家族的解体，这事出乎他二伯父的意料。分家闹得很不愉快，林散之请他在江浦的小姑出面来调理。他的小姑认为林散之不太懂事，这个大家族如果分家了，在乌江一定会有不好的影响，会让人笑话，大家族的内部关系也会搞得冷淡，她不赞成林散之分家，支持就更谈不上了。为此，林散之多年不与他小姑往来，林散之不能像他父亲一样无主见，不能看着二伯父将大家族的财产败光，他决意从大家族中独立出来。尽管分家时不太公平，林散之家还是分得一些银圆和十多亩田地。1949年以前，乌江的许多农民根本就没有田地，或只有极少的田地，拥有较多田地的人自己并不直接耕作，而是把土地租给无地的农民由这些佃户们去耕种，庄稼收割后缴纳地租，有几个拥有土地的人会是生活窘迫的穷人呢？有了这十几亩田地，靠佃户们缴纳的不薄地租，林散之的家庭生活就不会存在温饱不能自持的问题。从十八岁开始，林散之就在乌江设堂教书了，每年都有不低于一百块银圆的收入，十五年的教书生活，也累积了一定数量的银圆，而那些无地的农民仅靠租地耕种过日子，不会比林散之家的日子过得好。林散之在上海常吃小菜和豆腐干下饭，如果不是个人饮食方面的喜好，似不足为信。

除了教书的不薄收入和佃户们缴纳的地租，林散之还用积蓄购置了一处他看好的田产，乌江有钱人当初没太在意这块田产，后来被林散之营造成得意的田园作品，它便是已广为人知的"江上草堂"。文友们时常在江上草堂相聚畅谈，说古议今，谈诗论画，林散之在这里读书、写诗，创作了大量书画作品。江上草堂坐落的山林中，花繁叶茂，田园风物四季宜人，四周的果园也经营得很好，每年收获的各类果品甜蜜可口，能换不低于五十担大米。

这是一个叫猴山的地方，猴山虽名之为山，其实只是个略高一些的丘陵。站在猴山最高处，视野开阔，可以看见长江对岸马鞍山的碧螺诸峰，奔泻不息的长江，日夜展示着它旺盛的自然力，西北面是大面积的庄稼地，庄稼成熟时大片金黄。林散之很喜欢这个地方，如果能将这座猴山买下来，按自己的意愿改造好，这里不仅会有一些桃花源的意趣，也可成为文友们雅聚的好去处，"结庐在人境，而无车马喧"，读书、写诗、写字、画画，这猴山会是再好不过的静逸之所。此外，整个猴山田地面积不小，如精心经营果园，在猴山上栽种一些果树，还可为家庭增加一份收入。猴山有一块地属于林家，分家时划归林散之所有，属于自己的这块地太小了，做不成气候，买下整个猴山，才可以实现自己的田园方案。这不是只靠想象力就能完成的事，必须果断行动，以这小块山地为经营猴山的机缘，林散之将旁邻的几块山地都买了下来，从山顶到山麓，共有地十二亩多，这个面积已有一定规模，可以做一个颇富诗意的田园作品了。

二十三岁那年的夏天，天气炎热，为筹划猴山的事，林散之约了自己的好友许朴庵和邵子退，一起商量如何对猴山进行规划。

"嘤其鸣矣，求其友声。"师从张栗庵的第二年，林散之十九岁，他在乌江历阳一破旧寺庙中，与另两位乌江才子许卜庵和邵子退结为金兰之交，他们三人皆喜诗书画，时人誉称为"松竹梅三友"。他们三人之间的友情，根基坚固，历经时代风雨变幻而不衰。其中，林散之与布衣诗人邵子退的知己之交，后面的章节将会多次谈及。林散之后来名响天下，而布衣诗人邵子退仍在乌江田园里种瓜，两个人的社会身份差异极大，但他们的知己之交，贯彻到终老，六十几年一如既往，绝不逊于历史上称颂的元白之情。这三个人的金兰之交，相当于中国社会古已流行的结交兄弟。这种结交，不像人们在日常生活中称兄道弟那么简单，不是在酒桌上喝兴奋了举杯相邀即可，它有较为庄重的仪式，还要有相关誓言，结交之后，每个人有什么重要的事都会与另两位兄弟在一起商讨，听取相关建议。林散之要营造猴山，这当然是一件大事，三个人去猴山现场察看过之后，回到林散之家中，各自说出自己的想法，取长补短之后，关于猴山的设计方案大致如下：

在猴山四周，先栽上一圈枸杞和荆棘作篱墙。篱墙内外，外栽一排刺槐，内栽一排柏树，作为猴山的防护林带，要将猴山做成书房和果园的结合体，用七亩山地种柿子树，三亩地种桃树，中间高处的两亩地用来盖三间宽大些的草屋，作为林散之的书房。书房的后面要有一片竹林，屋前留一块空地，供林散之远观或习武时用，两旁栽一些杏树、樱桃、银杏、梧桐之类的树。屋的左面立假山一座，栽上天竺一丛，在屋的右侧，植八九株芭蕉，从书房有小径可直接通向后院门。小径的两旁，栽上柏树做行人过道树，山下盖宅房四间，从书房到住宅房的小山坡上，修一条小道，旁边植一些檀树、枫树、香椿树、黄连木等。

猴山的设计方案确定下来后，林散之兴冲冲地去老师张栗庵处，激动地介绍自己的猴山方案，本以为会听到老师的赞赏，张栗庵听到这个方案后，却没表示支持：林散之对农事所知不多，经营果园根本就没有一点实际经验，他觉得林散之的这个方案，颇多书生气。这次，林散之没听老师张栗庵的劝诫，坚持自己的主张，接下去，猴山方案便匆匆开始实施了。

林散之一边请人来平整山地，一边亲自购置盖书房和住宅的木料，买来大批果树苗和景观树，并与盖房子植树的人谈好工钱，每一件事都很具体，也都很费周折。这可是林散之自分家以来干的第一件大事，他决心将猴山经营好，做出点名堂来，他不是一个只会教书的人，也不是只会作诗、写字、画画的人，即使不一定会让人们刮目相看，也要让人们重新认识林散之。为猴山之事，林散之费尽心力，果树和其他林木都植入山地了，山上书房和山下住宅也盖好了，林间的小道也修好了，但等猴山林木葱葱、果实满枝。

几年后，果然不出张栗庵所料，猴山方案事与愿违。由于猴山的土质不好，果树和林木没能及时给水，大部分林木已干枯死去，果树也大片夭折了。存活的树木，树身生出许多虫瘤，疙疙瘩瘩，形态或臃肿不堪，或弯弯曲曲，长相难看。每次看见这些树，林散之就觉得心烦，猴山上没死的果树基本上都没结果，极少数果树结出了一些果子，可以称之为猴山微型果，几乎小如大豆粒，且果身有许多显眼的虫斑。除了山中书屋和山下住宅，猴山上的其他东西看上去都太不顺眼了。林散之在猴山费了九牛二虎之力，竟搞成这般可笑的模样。这几年，心思多用在猴山这事上，许多银圆浪费了，自己写字画画的事也都被耽搁了。"其志日弛，其学日废"，林散之坐在书房里，越想越觉得窝囊，感叹自己是个不才之人，在猴山种植了不材之木，是不才遇不材啊。不过，一些时日之后,林散之便意识到,这些树本身并非不材之木,这些树之所以没成材,是它们欠缺生长的必要条件,缫山土层较浅,属于贫瘠地,需要施肥进行山地改造,林散之事先没察看过土质,根本就没考虑这些因素,只想着尽快施工。如要追问根本原因,这些树也禀赋在身,它们都是怀才未遇之树,是林散之使之不材。山中的书房建好后,林散之颇费了一番心思,将书房名为"散木山房",打量一下这书房,再看一看窗外那些残疾的果树和林木,平生第一次干点大事,竟然严重受挫,苦闷在心的林散之写诗自嘲:"身世不才同散木,心情无连类虚舟。"老师张栗庵当初的劝诫犹在耳边,他后悔当初没听张栗庵先生的劝诫,并写了一篇短文《散木草堂记》记叙此事:

  余既倦于游,而归于所居缫山之阳,治地可五亩,筑草堂三楹其间,而杂植松竹桑柘桃柿栗之属,为终老读书之所。吾师张栗庵先生闻之笑曰:"书生徒自苦耳,奚所取材?"余甚疑之,以为昔日依人衣食,遑遑汲汲,不得一日安于所学,可谓至恨。今方归来,遁迹于此,得其宽闲岁月,以从容于学问,用极平生区区之怀,而所得林木果实之费,以提供薪水膏火之赀,若计之岂不良得?而先生不其然者果何谓也?余甚疑之。而今以思,乃大感愧!夫草堂之结六七年矣,所植树木,大半多夭折,否即臃肿卷曲,不中墨绳规矩。而桃柿诸实又多多败恶,不能硕大以蕃,而余则日以米盐凌杂之劳,儿女号叫之苦。

周旋于人事，侵寻于疾病，未尝得安心草堂之中，以从事所谓学问者。其志日以弛，其学日以废，殆知先生前日之言盖深警之者也，呜呼！余既不能俯仰当世以猎取功利，又不能湛潜往古，以搜讨典坟名之骛而实之漓，华之驱而本之畔。对此草堂而思先生之言，其感愧之情为何如哉！因名其堂曰散木，用志先生警余之意，且见余之不才而种植以不材之木，不才遇不材，信可哂矣。夫先生往日警余之言，既已验矣，而来者之所以教余必更有合也。开始记于此，他日拜觐之时，当敬以问之。①

这篇短文中说得很清楚，自己苦心经营猴山已六七年了，不仅不见喜人的业绩，而且猴山到处是病树，枝残叶萎，到了夜晚，月光照在这片山林里，显得更荒芜。这猴山，除了书房和山下几间住宅，其他地方简直不堪入目，这满目破败的景象，真是对田园之美的亵渎。就算是陶渊明，也不会从猴山感受到什么田园诗意。为了兼顾猴山之事，抽时间照看果树和林木，林散之还离开了姐夫范期仁家，转到距家大约二里地的乌江谢庄村范期锟家教书，早出晚归，辛苦难免。

林散之焦虑，许朴庵和邵子退也为这事着急，猴山的现状，不是他们当初在一起筹划时能想到的。三个人都是乌江的私塾老师，许朴庵1896年生，大林散之两岁，邵子退小林散之五岁，平时都喜吃果品，他们对果园之事没任何经验。张栗

---

① 出自《林散之序跋文集》。

庵知猴山已成一盘残局，如无高人点拨，这局棋会越下越烂，难以从困境中救活，他让弟子林散之不要气馁，房子都盖在猴山了，不思良策，整天埋怨无济于事，必须寻找经验丰富的果农来猴山料理，酬金可高于寻常。几个人都认为张先生的建议就是良策，于是，他们从各方打听，终于寻找到经验丰富的果农陈世发。

陈世发随林散之去猴山察看了山地的土壤，又仔细打量了这些果树和林木，提出了改造土壤的方案。有一些果树和林木，需依自己的方式重植，还要花银圆补加一些树苗。果农陈世发做事稳重，又不畏辛苦，非常勤奋。他先在山地打好洞穴，植入树木之前，从山下取来肥沃的河泥，填入洞穴用以壅根，让根基之土保持滋养力，护养果树林木生长，并定期给这些果树林木施肥，山地要翻土，阳光照耀后土壤松软，杂草和落叶要翻入土中，成为林木生长的养料。

经过陈世发重整猴山，不到三年，整个猴山已是旧貌换新颜了。春天好鸟入林，花意迷离，桃红杏白，山色烂漫，书房后的竹子虚节向上，高风自在，山道旁松柏成行，夏天满山绿荫，清风徐徐而至，凉爽宜人，到了秋天，满枝果实累累，风中也弥散着果香气息，好收成时，果品甚至能换取一百五十担稻谷。至冬日，山道旁的松柏挺立在雪地之中，坚韧峭拔，可醒人意志。猴山四时风景不同，各有意趣，人的心境也常应物而变，与之相契。林散之在猴山受挫之后，困境中思变，受挫中勇于付出代价，重整这猴山，他期待的诗意田园终成事实。有了这样一个立身田园的好处所，林散之的心志重新振作了起来，他将"散木山房"改名为"江上草堂"，白天教书，晚上回到缑山，修竹召清风，明月挂枝头，在林中蜿蜒小路悠然散步后，回到书房读书作诗，或写字画画，这种自在的田园生活，从古至今，许多文人向往而力所难及。林散之的书房江上草堂有三间草屋，唐朝大诗人刘禹锡被贬和县时，曾为自己的书房作著名的《陋室铭》，抒发了他官场被贬后品性不移、不与世俗同流、安贫乐道、明德惟馨的意趣。在和县古城之中，与刘禹锡所言之陋室相比，江上草堂更自然而不见雕琢。它坐落于茂林修竹之间，四周的风物，因四季而变，各显造化之妙，田园诗意浓郁，文士们走进缑山，不禁会联想起隐士陶渊明的自在生活。这草堂在和县乌江甚至皖东一带名声渐大，不久即"谈笑有鸿儒，往来无白丁"，江上草堂已成了文友们雅集之所。

第十六章 江上草堂

离开乌江随黄宾虹学书画已一年了，从上海回到草堂后，林散之已决定不再出门教书了，他要在草堂直接设堂收弟子，这不是太难的事。但第一件重要的事，就是先行弟子之礼，上门拜谢恩师张栗庵先生。林散之兴奋地告诉张先生，黄宾虹和张先生一样，确为罕见之名师，让自己观看并临摹古代名画原作，在书画方面多有引导，自己已得黄宾虹所传笔墨之法，受益匪浅。张栗庵当时身体有恙，知弟子已得黄宾虹真传，大为开心，要弟子承其所传，在诗书画方面更进一步。

知道好友林散之已学有所成回乌江了，邵子退和许朴庵要为林散之接风洗尘，林散之知许朴庵家境尚弱，负担不小，便邀两位结拜兄弟直接来草堂相聚。三个人先茶后酒，一边叙友情，一边谈大上海与书画相关的事。话题有时也会涉及时事，三个人都师古，新学左右着时代事物，他们看不顺眼的事不少，看不穿也说不破，几个不合时宜的人在一起，说几句牢骚话，可以消解一点郁闷。评议时事，不是他们所长，很难有什么不寻常的见识，还不如谈谈诗书画，林散之从黄宾虹那里学到了什么，才是邵子退和许朴庵最关注的事。以酒助兴，边喝边谈，林散之凝神片刻，开始谈黄宾虹所传的笔墨之法，谈得如数家珍，几乎烂熟于心。谈过如何用笔用墨，又谈新安画派，林散之谈兴越来越高，从宋元绘画一直谈到清末，肯定宋元画家们在山水画艺术上的贡献，指出时下书画之弊端，并列举画坛事例，娓娓道来，这些看法与黄宾虹先生高度一致。两个自小结拜的兄弟在酒桌上就大长见识，邵子退比许朴庵更好书画，他听得格外入神，只一年未见，兄长林散之竟然在书画方面学问大长，说出的话贯通画史，不同凡响，简直如脱胎换骨。惊讶之余，暗自感叹自己无名师指点，好在林散之是自己结拜的兄长，以后一定要多来草堂请教。

人逢知己千杯少，三个人喝到心潮波动时，回想起当年在历阳旧寺庙结拜的情景。结拜原是林散之与许朴庵私定之事，邵子退与他们相处虽好，但那时他才十四岁，这事就没邀他加入，邵子退闻讯赶来，成就"松竹梅三友"之佳话。十五年了，这"松竹梅三友"仍志趣相契，且情深义重，人文内蕴也丰厚了许多。虽然三个人都已成家做了父亲，但在诗文书画方面，仍是彼此切磋，相互勉励，其中，林散之师古的夫子气息甚浓。

将草堂书房收拾整理过之后，在江上草堂设私塾馆的事，算是已安排妥当了，接下去是招收弟子的事。乌江古镇的私塾师较多，收弟子不是容易之事。1931年，新学堂已成教育的主流学堂，私塾的生存空间受到了新学堂的挤压，但较长时间内，在离城市较远的偏僻地区，传统私塾教育，仍是民国的教育方式之一。林散之在草堂设馆课徒的消息传出后，来草堂求学的人渐多。去上海拜黄宾虹为师学书画之前，在乌江，林散之已是有一定影响的私塾师，林散之学有所成归乌江后，在私塾圈的名气更大，乌江人对林散之的认同度也更高了，除了本村孩子，邻村家长也慕林散之之名送孩子前来拜师。不久，草堂的私塾馆就有了十几个弟子，林散之的儿女也在私塾随父亲读书。为师者不仅要有真才实学，在德性方面也要出众，才能不负为师之名。以自己的几位老师为楷模，林散之白天在私塾馆忙于教书，矜持不苟，晚上才有时间读书、写字画画。有学诗文书画的青年弟子晚上来草堂请教，还必须放下纸笔，对他们的诗书画和文章悉心指点。私塾教育，有蒙馆与经馆之分，孩子们在蒙馆学习《三字经》《幼学琼林》等启蒙读本，青年弟子要在经馆学经史子集和诗书画。林散之教授的弟子年龄跨度大，授课的内容及方式因年龄而异，颇用心力。

教书和猴山果园的收入不菲，再加上林家粮田的收成，林散之家已算是乌江的殷实人家了。林散之妻子相夫教子，孩子们读书孜孜不倦，家庭日子过得井然有序。

离开上海时，老师黄宾虹说的那番话他铭记在心，老师认为自己的画只是初变旧貌，积习仍重。老师的话是勉励，更是对弟子的警示,在笔墨和章法上,旧时的毛病还没有根治,计白当黑的妙意自己能领会,但书写和画画时要把握好这事,比仅从书画之理上去理解它难度要大得多。宣纸,是可大有作为的空间,驭笔于宣纸,如何把握好线条运行时的虚白关系,要有才华,也要勤奋,必须多尝试,要真正改变作品的旧貌,不下大功夫不行。

  林散之在宣纸上日日习练,书法与画皆有较大长进,名气也大于以往,但上门索画的人还是喜欢他的工笔画,林散之这时期的兴致已不在工笔画上,如不是非常情境,一般都会婉拒不画。林散之在诗书画方面感悟越来越多,有了较满意的作品,就邀好友许朴庵和邵子退前来草堂,对作品欣赏或评点一番。林散之在草堂闲居寡欢,日子过得有点冷清,有点茫然,有些寂寞。一个人在草堂写诗或写字画画,是排遣孤独的方式,也可能使这孤独更加孤独,如有好友常来相聚,谈诗论画,乐在友情与诗意中,虽不及陶渊明自在,但也算活得充实。在寂寞和孤独中,林散之期盼友人来聚,心情有时很急迫,在一首邀邵子退他们来聚的诗中,林散之加上诗前小序:"入暑大热。赤足卧草堂丛翠中,意洒如也。煮茗待许大、邵四不至,新雨初霁,诗以招之。"诗如下:

> 赤足卧深绿,忘怀大火流。
> 有风来竹底,无暑到心头。
> 凉德吾何敢,热中今渐休。
> 区区十年愿,早自共君谋。

> 烈暑一时到，虚堂六月开。
> 命儿净扫地，几次待君来。
> 同爱原书画，相期又酒杯。
> 今朝新雨后，应不待余催。

这首诗写得很朴素，如日常聊天，文才不显，但情谊真切。"命儿净扫地，几次待君来"，林散之生性好客，道不同难以为谋，为林散之所好之客，无不与文相关。但乌江毕竟不是文人荟萃之地，也只二三知己，他们平时都有自己需要料理之事，空暇之时并不多，未必都能应邀而至。林散之在寂寞中思友共聚，常心情急迫，甚至还会为此焦虑不安，又时常私下为自身不能在草堂安然自处而叹息。

林散之励志于书画，经过三年努力纠偏，他终于改变了自己作品的旧貌，画作已与黄宾虹"白宾虹"时期的作品风气相契，几近乱真。林散之的名声已传至和县之外，来草堂切磋学问、谈诗论艺的人也逐渐增多了，和县的文友刁遁庵、唐一斋、夏伯周，乌江许朴庵和邵子退两兄弟也常来相聚，芜湖的杨天道，滁州的章敬夫，合肥的张汝舟，这些文人雅士也远道慕名来访，与林散之定交的朋友渐多，以文会友，不亦乐乎？林散之虽不似以往那般寂寞了，却总有一些感伤和忧郁，有时，心里空空茫茫，总觉得生活中欠缺些什么。林散之有一幅画作名为《草堂雅聚图》，记合肥张汝舟和滁州章敬夫二友来访，虽说是雅聚，题跋中却多见几人欢聚后的忧郁气氛。这幅画上题跋文字较多，我们从其中择选一些文字，从这些袒露心迹的文字，读者可窥见林散之当年心绪之一斑："余闲居寡欢，而交游尤落落不合。""往者合肥张子汝舟，游学江南，假道过我草堂，相见大欣慰，乃与共挟敬夫来。""既相聚，若佯若狂，疵议古今人，竟夕欢哗不寐。……时为夜已深，秋风正急，振木叶萧萧下，一灯如豆。三人默然相向坐，意绪冷然。""追忆前景，怅然若失，应检纸呵冻写此《草堂雅聚图》，以志旧游，且抒余平居冷落之感。"朋友来聚，自然欣喜，诗书画方面的话题打开了，许多事几乎忘怀，直说到疲倦困乏时。友人一旦离开了草堂，林散之就又陷入惘然若失的情绪之中，林散之身边虽有贤妻相伴、儿女绕膝，但那份由来莫名的孤独感，却常在心中挥之难去。

和县与乌江古镇历史悠久，一些历史文化名人诞生在这里，或曾在和县为官，如唐代的张籍和被贬至和县为刺史的刘禹锡，宋代的张孝祥等，都曾在这方土地上生活过。和县区域内也有一些历史名迹，长期在草堂教书写字画画，不外出走走，也会如同幽闭，时间久了，若非定力不凡的圣贤，就会心境不开，或难免有些忧郁。邵子退向林散之提议，几个结拜兄弟出门访古。他们登上了白衣庵。白衣庵距乌江镇不远，山不高，有河流从山下流过，站在山顶，可览乌江镇及四周全景，长江南岸马鞍山的风物也依稀可辨。白衣庵曾是张籍读书之地，"遗迹茆庵在，招寻友共陪。只余青草长，不见白衣来。残碣文章碎，颓垣风雨摧。读书是何处？我独此低徊。"据记载，唐时，白衣庵殿宇壮丽，然时代变迁，兵火不止，江山不整，它早已毁损，张籍曾孜孜不倦读书于此。如今，白衣庵原址上已荒草丛生，不见旧时的壮丽殿宇，更不见出尘之白衣。乌江三青年才子乘兴而来，站在残垣断壁上徒生感叹，果真是往事如烟，张籍在此静读的情景，也只可做一些想象。林散之在乌江生活了三十几年，从未去过白衣庵，今天来到了这白衣庵，看见的是荒草遮掩着的一片废墟，他们的向往，似乎也只是对一个传说的向往。一番感叹后，他们又去了和县古城旧址，寻刘禹锡所写《陋室铭》中的那个陋室，不过由于年代久远，这著名的陋室激励过历代多少不甘流俗的儒子，如今它只存在于文字中了，现实中再也看不到它的影迹。

回到猴山草堂，林散之突然觉得这草堂比以往亲切了，想一想张籍，想一想写《陋室铭》的刘禹锡，自己的读书条件远不是他们当年所能比，他们已名留青史，而自己诗不名世、书画无成，却时常在这猴山上不耐寂寞、浮躁不安。书画方面虽有点名声，也不过是虚名而已，自己并没有画出不同凡响的作品，关于名声，恩师张栗庵生前对他的告诫岂能忘怀。想到这些，林散之不免觉得愧疚，"几日闲愁江上村，颓毫败纸忆平生。风风雨雨都成画，别有秋心画不成。""平生云水思，只向草堂深。"他开始再度筹划自己在猴山的生活，猴山的江上草堂是他在这个世界上安顿身心之所，立身在这个空间中，不能只是感叹"一窗风缓缓，吹我鬓成丝"。江上草堂虽已为远近文人们所知，几间草屋，三五友人可在此谈风咏月或举杯消愁，这草堂真正的价值，应来自草堂主人在书画上的作为。其实，自草堂建成后，林散之在诗书画方面用力更甚，从未真正懈怠过，只是自己的努力常不能如愿，烦恼也大都由此而生。那部在上海出版未果的《山水类编》书稿，是在这草堂中用近三年时间完成的，《江上诗存》中的大部分诗，是在这草堂中写就的，自己学书画时所染的旧习，是在这草堂中最终得以改变的，远游后写的诗和游记文字，也是在这草堂中修改的。林散之对草堂的情感很深，与草堂生活直接相关的诗就写了几十首，"虚堂一夜雨，破卷十年心"，必须不负张栗庵和黄宾虹两位老师所望，诗文书画是自己一生最高的志愿，自己有不足并不可畏，畏在不知自身之不足。文友们对自己书画的赞赏，只能当作鞭策，要将自己的作品放到名帖、名碑、名画中去打量，察己之不足，知不足而能进，才是应有之为。"退笔如山未足珍，读书万卷始通神"，苏轼的诗句也常在林散之心里回响。

恩师张栗庵已离世几年了，老师黄宾虹事务繁多，时常远行，以信函请教，回复往往不能及时，学问和书画方面的事，身旁无师直接指点，只能靠自己独自琢磨和领会了。此外，就是多与朋友交流，朋友之间的交往，对每个人都很重要，每一位友人都各有欠缺，也各有所长，可以来草堂切磋学问，各抒己见，取长补短，这是一种彼此增长见识的可取方式。来草堂相聚的文友渐多了，逐渐形成了一个志趣相投的友情小圈子。1933年初夏，一次，乌江几位文友聚于草堂，谈兴正浓时，林散之提议在草堂成立读书社，这个提议一呼众应，都觉得这是一个好主意，于是，"求声"读书社成立了，"求声"

取诗经"嘤其鸣矣,求其友声"的句意。这个读书社成立不久,参与者就扩展至九人,林散之与许朴庵、邵子退及章敬夫是读书社的发起者,含山张栗庵的儿子张伯禧、全椒鲁默生、合肥张汝舟和卫仲璠,以及和县的刁慰农,也先后成了"求声"读书社的成员,"皖东九友"之说,正是源自这次结社。

求声读书社乃学子们共学、共勉,在交流中成长的阅读共同体,林散之作《求声社序》:"余荒废不学,往往与友人章君敬夫、许君太朴、邵君子退闲游,相晤之顷,则笑傲谑浪,无及义之言,退而思之,每自惭愧。夫友者,有其德也,孔子曰:'君子以文会友,以友辅仁。'庄子曰:'近则必相磨与性,远则必忠之以言,岂嬉戏征逐之谓哉?'今与三子约,约结小社,以相攻错,俾日就于光明,而去此下流之趣也。昔嵇中散有竹林之游,释慧远有白莲之聚,虽所志不同,要其相结,以道相勖,以德其义,一也。以社既不敢望白莲净修之清尘,复不敢步竹林高逸,轶之芳躅。聊于诗文,二者勉之而已。诗曰:嘤其鸣矣,求其友声,因名其社曰'求声',征相和也。"这篇序言的立意不低,内蕴其中的读书旨趣也高,非日常消遣性的阅读态度可及。林散之反思了几位友人平日相聚时的不正习气,决意戒除以往之不是,向古代先贤高士学习,以守道之心,彼此相互勉励,以尽德之举,对每个入社的朋友提出了要求,同时,也将这友情与中国的人文精神契合在一起,一般交往中的江湖情感,不可与之并论。为了每个成员严于律己,不放松对自己的要求,这篇序言的后一部分,规定读书社成员要自我激励,每个月必须交文章三篇、诗三首，以期不负"求声"结社之意。这个读书社的成员大都是师古之人，也都是旧文学的守持者，对新文学似没什么兴趣。旧文学所以被谓之旧，除了白话文与文言之区别外，主要还在文学价值观上的差异，新文学已在中国风行十几年了，这群师古的读书人仍不能接受，对新文学的作家和相关作品，他们较少谈及。

林散之写的这篇序，首先严以律己，以往读书，有时心神不够专注，甚至漫不经心，浅尝即止，又常自我放任，这种不良读书状态必须改变。杜甫诗云："读书破万卷，下笔如有神。"博览群书而能贯通者，做人行事自会合乎德性尺度，下笔也自能得心应手。有了这个阅读共同体，与友人同读经典或其他诗文，文友们在一起对所读文本加以探讨，一经交流，便知各自阅读思考的深浅，即便相互间可能因见解不一而有所争执。争执不是什么坏事，争执会带来自己未必思考过的东西，这既利于纠正阅读之偏，又有益于更好地把握经典要义和诗文旨趣，求声读书社的活动，不仅能增加彼此间的友情，也会增长各自的见识。

求声读书社成立之后，林散之在草堂苦读不辍，"早岁读书矜声色，年来读书喜缄默"，林散之感叹自己以往读书常止于浅表，止于略有所知，未能及文本深意，如今读书，是读而有所思，思常人之所未思，融会贯通了，才算是吸取了真髓。许多以前读过的经典，也有重读的必要，不苦读，不深读，不善读，就不能承往圣绝学。知己邵子退一度因杂事缠身，感叹无暇读书，林散之得知后急切劝说："吾曾闻之，曾子固不以舟车废其学，钱思公不以坐卧临厕忘其读书，士君子读书为学，苟有所树立，虽事物纷纭，嚣尘嘈杂，均不足妨其读书之功。何者？其一志，外物无足以动其心；气神凝，万汇无足以挫其气。"由此可见，林散之读书求知的意志，坚韧异常。

求声读书社既已成立，相关活动当然要启动，不过，这类活动可能并没坚持多久。动荡不安的年代，和县本地的文友们离缑山草堂较近，每月尚可来草堂聚一次交流诗文；其他文友远道来草堂就不太方便了，又各自并非衣食无忧，都要寻生活的出路，无空暇常来缑山相聚。再则，读书社成立后的第二年春末，林散之便遵师之嘱，读了万卷书，还要行万里路，入陕川等多省的高山大川中，师法自然，开阔自己的眼界去了，他远行八个月后才回到乌江。这期间，读书社的活动无法正常进行，求声读书社，是个跨区域的读书社，它虽有皖东九友之美称，但并未留下诗文集之类的存世资料，林散之那个阶段的诗作，也未多提及读书社之事。

江上草堂留下了林散之许多文友的足迹和身影，这里曾被誉为桃花源般的隐逸之地，林散之也被友人誉称为草堂隐君子。在草堂，谈笑未必是鸿儒，但往来一定无白丁，尤为重要的是，一代书法大师生活和成长的许多印记，就刻写在这草堂之中。从二十三岁开始直至五十一岁去江浦县政府入职，林散之在这里度过了几十年的时光，他曾在田园诗意中陶醉，有过文友们相聚时谈诗论艺的欣喜和快乐，也有过不安现状的寂寞和孤独。林散之有没有过在书画方面名动天下的愿望？这愿望如果有，也受到林散之一向宣称淡泊功名之思想的抑制，隐而未露。

在江上草堂，林散之写出了大量诗作，这些诗，或质朴率性，或心思中还藏匿了什么。他在草堂创作的大部分书画，由于不满意，已被自己撕毁或焚烧了。这草堂是他尝试融贯老师黄宾虹笔墨之法的地方，对书画艺术的许多感悟，也都是在这里完成的。张栗庵和黄宾虹都属敬古之人，他们引导林散之师古。师古的路，林散之已在其上行走多年了，"师古而不泥古"，这句话虽蕴含艺术创造的道理，但对许多自称书画家的人来说，它只是挂在嘴上的艺术口号，只是为了炫耀自己习古意识清醒而已，一些人还在入古的门槛上，尚不知古之为古意味着什么，便大言自称为师古之人。林散之拜黄宾虹为师时，黄宾虹已六十五岁了，在书画上师古数十年，虽在画坛有大名声，也仍未真正成就自身。这个时期，正是他从"白宾虹"向"黑宾虹"转化之初，林散之当时并没料想到这种别开生面的转化，但老师在山水画上欲承古开新，作为弟子，林散之期待老师有朝一日能实现这愿望。其实，从老师黄宾虹师古几十年的书画经历看，那时的林散之已清醒认识到，师古而不泥古，能从古意中开出新局面，绝非寻常之难。书画史上入古而能出者向来不多，古之为古，乃博大传统之另称，它既广大精微，又幽深如渊，许多人投身入古之后，受传统的约束和羁绊太深，亦步亦趋，食古而不化，在书画方面，终其一生仍是书奴和画奴者太多了。中国文化传统中内蕴文而化之、化成天下的精神，如何化而能通天下事，乃师古之真义。古往今来，师古而能得古之精髓者甚少，凡被大师光芒笼罩之人，也必受大师自身阴影之制约，能自觉大师之欠缺者，方可见出路之所在。"周虽旧邦，其命维新"，不知这个继往开来的古之训示，师古者大都只能寄身于古难以返还，甚或溺亡于古。

在草堂潜心书画多年，林散之已大致能做到师古而不泥古了，出入于各种书画经典文本，他时有所悟，渐脱窠臼，对历代书论画论也有较多研读，在画论方面，他更留意山水画理论。林散之这个时期的书画尤其是书法，已见较大变化，林散之在汉魏、六朝诸碑帖中手摹心追后，已重返唐、宋、元、明。其间，他认为唐李北海为王羲之之后南派的大宗师，在李北海处逗留最久，他对《麓山寺碑》《法华寺碑》用心甚深，反复习练，得其微妙，自宋元至明清，对米芾、王铎的作品也多有习练，默会在心。林散之不急于求新图变，不慕一日登顶的捷径，走的是一条渐次递变之路，这个时期，在书法上他自己独特的笔墨语言还未现端倪。这条林散之必须走下去的路，它不仅很长，且有许多林散之要亲手劈开的荆棘。

第十七章 水荒济民

  在乌江,真正了解林散之诗书画才华的是他的几位兄弟,乡民们听说他的诗书画在和县首屈一指,知其好不知其所以好;但乡民们对林散之为人的品质和做事能力,却是大加肯定和赞誉。不过,如就具体的做事能力来讲,许多乡民十年前不会这么肯定,林家大家庭纠纷不止不断衰落,林散之毅然分家,乡民们才意识到刚二十出头的林散之果断有智慧,不是那种不谙世事的书呆子。之后,林散之又独自将猴山果园经营得繁盛有序,每年卖果品收入可观。林散之做事的干练,让乡民又一次对其另眼相看,有这种把握现实生活的能力,怎么能说林散之只知诗书画,其他事都不擅长呢?但真正让乡民们对林散之产生敬佩感的是水灾济民之事。

  林散之离开黄宾虹从上海回乌江那年,长江中下游地区发生了百年不遇的特大洪灾。林散之家乡江浦蒲圩就在长江旁。民国时期，长江堤岸远谈不上牢固，每年到汛期，人们几乎谈水色变，担心破圩的事会发生。这一年初秋，倾盆大雨连日不停，江水猛涨，修而不力的江堤在大雨和狂浪中崩溃了，江堤水位与圩区的农田住宅落差很大，几小时内，洪水便淹没了整个圩区，房屋倒塌，农田被淹，人和牲畜皆多有伤亡，其状惨烈。林散之的家紧靠猴山，地势较高。破圩后，只前进屋和院子进水，后进屋比前进屋高几尺，未漫上水，于是，林家人在院子里淘米洗菜，用木板搭起来走人，像小桥一样。墙上屋上成了蚯蚓、蛇、蜘蛛的天地。林散之家的住宅地势较高，洪水发作后仍这般不堪，乡民们的生活惨状可想而知。在水灾中，林散之写了好几首诗，《水居》《水夜》《水兴》以及《不寐二首》，都写于这场大水灾。乡民们无处可居，只能露宿在堤岸和没被水淹没的稍高之地，苦不堪言。林散之心情郁闷，他为自己在洪灾中的无所作为而不安，"疏狂大笑一书生，懒卧江湖真无用。"这个诗句自叹无用，叹自己读圣贤书多年，见灾民们生活这般凄惨，虽怜悯，竟不能干点有所作为的事。

　　这圩区，是一代又一代人生活的地方，人们还要继续在这里劳作生活。圩破了要修江堤，来年仍然有洪水，江堤如不巩固加高，就有可能会悲剧重演。这次特大洪灾，涉及沿江多省。江堤崩溃之前，国民政府对加固江堤的重视度不够，洪水决堤，不完全是天祸。为此，国民政府成立了一个救灾委员会，受灾的各省、市、县都设了救济分会，负责发放救济面粉给灾民，以工代赈，号召各地灾民们修堤救灾。

蒲圩是江浦县与和县相邻的一个圩，属第九段圩，江堤有七里多长，五个分管区，每个区有一个圩长，政府发放的救济面粉要由各个圩长去县城领取。蒲圩所属乡的乡长是地方一霸，由于不为地方百姓办实事，一有机会就想满足自己的贪欲，在乡民印象中不是个称职的乡长。乡长想代蒲圩去领取这批救济面粉，圩长们不信任他，担心这乡长借机去发洪灾财，私吞部分救济面粉。蒲圩中林姓乡民的比重最大，叔父辈去世后，林散之在林姓族中辈分最高，在蒲圩，林散之是读书最多见识最广之人，通情达理，又善于言辞，圩长们想请林散之去为蒲圩领取这批救济面粉，并将修堤大事担当起来，为了名正言顺，他们一致推举林散之为圩董。林散之不久前曾叹自己在洪灾中无所作为，这次终于有为乡民做实事的机会了。做圩董责任大，要领回救济面粉，还要带领乡民修好这第九段圩堤，乡长曾要代领救济面粉，自己做了这个圩董，免不了会得罪乡长，但为了蒲圩灾民的利益，林散之并没有迟疑，他决定挺身而出。

步行六十里，林散之来到了江浦县城，许多乡长圩长已聚集在县城里，为了早点将面粉拿到手，一些乡长圩长贿赂地方赈灾官员，送钱、送器物、送嫖，贿赂的方式多样，且都有效。林散之想不到洪灾中还会有这样的事情发生，他显然不能接受这种方式。林散之进出县赈灾救济分会办公室，折腾了好几天，每次都碰壁而回。不能辜负蒲圩灾民对自己的期待，左思右想，他毅然决定直接去南京找国民政府救灾委员会。在江浦折腾的这几天，他打听到救灾委员会主任是宋子文的弟弟宋子京，他的老师黄宾虹在民国文化界影响较大，民国政府一些高层官员与黄宾虹也时有交往，自己是黄宾虹的弟子，沾点老师的光，也许就不会被宋子京拒之门外。

果然不出林散之所料，宋子京见林散之谈吐不俗，举止有礼，知林散之是黄宾虹的弟子后，又了解到他是为灾民不得已而来，觉得此行可嘉。宋子京要林散之放心回江浦，他会让江浦赈灾救济分会尽快将面粉发放给林散之。

回到江浦，林散之成了一个"通天"的大人物，再也没有官员敢刁难他了，由林散之押送，江浦赈灾救济分会将五千袋面粉送到林散之家中。乡长知道了这件事，没想到一介书生林散之，一个教书写字画画的人，竟然会有"通天"大背景，他急忙赶到林散之家中，要和林散之一起搞好蒲圩修堤之事。林散之仍担心他会打面粉的主意，他告诉乡长，修堤之事，蒲圩人一定会用心做好，乡公所如果不放心，可派人监督。听说林散之与宋子文的弟弟宋子京有交往，当时，宋子文是国民政府行政院副院长，乡长是个攀附权贵之人，哪敢说派人监督，讨好不成，只能知趣地走开。

也许是林散之自己没搞清楚，或是林散之的儿女们在《林散之》这部传记中误认了，所以现有几部林散之传记，包括《林散之年谱》，都认为宋子京是宋子文的弟弟，其实，这是个误传，一传再传，人们多年来没搞清楚这个事实，这个民国水利专家宋子京，并不是宋子文的弟弟。宋子京，原名宋希尚，字达庵，浙江嵊县城关镇人，留美水利硕士，清末状元张謇的弟子，民国著名的水利专家。1931年长江遇特大洪灾，宋子京任国民政府水灾救济委员会委员。不过，信息闭塞的年代，人们对事物的判断，往往建立在与实事不符的传闻上，宋子文家族在民国权势显赫，是民国第一大家族，宋子京这个名字，很容易让人联想到这个宋氏家族，林散之也可能真的认为宋子京是宋子文的弟弟，并未去深究。这个与民国权力谱系相关的误认，一直保持在林散之的个人史中，在我们说破这个事实之前，这个误认，至今仍在民间流传。这就有点小说的意味了，如从小说来看，这个误认属于小说中的事件，它对小说后面要完成的那些部分，可能会产生一些潜在影响。

宋子京并不是宋子文之弟，与宋子文不存在人们想象中的家族关系，但宋子京帮林散之拿到了五千袋救济面粉，这是实在之事。救济面粉的分发，江堤的修复，是眼下急迫之事，林散之明白，这些面粉的作用，必须与修复和加固江堤之事放在一起去考虑。林散之是圩董，"太息长堤修未得，桃花水已到江南"，修堤之事急迫，不能耽搁，他与几位圩长商定：全圩凡有劳动力的家庭一律上堤去挑土方，按完成土方数分发面粉，多挑土方者多给，劳动力不足的家庭，适当予以救济。此外，为了公正透明，林散之要各圩派出一名代表，来自己家管理面粉发放之事，做到发放账目清楚，绝无半点含糊。而林散之自己家有粮米，他决定不拿一袋救济面粉，也不取任何做圩董的报酬，他只想为蒲圩灾民做一些力所能及的实事，此举为林散之在乌江及江浦县赢得了极好的名声。

由于发放面粉和修堤措施得当，乡民们挑土修堤干劲十足，林散之和圩长们赤足在堤上跑来跑去，监督修堤工程的质量和进度，蒲圩的江堤修得又高又宽，结结实实，坚固牢靠。

在乌江，林散之平时的交往只限于诗书画的圈子，与这个圈子外的人很少交往，除了必须料理的家庭事务，生活中的一切，都服从于诗书画的事业。特大洪灾发生后，他被蒲圩灾民推举为圩董，受命于危难之时，领导灾民修复和加固江堤，这是林散之第一次参加公共事务。江堤完成修复加固后，蒲圩人不再为水患忧心忡忡，圩田的庄稼长势很好。林散之不忘有恩之人，为感激宋子京，他画了一幅画赠给宋子京，并在画中题诗："风雨荒堤浪自惊，伤心犹记去年时。聊将几点伤心墨，洒向江南宋子京。"

林散之在清朝生活了十三年，在民国已生活了二十年，他看到了清朝的崩溃和儒家的衰落，也看到了新政体下军阀混战和政党间的激烈斗争，以及天灾人祸中的民不聊生，没理由认为这是个好时代。别只看林散之教书收入不薄，吃穿不愁，林散之心里其实很抑郁，这抑郁之中，有他还想不明白的东西。林散之的诗作，时常流露出忧伤低落的情绪，不能说与那个时代的大背景无关。

林散之读圣贤书长大，知道应以至善为人的最高道德目标，其实更多的时候，这善只是作为一种道德愿望被谈论，人的善意识或善知识，如不能成为行为中克制恶的力量，这善的意义就削弱了许多。而相对于善，恶的影子时常纠缠人的生活，这种善恶二元界定的事，每天都在发生，它没完没了。尽管如此，一个人在生活中如能不被私欲所蔽，甘愿去做一些有益于公众的事，他心里就会充实许多，也会因此多一些光亮，那个自我，就不会由于私欲太重而渺小不堪。这是一种既朴素又特别的感觉，多年来，林散之的心思集中在诗书画方面，不介入公共事务，发放面粉领导修堤之事，让林散之有了这种朴素而又特别的感觉，这种关心他者产生的感觉，填补了林散之生命中的一些空白。

　　坐在草堂里，林散之看着墙上父亲和张栗庵的照片，想起他们对自己的期待，心里有点激动。在诗书画方面，虽然林散之至今仍没什么作为，自己也常为此愧疚，但与以往情境相比，他心里似乎要踏实一些，至少，在乌江，人们不再认为他只是一个疏狂而对世事不起作用的书生了。

第五卷 1934—1945

第十八章 决定远游

1934年，林散之三十七岁。几年来，有一件林散之牵挂在心的事：要将恩师张栗庵的遗著《观复堂诗文集》校印好。除了《四书札记》，《观复堂诗文集》是张栗庵留存于世仅有的文字。恩师张栗庵一生饱读诗书，崇仰先贤，虽为清朝进士，但在时代变革中坚守儒家立场，与民国主流文化不相融洽，后半生在家乡行医课徒，怀才难遇。张栗庵离世三年了，林散之每次想起恩师，心里总有难以排遣的伤感。作为弟子，完成好《观复堂诗文集》的校印，是必行之举。完成这件事，除了表达对恩师的敬意和怀念，也能减轻一些弟子无以回报恩师的愧疚。

在草堂，林散之再次想到远游之事，为出门远行，师法自然，他已准备好几年了，想在山水画方面有不寻常的作为，读万卷书，行万里路，这两者不可偏废。读书的重要性，林散之了然于心，这是他终身不可弃之事，要画好山水画，必须诗书在心。但只在书斋里读万卷书，是难以画出真正的好画的，黄宾虹先生曾嘱林散之离开书斋，去名山大川走一走，与天地精神相往来。远游，会开阔自己的眼界，游历广了，胸襟宽了，眼界自明，习染的俗病也可在山水中脱去。

　　林散之从上海回乌江已三年了，虽常动远游之念，也只去过江对岸的马鞍山采石矶，1933年去游了太湖，看过太湖的烟山云水，写了十几首诗，未见林散之有关太湖的画作。太湖之游，在林散之心里产生了一个问题，这个问题在很长时间里一直是隐隐约约的，并没成为不可避让的问题。这个问题，林散之似乎没予以足够重视，或说是他意识到了这个问题的存在，并没给出比较好的应答。这个问题是：画家如何师法自然。有关这方面的话题，涉及林散之在山水画方面的困惑，以及遇到的艺术瓶颈，我们将在后面谈及。林散之游太湖，几易其笔，仍无满意画作。太湖，是黄公望多次云游和倪云林归隐之地，两位都是中国南派山水画大师，他们与太湖相关的画作，笔简意远，疏淡超逸，影响了元之后的历代画家。林散之逐梦而来，栖身于太湖山水，想起新安画派的领袖渐江上人，师倪云林而能在山水画上独辟蹊径，笔墨简约空灵，自出新意，卓然成家。林散之如今置身太湖山水中，心里虽有云烟，却难以成画，他感叹自己"纸笔愧囊橐，负此湖山胜"。其实，林散之游过太湖后，从江南风物中所获不少。此外，中国名山胜水甚多，林散之虽还没去过，但在太湖之游中，他已意识到山水画与自然山水相异，它本身就蕴含创造之玄机，师自然，从根本上说，乃是师造化。有此意识，对画山水画的重要性不言而喻，但自己的山水阅历太浅，山水写生的经验远远不足。去风物陌异的山水中开阔自己的眼界，出入于山水之间，在对相异山水的比较中，才能更好地把握它们不可取代的特征，心神感通于山水，于应目会心中，得造化之力的滋养。出门远游的愿望，在林散之心里越来越强烈了。

林散之出生于乱世，亦成长于乱世。1934年的中国，乱象丛生，战争的硝烟正在弥漫，也随时可能覆盖远山近水，林散之决定远游，也只能游于这乱世。

一个人在这种乱世中远行，存在很大的风险，毕竟所到之处人地两生，不识异地风俗，且各地的方言不同，必有交流的困难。所去多为崇山峻岭，入层峦陡壑中，是人迹罕至之地，除了山道崎岖难行，有攀登之险，深山中还有遭流窜兵匪所劫之隐患，林散之虽习过武术，果真遇到意外险情，能不能招架还很难说。此外，一个人离乡在外，夜卧深山密林之中，身边无友人聊天，难免寂寞孤独。林散之想到了两位结拜兄弟，向他们说出自己先进西北后入西南的远游方案后，许朴庵因家庭条件一般，要教书养活妻子儿女，无法离开乌江与他同行，邵子退的家境虽好，但他从未出过远门，这次远行时间要长过半年，自己还不完全能做主，父母不同意他远行。

林散之只好坚定意志，独自踏上远行之路。远行之前，林散之做了充分准备，关于这些名山胜水的资料他早已熟悉了。几天来，他将在上海黄宾虹处认识的人整理了一下，和县有同乡在他这次远行的地区工作，这些人的电话也记在通讯本上，必要时可与他们联系。出门时间长，登山涉水，天气多变，身体不能出毛病，他为自己准备了一把加了好几层桐油的雨伞，使其更牢固耐用。他妻子盛德翠是个做鞋能手，仿僧人云游鞋为他做了一双牛皮镶边的结实布鞋，并特制了一个背袋，增加了一些口袋，便于放一些不同物品。这把雨伞和特别的背袋，现藏于乌江林散之故居。雨伞和背袋上，留有林散之求艺之路上的风雨之声，人们可从雨伞和背袋上，窥见一代大师执着于艺术的意志和精神。

1934年3月29日早晨，天气晴好，春风和煦，日光映照下，缑山山坡上桃花灼灼，这田园春光虽好，但此时已不及他想象中云烟变幻的高山深谷有吸引力了。"今自草堂去，此心在万里。依依别故乡，情欲托山水。"关上书房的门，林散之带上放着衣服、书和纸笔的行李箱，辞别门前不舍他远行的母亲、妻子和一群儿女，只身踏上了师法自然的万里之路。

第十九章 寄身山水（一）

　　与名山胜水相约于艺术之梦，如今已逐步实现。林散之在草堂已规划好远游的主要路线，由南京下关出发，经滁州过徐州，入河南开封登嵩山，游洛阳，之后入陕西，游华山、终南山、太白山，再由西北入川，游成都名胜古迹，登青城山、乐山、峨眉山后，由长江水路经重庆、武汉返还乌江。

　　余性喜文艺，复好远游，山岳神奇，穷其辛苦。去年春，发轫于滁山，转大梁，寻嵩高，叩潼关，上太华，历终南，横太白，登连云栈，攀剑门关，观赤城之霞，抱峨眉之月，下巴东，穿三峡，既入高唐梦，复招楚水魂，遂顺武汉假道匡庐而归……（《漫游小记序言》）

　　从这段漫游自序看，林散之基本上没改变既定行程路线，中途因行路艰难而折返之事没有发生。当时，中国的道路交通条件，远不及现在，许多地方的路况很差，崎岖难行，山深水远，一些偏远之地道路不通，车不能至，必须徒步行走，林散之欲去之地，有的山地甚至连羊肠小道也没有，必须披荆而上。林散之不畏艰难，翻山越岭，经风历雨，独自一个人走了这么一大圈，行程一万六千余里，已令人称奇。况且，当时中国处在大动乱之中，社会秩序混乱，沿途多不测之事，险情不断，即便是探险家，也有人结伴同行，而日常去自然中放松心情的游山玩水者，是不会干这类自寻艰难之事的。我们谈林散之当年万里远游，与人们谈日常旅游的故事可能有某些相似之处，但若是让我们亲历其中，便会深知此行之不易了。若非为了画好山水画，师法自然之心尤为急迫，林散之不会踏上这艰难又孤独的行程。待在缑山闲坐草堂门前，看山坡中桃花灼灼，活在田园诗趣中，岂不悠然自在？一个深藏不凡心志的人，不为各种俗见纠缠，常会做一些与日常认识相左的事，不在乎人们不理解自己的言行，心有所往，"一意孤行"，打开生命可能的空间也许是意义更深远的人生抉择。

从乌江驻马河乘小火轮到达南京下关，当晚乘火车到了滁州，内兄盛峻居在滁州火车站相接。出行前，妻子盛德翠要林散之顺道去滁州看一看自己的哥哥，乌江离滁州不足七十公里路，只是当时无直达的道路，绕道南京下关乘火车才方便抵达。盛峻居，原名盛德闾，毕业于北京师范大学，抗战初期，任全椒、六合、和县三县抗日联合政府秘书长。1937年秋，为协调各方武装抗日力量联合起来，遭土匪袭击身亡。盛峻居也诗文俱佳，常与林散之以诗相和，对妹婿林散之诗文书画方面的才华颇为钦佩，也知妹婿在艺术上志向不凡，远游是志在书画，两人久未相聚，见面甚喜，不免留林散之在滁州多待几天，好畅叙情怀。盛峻居邀滁州书画文友相陪，日日款待，才下书案，又上酒桌，友情在酒的醇香中，流溢着文人们相聚的诗意。林散之初愿在心，心系远山，到了第五天，决定辞别盛情不已的内兄，启程去河南嵩山。

到了徐州，林散之下了火车，便觉得有所不适，家乡乌江虽在长江之北，但从整个中国版图看，也应算是南方。这是他第一次踏上北方的土地，南北的温差之大，林散之始料未及。"寒沙漠漠飞，衰草层层积。""江南去几时，已是云泥隔。方春似元冬，惊心风物易。"四月初的徐州，乍暖还寒，由于温度较低，林散之如置身寒冬，彻夜难眠，遂提笔坐床写诗。白天，他已去云龙山转了一圈，云龙山其实是个地势稍高的丘陵，那时的云龙山，汉墓还没被发掘，也无艺术价值很高的汉画像石可鉴赏。他又去燕子楼看了看，唐朝重臣节度使张愔（张建封之子）镇守徐州时，喜欢上名妓关盼盼，燕子楼是张愔特为关盼盼建的一座小楼。关盼盼容貌出众，能歌善舞，也是位诗人，白居易曾写《燕子楼》诗三首。张愔死后，关盼盼独居燕子楼十年，绝歌弃舞，燕子楼成了徐州著名的情爱之楼。林散之见燕子楼有感："常梦迢迢别，小楼浅浅开。可怜一夜雨，春天砌莓苔。"燕子楼早已颓败了，往昔风华早已不再，从燕子楼中弥散出的是情爱之痛。

四月的徐州犹如初冬，山石草木仍不显柔和春意，风气较之江南要粗糙一些，人们常说一方水土养一方人，其实，一方水土也养一方风物。徐州是五省通衢，在中国历史上，徐州乃兵家必争之地。在《彭城》这首诗中，林散之感叹楚汉兴亡，西楚项羽曾名动天下，但无大政治家之权谋，不能智勇并举，终是英雄末路，败于刘邦，最后刎颈自杀于林散之的家乡乌江。徐州有它历史的厚重，可以写诗怀古议今，诗才横溢者也可能会写出些佳作。但在林散之眼里，这里无险峰矗立的高山，也无大面积水域，谈不上山清水秀，对自己画好山水画并没多大助益，没必要在此多逗留。

在徐州只停留了一天，4月6日早晨，林散之到达河南开封。之前，林散之与宋子京有书信往来，1934年，宋子京是治理黄河水灾委员会的负责人，其时，宋正忙于黄河冯楼堵口，林散之寻访未遇，引以为憾。开封有八朝古都之称，是上承汉唐、下启明清的"宋文化"中心，中国名画之一《清明上河图》，便是张择端在开封所画。林散之此行的重点并不在访古，而在师法自然，他的心思常在高崖险谷、山林云烟，而不在都市。不过，既然来到了这座历史名城，总得看一看，满足对这古城的好奇之心。林散之每到陌生之地，习惯以诗记事，林散之浏览了开封城，写了《大梁》《陈桥驿》等诗后，便行李上身，从开封赶到孝义时正是深夜，找不到舒适点的驿站，就宿于车站旁的一个土洞之中，土洞内污秽气重，只能在此忍受到天亮。到了孝义，离嵩山已比较近了，距孝义十多里处，便已是嵩山之麓，这将是这次远行途中第一次登山。嵩山是林散之有生以来登临的第一座中国名山。

在孝义，车站旁土洞的主人告诉林散之，这世道太乱，山道坎坷难行，嵩山也常发生打劫之事，孤身行走风险较大。林散之行事向来谨慎，也绝不因自己有些武功便掉以轻心，为了在嵩山不走冤枉路，也为了多份安全感，林散之让土洞的主人为自己找了一位卖面饼的名叫刘长松的壮汉引路，也兼为挑夫，自己换上当地人破旧的衣服，穿一双麻绳编的鞋子，以这样的着装上山，就不会被心怀叵测的人盯上了。陪这个文质彬彬的南方人上嵩山，所挣的工钱比在街上卖面饼多，刘长松很乐意同行。离开乌江的第十二天，日光初照，山林中正传出清脆的鸟鸣声，林散之进入了向往多年的嵩山。

嵩山由太室山和少室山组成，是五岳中文化蕴积最丰厚的名山，这里是中国道教圣地和佛教禅宗发源地，也是中国功夫之源。历史上曾有三十多位皇帝、一百五十多位著名文人登临嵩山，《诗经》中便有"嵩高惟岳，峻极于天"的名句。创建于东汉的法王寺，是中国最早的佛教寺院之一，比洛阳白马寺仅晚不到三年。道教的中岳庙始建于秦，原名太室祠，曾有"飞甍映日，杰阁联云"之美称，历代著名道学方士在这里栖身传教。嵩阳书院位于嵩山南麓，是宋明理学的中心之一，在中国文化史中占有重要地位，它与长沙的岳麓书院、庐山的白鹿洞书院以及商丘的睢阳书院并称为中国古代四大书院。嵩阳书院旁不远处是崇福宫，宋代一些不合时务的名儒被安排在崇福宫，范仲淹、司马光、程颐、程颢等都曾经在这里任过"提举管勾"之职，程颐、程颢曾在嵩阳书院讲学传道。不同于其他以单一宗教立名的名山，在嵩山，儒家文化和佛教、道教文化鼎足而立。

　　林散之对儒家思想文化已知之颇深，师张栗庵后，在观复堂书斋也接触了不少道家典籍。由于母亲信佛，日日诵经，林散之自小耳濡目染，长大后对佛教和佛学也有所涉猎。嵩山三教并举，文化蕴藏丰厚，嵩山的自然风物与人文精神融会一体，相异的文化价值在嵩山保持它们的差异性，林散之一路兴奋，感触颇多。到了嵩阳书院，他心情格外激动，嵩阳书院是"二程"当年讲学传道之地，程颐和程颢所创的理学，兼涉道佛两家思想，与汉儒思想有异，学说以"穷理"为主，主张"去人欲，存天理"，后为朱熹所承，朱熹在周敦颐《太极图说》的思想基础上，提出了"理气论""格物致知论"等理学思想，并深入阐发，开儒学之新，成为宋元明清之官学。林散之师从张栗庵十五年，关于程朱理学，张栗庵会对林散之做较深入的阐释。张栗庵属安徽桐城派，桐城派与宋明理学渊源甚深，桐城派也称古文派，在清朝享誉两百多年，曾有"天下文章在桐城"之说，至"五四"新文化运动，因有悖于新文化精神，桐城派才逐渐消沉衰亡。从师承来说，林散之也应算是桐城派的弟子。林散之接近嵩阳书院时，敬意和亲切感油然而生，见嵩阳书院已呈倾圮没落之象，遂又陷入迷茫凄寂中：

　　　　寂寞下高嵩，嵩之阳有宫。
　　　　层楼久倾圮，残碣卧荒丛。
　　　　唯有汉时柏，落落摇清空。

> 我感程夫子，时雨化育功。
> 千年冷门墙，未见易已东。
> 老仆心蒙蒙，睡去齁如熊。
> 万籁各无语，小子坐春风。
> 伊川水舒舒，庭草自芃芃。
> 所得在太初，斯时谁与同？

辛亥革命之后，儒学已式微，当时，嵩阳书院已残破冷清，"千年冷门墙""残碣卧荒丛"，这里不再有问道求学的学子身影，宋时二程在此传道讲学的盛况，只能从这满目颓废中去想象。谁能在这乱世中与自己同参太初之秘呢？林散之在《嵩阳宫》这首诗中，感叹世事变迁。二程夫子之精神已在这倡导民主的时代中衰落了，至于它为什么由兴而衰，历史学家的阐述也未必真的合乎历史事实。这方面的事，许多师古文人想不清楚，说不明白，林散之即便是想说出个所以然，恐怕也难以做到。诗乃心声，以诗发怀古之感叹，诗人对古今事物的态度和倾向，至少也会在诗句中露出些端倪。林散之在这首诗中，只字未提民国事，不议民国风云，但古今之比却蕴含其中，诗人为儒家传统在民国的中断感伤甚深。

嵩阳书院，是二程讲授经典之所，北宋年间，来这里倾听二程传道的学子众多，二程皆为儒家先贤，在儒家思想史中影响甚大，儒门读书人对二程思想都有较深的了解。一向好史的林散之，对二程与其师周敦颐之事应有所知，这首诗中不涉此事，细心的读者可能会为此好奇，是林散之刻意回避不谈，还是对此事有所不知？程颐、程颢两兄弟，承理学开山鼻祖周敦颐的"性命之说"而创理学，但二程终身不认周敦颐为师，这是儒门的一个大事件。二程师从周敦颐，已为史料所证实，这兄弟两人拒认周敦颐为师，必另有其因，但至今原因未详。不过，二程师周敦颐而不认，甚或有一些不恭之言，儒门师道尊严，这是大不敬之举，二程也因此常为后人非议。林散之在诗中未涉及这事，他不一定不知道这事，也不一定就知道这事，从这首诗的内容和诗艺着想，知道这事而不涉及它，也属正常。从另一方面看，中国有一句话流传已久：人非圣贤，孰能无过？绝大多数人信奉这句话从不质疑，这句话本身会不会就是个问题呢？人们对圣贤的期待可能过高了，这世界上绝无完人，完人只存在于想象中，而且，很可能存在于不当的想象中，其实，圣贤未必无过。说出了这个事实，绝无为二程辩护的意思，二程终身不承认师从周敦颐，可能与二程认为周敦颐非原儒中的人有关，二程与周敦颐之事，北宋后争执颇多，这不只是与理学承继之争相关，还涉及儒学大师们应具怎样的品性。或许，林散之从张栗庵处早已对这事有所了解，只是不想妄加评议而已，毕竟，这不是荣耀儒门之事。

嵩阳书院门外，立有《大唐嵩阳观纪圣德感应之颂碑》，这块大唐碑由六块巨石拼成，高达九米，厚两米多，看上去气势雄伟，必须仰目视之。碑文为唐朝宰相李林甫所撰，大书法家徐浩所书，碑体为八分书，这种书法现在书坛已较少有人继承了。八分书是原初隶书之一种，在汉字书写史上，八分书开创性地带有明显波磔的特征，史称分书或分隶。简单点说，这是早期隶书的书写法，书写者行笔时保持两分小篆之意向两边取势，是对小篆的书写改造，徐浩正是以八分书书写李林甫所撰碑文，世人对其书法的价值评价较高："笔法遒雅，姿态横生。"但这样的评价较少来自大书法家。从书法艺术来说，八分书的装饰意味太重，行笔循规蹈矩，对书写者个人的心性和自由意识有一定的制约。《大唐嵩阳观纪圣德感应之颂碑》为嵩山第一碑，它之所以为嵩山第一碑，除了此碑有一定的书法价值外，主要还在于此碑与唐玄宗李隆基相关。中国许多古代人文旧址都留有皇权的印记，皇帝的文臣们习惯于为天子歌功颂德，嵩阳书院前的这块颂碑便是明证。这块高大的碑曾被雷电所劈，碑身残破，人们不说李隆基的德性不配这碑文，只说撰文者李林甫是奸臣，这事激怒了上天，上天便差遣神龙到嵩山，以此举警示世人。《林散之传》的作者认为："林散之站在碑前，相信人民心中确实潜藏着一条巨龙，时时对历史上的人和事进行评价，忠奸分明，毫不含糊。"这是对林散之的赞誉。

　　林散之对嵩山碑刻兴趣尤浓，我们先谈一谈嵩山上的碑刻。嵩山人文历史深厚，历代帝王、释道儒大家都曾在这里留有足迹，人文精神流行在自然风物中，嵩山金石碑刻丰富，素有"金石宝地"之称。在嵩山，林散之虽存怀古之心，但他更在意这些碑刻的书法价值，从太室山到少室山，林散之一路上都在留意嵩山碑刻，这些碑刻或竖立在寺庙之内，或镶嵌于佛塔之上，一些刻写于古建筑之中，也有的镌刻于山崖之上，摹写于巨石之侧，大都散落在林木遮掩的荒野墓前。不同朝代的碑刻成为嵩山文化最重要的部分，这些碑刻书体丰富，各有特点，真、草、隶、篆、行，五体俱备，最具金石艺术价值的是唐宋金元以来的碑刻，其中有些碑刻出自书法史上的名家，既有徐浩、李邕、颜真卿、赵孟頫、苏东坡、黄庭坚、蔡京、蔡卞、米芾、董其昌等书法大师的书迹，也有康熙、乾隆的书迹留存在嵩山。嵩山碑刻数量庞大，共有近两千品之多，为中国名山罕见。

不过，嵩山的许多名碑刻林散之当年并没有看到，"我从山径考其遗，可怜简册久无详"[1]，上面所提书法大师的碑刻作品，林散之在关于嵩山的诗和《漫游小记》中都没提到。林散之痴迷于书法，慕名千里而来，登山入寺，"问字扪碑认古人"，但嵩山的名家碑刻，林散之大都没能见到，这显然是这次嵩山之行的一大缺憾。那时，中国因政体之争发生的内战仍在持续，而日本正欲侵入华北，国家处在战争的危机中，许多碑刻散落在山林墓群和荒野之中，无人收拾整理。在嵩山，林散之所见之碑刻，上品极少，在书法艺术上对他并无什么启发。

为了画好山水画才出门做万里行，嵩山的高岩深谷和峭壁悬崖以及其间变幻不定的云雾，让林散之既惊讶又兴奋，似乎自然也具诗性，这种自然景象是自己在江南难以想象的。六朝古都金陵东郊有座紫金山，主峰海拔只有四百多米，虽

---

[1] 出自《中岳庙》，见《江上诗存》。

为明皇陵所在地,林木繁茂,山岩端庄,但并无奇峰矗立。金陵城长江北岸有一座森林覆盖的老山,这是林散之家乡江浦唯一的一座高山,海拔也不到五百米,谈不上山高峰险,除兜率寺使山林有了些宗教气象外,无其他奇异风光可领略。从江南来到嵩阳,林散之的眼界大开。到达嵩阳书院之前,林散之已在刘长松的引领下游过太室山,过黄盖峰后进入东峰,经天门,登上太室绝顶,极目远眺,心旷神怡,这是林散之有生以来第一次站在海拔一千四百多米的高处,对登高望远的人生寓意有了切身感受。不远处便是少室山,关于太室山和少室山,自古就流传着一种较形象的说法:"太室雄伟而丰腴,少室森削而秀丽。"游过太室山又登上了少室山,林散之觉得此言不虚。少室山也被称作"九顶莲花山",从莲花之名便可想象少室山的山形之美妙。登少室山顶的难度很大,须沿着绝壁上一米多宽的石缝,手攀铁环、拽钢丝上下,断崖之道属嵩山古道,人须在崖旁面壁居空行走。这条古道是嵩山最险峻的山道,游人到此往往望而却步。不经过这条险峻山道,就不能登上少室山顶,就看不到嵩山全貌,必须克服畏惧心理才行。林散之随刘长松登上山顶后,有生命历险的挑战性快感,极目四周,山谷间云雾缥缈,如临仙境,从山南朝北望去,一群山峰互相叠压,状如千叶舒莲,果真是"少室若莲"。嵩山,就是自然界令人称奇的作品。少室山和太室山虽同属嵩山,但太室山厚重沉雄,少室山奇巧挺拔,山体形态大不相同,各具风格。

林散之在嵩山得《铁梁桥》《太室绝顶》《登高崖》《三

皇寨》等多幅写生画稿，这次游历名山大川，要为以后的山水画创作准备大量可供选择的原初素材。一幅好的山水画作品，往往产生于画家的写生画稿，所以，山水画家们对写生越来越重视。

　　与画家的艺术观相关，写生的方式不一，画家们各有所好。古代山水画大家游历山水，像黄公望、石涛那样写生的山水画家较少，大多数画家靠的主要是默记。在西方，写生是画家常用的绘画方式。三十三岁之前，林散之画画基本上是照着画册上的名作画，写生的习惯是师从黄宾虹后才养成的。黄宾虹曾在上海美专教授中国山水画，美专引进西方美术教学理论，设置了写生素描必修课。黄宾虹认可并推崇写生这一举措，林散之拜他为师之时，正是黄宾虹格外注重山水写生之时。黄宾虹写生兼有创作的意味，写生也要讲"中得心源"，写生者的审美直觉很重要，不能完全受制于肉眼所见之物象，这与西方画家的写实性写生有所不同。大师黄宾虹在晚年山水画生涯中，为后世留下了大量精妙的写生稿。这些写生画稿，与同时代许多画家的写生稿有明显不同之处，黄宾虹写生如他创作山水画时一样，尤重笔法，一勾一勒，一点一皴，看似不经意的冲淡中，都深蕴着山水之妙理。黄宾虹的山水写生稿中，山峦峰岭上的线，总要波折迟涩，连断相搭接，无处不用意，用笔的转折变化丰富，而画山的坡脚邻水土滩时，用笔便平缓舒坦，力求轻快圆畅。黄宾虹写生时，大都取远观的视角，留意山水的骨脉，笔墨的轻重迟疾也都循此而生发，这与黄公望写生有些相似。黄宾虹有些写生稿，虽只做几笔寥寥勾勒，初看与古画的形迹不甚相似，却是他大半生研习古画所悟出的关窍，这些含蓄内敛的写生笔致，显示出一种高超的艺术修养。林散之在上海师从黄宾虹的日子里，近水楼台，见过一些黄宾虹的山水写生稿。林散之的写生水平，虽还远不能与黄宾虹比，但他从黄宾虹处受到的启发颇多，在嵩山写生时便较少涂抹，对写生笔法也比较讲究，观山水的方式也大致以远视为主，以保持和扩展"游"的视觉开阔度。

游嵩山者，几乎没有不去少林寺满足好奇心的，绝大部分游人去少林寺，并非因为它是中国佛教禅宗的祖庭，而是由于少林寺是中国功夫的发源地。"天下武功出少林"，人们的好奇心集中在少林武僧的功夫上。林家大宅护院武师谭师傅的功夫便出自少林，林散之从谭师傅学了一些少林功夫，"击技吾未娴，至道久已秘"。林散之往少林寺途中，就遇见两位少林僧人重担在肩，近身而过，在崎岖山道上健步如飞，林散之也学过些功夫，便较劲似的随后奔走，不一会儿就力不从心了，他暗自震惊，觉得少林僧人的功夫非十数年恐难练成，心里由衷敬佩。

那时，来少林寺的游人很少，林散之见到少林住持智光，两人在寺内一席聊天，话题从诗文到武学，从少林聊到武当。住持智光告诉林散之，少林武学中也深蕴禅机，少林僧人习武，也是禅修的一种方式，外界所知只是少林寻常功夫，少林秘功向来不外传。林散之谈到来嵩山的路上，见乡民们居住在逼仄的窑洞里，面容憔悴，衣衫褴褛，心里很难受，住持智光觉得林散之有慈悲心，与佛有缘。林散之晚上写诗，动了来少林习武修禅之念："我有皈依心，多为尘虑侵。何时毕儿女，来自面霜镡。"①霜镡为战国时削铁如泥的绝世利剑，在这里喻指习武修禅。诗中对自己为俗事侵扰似有遗憾，置身少林寺，佛家弟子们的生活林散之耳濡目染，想到人生有那么多困扰甚至苦难，自会有从中解脱出来的心理反应，这只是林散之想无牵无碍超然于俗事时的念头。人生有许多瞬间产生的念头，去时比来时还快，不过，林散之这皈依的念头可能从未消失过，它也许根植在林散之生命最隐微处。林散之九十三岁离开世界之前，心气平和地留下了他的绝笔："生天成佛。"许多评论家对此深感不解，人们研究和评论大师林散之的书法艺术，对林散之生命中的神秘意识所知甚少，本书将有专门章节谈及此事，这里暂做悬置。

在嵩山十一日，遍览中岳风光，所获不少，"此间风物清奇甚，不似寻常绮丽春。"②"绮丽春"显然是指风物柔美的江南春光。离开嵩山时，林散之回望太室山和少室山，"名山能到亦前因"，从崎岖山道到中岳巅峰，从岳阳书院到少林寺，那里已留有自己跋涉的足迹，嵩山的历史人文和自然风光，已刻写在他的记忆之中。

---

① 出自《少林寺》，见《江上诗存》。
② 出自《少室阙》，见《江上诗存》。

第二十章

寄身山水（二）

　　林散之经偃师到达历史名城洛阳，思乡之情渐深，为了画好山水画，自己远在旅途中，家事不能照料，妻子带着六个年龄尚小的儿女一定很辛苦。寄过家书后，林散之回到大东旅馆，整理在嵩山所写的诗稿和写生画稿，不满意处要做些修改，另补写《漫游小记》。收到家书之前，他可以在名城洛阳游览几天。洛阳古城文化深厚，历史上曾有多个王朝在洛阳建都，仅就思想文化艺术来说，老子、曹植、蔡邕、颜真卿、白居易、刘禹锡、欧阳修等，都曾在洛阳城生活过，他们留下了许多令后世赞叹的诗文篇章。曹植那篇名传后世的《洛神赋》，情思绻缱，文才激荡，极富浪漫想象，中国早期山水传世精品《洛神赋图》，便是东晋顾恺之据曹植这篇赋所作。在乌江，林散之便已重读史料，对西行所经各地名山及都市有了较详细的了解。林散之对《洛神赋》烂熟于心，对《洛神赋图》也多有观赏，只是那翩若惊鸿名为宓妃的洛神，只在文字与画面中，现实生活中不可见，心有所慕者只能在洛水旁徒生感叹而已。林散之此行意在山水，洛阳城历史文化遗迹众多，也只能有选择地去看一看。

白马寺和龙门石窟闻名遐迩，一与中国早期佛教相关，一与石刻艺术相关，是林散之必去之地。白马寺为中国第一古刹，是佛教传入中国后兴建的第一座寺院，在洛阳城以东十二公里处。龙门石窟是世界上石刻造像数量最多、规模最大的艺术宝库，位于伊河两岸的龙门山与香山上。出洛阳南门，去龙门石窟需经过邵康节的故里，该村名安乐窝，现已易名康节村，全村邵姓人家数百户，邵康节既儒也道，乃易经象数派大师。在民间传说中，邵康节通古今，能预知未来，在象数学方面的才华前无古人，恐也后无来者，是中国古代文人中隐而不仕的传奇人物。林散之对《易经》并无深入研读，也不善术数，过安乐窝，林散之对邵康节心生敬意："识乱谁如邵夫子？天津桥畔子规声。"[1]子规鸟是一种催归之鸟，发出的叫声极其哀切，如今这世道混乱不堪，人心不古，争权逐利，有几人能识邵夫子洞穿世事的智慧呢？想到这些，林散之不禁感伤。

在龙门石窟，林散之看到大量的石雕和碑刻，有洞窟像龛二千三百四十五个，石雕造像十万余尊，碑刻题记二千八百余品，完全称得上艺术价值甚高的古碑林。龙门二十品，系

---

[1]　出自《安乐窝》，见《江上诗存》。

龙门石窟中二十方造像题记，是魏碑体的代表，这些碑大都刀刻味很足，加之风雨剥蚀后字口残损，更显出率真野逸之气，风姿粗犷，别有神韵。龙门石窟的魏碑占碑刻的三分之一，也有一些有影响的唐碑，最著名的是宾阳洞内的《伊阙佛龛碑》，属早期传世褚遂良楷书的代表作，也是国内所见褚遂良楷书之最大者，此石刻虽称为碑刻，实际上是摩崖刻，字体清秀端庄，宽博古质，为标准的初唐楷书。摩崖书法的特征不同于碑刻，崖面凹凸不平，而碑面是平整的，两者的差别不言而喻。摩崖刻因无法近观与精雕细琢，书写环境不太自在，便在气势上极力铺张开来，字形比一般碑志要大得多，于是有了舒卷自如、开张跌宕的艺术效果。清代碑学盛行，书法界重碑轻帖，书写时以笔代刀，至民国，这种现象并无大的改观，习碑者远多于习帖者。林散之习书碑帖兼顾，师从范培开先生时，在魏碑上下过不少功夫，以前林散之临写的是拓本，如今在龙门石窟看到的是原初碑刻，这两种感觉大有不同。刀法与笔法各具特点，从刀法到字的体势，以及刀和笔之间的互生关系，林散之一边在碑前观看，一边用心琢磨，似乎有某种与书法极微妙的东西在他心里隐约涌动，一时，他也想不明白那究竟是什么。有一点林散之可以肯定，这次龙门之行，在书法上的收益比在嵩山更多，加上龙门石窟中的那些石雕造像，让林散之在碑刻和石雕艺术上有了新的见识。北魏时期的石雕造像，采取平直雕刻的流行手法，人物以清瘦为美，而唐朝造像则以丰腴为美，这与北魏造像艺术形成鲜明的对比。也许，一个时代有一个时代的审美观，不同时代产生的艺术，各有自身的人文趣味和审美倾向。

　　看过龙门石窟的碑刻和石雕，作为诗人，有一个地方林散之是必须要去的。龙山上有一座香山寺，白居易的墓就在香山寺中，中国历代诗人中，林散之对唐朝大诗人白居易极为敬佩。白居易的诗，尚质朴通俗，注重写实记事，语言浅切平易，对诗人林散之影响较大。林散之到达香山寺后甚为吃惊，与他上山时的想象大不相同，香山寺内的建筑已大半倒塌了，没人来修整，白居易墓地旁的古松柏都被砍伐了，只剩一根根露着创伤的树桩。这个诗意匮乏的年代，人们竟对大诗人白居易不仅无祭祀之心，还如此不敬，先贤精神已被这个时代遗弃了，林散之为此再次叹息。去白马寺、成周遗址和唐明皇陵这些地方寻古吧！林散之一路奔波之后，所见与香山寺大致相仿，这几个洛阳历史最久远之地，除了一片荒芜破败和冷清之象，几无令人开怀的人事和景致。中国第一刹白马寺门内，不见成群以慈悲济世为愿的僧人，成周遗址和唐明皇陵也无缅怀者的身影，这几个地方几乎已是废墟，一些断石残碑被弃之于荒草之中。林散之善感，且师古之心尤重，每到一处古文化旧址，都不免因怀古思今而感伤。在洛阳见此荒废之境，感伤复感伤以至于悲痛在心又能如何？从嵩阳书院之破败到白马寺之萧条可见，这些历史遗存正淡出人们的记忆，林散之长期在乌江过着与世无争的田园生活，自己留意更多的是诗书画，关于历史文化遗存，自己见识不多，这方面的事平时想得也少。一年前与几个乌江文友去白衣庵访古时，看见的也是一片废墟，觉得当地政府不太重视文化古迹的保存，但那种感觉还不是很强烈。这次西行，途中见中国古文化遗址竟这般破败不堪，林散之不禁动了忧患之心，他不能不思及自己所处之时代。辛亥革命推翻了帝制，民国新政体建立才二十几年，为巩固新政体，排斥和反对儒家传统文化，先贤们的人文精神衰落了，人们的历史感也越来越淡薄了，一个国家不以历史文化筑基，国民对历史文化如此缺乏兴趣，它究竟会去向何处？

回到洛阳，既疲惫又有点惆怅，林散之稍作休整，准备西行潼关时，收到了期盼多日的家书。家人知林散之登山越岭，常置身险境，沿途又食宿多有不便，在乌江时，林散之基本上衣食无忧，从没吃过这些苦头，妻子劝他放弃西行方案返回乌江。妻子的爱意和关心让林散之很感动，只身在外，远离故土，思乡之情常有，但他不会放弃西行远游的方案，为了扩大自己的山水见识，师自然而远行的根本目的在于锤炼自己的山水画艺术水平，岂能畏惧行程艰难而半途折返。与日常游玩大不相同，自己为艺术而游，于山水艺术中求道，必须念兹在兹，这种意志不能动摇，林散之回信后便上了西行的火车。

西行火车上来自南方的乘客极少，基本上都是河南、陕西或甘肃人，他们说的方言林散之不容易听懂，交流不便。林散之打量车上乘客，像自己这样只身远离家乡为画画去华山的人，车上可能只有他一个。车过崤山时，左依幽深的崤谷，右临大水奔流的黄河，车轮仿佛是在凌空滚动，机车的轰鸣声在空谷中回荡。从车窗朝外看，担心火车可能突然出故障的人，一定会提心吊胆，"天地有设险，奥邃不可探。"①坐在火车上便能感觉西行山道之险。夜已深，前面就是陕西潼关了，潼关所以为关，乃在于它是关中的东大门，位居晋、陕、豫三省要冲，历史上属兵家必争之地。在车上，林散之想起了杜甫写潼关的诗句："丈人视要处，窄狭容单车。艰难奋长戟，万古用一夫。"杜甫说的当然是冷兵器时代的事。车到潼关，自己要去一睹潼关之险。

火车于4月28日深夜抵达潼关。曙光初照，晨风微凉，同车而来的一位刘姓河南偃师人，与林散之一道去游览潼关，见识了潼关之险。杜甫当年说潼关一夫当关，万夫难开，是极言潼关之险要，从现代战争的角度看，过潼关的路可从多处开辟，它已不能算是险要之地了。看过潼关之险，林散之似明白了一个素朴的道理，沧海桑田，古今眼光有别，其实是别在人与事物之变。

潼关以西，便没有火车通行的铁路了，当时，潼关为陇海路的终点站，从潼关至西安的铁路正在修建，林散之离开潼关的第二年四月才竣工通车。到了潼关，华山已隐约可见，从潼关往华山大约四十里路，考虑到华山的山道难行，有行李在身，步行到华山下会耗去很多精力，刘姓河南偃师人也往华山去，人生地不熟，两人结伴会安全些，便在潼关各雇一头毛驴。5月1日清晨，两人骑着毛驴前往华山。

到达华岳镇已是中午。偃师人告诉林散之，华山产中草药，

---

① 出自《函谷关》，见《江上诗存》。

华岳镇的人靠山吃山,这个镇是西北中草药材的重要集市,街上的行人大部分是药材商人。与偃师人别后,林散之寻一家干净的李家旅店安顿下来,洗沐之后,便兴致勃勃去了镇东的西岳庙。

西岳庙坐北朝南,面向华山主峰,是道教全真派圣地,为历代帝王祭祀华山之神的要地,也是古来登华山的文人、权贵必拜之地。西岳庙是五岳中最大的庙宇,庙内的文化遗存丰富,碑刻颇多,其中有西岳华山庙碑,属汉代刻石,北周的华岳庙碑,碑侧文字为大书法家颜真卿所题。包括明嘉靖四十年重刻的"唐玄宗御制华山碑铭"在内,西岳庙中宋、明、清的刻石也不少,庙内要地之匾额,多为帝王所题,江山与皇权的关系,由此也可见一斑。西岳庙为道教全真教圣地,古代易学大师陈抟隐逸于华山,所书"开张天岸马,奇逸人中龙"在众碑刻之中仙风拂人。此外,还有明万历年间大匠所刻的《华山卧图》,石图开端处,有大诗人王维、李白、杜甫以及陈抟老祖等唐宋名人,庙内存有大量名人文士游华山的题诗和华山图。

以前,有关这些只是耳闻,如今就要目睹,入西岳庙一游,于历史于文化于艺术,必多有所获,从华岳镇入华山之前,快慰莫过如此。林散之对西岳庙心慕已久,但到了西岳庙,所见完全出乎林散之意料,有门卫挡在门前,这里已成了一个军工机械厂,无干者一律不准入内,这事太令人失望了。徘徊在庙外,望着高达十米的庙墙,墙内文化古迹众多,近在咫尺而不可见,林散之心里很不是滋味:生产再紧要,也不至于非将西岳庙变成机械厂不可。又想,这西岳庙乃道教圣地,自己是不是在艺术上还没放下成名之愿,与淡泊名利的道家无缘?林散之左思右想,自知是进不了西岳庙了,只能乘兴而来,败兴而归。日暮之前,林散之回到了李家旅店,他还是想不通白天见到的事,这从汉代至今从未冷落的西岳庙,为什么变成了机器轰鸣的机械厂?自己从乌江一路颠簸到西北,除了大地上的自然山水,沿途所见,凡历史人文之事,大都令人伤感,在嵩山如此,在洛阳如此,到了西岳庙仍是如此。一时,林散之怅然难眠,这类问题,涉古今之变,可能真不是这位未来的书法大师能应答的。好在华岳镇离华山已很近了,从西岳庙回李家旅店的路上,林散之已找到一位上华山的引路人,想到华山山水绝不会让自己失望,他的心情才明亮一些。

华山在五岳中以奇险著称,华山的山体挺拔陡峭,千仞绝壁,直立如削,主山峰在云雾中相拥,状若莲花,古汉语中花与华为通用字,故又名太华山。由于山高陡险,行人难攀,古来人迹罕至,华山历来为道家人士隐修之地,被后人传为仙人的道家人物陈抟就曾在华山隐居多年。

华山之美在于险,这话有一定道理。华山之险,可谓险峰一座又一座,险道一重又一重,向世人显露出它在五岳中孤绝的山水精神。华山中险处众多,苍龙岭险若薄刃,绝壑千尺,望之心惊胆战,游人只能小心爬行才可通过。华山东峰的鹞子翻身山道是通往下棋亭的必由之路,行走难度极大。最著名的是华山险道之首的长空栈道,形如凌空悬梯,游人须挽索逐级而下，转折中需扶峭壁石孔中的石桩，游人至此，须面壁贴腹，脚踏木橡横向移动前行。这种情境下，心理素质较差的人，是绝不会去欣赏身旁及深谷风物的。华山之险，不是通常意义上一个险字便可概述，游人置身险处，每一处都各显殊异，各蕴其美，令人惊叹自然造化之神奇。

不过，对我们这个时代的游人来说，林散之当年游华山的感受恐怕难以再有了，华山之险已打了不少折扣。如今的华山旅游业发达，为游客的人身安全着想，山道已加上了安全护栏，科技的力量介入了华山的自然风光，钢索横过群山，游人翻山越岭已有了过山缆车，许多险峰不必徒步攀行即可抵达了，华山之险已不及当年林散之所见。一个人让自己的生命困缩于日常安全感中，不敢与陌生事物打交道，在这个世界上是难有作为的。生命向可能生活而在，就不能只在熟悉的事物中兜圈子，必须敢于向险而在。有许多超越常态的东西，便来自常人畏惧之险，向险而在也是生命意义绽出的一种方式。当年林散之向险而在，在陡险山道上徒步攀行的那种勇气和生命情致，我们这个时代的游客已较少能体会到。如今，许多慕名而来的游人，在华山已少有亲身历险的机会，乘缆车去华山主要山头转一番，去改造后难度不大的山道走一走，如同看一看华山梗概，翻几页图册，便算了却了游华山的心思，这是大多数游客的选择。当然，也会有游客发出不满意的感叹，许多著名景区，由于旅游科技对自然风光的介入，人对自然原生态的改造过度，似乎大自然也被技术化了，林木花草也少了些蓬勃生长的野趣，人与自然山水照面的诗意也匮乏了许多。华山也不例外，或多或少，华山险意充沛的山水精神，已受到了来自技术时代的遮蔽。

下面，依据《漫游小记》、林散之在华山的诗作以及《林散之年谱》，我们来大致还原林散之在华山的游历。

华岳镇离华山二十余里，林散之早起，将行李寄存李家旅店，只带了一把雨伞、一个油布囊，便与引路人赶往华山。到达华山下的玉泉院时，抬头仰望华山，日光正映照华山东峰。过了华裕谷，往峭壁陡崖处看去，已能感受到华山云蒸霞蔚的灵性，山道开始险峻起来，往华山千尺幢去，需用力拉着悬挂在峭壁上的铁链，紧贴着石壁向上攀行，两边的铁链垂直下垂，坡度为七十度，从上到下共有三百七十多个台阶，台阶很窄，放不下整个脚掌，山中樵夫和采药人行走时，也颇费精力。过了另一险境百尺峡，已是下午，林散之一路攀登来到了望仙台，山风清凉，仙人可望不可见。回首来路，觉得可写生处不少，只是在险道上停不下来，实为憾事！稍事休息，再往前上方去，便是"老君犁沟"了，"老君犁沟"处，石壁插天，如鬼斧神刀所削。有来处隐匿的水流自高崖垂挂而下，直至谷底，畅人心怀。传说太上老君西行时驾青牛路过华山，见开山凿路的道徒及工匠们万般辛苦，动了恻隐之心，解下随身佩带的如意化为锋利的犁铧，开出此道，此处山景因此而得名。另有一传说，道家不言此处为"老君犁沟"，而是称作"老君离垢"，为老君入道超尘脱俗之地。修道之人到了这里，才能真正将红尘琐事、酒色财欲从生命中打扫出去，脱尽凡俗之思，返还本真，契合于道。

过老君犁沟，到达云台峰。云台峰即华山北峰，四面悬绝，上冠景云，下通地脉，巍然独秀，有若云台。此峰的北面临白云峰，东近量掌山，白云峰山谷幽深，峰峦间白云缭绕，量掌山的山体裸露，呈赭色，岩石皱纹美丽，线条刚柔并举，在阳光照射下斑斓夺目，雄伟壮观，云台峰绝顶处有平台，是观望华山三峰和苍龙岭的好地方。安排好当晚在云台峰的住宿事宜，林散之不知疲倦，画云台峰写生图稿。

　　在云台峰遇清纯法师，神气清癯，与法师聊名山，林散之以为他年不过六十岁，得知法师已年逾百岁时，林散之甚为惊讶。道家的修身之术，林散之所知不多，见法师年逾百岁仍精神矍铄，始信导引采气之术，也属生命之秘密。清纯法师对林散之说，华山以西，有一座太白山，因四季云雪常在而称白，游人罕至。太白高过五岳，华山虽异常险峻，犹近人世，你如登上太白峰顶，那里常物绝迹，实非人境。林散之远游方案中原无太白山，一经法师推荐，林散之动了登太白之心。

　　离开云台峰，林散之辞掉了引导人，选择先去华山南峰。从云台峰去南峰，要经过五云峰，须过前面提到的华山之险苍龙岭。"苍龙岭，岭为山脊，长凡数里，两旁壁削，仅阔二尺，悬临万仞，窥不见底，沿脊石栏，半旧腐坏，近易新锁，粗便游者。人行过此，须骑岭抽身，蛇伏猱行，乘锁渐移以进。"这是林散之在《漫游小记》中对苍龙岭之险的描述，这些纪实文字，无任何渲染和虚夸，苍龙岭之险可知。相传，唐朝诗人韩愈游华山登上苍龙岭后，见山道狭窄，两边皆是深渊，又时有云雾闭路，心悸目眩，觉得生命将终结于苍龙岭，遂伏苍龙岭不起，痛哭中写遗书投世，后为华阳县令得知派人救助方脱险下山。如今，游人仍可见刻在龙口崖上的"韩愈投书处"五个大字。林散之过苍龙岭时也有些心慌，毕竟，自己长期生活在平原地带，从未置身过如此险境，人在仅阔二尺的山脊上，两旁的岩壁陡峭临渊，身体向前移动时稍有不慎，便有坠入悬崖的可能，韩愈当年果真惊恐不已，也是可理解之事。许多游人过了苍龙岭仍心有余悸，如果要他们再度体验一下过苍龙岭，大部分游人极可能会拒绝。

历华山苍龙岭之险，可能会让人在生活中多一份自信，也多一份敢于尝试的勇气，甚至会让历险者意识到生命有待绽出，存在的可能正蕴含其中。事后，林散之作《苍龙岭》诗一首：

> 唏嘘太华高，疑从九天落。
> 婉转苍龙来，悬崖万仞削。
> 侧身蛇鼠行，惊悸足无托。
> 往来云倏忽，变灭满虚壑。
> 可怜春不到，冷日倚林薄。
> 缥缈有寒香，空谷生奇药。
> 垂蕊不能发，依依自绰约。
> 愧我聋聩人，寻幽攀绝崿。
> 欲从得画本，范宽不可作。
> 勾勒愧不才，约略写轮廓。

林散之写苍龙岭的诗有好几首，这首诗应是后来回乌江草堂后改写的，具体改写的时间很难判断，原作如下："小心过苍龙，两崖万仞削。侧身蛇处行，惊悸足无托。我叹太华高，疑从九天落。往来云倏忽，变灭满虚壑。"后来调整并加入了一些诗句，内容是丰富了一些，但原作写出了林散之过苍龙岭时的当下感觉，虽单一了点，但在场的真实性明显强于修改后的诗。林散之的山水诗受到了谢灵运的影响，注重状物写实，修改后的诗作扩大了思想的维度，像"缥缈有寒香，空谷生奇药。垂蕊不能发，依依自绰约"这样的诗句，似不属于当时历险苍龙岭时生命的真实状态，过苍龙岭"侧身蛇处行，惊悸足无托"，意念专注于坠崖的风险，未必能留意闻山崖间奇药之寒香，山崖上垂蕊之药草的绰约姿态，在云雾中也未必能见，这种情境下，更不会去想"欲从得画本，范宽不可作"之事了。修改后的诗作流露出的心绪，可能与林散之画苍龙岭写生稿时的心情比较吻合。

　　林散之素来敬重前贤，不提诗人韩愈胆怯于苍龙岭之事，只是认为自己年轻，手脚敏于前贤而已，多少有一些得意。其实，韩愈在唐朝文人中正直而不乏勇气，曾因上书直言被皇权所贬，其才华和品性为后世推崇。苍龙岭的山崖上刻有"韩愈投书处"，只是借此传说向游人提示苍龙岭山道之险，未必就确有其事。历史有时很像个故事，虚构的力量左右着人们对现实的理解，人们信传说有时甚于事实。韩愈投书这事即便不是历史传说，也未必就能说明韩愈真的胆小。游人至少可以推想，韩愈长期被贬，由于心理抑郁，有可能患上了现代医学所说的恐高症，谁能肯定韩愈不是一个恐高症患者呢？一个恐高症患者在苍龙岭有所畏惧，是这种病症的常态反应，取笑恐高症患者在苍龙岭的行为，就不能算是道德之举了。再则，韩愈为儒门中人，反佛也反道，在中国思想文化史上，儒道佛虽有互补，相讥相讽之事也常有发生，华山乃道家圣地，韩愈在苍龙岭之说，可能正属此例。对游人来说，不盲信传言，不人云亦云，剥离掉遮蔽，并有还原事物的好奇心，这可能是个太高的要求了。当然，说韩愈可能患了恐高症，仍只是一种猜度，这猜度也可以是游兴的内在部分，所谓游，不仅在于身游于山水，限于目之所见，也在于心游于广大人事，在游中抵达存在之本真。过苍龙岭的游人，体会到了险中之美，基本上以勇气甚于韩愈而自满，其他方面就未必能多想了。

"余在沙罗坪，仰看云台峰，是在半空，至云台顶，方知始居半山。而仰视五云峰，复在天空，亦如在沙罗坪望云台之时，今至五云，又仰望莲花、落雁、朝阳三峰，高插云表，隐约无极。其高山仰止之情，为何如哉！"过苍龙岭之险，穿金锁关，登上去南峰时必经的五云峰，在此篇《漫游小记》中，林散之作了如上叙述，从这段叙述中，我们能看出林散之登山的感受，登山者的目光，往往被眼前之山所蔽，再攀登进入新的高度，又别开生面，始知山外有山，一山更比一山高，新的见识，也只有进入了新的高峰才会产生。《漫游小记》这段文字，看似只写登山经验，对人生实也是一种暗示。林散之在五云峰仰望莲花、落雁、朝阳三座华山主峰，当晚宿五云观。

次日晨，林散之在五云峰写生，午后登玉女峰后入西峰，峰顶翠云宫前有巨石状如莲花，西峰也称莲花峰。在西峰上极目远眺，见四周群山起伏，山谷中云霞四披，周野屏开。西峰崖壁上题刻较多，工草隶篆，刻于不同时代，峰北有绝顶为西石楼峰，岩石上有"枕破鸿蒙"题刻，是林散之晚年视之为友的大书法家王铎的手迹。林散之在游记中没提及，可能是没看到这崖刻。关于西峰之石有许多传说，如"灵龟""莲瓣""巨灵足迹"等，林散之一一打量，暗自称奇。

从西峰转向南峰，精力旺盛的林散之加快了步伐，天公作美，阳光正朗照华山，一览众山小的时刻就要到了，越接近南峰山顶，林散之的心情就越激动。南峰海拔2154.9米，是华山最高的主峰，也是五岳的最高峰。登上了南峰绝顶，林散之顿感天近咫尺，星斗可摘，举目环视，群山苍苍莽莽。南峰的南侧，绝壁千仞，直立如削，既险且秀，与大师渐江山水画中的黄山绝壁比，可谓异曲同工。远处，黄河渭水如丝如带，五月的西北平原，大块黄绿相嵌，绵延开来，如帛如锦，极目更远处，天地相接，浑然一线。

峰顶最高处是华山极顶，历代文人们到此往往激动不已，豪情大发，赋诗挥毫，以能攀上绝顶而自豪。峰顶摩崖上的题刻众多，华山高峻雄伟，气势博大，"低头看白云，举手摩青天"①，在华山最高处，登高望远，与自然山水相契，林散之的心境也开阔了许多。

道家认为，华岳为仙乡神府，过了通天门，才算进入仙境，自古就有"过了金锁关，另是一重天"的说法。我们前面提到的华山险道之首长空栈道就位于南天门外，过了长空栈道，至华山东峰，已是近晚时分。虽有些累，写生是要紧事，林散之绘《莲花峰》《仰天池》《朝阳峰》图，晚上宿东峰，忆白日所见，诗性又起，作诗《坐五云望莲花峰》及《莲花顶》。

鹞子翻身位于华山东峰，是通往下棋亭必经之路，山道凿于东峰倒坎的悬崖上，朝下看，只见寒索凌空垂悬，看不到路径。林散之在东峰早起，寻一采药人在前，一樵夫在后，自己居中，面壁挽索而下，以脚尖交替着探寻石窝，其中有几步，须如鹰鹞般左右翻转身体才可通过。从视觉冲击上来看，"鹞子翻身"比不上长空栈道，但攀行的难度更大一些。首先，这梯道是向内倾斜的，其次，向下探行的铁链太松动，左右摇摆度偏大，手不易抓牢，再者，人从上往下攀行，崖壁往里倾，眼睛看落脚点有点困难，这就需要手、眼、脚、膝的全面配合。在经过鹞子翻身的全途中，手要抓紧，眼要看准，膝要顶住，脚要踩稳，不可有丝毫松懈，要全神贯注，看不见山道时，只能用脚朝下试探，一步一个坑地往下攀，论攀行难度，似更甚于过长空栈道。

博台为陈抟和赵匡胤下围棋处，三面临壑，与东峰仅一

---

① 出自《莲花顶》，见《江上诗存》。

刀形山背相连，在博台回看峰壁，疑有仙人之影飘逸于山云中，林散之又有一种置身世外的感觉，不禁心神荡漾。

在华山七日，历险于山道，与华山山水心身相契，感触颇多。华山大上方上的白云峰，云蒸霞蔚，传说为神仙所居之地，由于山道已久废，林散之未能如愿抵达，华山其他诸景，林散之已尽收眼底，刻画在心。华山，它就像一个风格奇异的文本，阅读者从中获取怎样的滋养，来自深度阅读的能力。如何谈论这种阅读能力呢？除了阅读者要具有一定的人文素养外，这还与阅读者的阅读方式相关。就山水画来说，画家看华山的视角不同，对华山风物的理解有所不同，所绘山水作品的差异也会较大。比如，林散之离开华山后四个月，张大千也游历了西岳华山，所画《华山云海》《苍龙岭》《华山长空栈》等作品，与林散之的华山写生稿相比就颇多不同。在同样重视写实的基础上，林散之的华山写生稿多为局部图，取近舍远时多，且较注重笔法与墨法。张大千青绿山水的画面明显要开阔一些，视觉冲击力较强，有些作品如《华山云海》《华山苍龙岭》等，为幻境般的全景俯瞰图，作品已适度加入了自己的艺术想象力。

华山之行，山水之奇妙让林散之惊叹不已，古人称华山为神仙居所，实非虚言。5月8日晨，林散之几次回首告别了华山，下山后便离开了华岳镇，由华阴乘坐货车到达临潼。据《漫游小记》记载，林散之在货车上为座位与司机发生了争执，双方动手时司机不敌，林散之虽会一些功夫，但毕竟是外乡人，直接坐这货车到西安，有可能遭司机暗算，为避免再起纠纷,他在临潼提前下了车。

在临潼,林散之作一日游,入骊山,看华清池,观秦始皇陵。林散之当时见到的秦始皇陵,震惊世人的秦兵马俑还没被发掘,只见"土阜峨峨,如小山然"。在秦始皇陵处,想朝代更替,江山易主,其中有多少真假难解的历史故事。历代帝王为争民心,都以善天下为名,血飞于刀剑的世界,重叠着锋利的政治阴影,谁能清晰辨识真相?一代代帝王诞生,一代代帝王死去,江山社稷之事,也藏有权力争斗的许多痕迹。人们一直期待能过上好一些的日子,但实质上人们只是在过一种不更坏的日子而已。回到临潼京祥泰旅店,历史人文之事又上心头,窗外,临潼的夜有些沉重,林散之写了几首感伤的怀古诗,以诗记游。

第二天,便去西安会见同乡齐坚如。齐坚如,安徽和县人,留德林业科学博士,在西北从事国民政府的林业工作。在西安遇同乡,自是喜悦开心,齐坚如邀林散之住进了西安大有巷西北造林筹备处,并陪同林散之访书画鉴赏家寿天章,"自坚如介识后,听夕过从,言笑甚得"。西行一个多月以来,遇到做生意和游山玩水的人不算少,没有人与林散之谈书画艺术,遇见书画鉴赏家寿天章,林散之兴奋不已,尤其是得知寿天章还藏有多幅黄宾虹的山水画,就更觉亲切,谈兴也更浓。

西安自西周文王年代始,历秦汉、西魏、北周至大唐,皆为王朝都城,大唐时期,是世界上最繁华的大都市。西安历史文化沉积之深厚,中国其他历史名城不可并论。关于西安的历史文化，林散之从书本上已了解不少，有多少皇帝曾在西安坐定江山，林散之对此兴趣不是很大，他的主要兴趣是在书画艺术方面。

在友人陪同下，林散之去了西安城隍庙。据说，城隍庙里有艺术价值不逊于敦煌的壁画，想不到发生了类同西岳庙的事，这里已是重兵驻守的军事禁地，闲人不可入。看壁画的愿望落空了，于是转道去西安碑林，林散之对西安碑林仰慕已久，这是他非去不可的地方。去碑林的路上，林散之与陪同的友人谈他所知的名碑，西安碑林不仅是中国古代文化典籍刻石的集中地，也是历代著名书法艺术珍品的荟萃之地，在中国书法艺术史上意义重大。西安碑林中有虞世南的《孔子庙堂碑》、褚遂良的《同州圣教序碑》、欧阳询的《皇甫诞碑》、欧阳通的《道因法师碑》、张旭的《断千字文》、柳公权的《玄秘塔碑》，以及僧怀仁集王羲之书《大唐三藏圣教序碑》、颜真卿的《多宝塔碑》等，保存了许多杰出书法家的传世名作。其中，尤以唐碑最为突出。唐代书法艺术繁荣，真、草、隶、篆，名家辈出，呈百花争妍之态，上承魏晋六朝之余韵，下开五代宋元之先河，在数千年书法史中光彩夺目。到了西安碑林所在地，迎面而来的是更大的遗憾和失望：西安碑林也因故对游人封闭了。林散之在西安奔波了一天，两地落空，壁画与名碑刻皆不可见，这太令他懊恼烦闷了。来西安看碑林，亲见历代书法大师的杰作，是这次远游中的重要内容，到了西安碑林而不能入，这事竟如此不遂人意，对好书如痴的林散之来说，这绝不只是一般的扫兴之事了，不见碑林，乃此行之极大憾事！

不过，林散之次日游览唐大慈恩寺时，懊恼的情绪稍有缓解。他见到了存放有佛舍利的大雁塔，也见到了令他欣喜不已的《雁塔圣教序碑》，此碑为褚遂良书，并非怀仁集王羲之书，《集王圣教序碑》存于西安碑林。《雁塔圣教序碑》位于大雁塔底层，为褚遂良五十八岁时所书，此碑字体清丽刚劲，笔法娴熟老成，是代表褚遂良楷书风格的典范性作品。《雁塔圣教序碑》中的线条细而劲、遒而婉，线条之间阴阳相荡，相契相生，与重结构见长的欧阳询相比，褚遂良的书法有轻舞曼蹈之姿，且气象从容，褚遂良书写的线条生命意识充沛，可谓线条大师。《雁塔圣教序碑》在运笔方式上综合古法，方圆笔兼施，逆起逆止，字的首尾之间皆见起伏顿挫、提按使转，而且在回锋出锋之间也都有可寻的法度。

在大慈恩寺礼佛之后，玄奘西行取经的精神感染着林散之，林散之西行，意在取艺术之经，虽去西安碑林未能入，也许如林散之所说的那样，他此生与佛有缘，在大雁塔，他看到了这块著名的《雁塔圣教序碑》。站在碑前，林散之细心欣赏，反复琢磨书法大师褚遂良的笔法，越看越会神，流连忘返，返回西北造林筹备处时已是月照夜空了，这是在西安最有艺术收获的一天。

离开乌江已将近两个月了，自洛阳收到家书后，自己的行程和住处不定，也没再给妻子写信，下华山之后，思乡之情渐浓，不知江南家中妻儿们日子过得如何？几年前，自己去上海师黄宾虹学书画，为了拓宽山水见识，现在又离家行万里路远游西北，从无怨言的妻子，只身在家辛苦抚养照顾六个儿女，还为自己远行途中的诸多不便和风险而担忧。想到这些，林散之在床上辗转反侧，难以入眠。"江月夜深君独睡，此时曾否忆长安。"①"怜君别恨添多少，应似春江夜夜潮。"②这些情牵妻儿的诗句，真挚又伤感。举杯消愁不如写诗，身在他乡，写诗，是林散之消愁更合适的方式。几日内，林散之写了好几首思念妻儿之诗，如此这般，或许能平衡林散之因思乡而产生的焦虑心理。

　　行万里路的方案才实施了还不到一半，在都市访古，可长历史人文见识，往名山大川去，可领会山水精神。要成为一个有作为的山水画家，往名山大川去，是必由之路。终南山离西安不远，是历代不愿受尘俗生活羁绊者的归隐之地。北宋山水画领袖人物范宽就曾在终南山隐居，他经常深入山川，在不同时间从不同角度细致观察终南山的峰谷烟云，体会风月阴霁等自然气候中山水形态的变化。范宽的山水画峰峦浑厚、气势壮阔，有雄奇险峻之感，范宽存世的代表作大都取材于终南山。林散之独自登上终南山，游过华山，终南山的山道在林散之心里就不能称险了。游览了三日，林散之感触甚多。"空山绝人响，奇秘不可群。"③走过当年大师范宽留下足迹的山道，林散之观察终南山的山体形态及老树密林之荒寒，得《二天门》《文殊峰》等写生图稿近十幅。

---

①② 出自《月夜忆内二首》，见《江上诗存》。
③　出自《终南山五首》，见《江上诗存》。

林散之回到西安时，正逢同乡齐坚如博士从咸阳回到了西安，两人相见甚喜，把酒言谈，聊一些日常生活事。5月24日，林散之随齐坚如从西安至咸阳，齐坚如知林散之是儒门中人，儒家的圣人孔子崇周，便邀他去瞻周文王与周武王陵。不过，该陵不一定是周陵，有当代考古学专家考证后认为，周文王、周武王及周公陵，至今仍不知在何处，咸阳所称之周陵，其实为世人误传，它应为秦惠文王与皇后的合葬陵园。林散之要去太白山，晚上，为林散之践行，齐坚如引介几位咸阳新识相聚。酒桌上，林散之谈自己游历嵩山、华山和终南山的感受，读沿途所作山水诗助兴。

过武功和眉县，入齐家寨，途中有齐坚如介绍的人接待，由齐家寨入太白山，太白山山顶终年积雪，四季不化，银光闪耀，故谓之太白山。林散之到山下时，太白山封山，山上温度太低，人们劝林散之开山后再入山，林散之不愿久等，执意前行。这个时节，太白山上无行人，且山上有野兽出没，一个人入山风险太大。齐坚如的朋友找到一位汉中人张益荣，劝其陪同林散之入山。入山之前，他们准备了被褥和干粮碗筷及野外灶具小锅炉，遂择道进山。

《漫游小记》谈太白山游历的文字，大都是写途中艰辛，涉及山水艺术的文字不多。古来山水画家从太白山取材者甚少，太白山是秦岭山脉的最高峰，虽海拔有3667米，但整个山体的坡度较平缓，太白山的崖壁并不十分陡峭，山谷较宽，不见幽深，从山底至山腰，所见多野树枯藤，山石林木花草杂陈无序。与五岳比，太白山既无多少摄人心魄的险境，山水之灵性也远不及华山，这可能是历代山水画家对太白山兴趣不大的原因。山高道士多，太白山有一些道观，由于太白山高处终年积雪不化，高寒不宜住，林散之所见太白山道观，大多已成残垣断壁，道教文化在太白山没能兴盛，与这高寒气候及山水灵性不足应直接相关。如今全球气候变暖，游人四月登上太白山，已不见白雪的踪影了。这与1934年林散之上太白山时大不一样。

在山道上忍受饥寒，昼行夜宿，两人只能宿于几乎露天的破败道观中，中午在山道上吃一点干粮，晚上找到了留宿之地，才在荒无人烟处支起小炉灶煮饭充饥。陪同林散之登山的张益荣叫苦不迭，林散之也觉得此行太苦，不便说，担心挫伤了张益荣登山的锐气。张益荣是汉中小生意人，翻山越岭是常事，竟觉得这苦不堪承受，自己在乌江是个私塾先生，连日常农活都没干过，登这西北高寒之山，岂能不苦？

一日黄昏，到了平安寺，寺已被焚毁，遍地是零瓦碎砖。此时天色已晚，不能返还也不能前行，张益荣在寺右边不远处找到了一个山洞，洞中有一些杂草，寻一根防身木棍放在洞内，又搬一块大石头堵住洞口，两人便蜷曲着身体睡在山洞里。夜半，天冷难眠，山风呼啸不止，四周的林木哗哗作响，林散之忽闻有声音正靠近洞口，如牛喘气，惊问张益荣："这是什么声音？"张益荣急忙贴耳低语，要林散之别出声。一会儿，这声音逐渐远去，张益荣才说可能是熊，两个人担心它去而复来，整夜不睡直到天亮。

天亮后，两个人离开山洞，余惊未消便急急赶路，到了山高处，天气异常寒冷，只有在山道上用力加快脚步，让身体在激烈运动中增加些热度。如前几日一样，登山看景，林散之留意四周山石崖壁的形态，每到合意之处都要写生，过文官庙在大堆乱石中行走，过了孤魂洼，再往上数里，仰观太白山顶，"绝顶三十里，壁立无寸草"。[①] 天黑之前，他们到了离山顶很近的太白池。夜宿太白池古楼，这里已猛兽不至，原想可以安稳睡一觉，消除连日来的疲惫，第二天登太白山顶，精神状态会好一些。不料晚上太白池古楼太冷，以木柴点火取暖，仍是寒气袭人。太白池海拔三千四百米，超过华山最高峰一千多米，真如华山清纯法师所言，这里实非人境。入夜，山风越吹越猛烈，太白池古楼外发出各种大风的声响，加之高山缺氧，呼吸不畅，又是一个未眠之夜。早晨起来，朝古楼外一看，太白山大雪纷飞，雪花大如拳头，落石生响，山中雪雾弥漫开来，一片苍茫，这雪状，若不是亲眼所见，真是难以置信。过了不久，大雪竟然停了，山风也小了很多，林散之认为这是登太白山顶一览群山的好机会，两人收拾一下衣被和炉灶，立即往山顶拔仙台去。

未及山顶，便想到了孔子"登泰山而小天下"的眼界，太白山顶高过泰山，这人迹罕至的神往之地，如今已近在咫尺了。但刚登上太白山山顶，脚步还没立稳，突然间，浓厚的云雾覆盖了整个山顶，云雾之大，可谓遮天蔽地。从山脚到山顶，一路艰辛，就意志力来说，可称得上是坚韧不拔了，

---

① 出自《太白山三首》，见《江上诗存》。

不曾料想，登上这太白山顶，竟灰茫茫的什么也看不见，远山近岭掩埋在云雾之中，太白山仿佛正在消失，就连身旁张益荣的形象也模糊了起来。这事太窝囊了，真是天意难测，天意有时会不遂人愿，又奈何不得。在山顶上再待下去，极可能受寒，只好下山。"岂名山面目不轻假人以全貌哉？！"这是林散之在《漫游小记》中发出的感慨。未见太白山全景，似乎是太白山对林散之未显真相，林散之只能叹息，所幸自己沿途已画写生稿多幅。

下山时，他们带的粮食已尽，必须尽快走出太白山，如果走错了路，在山中绕来绕去，就可能饿死在山中。走过几十里山道后，太白山云雾已开，张益荣是汉中人，依据日出辨识汉中方向，朝汉中方向下山的路程要短一些。过了中午，两人无米成炊，只能忍饥挨饿翻山越岭。林散之在山腰的密林中遇瘴气，急忙服"避瘟散"，待身体稍觉好转，便又继续急迫赶路。他们在乱石杂树野藤中穿行，天黑之前必须出山，否则就无处可居，只能露宿野外，夜晚有野兽出没山林，那样就太危险了。由于太白山高过五岳，入太白山时，林散之曾想象过登上山顶的奇妙，此时想的却是什么时候能早点出太白山。人在短时间内对同一事物的感觉，有时也会有较大反差。林散之下山心切，但上山容易下山难，两人体力都已消耗很大，林散之更显虚弱了。天色将晚，相互搀扶着，他们走进了一片野竹林，张益荣从竹子间隙处惊喜地发现前方有一小片黍稷地，有这黍稷地，附近就必有人家，再看，离黍稷地不远处果然有两间草屋。张益荣扶着林散之朝草屋走去,刚到草屋门前,林散之就体力不支倒下了。张益荣语气急切地向女主人说明原委,并告知这南方来的男子是诗人和画家。女主人有怜悯心,让他们先进屋,从锅中盛玉米粥供他们饱腹,又煮了几个鸡蛋给他们滋补身体。"食之,如得琼浆。平生无此佳味,寒疾霍然去!"吃几个鸡蛋能有如吃山珍海味般的感觉,不知道林散之在太白山这段经历的人,是无法理解的。

在女主人家就宿,林散之和张益荣酣睡至天大亮,精力恢复了很多。天明后下大雨,道路不便行走,见林散之是斯文之人,女主人殷勤相待。林散之与少妇聊天,忆沿途所见,修改写生画稿,大雨继续下,又留宿在草屋,蜡烛下作诗《宿李妇家》。女主人约三十岁左右,相貌姣好,带两个孩子幽居在深山。"妇娴静婉好,其夫浮荡不事生产。妇居贫食苦,无怨态。"这句话出自《宿李妇家》这首诗的题注,可能是诗集出版时加上去的,她丈夫"浮荡不事生产"这样的事实,显然是少妇在聊家常时告诉林散之的,否则林散之无从知晓。《宿李妇家》这首诗除了对少妇救助的感激,主要是对少妇之美的赞誉。熟悉唐诗的人,应知道杜甫也曾深山遇美人,并有诗作《佳人》流传后世。那是唐朝发生的事了,时代已到了民国,林散之在太白山竟也遇见相似之事,可算是历史的巧合。《宿李妇家》全诗如下:

小柱补仙乡,琼瑶试乞浆。
多情怜月妹,下嫁惜秋娘。

云洗萝衣薄,风生柳带长。
如何倾城色,空谷独深藏。

琼瑶、月妹、秋娘,皆喻少妇之美,少妇不仅容貌出众,"云洗萝衣薄,风生柳带长",姿态也悦人眼目。"如何倾城色,空谷独深藏",这少妇美貌惊人,怎么会在深山中幽居呢?诗中流露出了为少妇惋惜之意。看到林散之这一惊讶之问,我们不难联想到杜甫《佳人》中的句子,"绝代有佳人,幽居在空谷。自云良家子,零落依草木"。佳人的丈夫在外另寻新宠,弃佳人在深山独居,"夫婿轻薄儿,新人美如玉"。太白山少妇的丈夫不理家事,轻荡在外,也属这类轻薄之人。两位深山独居的美人,生活的情境何其相似,不同之处在于杜甫的《佳人》倾向于社会批判。杜甫写这首诗时正在被贬途中,诗中云"在山泉水清,出山泉水浊",似谣似谚,言浅意深,有曲笔自喻的隐微之意。林散之的《宿李妇家》,诗的题注虽也有批判之意,但这题注应是后来补加的,原诗句中并没这层意思,与杜甫不同,林散之这首诗以审美之情为重。思及少妇身世,怜香惜玉,有点感伤,也是审美中情动于心的感伤。有草圣之誉的林散之与诗圣杜甫,这两位相隔一千多年的历史名人,一个在唐朝,一个在民国,竟在深山中有如此相似的际遇,这足可成诗坛之美谈了。

次日晨,林散之祝少妇今后日子安好,别少妇,再度启程。河南嵩山和陕西的太华山等几座名山都已游览过了,林散之下一个游览重点是峨眉山。去峨眉山必须先至汉中,从汉中离陕入川，汉中离太白山大约三百余里，行走几日，在荒草坪遇持枪土匪，为防途中被人偷盗或遭抢劫，林散之事先已将钱及金子藏于手持竹杖内，被土匪抢去的只是一些零碎银两。6月22日，林散之与张益荣到达汉中。张益荣陪伴林散之翻山越岭，一路辛苦，途中又屡遭风险，必须酬谢，张益荣接酬谢后别去。

第二十一章

寄身山水（二）

    汉中离峨眉山一千七百余里，1934年，正值第二次国内革命战争时期，川陕边境地带为重点交战区，道路梗阻，不能正常通行。汉中职业中学校长赵葆如客居上海时，与黄宾虹有私交，林散之是黄宾虹弟子，为艺术自江南远游至汉中，赵葆如自是盛情相待，邀林散之留住职校内。林散之在汉中滞留了十天，"春归灞上雨，人倦汉中城。谁识飘零意，床头一杖横"。①这首写于汉中的诗，倾吐着自己飘零在异乡事不如愿的愁苦。

    林散之在汉中思前想后，觉得世间有些事当顺随时境，不可强而为之。由于入川道路梗阻，且战事频繁，前行多有不测之事，加之离乡已八十多天了，母亲和妻子必牵挂不安，

---

① 出自《汉中二首》，见《江上诗存》。

林散之心里打起了退堂鼓，去峨眉山的心志动摇，准备从汉中返回江南了。自汉中返江南，归途也风险极大，似天意也在督促自己，还不如从汉中入川。林散之犹豫和迟疑之后，做出知难而进的重要决定：步行入川。蜀道本就难行，又因战事梗阻，步行一千几百里路，对当代年轻人来说，这属于匪夷之举，几近于疯狂了。

林散之决定入川后，赵葆如帮林散之筹划好入川线路，他的学生宁羌人唐必达为学校本期卒业生，正准备回归故里，便命唐必达在他家乡找一位过剑阁栈道的可靠向导。7月3日，林散之离汉中，雇唐必达的史姓表兄相伴入川。

与唐必达和史姓向导连日行走，过沔阳武侯祠，林散之作诗两首，入蔡坝、青羊驿、烈金坝、宽川铺、五丁峡，行于奇山异水中，"坡道曲折回环，古木幽篁，摇青曳翠，境绝幽异矣"。至金牛峡，见两旁峡石直劈如立，阔不过一丈，高逾千尺，如行走于阴气沉沉的深巷中。朝上方看，乱峰上悬挂着怪石，欲崩欲坠，不看则罢，看了就难免心怯，峡底，急流惊湍，在山石中不息奔腾，水声在深峡间回荡。

过白莲驿，离宁羌只有十几里路了，正逢这里在演地方戏，看戏的人很多，唐必达邀林散之一同前往观看。林散之第一次从江南入陕川，听不明白戏中方言，也就看不懂这地方戏。他对这个地方戏的评价是"不清不浊，不伦不类"，这种地方戏在当地已流传多年了，林散之不曾见识过，当地看戏的人掌声不断，林散之觉其粗俗，艺术上并无可圈可点之处。说这地方戏"不清不浊，不伦不类"时，与之相比的是已权威化了的京剧，"若使京剧之余叔岩、言菊朋、梅兰芳诸人见之，不知作何种感想也"。

入宁羌，辞别唐必达，与唐必达表兄史汉日行夜宿，往川陕之界七盘岭去。山道上遇川陕运夫，以背承木架，架子上垒有重物，手中拄杖，佝偻着身体前行，川陕运夫吸鸦片是习常之事，烟具都插在架上。七盘岭上有"西秦第一关"，过关即为川地，川地果然险，石级千层相堆，危崖百折，他们翻山越岭，一路跋涉，往嘉陵江方向去。

与史姓向导至皂河驿下船，登上飞仙岭后，从岭旁的栈道架空而行，只看岭旁栈道往前移动脚步，眼不往下面架空处看则罢，看了就难免心颤目眩。几天下来，行此类栈道，林散之已有些经验，再往前进入了千佛岩，见峭壁空悬，壁上有大量为敬佛所凿的壁洞，刻有大小佛像数千，不及林散之所见龙门之石刻。从壁下之凿石孔钩着索栏而过，行不足十里，到达了嘉陵江北岸的广元县。

广元县食物丰富，街市也热闹，这里物价低，小饭店多。林散之饥饿难忍，与向导急投入一小饭店，大吃大嚼，不顾自己吃相文雅不文雅，直吃到饭饱肚胀了才罢。这种"有失斯文"的吃相，文质彬彬的儒门中人林散之以前没有过，以后也从未有过，仅此一次，就发生在广元。

广元在几个月前发生战事，其时，广元已被国民党军完全控制，为防共产党人探取军情，广元已实行了军管。大吃大嚼之后，林散之准备住进旅店去酣睡。不料，林散之在广元竟然找不到可住下的旅店，两个人在广元找了三家旅店，店主人一概拒收住客。林散之向一家店主人再三央求，承诺如有事将自己承担，绝不会牵累店主。店主见来客疲惫不堪状，又听客人有此承诺，便允他们住下。林散之刚上床入睡，二十几个士兵敲门入店，将林散之和史汉及行李带至军部。林散之告知审查的军官，自己只是个为画画远行山川之人，军官闻而不答，令士兵将他们关在一个房间里，林散之太疲惫了，席地酣睡。次日早晨，军官认为林散之孤身行走，行迹不明，要再关押审问搞清楚身份。林散之大急，幸好，旁边有位对画画有所了解的军官，说他已仔细检查了林散之的行李，这个南方人确实是个画画的文艺人，林散之这才得以从这情境中解脱。

沿途行走身体疲乏，接下去要过剑门栈道，需要恢复精力，原准备在广元好好休息几天，但广元旅店中蚊子跳虱太多，蚊子跳蚤疯狂叮咬人，连写诗的兴致都被叮咬得几乎荡然无存，想在旅店安睡不可能。于是，林散之与史汉离开了广元，乘渡船过嘉陵江，沿嘉陵江对岸的江畔往剑门关去。

诗仙李白钟情于山水，历名山大川，山水见识宽广，名诗《蜀道难》中言"蜀道难，难于上青天"。两个多月来，林散之出入山川，已有多次在山川历险的经历，挑夫们在蜀道上负重能行，向导史汉背行李能行，自己也应能行，他对蜀道之难并不畏惧。相反，蜀道难，蜀地的山川风物必自有别样的意趣，这恰好激发了林散之的好奇心，也正契合他这次远游的初衷。再往前行走一日，便抵达剑阁栈道了，不入剑阁栈道，焉知蜀道之难？李白所言之蜀道，剑阁栈道便名列其中。"剑阁峥嵘而崔嵬,一夫当关,万夫莫开",这个句子在《蜀道难》中格外醒目。李白的《蜀道难》,虽有浪漫主义的夸张,但蜀道难行是不争的事实,最难行莫过于剑阁栈道。

剑阁栈道长约一百公里,坡陡路险,以入剑门关前的这十五公里栈道最难行走。林散之与史汉过昭化时未敢留宿,担心又被昭化驻军盘查,遂继续赶路至牛头山,在山下一荒村里过夜。

早起,史汉背上行李,两个人沿牛头山的石阶而上。牛头山甚高,谈不上险峻,但早晨满山云雾,只能见到几十米处的山石林木。自牛头山转向寨子山,一处一景,各不相同,绝不重复,大自然呈现着差异之美。寨子山奇峰如笔,孤削空悬,欲书欲写,茂柏修松,参列上下。由此再前行,石奇山险,摩崖上刻有行书"渐入险境"四字。沿石阶朝下方一百多米,过由巨石垒成的通险桥,桥下,搏击山石的流水迅疾而下,源头藏匿不可见,但流水源源不断,通险桥的两旁崖石百丈,其势甚危。过通险桥后,山腰行不足十里,又复转入山岭行,至此,已可见剑门诸山自东北横列西南,西南为小剑山,东北为大剑山,小剑山与大剑山间低伏之处,自然分开为八字状,两旁绝崖断离,两壁相对,其状八字也似门,故称剑门关。巍峨剑门,扼入蜀之咽喉,由于地势险要,它历来为兵家必争之地,剑门关隘享有"剑门天下险"之誉。这里,中国古代许多著名文人都曾登临,历代有关剑门关的诗文有很多,如张载的《剑阁铭》、李白的《蜀道难》、杜甫的《剑门古诗》、陆游的《剑门道中遇微雨》等。

林散之与史汉下山，入住高庙铺，作《剑门道中二首》。夜晚下大雨，山洪暴发，若雷霆入山，又水击乱石之声，如群马疾奔，大雨第二天中午才停止。

午后，东行入深峡之中，沉沉寂寂，行八九里，沿石阶南转，山势忽开，大剑之山，兀立数十里外，高出众峰上，而小剑山则为诸峰所掩不可见。从山坳间向上，左边为虚谷，护以石栏。右有泉水从石隙中直泻而出，水气霏霏，此泉即剑门关著名的"剑泉"。举步登百级石阶，到达了闻名遐迩的剑阁，注目剑门，山道陡窄，果真是天然关隘。剑阁后有一突兀而起之峰，似据剑门山之险向过往者探问。所问者何？至今不见有天分非常的猜度。剑阁为两层建筑，雄居关隘，两旁是危崖迥峭，连山绝险，山势峥嵘、突兀、强悍、崎岖，难以度越。张载《剑阁铭》言剑门关"一人守关，万夫趑趄"。在冷兵器时代，此言不虚。人生的道路平坦者少，大都坎坷难行，向往超越俗常生活者，会遭遇各种风险，甚至有险如剑门之关要勇敢逾越。林散之在剑门远望，绘剑门关写生图。

蜀道之难，难在林散之几天来已走过的这些栈道和陡险石阶，过了剑门关，往成都去的路已不能称险称难了。空山落日之时，他们到达了剑门驿，为栈道的终点。史汉告诉林散之，前面是不难行走的翠柏大道，其中一大段路是绿荫道，也称翠云廊。史汉足茧痛，需休息几个小时，不能当天赶往剑州，两个人只能宿剑门驿。剑门驿虽只有几间茅草小屋，但与在太白山时的恶劣处境相比，那可好得多了。

小屋久无人居，必有蛇鼠在，还得有些防范，史汉很快就睡着了，林散之在小屋中难眠。残月挂在房前的老树梢上，时有风声突起，又转向他处，似游魂在深山不知所归。"月是故乡明"，林散之的情绪有点低落。这些天，白天过栈道涉险，忘情于山水之间，入夜后常思江南，蜀道最难的这一大段路自己已走过来了，远游之苦自知在心，自己远游的志趣少有人知，不知者可能会误认为自己弃妻儿不顾，游山玩水，在花花草草中不知归乡，非议难免。自己游历山川，在途中数次历险，磨砺了生命意志。自己在山水中所得是什么？写生图稿和山水诗之外，有没有什么更值得自己深思的东西？这些事，需要自己沉下心来去想。诗人林散之善感，只身久处异乡，善感者乡愁往往更甚。林散之虽思亲心切，但"万里倦游归不得"，归不得是路途太远，又道路不畅，如透入林散之的深层心理，他在蜀道上既思乡欲归，又对途中山水胜境颇为不舍，心情常处在纠结状态。毕竟，当时的交通环境远不及现在，出游陕川殊为不易，画山水画，必须入高山大川得山水精神，遗憾莫过于与名山险川擦肩而过。在剑门驿，林散之躺在小屋中心绪难平，天明就要启程往成都去，看过峨眉山和青城山，即可踏上归乡之路了。他取行李中的蜡烛点亮，于剑门驿作诗回忆剑门关风光，又思江南妻儿。

离剑门驿，两人行走不久，便入著名的翠云廊了。翠云廊为古道长廊，两旁的古柏树高大蔽天，多为连株合抱，以四五个人的手臂才能圈围起来。翠云廊长达三百里，世所罕见，应算世界上最长的长廊了。夏日，浓绿覆盖长廊，长风过廊，沁人肺腑，人在翠云廊穿行，如行于长长的绿幕之中，身心爽朗。翠云廊形成年代久远，距今已有两千余年的历史了。经考，一些古柏树为秦朝所植，历代开拓古蜀道和整修驿道，又为扩展长度种植了柏树，明朝剑阁知州李璧为整治古驿道，补植柏树的规模最大。林散之自翠云廊一路前行，过天然桥、抄手铺，过剑州时又遇川军盘查，未入城，直赴城外清凉桥。在翠云廊行走很是惬意，沿途有"大柏森森，掩障天日。时有山泉，从松间流出，清澈可鉴毛发。倦则与史汉卧松石上，听此松风泉韵，平生执念，涮除殆尽"。林散之走这段林荫路时，心契于"松风泉韵"，俗意不生，心境明亮，悠然放松。

到了上亭铺古驿站，上亭铺是梓潼境内七曲山北十公里处的一条小街，又称郎当驿。安史之乱时，唐玄宗避难过上亭铺，闻雨打銮铃声，触景伤情，为悼念在马嵬之变中被自己处死的杨贵妃，令梨园人张野狐撰曲《雨霖铃》，以寄思念之情、死别之恨。林散之在上亭铺想到马嵬驿之事，想起这首《雨霖铃》曲，思古抚今，不禁怆然。

出上亭铺，过了梓潼再至绵阳城，从绵阳到成都已通汽车，可以不再受步行之苦了。7月20日，林散之抵达成都，从汉中至成都，一千四百余里，一路风尘仆仆，历时十九天。当天下午，林散之入住成都吉泰客栈。

到成都的第一件要事，不是去大街上看成都的繁华，也不是在客栈整理画稿或改诗，而是先给家人写信，告知家人自己已逾越蜀道之险，到达了西南历史文化名城成都。书信报平安，林散之要家人不用太牵挂，他很快就会回江南与久别的家人团聚了。

但事出预料,一路上思乡心切的林散之,到了成都后并没有及时去青城山和峨眉山,他竟然在成都耽搁了整整两个月。从林散之的《漫游小记》和他在成都所写的诗作看,这两个月的生活记录不够详细,许多时日无文字记录,诗也写得极少。在这些日子里,林散之游览了武侯祠和薛涛井等名胜古迹,留下了《成都二首》和《薛涛井四首》。几乎每三五日必写诗的林散之,两个月内只写了这几首诗,有点令人费解。其实,成都可看的名胜古迹比较多,著名的都江堰和杜甫草堂,林散之可能都没去,他的诗和游记中都没有提及。当时,地方军阀混战,林散之到成都时,杜甫草堂正被军阀占用,成了军队马厩和医疗伤病者的医院。这段时期,杜甫草堂遭到了很大破坏,祠宇门窗、亭台水榭均被拆毁,草堂悬挂的楹联匾额损失殆尽,多被官兵取下当木柴烧了,工部祠内的杜甫塑像遭到风吹雨淋,不得已,草堂寺内的僧人给雕像戴上了斗笠。杜甫是林散之心中仰慕的诗人,来到成都,杜甫草堂应是他必瞻之地,林散之可能了解到草堂已被川军所占,去而不能入,去了,也只能站在草堂外望而兴叹。

在这个天府之都,林散之无一文友,这两个月他逗留在成都干什么呢?当然不是在大街小巷中闲逛,或与文友谈诗论艺,也不是每天躺在客栈里做思乡梦,更不会去烟花柳巷。那根竹杖内所藏的钱财已不多了,为筹措回江南的路费,林散之在成都卖字画,也顺便看看自己的山水画,在成都艺术市场上能卖出什么价钱。

成都乃历史文化名城，人文荟萃，为书画交易较发达之地。听说成都字画好卖，林散之在吉泰客栈画画写字，托人去卖。这两个月为卖字画而忙，沿途的写生稿起了很大作用，林散之所卖的山水画，应是依这些写生稿而画的。林散之的山水画，继承了其师"白宾虹"期的笔墨风格，与"白宾虹"期的山水作品比，已近乱真，在成都，林散之的画应该卖得不算差。这次远游，林散之已用了不少钱，自己的山水画在成都有买家看好，就索性多画一些，除了路费所用，还可以带一些字画所得回家。

在成都逗留到九月中旬，林散之自背行李去了距成都六十公里的青城山，寻访闻名于世的道教文化，此行心闲意悠。青城山自古便是人们渴望修炼成仙之地，是不是能在此飞天成仙另当别论，对时常被俗事所扰的人来说，这是遣散内心郁积的好去处。这个世界已人欲泛滥，烦恼和苦难不止，为什么世界会如此这般，这是林散之困惑难解的事。儒家虽有济世之心，但经辛亥革命及新文化运动的冲击，儒家根断枝折，如今已式微不振。圣人的仁道正被世人遗忘，辛亥革命推翻了封建皇权制度，这对中国究竟意味着什么，这样的大问题，林散之未必有过深思。他自小读圣贤书长大，对时代新学从未有过兴趣，假若时代如旧，科举不废，像许多读书人一样，林散之也会做进士梦，但封建旧制早已崩溃了，儒门已破落不堪，自己是儒门书生，在这个时代已属不合时宜者了。自古以来，儒门中人由于入世而不得志遁入山林者不算少，自己的心思不在世间庸常俗事，常心寄山水，与佛道也算是有缘，但自己既不愿入世太深，也难以出世，常在这两者之间摇摆不定。去青城山，看一看道教圣地也自有对山中隐居修道者的好奇心在。青城山幽甲天下，青城山之幽不仅幽于深山密林远离尘世之喧嚣，它也应幽于隐修者之心，入青城山，或也可滋养自己的心性。

林散之在青城山待了十天，青城山时雨时晴，晴时云雾开了，满山翠绿，曲径通幽；雨时，青城山就是一座黑幽幽的山，似有某种灵力运行其中，多了些神秘感。在一场雨刚离去，另一场还没到来之间，经山中道人的指点，林散之游了长生宫、上清宫、天师府等著名景点。天师府中有个"誓鬼台"，据传为张天师斩杀鬼怪之地。站在"誓鬼台"前，人在深山，一个落寞文人也忧天下事，林散之联想到这些年因军阀混战而民不聊生，远游途中见民众生活艰难不堪，愤然作诗：

> 古山石更孤，积阴多妖孽。
> 天师法力深，挥手巨石裂。
> 至今誓鬼台，犹存魑魅血。
> 吁嗟今世间，鬼祸更鸿烈。
> 安得天师来，一一试剑铁。[1]

这首诗情感激烈，诗句"吁嗟今世间，鬼祸更鸿烈"流

---

[1] 出自《青城杂诗十三首》，见《江上诗存》。

露出林散之对时代生活的不满,对今日鬼祸更甚于往昔,林散之表达了焦虑和愤慨之情。这时代鬼祸不灭,祸及众生,何为林散之指责的鬼祸,诗中并没具体叙述。被林散之期待的张天师,呼之不出,也只是一个被期待中的法力深厚者,这个可拯救世道的天师在哪里呢?

世间苦难深重,情苦,是众多苦难之一种。住天师府那晚,林散之夜半忽闻时缓时急的哀怨琴声,从道人口中得知,有个成都名妓为情所伤隐居在此,至深夜,常以一把孤琴传凄切心声。"末世谁知音?长叹我抱膝。"林散之虽生怜悯心,也只能闻这断肠琴声抱膝长叹。

战时无清净地,青城山也有川军驻守,一日雨后,林散之在山中勾勾画画,可能因涉及了山中军事禁区,又被川军抓去审问。这次比在广元要幸运一些,记录的冯姓文官也好书画,看了林散之的诗和写生图稿,相信他是个诗人和画家,不仅没有为难林散之,还在酒店请客为他压惊。林散之以画答谢。

经此盘查,虽虚惊一场,也总是一种折腾,在多雨的青城山待了十余天,觉得这幽静中似有点晦涩。这些天,雨天入山不便,写生稿不多,幽居山房中,诗兴大发,写了《青城杂诗十三首》和《登雪山不达三首》,收获不算小,该走出青城去接受秋天阳光的照耀了。

十月初,林散之离开了青城山,乘船沿岷江而下,沿途观两岸山景如画,作诗数首。到了嘉州,夜游大佛寺,见乐山大佛。嘉州即现在的乐山市,在嘉州,林散之只待了一晚,第二天，便雇了挑夫肩挑行李前往峨眉山。

林散之在峨眉山游览了三日，峨眉天气如青城，也时晴时雨。峨眉山为中国四大佛教名山之一，山中僧人听说林散之自江南来，已孤身游历了嵩山、华山、太白等名山，有意相助，谓心系山林的林散之俗念不深，与佛有缘，引林散之登峨眉奇峰险境，探伏羲、女娲、鬼谷等诸岩洞。林散之端坐在海拔三千米的山顶，看起伏的云海中千峰如笋，隐隐约约，显灵秀之气。峨眉山为普贤菩萨的道场，寺庙众多，属佛门圣地。峨眉佛光天下称奇，由于天气原因，林散之在峨眉这几日未见峨眉佛光，为之遗憾。峨眉还有另一大奇景，登临峨眉高处，往往能看见山下雷雨阵阵，山上却是晴空朗朗，林散之见到阴晴同在的两个世界，不禁惊叹。

在峨眉这三天里，白天雨停，林散之便游山画画，峨眉山水似比青城山更入画境，晚上在僧房入睡前，就在烛光下作诗并写游记。

游峨眉山的夙愿已偿，心情畅达。下了峨眉山，林散之便"归心似箭，从峨眉回到嘉州，立即买舟南下。经岷江，入长江，下巴东，穿三峡，沿途不停。船到武汉，假道匡庐而归，千里江陵，风景如画。他高卧舟中，一路行程，吟咏了《犍为》《渝州》《白帝城二首》《瞿塘峡二首》等二十几首诗"。

远游已八个月的林散之，归乡途中心情极好，诗兴尤浓，一路作诗，自作自咏。到达九江时，林散之不忍与庐山擦肩而过，兴冲冲上了庐山，要看一看庐山的真面目。上山不久，又重复了在广元和青城山发生过的事。1934年9月底，国民党军正对苏区进行第五次大围剿，庐山办有军官训练团，军警戒备森严，将误入禁区的林散之关押了一整夜，一夜盘问了七次，确认无疑点才放他下山。

十一月的某天，林散之回到了乌江，家人亲朋们见林散之万里远游归来，欢聚在一起。林散之畅谈远游见闻，好友许朴庵和邵子退从林散之的叙述中长了见识，至深夜才离去。

没休息几天，名山大川常在林散之心里浮现。这次远游，林散之收获甚多，作诗一百六十四首，创作写生画稿八百余幅。八个月时间内，如将在成都耽搁的时间扣除，几乎每天都要画三至五幅作品，这是比较惊人的数字。以后，师法自然的路还要继续走，但林散之现在要做的事是先整理这八百幅画稿，对这些画稿进行比较，消化师自然的经验。画山水画要师法自然，必须去名山大川画写生稿，但并不是去山川画一些写生稿，就算完成师法自然这事了，这其中，应有与山水画相关的更深的东西需要沉思。需要深入沉思的是什么，林散之似乎也没太明白，只是林散之知道，在艺术上尚未明了的东西，也许比已知的东西更重要。回乌江后，林散之又作五言诗《归来三首》《又二首》，写他回乡后翛然放松的心情，其中有对这阶段个人生活的安排："了却寻山兴，翛然已倦飞。自惭诗卷里，半带白云归。""自坐窗前月，还疑天外峰。从兹不出户，文史补三冬。"这八个月来，为艺术行万里路，林散之亲历名山大川，画山水画，已有了师自然的写生稿作为资本，但仅此还不够，要画好山水画，读万卷书的重要性是不可忽略的。以往，林散之在草堂除了写字画画，几乎手不释卷，这八个月远行在外较少读书，"文史补三冬"是对读书的迫切需求。这文史之文，除了必须再读的经典文本，当然也包括历代山水画论，林散之认为，山水画欠缺了人文精神不行，将万卷书中的人文精神融入山水画中，才能产生好作品。

第二十二章 山水艺术与师法自然

　　林散之在远游途中画了八百幅写生稿，不仅数量惊人，所写山水类型也非常丰富。不畏艰辛的林散之，用了八个月时间游历了中国一大半名山，山水见识和社会阅历都比他的文友们宽广了许多。邵子退、许朴庵等这些文友，都是诗书画的喜好者，有空就到草堂来欣赏这些写生画稿，谈画论艺。远游之前，林散之的山水画在这群文友中已出类拔萃，如今，有了这八百幅写生画稿，以百分之一论，也会产生七八幅山水名作，这是最低的预估了。在山水画领域，他们觉得林散之一定会有较大作为，成为一个有影响的山水画家不成问题，假以时日，成为山水画大家，也属顺理成章之事。远游之后，林散之在山水画方面的自信也提高了不少，文友们的期待，是对林散之的激励，接下去，在写生画稿的基础上，他要在山水画方面有所作为。

之后，林散之创作出了怎样的山水作品，这里暂且不议，我们来谈一谈这些写生画稿。林散之是如何师法自然的，从这些写生画稿中应能看出一些端倪，由此，也可看出他这个时期的艺术意识。

时代动荡多变，林散之当年的写生作品绝大部分已散失，所幸的是其中有一部分写生画稿曾随《漫游小记》选登在上海的《旅行杂志》上，如《华山沙罗坪》《华山云台峰》《苍龙岭》《韩愈投书处》《莲花峰》《朝阳峰》等。这些写生画稿，虽未成为完整的山水画作品，但在书法用笔入画这方面已见可圈之处，用笔的虚实详略和线条的互应性也把握得较为得当，但不可过誉。从已发表的写生画稿看，在物象取舍上似还可多一些讲究，写生画稿在山水取势上，若多一些以艺术形式为重的自觉把握或许更好，这无疑与山水形式的想象力有关。而在一些较好的写生作品中，我们看到了大师黄宾虹山水写生的一些影子，在用笔力道的把握上，林散之尽可能做到力藏于线而不露，笔锋也算内敛，但可能是急于成为艺术半成品，有一些画稿已不太像写生作品了，写生画稿中留有一些描和涂的迹象，这与老师黄宾虹对写生的要求不一致。

黄宾虹认为，在写生中，画家由于对眼前之物没看到恰当时便落笔，出现了偏差便以描来做补救，许多画家都会犯这个写生之忌，写生时用笔描，会堵断笔的起伏，会败坏笔意，使写生画稿生硬而失去鲜活气。与描一样需戒除的是涂，涂则会以墨蔽笔，甚至会有墨无笔，线条在书写山体姿态时易被挫伤。此外，这些写生画稿在用笔时，虽已留意了用笔的虚实详略，但每当线条往虚处行时，这个与实相应的虚，似还虚得不足。

要画好山水画，画家不仅要胸有诗书，还要行万里路师法自然，这是古来画家们遵循的艺术之训。古代山水画家写生者少，师法自然时，大都靠在山川中默会。清末民初起，西画技法开始逐渐引入中国，山水画家重写生，写生被认为是画好山水画的必行之路。师法自然，写生是重要的一关。

古往今来，画山水画的人甚多，但进入中国艺术史的山水画大家不出三十人。主要原因可能在于师法自然真有觉悟者甚少，绝大多数画家进入山川后，人的自由意识和想象力仍沉睡在肉身中。许多画家在写生中欠缺自己的艺术见解，只在大师的影子里兜圈子，这些"影子"尽管仍有可资谈论的艺术价值，但一个画家若被这些影子纠缠得太深，不出离这"影子"，就难以别开生面，师古而不自新者，往往是继往而不能开来。这些画家走进山川，所谓师自然者，大都会拘泥于眼前之物象，法自然，也就变成了法在场之物象，"中得心源"中的这个"心源"就会闭塞不开。这种现象当然不会出现在山水画大师身上，对自然与艺术关系的理解，山水画大师们各有觉悟，从画好山水画这个艺术角度去看，如何师法自然，比师法自然还重要。也就是说，画家们师法自然，必须意识到有个如何师的问题，面对这个问题，画家如心窍不开，则难有大成。

要了解为何林散之在山水画方面虽用力甚深，却没能如他在书法方面那样成就惊世，我们有必要谈一谈山水画家要如何师法自然了。

中国文人向来重天人合一思想，师法自然，是历代中国画家的艺术信条，关键的问题，已不是画家是否要师法自然的问题，而是如何师法自然的问题。如何师法自然，与师的方式和方法相关，与画家的天赋及人文综合素质相关，更深入地说，与画家的艺术观直接相关。

画家们如何师法自然，自古因人而异，从无定论，中国艺术理论虽有涉及，但在这方面少有认真梳理和探讨，如从艺术经验研究这个层面来谈，这可能至今仍算是一种欠缺。对林散之来说，如何师法自然，没有可靠的理论可依，历代山水画论中有零零碎碎的表达，林散之未必很在意，远游之前，中国的许多名山，林散之只闻其名，未见其山。他去过乌江著名的鸡笼山，高不过两百米，去过江对岸的马鞍山，那里最高处也只几百米，他从未涉足名山大川，没有丰富的山水经验可借鉴。关于如何师法自然，林散之可能根本就没想过。深入到大自然山水之中，经由亲临其境的直观，去认领山水之给予，看到自然山川风物醒目，美而奇妙，可入画境，就坐下来画写生稿，这是林散之师法自然最直接的方式，至多，他在画写生稿时想到黄宾虹传授的一些经验。

师法自然，是师自然造化之妙，画家们能不能真正与天地精神往来，能不能真正会通自然之妙，以达至山水云气妙化在心，不是三言两语可概而言之的，唯有山水画作品的艺术性可为此做直接印证。决定出游之前，林散之为自己的山水阅历和经验不足而不安，他对自然山水造化之妙还领会甚少。那时，乌江及周边地区的文友称赞他的山水作品，对这些认同和称赞，林散之至多视为一种勉励，在山水画技法和艺术语言上，自己还有许多不足。他在意的是自己在自然山水中，将如何获取滋养力，远游中会产生哪些不同以往的见识，依凭自己的山水阅历能画出怎样的山水画，这些远比当时人们对他的称赞更重要。这其实也是林散之的自我提问，没有人可替代他回答。这些都与林散之如何师法自然以及他的艺术观相关。

远游归乌江后，面对这些写生画稿，恰是反思和应答这些提问的最好时机。林散之如对这些写生画稿做艺术反思，对自己能画出怎么样的山水画这个自我提问，也许会做出不凡的应答。而不对写生画稿做必要的反思，自喜于这些写生作品，林散之在山水画方面的自我期许，就可能会打折扣，甚至会打较大的折扣。

古代山水画论中并无如何师法自然的详细阐述，1934年的民国几乎没出版过山水画大家的写生画稿，林散之不可能通过对写生画稿的比较，探究山水画大家师法自然的差异，但从对历代山水画大师作品的比较中，还是能看出大师们师法自然的经验痕迹。

林散之自师从黄宾虹之后，就将自己归入了新安画派。新安画派的开创大师渐江，主张以自然为师，直师造化。渐江的山水作品，于极瘦削处可见腴润，极细弱处仍显苍劲。大师渐江不取粗笔重墨，少点染和皴擦，而是以简淡见长，由写实而入静穆空灵之境，山水作品幽旷而峻逸，自成风格。

林散之曾经临过渐江的山水作品，对渐江如何师法自然应有所感悟。与渐江相比，石涛与渐江一样常画黄山，但石涛的山水作品则苍郁恣肆，画面少静穆之气，他不拘小处之瑕疵，笔意淋漓而不求写实之工。石涛喜欢用湿笔，通过水墨的渗化和笔墨的融合，表现山川的氤氲气象和深厚奇崛之态。在用墨上，石涛也与渐江大有不同，有时用墨浓厚，墨气淋漓，运笔繁复而不失酣畅，经常多方拙之笔，又能方圆结合，作品的空间感极强。而渐江作品从写实入手，直师造化，趋于静穆空灵。石涛主张"笔墨当随时代"，画山水者应能脱胎于山川，"搜尽奇峰打草稿"，但要"法自我立"。这种"法自我立"的艺术观，不仅对古法有逾越或非议之嫌，也显露了石涛"师法自然"的个人态度，也即不为眼中所见之山水所役，山水画中的山水应是自画家心中孕化而出。林散之在上海师从黄宾虹时，对渐江和石涛的山水作品，在艺术上可能已有过一些比较，但对渐江和石涛在师法自然方面的差异，未必已敏感留意。渐江和石涛，这两位山水画大师都曾长期寄身黄山，为什么他们有关黄山的山水画作品，在风格和笔墨语言上异多同少，这显然与如何师法自然关联密切。

一般来说，山水画家如何师法自然，也将会由此经验画出怎样的山水作品，如何师法自然的重要性由此可见。画家在师法自然中的历练，也是画家自身成长的历练，而画家生命中艺术的可能性也从这成长中绽出，画家的作品即为绽出的在场方式。人们常说，什么样的画家画什么样的作品，这句话广为人知，对那些已成熟的画家或不再思变的画家来说，这句话很符合常识，也颇有道理，但对正在成长中的画家来说，这句已被经典化的话，就理据不足了。从实事去谈，只要某个画家成长之可能尚未穷尽，某个画家就是个身份尚未充分完成的画家，也就是说，我们不宜去先行界定这个画家，这个画家仍在他说明自己身份的可能中。什么样的画家画什么样的作品，这句几乎无人质疑的话，在这里，就可以被颠覆过来说，并不是什么样的画家画什么样的作品，而是画家画出了什么样的作品，才使其成为什么样的画家。从事实看，一个画家的身份，只能由这个画家的作品去说明，这个道理再简单不过了。对成长中的林散之来说，事情也是这样，林散之画出了什么样的山水画，他就成为什么样的山水画家。作为身份远未完成的画家，这些写生画稿，便是他作为一个画家在师法自然中成长的艺术印记。

在山水画方面，林散之自知还有很远的路要走，师法自然是这条路中最重要的部分。尽管林散之已得老师黄宾虹真传，山水画作品的笔墨和气韵，较之其"白宾虹"期的作品已几近乱真，但林散之知自己之不足，不仅是山水经验上的不足，在山水画的笔墨上，他也还有许多空间有待打开，这样的自知，其实也是他对自身成长提出了要求。成长的要求出自成长的愿望，它不能替代成长的能力，一个画家成长的能力，体现在他不同时期的艺术作品中。

关于师法自然，有个如何师的问题必须解决，并不只是投身于山川中写生就行了。石涛强调"搜尽奇峰打草稿"，要"法自我立"，不知林散之对这个"法自我立"的艺术观如何看待，从林散之遗存的写生画稿中，我们能见到的是古法的"预成图式"，也看到了"不改物形"的宋画写实之境，但不见"我立"的卓然气象。这个时期，林散之在山水画方面尚有较多不成熟之处，从山水画技法到艺术语言，都还不见自己独特的面目，他可能还没有"法自我立"的艺术意识。

许多山水画家守师法自然之古训，常行走于高山大川中，但由于对自然的理解未能真正深入，师法自然的方式又多有不当，只求山川之貌而不得山水精神。大自然，它有所敞开，又有所遮蔽，自然本身蕴含着存在之谜，画家们置身山川师法自然，从根本上说，就是要亲近这存在之谜。大自然如同一个复合喻体，它奥义深藏，师法自然者要会通这奥义，取决于对这个喻体的解读能力。画家们师法自然，各自的眼光和见识不同，生命的感受也不尽相同，在自然山水中所得也不一。师法自然，向来就存在着一个如何师的问题，可以说，画家们对自然的理解以及师自然的方式，决定着他们师自然的能力，并影响他们作品风格的产生。

古希腊哲学家赫拉克利特说："自然也喜欢隐藏自身。"这句话较少为中国画家们所知，我们不从哲学上对这句话做深入阐释，只是在这里做一些必要的提示。自然，不止于我们肉眼之所及，自然乃是幽深的存在，它并非全然裸身在外，人们所见之山川风物，乃是大自然缺损状态中的微小部分而已。赫拉克利特所说的自然，是人们日日生活于其中的自然界之自然，通俗地讲，即众物聚集而在的自然，也即画家们日常谈论的自然。在这个自然中，物之为物，自有物性，自然何以为自然,也必有其自然性。这物之物性、自然之自然性,它从未充分显露,人类的知识和经验总是力求抵达它,但至今,这奥秘深藏之自然也只显露出它的一些端倪。"自然也喜欢隐藏自身"这句话,显然已包含着形而上的哲学问题,一个自然何以为自然的问题,不知它对中国山水画家能否有什么形而上的启发。在汉语世界,道家也擅谈自然,与儒家入世进取意识差异较大,道家以无为的隐世意识栖身于山林,在自然中安顿身心,与自然相契而不入世俗之争,不以名利之欲损其本真之心。道家这种立身在世的精神,也是中国传统山水画内在精神的一部分。如此这般的自然,是满足人居何处这个发问的作为归宿之自然,也是画家们所说的"师法自然"中被审美化的自然。但长期以来,这自然被人们与"道法自然"之"自然"混为一谈了。老子所说的"道法自然"中的那个"自然",与赫拉克利特所说的自然并不是一回事,但这"自然"早已被人们俗常误解为自然界之自然。其实,老子道说的那个"自然",乃与存在之本有密切相关,也即自然而然之自然,它在是其所是中,与其说它与道同体而异名,不如说它是内在于道之原本。而我们视觉中的自然界,实是出自道自身的发轫,这自然界是众物相聚之自然界,它因道而绽出,是视觉中可见之自然。中国古代包括许多山水画家在内的文人,对"道法自然"中的"自然"与自然界之自然未作界别,这就误读了老子的这句话。画家们所法之自然,是因道而绽出的客观存在,也即可见之高山大川等现实存在。而老子道说的"道法自然"之自然,是不可见的自然而然之自然,后者不是一种可打量的对象，不是客观之物，而是使一切对象成其为对象又内在于对象秩序中的本有。因此，大自然也存有"道"之玄妙，也只在这个意义上，画家们师法自然，心与山川精神往来，以求达到默会相通，才是与道邻近的艺术行为，而不只是简单地写物状形。重新理解老子的"道法自然"，有助于画家们在师法自然时开启心窍，画家们师法自然时，艺术直观显然是重要的，但思与想的力量与艺术直观相契合，应属更合宜之法。

中国山水画家们师法自然，由形而求神，山水作品以形神浑然为艺术要旨。何为画家们所求之"神"呢？在汉语中，"神"具有多重含义。"阴阳不测之谓神"[①]，主要是指万物在存在中未被认识的奥秘。在山水画艺术理论中，这个"神"也指画家的内在精神，"神也者，心手两忘，笔墨俱化，气韵规矩，皆不可端倪"[②]。画家师法自然时，这个"神"焉能在身体中寂然不动？这个"神"既与自然界事物的奥秘相关，也与师自然的主体意识相关。画家在写生中，也要将形神兼备作为基本要求，没有这个"神"的介入，艺术上的"在似与不似之间"也就无从谈起。传统山水画家们以写实为基础，大都无例外地在这似与不似之间抒发文人情怀。由于受制于经验世界的物象，画家们的抽象想象力并不发达，这种抽象想象力，只有当"神"动而超然于经验物象时才会绽放。从

---

① 出自《周易·系辞上》。
② 出自清·方亨《读画录》。

当代中国艺术的秩序来看，传统山水画家们由于对"不似"好奇心不足，对抽象艺术和当代书写基本上持不认同和拒绝的态度，这显然与画家们的艺术观直接相关。应该说，林散之也在其中，林散之的作品更近于"似"，而远于"不似"，少虚境更重写实。与小他两岁的张大千相比，林散之的写实功夫不会强于张大千，张大千迟林散之两个月也上了华山，留下一些华山写生画稿，虽用笔不如林散之讲究，但写实比林散之更实，云气之虚与实相应，有时，虚灵不定的云气，在写生画稿中占有更大空间。而林散之的华山写生画稿，虚灵气似显不足。

林散之在师法自然时，他的写生画稿以"似"为重，甚至有唯"似"为重的倾向。前面已提到，他可能受到北宋绘画尤重写实的影响，也可能是关于"不似"的山水想象力，在林散之生命中尚未发动。在"似与不似"这个艺术观中，林散之近"似"而远"不似"。

关于"似与不似"的艺术观，我们可再做一些展开。前面，我们已粗略比较过渐江和石涛师法自然的差异，不妨再谈谈林散之老师黄宾虹这方面态度的变化。渐江和石涛，都是黄宾虹格外在意的山水画大师，在师法自然方面，石涛主张"法自我立"，师法自然，不可为眼中所见之山水所役。如果说石涛较之渐江，对自然与艺术的关系已显出见解上的差异，黄宾虹晚年则比石涛走得更远。晚年的黄宾虹认为，山水画就是一种笔墨艺术，这种认识与董其昌较为接近，笔墨胜于自然山水，自然在艺术上的位置已置换给笔墨了。晚年的黄宾虹，不一定是林散之自认为了解的黄宾虹，如同晚年的林散之，不一定是黄宾虹在世时了解的林散之。晚年的林散之成为书法大师后，谈书法史上行草书大家时比较多，对历代绘画大师谈得较少，也极少谈及老师黄宾虹的画，对黄宾虹晚年那些成功变法的山水作品，林散之几无任何评价，不知是否认同这些作品。黄宾虹晚年尤重笔墨，一些艺术评论家认为，黄宾虹有笔墨主义的倾向。林散之1930年师从黄宾虹时，与齐白石一样，黄宾虹也持有"在似与不似之间"的艺术观，他晚年谈论山水画时有"绝似绝不似"一说。"绝似绝不似"之说，虽阐释得不够充沛，但对"在似与不似之间"的艺术观已似有微词了。黄宾虹晚年的作品，已看不出山水的地域特征，大都与山水经验物象颇多"不似"，我们甚至可以说，黄宾虹已剥离了"似"的传统规训。黄宾虹有些作品，只隐约略具些山形水状，一切似都从于笔墨本身的秩序，他已从"似与不似"的纠缠中脱身而出，那些一时不被画坛接受的争议性作品，回到了笔墨自身的黑密聚集与敞开。笔墨，在宣纸上自成一个独立世界，以往的山水经验已痕迹不明地化入笔墨之中，所谓"墨团团里黑团团，黑团团里天地宽"，这黑团团里的天地虽宽，却不是寻常目光可深入打量的。其实，及至今天，大师黄宾虹晚年的作品，仍是艺术界争议未止的话题，也许，这争议还将持续下去。大师黄宾虹的山水画实践，是在山水画语言的极端变革中进行的，可以说，黄宾虹一定程度地废弃了传统山水的画法，他为中国山水画之革新变法，倾注了异乎寻常的才华。我们提及黄宾虹晚年的山水作品，不是说晚年黄宾虹不再重视师法自然了，而是指黄宾虹在师法自然时，这自然已不再是从写实意义上去把握的那个自然。从黄宾虹的"内美"艺术观就可以看出，他已更注重"中得心源"，在黄宾虹这里，所谓"心源"发动，乃是画家的幽深心性亲近了存在之隐秘。晚年黄宾虹对作品之笔墨尤为在意，在黄宾虹晚年的艺术意识里，这笔墨也自有合乎于道的奥义，笔墨之重要，高于似与不似。而1934年万里远游的林散之，了解的是"白宾虹"期的黄宾虹，可以说，黄宾虹晚年在山水画上的惊人之变，不在林散之预料之中。林散之的山水画生涯中，守持的仍是"在似与不似之间"的艺术观。

"在似与不似之间"这个艺术信条，至今仍是中国艺术教科书中的经典理论，这与中国传统文化以及审美习惯相关。人们习惯于接受"似与不似之间"这类艺术作品，对"似"这类写实倾向的作品，民间则更容易接受。而对"不似"这类近于抽象的作品，如前所言，由于它与中国传统审美精神相异，与人们的审美习惯相左，绝大多数人拒斥而不认同，即便在当代中国，艺术界的情境也仍是如此。

回到林散之师法自然的话题上来。林散之正是为了艺术上这"似与不似"才出门远游，要达到这"似与不似"，只师古人还不行，他还欠缺山水阅历，必须走出乌江草堂，寄身于山水，以使千山万壑罗列在心中。亲历了名山大川之后，林散之回到乌江，这些写生画稿，是师法自然的重要业绩，在山水画方面，他准备有所作为。林散之的山水见识宽广了许多，但与文友在一起谈山水画艺术时，他们不涉及如何师法自然这个话题，林散之的山水诗中，也没涉及如何师法自然。我们猜度，如何师法自然，是没被林散之特别在意的问题，也可能他并没觉得这是一个尤为重要的艺术问题。

林散之有志于山水画，恩师张栗庵要他熟悉山水画理论，鼓励他编辑中国山水画论。师从黄宾虹之前，林散之便在草堂编写过《山水类编》，应该说，进入山川师法自然之前，他对中国传统山水画论已比较熟悉。但传统画论中虽强调山水画家师法自然的重要性，对如何师法自然却涉及不多，具体的论叙较为罕见。不过，山水画家的经验之谈也不是完全没有，黄公望就曾总结过他观察山川景物的方式："树要四面俱有干与枝，盖取其圆润。""山头要折搭转换，山脉皆顺，此活法也。众峰相揖逊，万树相从，如大军领卒，森然有不可逊之色，此写真山之形也。"但这只是黄公望关于山水画的个人经验，是一种写生中他个人看山水的方式，或属一种"看"之技。对于写生的画家来说，无这类师自然的"看"之技，则无山水画之艺可谈。技的重要性不言而喻，但技要近乎道，就不能只是摹写山川，画家不宜以常识之眼去看自然山水，必须眼光独特，换一句话说，必须有另眼相看的能力。中国山水画家群谱中，在法自然的认识上，董其昌可算是个例外，他认为法山川风物，观看的维度要丰富，不能视角单一不变，观山川风物，既要能入其微，也要观其整体气象。不同于寻常画家之处在于，董其昌认为，法古人、法自然的画家，应有师天地的意识，"画家以天地为师，其次以山川为师，其次以古人为师"。① 师天地，有形而上的意味在其中，在董其昌的艺术意识中，师天地与师自然，这两者有所不同。天地聚万物为体，天地间有灵性充沛的"云物"在不断生成，画家师天地，是指师天地创育万物造化之妙，而师自然，则是画家师眼中所见的自然山水风物。画家所见的自然山川，只是具体个别之自然山川，是自然中画家有所选择的部分，山水画家要参天地之造化，得天机之玄妙在心，才能不为眼前一物一景所限，才可真正做到山川在心，胸有丘壑。在中国艺术史中，董其昌是最典型的师古之人，也是推崇法自然之人，但他将师天地置于师自然、师古人之前，用意深远，这与宗炳在《画山水序》中所言"山水以形媚道"大意接近。宗炳是信佛教的南朝画家，但他和大师董其昌一样，都受到庄子天地思想的较大影响。有关这些，熟悉中国山水画论的林散之应有所知，重要的不是止于知，而是如何理解和领会。

  推崇师古的林散之，对古代山水画大家的作品并不缺乏了解。师从黄宾虹后，他也见过一些古代山水大家的真品，三十七岁时的林散之如何理解中国传统山水画论，从他的写生画稿可看出一些迹象。林散之远游途中所作写生画稿虽多，可能是时间较紧，不能从容打量，也可能是由于人在山川中被条件所限，他观察山川风物的角度，似还比较单一，写生画稿中的山水形态太实了一些。所谓师造化，不能只是师可见山川物象，心须与山水精神相契，林散之的写生画稿少见

---

① 出自明·释函《题董玄宰画》。

想象之笔，有为物形所制的倾向。所谓胸中丘壑，也不曾在写生稿中有所显露，这时期林散之的艺术意识，似乎还在艺术真实与自然真实之间举棋不定，在这"似与不似"之间纠缠。对林散之来说，写实达到这个"似"，也还需要下一些功夫，就自己的笔墨和艺术形式而言，他的艺术意识还不清晰明亮，要自觉到这些，他首先需要明确一个观念：艺术真实高于自然真实。

关于师法自然以及如何师法自然，我们已从多方面对这个话题做了适度的展开，主要是为了便于读者理解林散之远游之后，为什么在山水画方面用力甚深，被废弃的不如意的画稿也可能很多，对山水画的投入几十年如一日，从不懈怠，甚至被他的文友们褒称为画痴，但许多年后，在山水画方面，他却未能取得令人瞩目的艺术成就。

林散之倾心山水画达六十年之久，在书法上，晚年林散之名震书坛，已享有草圣之誉，人们想从林散之山水作品中看到他自己的艺术语言，但至今未见能满足这个意愿的相关作品。深究其因，并非林散之在山水画上用力不及书法，原因是多方面的，但其中首要的原因，涉及林散之的艺术观。林散之六十四岁以画家身份去江苏省画院后，起初倾力于山水画，被认同度并不高，在一些重要画展中，他的山水画作品不被看好，甚至受到冷遇。后来，林散之逐渐由山水画转入对书法的变法，这与他在山水画方面没有大的进展有内在关联。有关这方面的事，我们会在后面的章节再谈。

第二十三章 国破家亡丈夫耻

1935年11月,林散之撰写的《漫游小记》,开始在上海的《旅行杂志》上连载,一些写生山水画稿及多首山水诗也随游记刊出,《漫游小记》中记述成都以后行程的文稿,或因邮递失误,或因后来上海抗日战事起,稿件散佚,未见完整刊出。《漫游小记》在《旅行杂志》上发表,是林散之自己投稿,还是由黄宾虹推荐,已不得而知,这是林散之的诗文及写生画稿第一次在杂志上刊登,共发表了写生画稿四十六幅、诗八十首。乌江的文友们聚集草堂,庆贺林散之的大作问世。

《漫游小记》发表前几个月,林散之曾两次给黄宾虹去信,并附《小游诗草》一册,信中说自己原准备秋天"由湘赴两粤转闽浙,一窥衡山、桂林、罗浮、武夷、天台、雁荡诸胜",但"以俗事稍留,不能如愿",给黄宾虹的信未及时收到回复，初秋，林散之与邵子退及弟子林秋泉游黄山，又见名山，林散之心情大好。黄山是中国十大名山之一，以奇松、怪石、云海和雪景名世，北宋后，画黄山的山水画家很多，以黄山为题的山水画名作也多，黄山名声响亮，有"黄山归来不看岳"之说。作为赞誉黄山之辞，一般游人是不会为此去挑剔的，但对已深入过多座名山的林散之来说，这种说法就太夸张了，且不说黄山有不及他山之处，其实，每一座名山，都各具自身的风格，各显差异，也自有他山不可替代之长处。林散之与知已邵子退在黄山几日，彼此交换游山心得，他们边游、边写、边画，林散之得画稿多幅，诗作十六首。

从黄山回乌江后不久，林散之收到黄宾虹的复函，黄先生称赞林散之的诗雅淡自然，为弟子能不辞艰辛师法自然而欣喜，也许，林散之在给黄宾虹的信中，未谈及他师法自然后的感觉，黄宾虹在复函中未曾言及这方面的事，也没谈及林散之的写生画稿。按常理说，林散之是可以选一部分写生画稿向黄宾虹请教的，知道写生画稿在艺术上尚有哪些不足，这对林散之是一件很重要的事。不过，当时的民国仍混乱无序，写生画稿只有一份，如寄丢了就不复再有，这种担心不难理解。

黄宾虹的复函语气亲切，对弟子林散之在山水画方面的期待一如既往，林散之与当时中国艺术界名流没什么交往，上海是当时中国的文化艺术中心，林散之在上海如多待几年，可能会有结识一些艺术大家的机会，也可能还会认识一些民国文化界的领袖人物，但他只在上海待了一年多，便由于思乡心切返回乌江了，在艺术领域，林散之交往的圈子其实很小，黄宾虹之外，他不认识民国艺术界其他有影响力的画家。黄宾虹的每次复函，都是对林散之的勉励，也是一种安慰。

诗书画艺术，像一种命运式置入林散之生命中的善咒，这个善咒产生的支配力，在各个时期都运行在林散之的意识深处，生活中的各种世俗力量，解不开这个善咒。对林散之来说，诗书画，是与生命终身相契之事，没有诗书画的日子，一定是贫乏又平庸的日子，是不堪承受的日子。从林家大宅独立门户后，直到林散之四十岁，他基本上生活在自己喜好的田园诗意中，民国大大小小纷纷扰扰的事，并没有左右林散之的个人意志。我行我素，林散之做着自己想做的事，在草堂读书，怀古思前贤，作诗、写字和画画，将一群儿女养育成人。能写出自己如意之诗，在书画上不断精进，能有所作为，这是林散之对人生价值最高的自我期待，其他事，几乎都是喧宾夺主之事。远游归来后，林散之的这种意愿似乎更坚定了，林散之有山水画大师指导，他既师古人，又法自然，山水画创作已进入了自我提升的新阶段，这条艺术之路虽艰辛难行，但它毕竟正朝着林散之意愿的方向展开。这个时期，许多与林散之同龄的人，正献身于社会变革之中，林散之不太过问这些事。当时，根基不稳的民国在内战中动荡不安，乱世中的许多事晦暗不明，悬而未决，人心飘浮难以安顿，但林散之大致能自安于乌江，他的生活并没有什么大的波折，像林散之这种有自安状态的并不多见，一些关注时代之变忧患在心的人，可能会觉得林散之坚持沉浸在这种田园诗意中，有些不合时宜，甚至有点奢侈了。

1937年7月7日卢沟桥事变，抗日战争全面爆发，不久，八十万国民党军不敌二十万日军，在淞沪会战中败退，不到半年时间，日军便占领了南京。林散之在乌江全身心投入书画之际，惊闻日本侵华的消息，大为不安。

林散之的家乡乌江距南京约一百里路，为了配合陆军对南京的大规模进攻，阻止国民党军队对南京的可能增援，日军对南京周边地区轰炸不止，南京对岸的江浦与和县一带都是日军集中轰炸的目标，人口密集的小镇首先遭到轰炸，乌江街的三分之一几乎被炸平了，大量房屋倒塌，居民伤亡严重，到处是战争的硝烟。日机轰炸之初，林散之从乌江街道往家急赶时，途中遭日机的机枪扫射，他匆忙躲进一家棉花仓库，差点在日机轰炸中丧命。1938年春乌江沦陷，成为日伪占领区，为避战祸，林散之不得不举家逃难。

据《林散之年谱》记载，林散之带着妻子儿女，先后逃往和县王庙村、杨家村、百姓堂邵子退家，后又逃到妻子盛德翠的老家和县绰庙乡盛家山等山村。1938年和县保卫战后，一批地方抗日武装力量转入了乡村继续抵抗，为了清除乌江地区的抗日力量，日军经常"扫荡""清乡"，到处烧杀抢掠，恶行不止。在民生涂炭的日子里，林散之的两个儿子和五个女儿都未成年，林散之为妻子儿女们的安全焦虑不堪，为避日军，只得不断逃难四处奔走，日军占领时期，他几乎每天都在惶恐中度过，难以安身。他无心再去写字画画了，也没有合适的条件去写字画画，逃难之中，人心惶惶，不知哪里是可安身之地。林散之途中作诗，关心有家难归的难民，在朋友家避难,仍旧心系书画,林散之书画艺术的情结之深,超乎日常想象。但林散之的艺术之路大致是中断了,草堂的田园诗意,也只能从战争的灰烬中去回忆。

"我问文山何如此?国破家亡丈夫耻。""男儿生当裹马革,万里搴旗夸嫖姚。"日军践踏中国河山,乱世中力挽狂澜的力量在哪里?国难当头时,"男儿生当裹马革"的精神在林散之的意识中突然明亮起来,西汉名将霍去病克制匈奴杀敌有方,他成了林散之向往之人。这些不失铿锵之气的诗句,不见以往江南才子咏风弄月的闲情,更不是书生"为赋新词强说愁"。林散之写出这些诗句时心情沉重,他既焦虑又困惑,焦虑的是自辛亥革命以来,中国内乱未定,战事不止,如今又遭遇日本的侵略,人们正处在国破家亡的危机中。林散之的内心困惑则与这些诗句隐含的自问相关,这些诗句,不只是鼓励他人去挺身抗日,也不只是在危难中发一些文人忧世的感慨而已。在林散之的意识中,这些诗句难道从不指向他自身吗?抗日救亡是每个国民应有的意识,自己究竟能在这国家危机中做些什么,如何身体力行,才是他诗句中言而未明的内在困惑。国家兴亡,匹夫有责,匹夫之责,在于参与国家救亡,而丈夫之耻,耻于在这危机中不能有所为。在乌江,林散之向来以儒门书生自喻,但他喜好的传统诗书画,无论内蕴多少中国传统人文精神,它是抵挡不住日军的,只有为国家救亡所需的诗文才能召唤民众,才能坚定民众抗日的决心和意志。当时,中国大批文人投入到抗日的洪流之中,笔也可伐敌,一些和林散之同样置身在沦陷区的文人,他们在国难中放弃了旧文人的那些雅趣，以笔代枪，成为抗日的文化力量。林散之在民国文坛只发表过《漫游小记》这类文字，无关国事与民生，在思想文化界并无影响力，且他诗文崇古，田园和山水情怀很深，对时事欠缺更深的认识，写不出一呼百应的抗日文章。这难中之国，也是林散之日日生活在其中的国，放低诗人和画家的身份，就算自己是匹夫中的一个，也有应尽之责，那么，困惑中的林散之又能有何作为呢？这种有所恍惚有些茫然的心情，在抗战期间林散之所写的诗中时有流露。实际上，以诗表达自己的悲伤，记录抗战中民众的困苦生活，成了他这个时期力所能及的选择。

避难途中，林散之每天遭遇的风险，都与生命的存亡相关，远大于他远游名山时经历的风险，远游的风险中，林散之看到的是诗意的山水，而林散之在避难途中看到的却是日军侵略的残酷场面，这让诗人林散之忧愤不已。在乌江沦陷的那些日子里，林散之所见多是日军横行的灾难图景，所闻也多是各种不幸的事件。江浦与和县抗日的热血青年以及亲友死亡的消息不断传来，1943年，林散之的挚友谷沉如被不幸枪杀，不久，另一位朋友全椒诗人鲁默生以及好友邵子退的女婿江绍智也被杀害了，"多才世所忌，乱世祸尤烈。智者未肯愚，巧者安能拙"。林散之以诗哭悼，这是哭悼之诗《遣悲》二首中的几句，朋友的死，让林散之既震惊又恐慌，谷沉如常与林散之以诗唱和，由于直言时事遭杀害。林散之的心情格外沉郁，从悼诗中看，他似已有了些"明哲保身"的想法，外侵内乱的残酷现实中，从一个村逃离躲进另一个村，能不能保护好妻儿免遭不幸，已成为林散之整日忧心忡忡的事。他觉得自己和许多书生一样虚弱无力，在国难中无力排除丈夫耻，对日军的侵略愤怒谴责之后，自己能在现实中做些什么呢，不遭杀身之祸，首先要有自我保护的智慧，《遣悲》中有如下的句子："在汉杨修死，在晋陆机杀。""劝我素心朋，应透此中机。"杨修是东汉文学家，才华过人，因直言得罪了曹操被杀，陆机是西晋大文豪，文章冠世，不敛主张，最终遭谗遇害，林散之诗句中所说的"此中机"，应是人在乱世中需具有所敛藏之智，也许"愚"与"拙"，可为不遭祸的保身之策。依此去想，我们就不难理解抗战时期林散之的个人态度和具体言行了。其实，1949年之前，林散之从未与共产党人有过交往，抗战时期的乌江，常有国民党军进入，林散之与国民党军官打过一些交道，也曾受到过国民党军官的善待，并因此帮乡民解决了一些棘手的问题。当时，乌江武装力量的成分较复杂，有日军，有汪伪绥靖军，有国民党的游击十纵队，也有新四军，还有一些枪杆子摇摆不定的人，稍有不慎，就可能会惹祸上身。总之，有了以"愚"与"拙"避祸的保身之策，除了爱国情感不可动摇，在其他方面以"愚"和"拙"应对，这是林散之从中国历史中吸取的经验，也算是一种政治经验。这个时期，林散之言行谨慎，有不合时宜的想法写在诗里，平时与人交谈锋芒不露，"左右抽旋冀免祸"，他力所能及之事，便是私下写出一首首悲愤之诗，排遣心中的苦闷和忧郁，以往写字画画的毛笔，如今用来记录每天都在发生的灾难事实。

日军占领期，乌江地区的生活秩序十分混乱，日本军队进驻乌江后，以华治华，在乌江成立了维持会，组织起汉奸武装部队，称为"绥靖队"。乡民要吃饭，必须种庄稼，逃难的乡民逐渐回到了村里，林散之也回到了猴山草堂。猴山已不是往昔的猴山了，山中粗壮点的树木已被日军砍伐去盖营房，到处是裸露的树桩，好在房屋未毁，草堂也还在。许久未提的画笔可以重新握在手上，又可以在草堂画画了，逃难的日子太沉重，林散之稍觉松了口气。但好梦不长，他终是难以安宁，一日，维持会长来到林散之家，说日本翻译官要他画一幅画。给日军翻译官画画，无异于汉奸之举，这是断然不可做的事，但他不能公开拒绝，公开拒绝了，难免惹祸上门，甚至还会危及自己和家人的生命，他只能选择远远地避开。去往何处呢？妻子的弟弟盛德阀在南京经营布匹生意，南京被日军占领后，不知他境况如何，林散之以探亲为由离开乌江去了南京，算是躲过一劫。

远游之后，林散之的山水画在皖东已有了更大影响，前来求画的人多了起来，其中不乏有社会地位的人，一些喜好书画的国民党人也慕名而来，林散之与他们也有交往，以诗唱和、以字画相赠、以友相称之事也时有发生。

日军进驻乌江之前，国民党军队常来这里，一次，有个名叫李正奎的团长带兵来乌江征收军粮、筹集军款，此人草莽出身，这支部队军纪涣散，强征强收，又以通新四军为罪名，在乌江镇及周边乡村抓了上百名青年，威胁民众，作为征收的手段。林散之家在乌江算是个有钱人家，这位团长要林散之交出家中的两条藏枪，林家藏枪之事子虚乌有，这显然是在敲诈林散之，果真是秀才遇到兵了。正在林散之无奈之际，李正奎的顶头上司李本一来乌江视察，李本一是安徽省第五行政区督察专员，此人善诗文，也喜书画，参加过淞沪会战，抗日战争胜利后，李本一任国民党第七军中将副军长，解放战争时被俘，因参与皖南事变，1951年8月在合肥被枪决。李本一来乌江督察时，知林散之是黄宾虹的弟子，属皖东一带诗书画名流，遂派人邀林散之与他同游项王庙，并以诗相和，两人的诗，都与抗战时事相关，林散之在项王庙即兴作五律二首：

逐鹿风云变，青青又几春。依稀灞上日，寂寞帐前人。
天地仍烽火，干戈几晋秦。犹余叱咤气，怒目向人瞋。

多君来此地，柳色渐清明。蛙鼓声声闹，鸿飞阵阵惊。
挥戈返落日，投笔请长缨。眼见江东水，奔腾意未平。[①]

李本一见诗甚喜，国难当头，"投笔请长缨"，带兵抗日，在军中报国，这正合己意，他钦佩林散之的才华，连称"名下无虚士"，当晚设宴款待林散之。席间，李本一对他十分尊敬，坚持让林散之居席中上座，行过弟子礼后说："我

---

① 出自《三十年清明日，偕李某瞻谒项羽墓，慷慨有诗，同赋二首》，见《江上诗存》。

此次来乌江，李长官当面关照我，要我代表他向林先生问候，希望林先生把我当作学生看待。"[1]这里说的李长官，是当时安徽省的省长李品仙，他是抗日名将，国民党二级上将。李品仙好书画，也是一个诗人，他对林散之这般看重，与林散之在皖东诗书画圈的名声有关，也与林散之是黄宾虹的弟子有关，酒宴后，李本一亲自磨墨、拉纸，林散之以字画相赠。

团长李正奎在酒桌上得知省长问候林散之，又见上司对林散之如此敬重，不仅不再向林散之要枪，为了讨好林散之，他还主动要送两支枪给林散之，世事很乱，日子太不安宁，有了这两支枪，林散之可保家护身。第二天，林散之让儿子林昌庚领回这两支枪，据林昌庚在《林散之》中的回忆，这两支枪都是废枪，根本就起不到护家防身的作用。不粗心的读者很可能会想，这个团长的脑子真是进水了，送枪本是为了讨好林散之，却送了两支废枪，这与讨好的目的相背，岂不是公开得罪了林散之？上司李本一如知道这事，能不怪罪他吗？如这团长果真送了两支废枪，这种事不太好理解。

但不管怎么说，这是一个机缘。乡民们知道林散之是李本一的座上客，团长李正奎还送了两支枪给林散之护身，于是，家里有人被抓或交不起钱粮的，就都来找林散之帮忙，乡民困苦，不能见难不救，林散之为此多次找李本一求情，李本一也都很给林散之面子。由此，他为乡民们解决了许多急难之事。

---

[1] 林昌庚著.《林散之》第61页，百花文艺出版社，2007年。

1944年，国民党安徽第十游击纵队司令柏承君，是李本一的继任，第十游击纵队司令部设在全椒县古河，他派专人来乌江接林散之去古河相聚，柏承君对林散之以上宾相待，出行皆有护卫。古河靠近含山，属日伪未占领区，林散之早先已将二女儿及两个儿子送到这里就读，在古河去学校看望儿女时，柏承君派兵给林散之当警卫。林散之对柏承君并无好感，此人骄横跋扈，称霸皖东，他的挚友谷沆如正是柏承君派人杀害的。得罪了这个纵队司令，自己和家人随时都有生命危险，他虽愤懑在心，只能苦于应付。为免好友误解自己，他在《书示子退诗》中，向好友邵子退陈述自己与国民党官员交往，并不是为攀附权贵，而是"左右抽旋冀免祸"。

柏承君不通文墨，骄横跋扈，又喜附庸风雅，以示自己对社会贤达的尊重，这样的国民党将领毕竟是少数。慕林散之诗书画之名与之交往的人，大都对林散之比较敬重，一些真正喜好诗文书画的人，林散之甚至与他们以兄弟相称。喜好书画的国民党人视林散之为座上客，林散之与他们的交往，与生活的兴致有关，不及党派事务。中国传统山水画家们如黄公望、文徵明等，大都醉心于山水不问政事，林散之也大致属于这类文人，他与一些国民党喜好书画的官员交往，只关乎诗文书画。值得一提的是这些年出版的几本林散之传记，包括林散之儿女们合著的《林散之》，对林散之当年与国民党人交往之事，在事实叙述上总是有所避讳，传记作者从林散之政治形象的角度考虑过多，也顾虑过多，担心这种交往事实，会影响林散之作为书法大师的形象，这可能是受到时代语境的影响，几部传记无一例外地认为：林散之与国民党将领们的交往，与国民党人求字索画的胁迫有关，林散之当年接受他们的邀请，都是出于不得已，而在政治判断上，林散之并不认同这些国民党人，这显然与当时的交往事实出入很大，这样的说法似有点牵强了。

林散之与骄横跋扈的柏承君交往是个例外，只能"左右抽旋"。辛亥革命后，内战不止，民不聊生，民国政治紊乱秩序不定，林散之对民国政府没多少好感，这是事实，民国主流文化主张反儒，新文化运动彻底否定儒家传统，这与林散之对儒家的情感相冲突。从交往的事实看，林散之当年交往的国民党人士中，没有一个受新文化运动影响很深的人，国民党二级上将李品仙，从军之前便熟读四书五经，也擅写旧体诗，且颇有些写诗的天赋，好书画。国民党中将李本一，好诗文，书法根基不弱，林散之与他们的交往，主要是与诗书画艺术有关，并不涉及权力和政治立场，诗书画趣味相投的人，在相处中产生私人情感，这并不难理解，林散之与立煌警备司令姜汉卿的友弟关系，便是个有说服力的例证。我们在诗集《江上诗存》中查找到一首诗《亦有》："亦有三生约，高怀见性真。风尘几度合，功业一番新。气亘苍梧野，神融碧海春。私情与公谊，我爱李将军。"这首赠友诗写于1945年至1946年间，诗中叙述李将军的人品、气度及战场建树的功业，其中既有私情的认定，也有关乎公谊的表达，林散之对这位李将军的认同度很高。苍梧指广西苍梧，这位李将军是指李品仙还是指李本一，或是另有其人，诗中并未明言，我们不能完全确定这是写给谁的。李品仙是广西苍梧人，在桂系中影响很大，排名仅在李宗仁、白崇禧之下，李品仙看重林散之诗文书画方面的才华，1946年再任民国安徽省省长时，曾邀请林散之去合肥，拟聘为"省府顾问"，这首诗写给李品仙的可能性很大。这里的列举，只是为了说出一些实情，当年林散之与国民党将领的交往，并非都是出自不得已。

不过，应酬性的交往过于频繁，赞誉或恭维的话听多了，由耳入心，自己不仅可能会被虚名所扰，而且在艺术上会出现自我认识的误区，还耽搁了许多可以潜心写字画画的时间，这是件令人苦恼的事。山水画家常寄身自然，师自然是终身之事，时局虽乱，出门不安全，但整日困在草堂或在宴请中画些应酬之作，无助于提高书画技艺，还是要走进自然山水中去。日本侵略中断了林散之去西南远游的计划，这个计划后来再也没能实施，这显然是大遗憾。战时，林散之安顿好妻儿家事，也抽时间去周边非日占区看看山水，山水自有灵性在。此外，还可在自然山水中解除一些郁闷。和县北部山区、无为、含山，也有些风光宜人之地，对画山水画也算是自然经验的累积。芜湖国民党保安三团团长莫仲庆欲得林散之字画，邀请林散之去游玩，发生了一件令林散之喜出望外的事。芜湖上二街中有个柳春园，是晚清李鸿章长孙李惠龙的住宅，抗战时被莫仲庆占有。林散之在李氏书橱一角发现了一方吕留良虫蛀砚，砚的背后有楷书铭文约两百字，显晋人风格，虫蛀砚有奇气，为拒绝与清朝合作的晚明思想家吕留良造。林散之喜吕留良的道德文章，得此砚兴奋异常、欣喜至极，便作古风一首以跋。这方吕留良虫蛀砚，现藏于南京浦口区林散之纪念馆。

　　林散之对诗书画的执着，可谓远近皆知，林散之在草堂一旦放下了纸笔，心里就茫茫然，空虚又忧伤，天下之事，唯诗书画为大。在乌江以至于整个皖东地区，"书呆子"和"画痴"这类极端的称呼，是当时人们对林散之的最好赞誉，对林散之来说，没有诗书画的生活，几乎就不是生活，人生最大的遗憾，莫过于在诗书画上没有大的作为。与文友们交往时，田园诗意和山水精神是主要话题，林散之从不显露要在书画上大有作为的心思，一个日常生活中谦逊在外的人，往往深藏不为人知的不凡志向，不入时机则锋芒内敛的林散之，与人们以常识眼光打量的那个自己较劲，也与泥沙俱下中诗性衰败的时代较劲。一定要说这种较劲与"艺术野心"相关，也未必不当。当然，这种不寻常的较劲，是要有足够艺术资本的，个人天分、艺术见识、作品语言的独特性、出场平台等，这些都必须具备，林散之还欠缺一些必要的艺术资本。

　　林散之一直生活在乌江，不出皖东，文友圈很小，他不像张大千那样与民国艺术圈和文化名宿交往广泛，也不像李可染取众家之长而变、师齐白石之后又师黄宾虹。可以说，林散之与民国艺术名家的交往，从黄宾虹始，到黄宾虹止，民国书画领域的重要人物，除了自己的老师黄宾虹，林散之与其他人从无任何交往。在山水画方面，除了间断性接受过老师黄宾虹的酌情引导和点拨，就全靠自己在草堂中自悟了，这显然会影响一个画家的眼界、见识和社会交往的机缘。往艰难处说，即便有山水画大师黄宾虹的偶尔指点，林散之个人的艺术处境，也几乎可称作是一种困局。

诗书画这条艺术之路本就不易行走，在这条时宽时窄的路上，林散之已留下一些凸凹不平的足迹，似乎一回首，就可以看见自己的影子在这条路上摇摇晃晃，几十年过去了，如今这条路越走越艰难。在诗句中，林散之时常流露出忧郁情绪和疲惫感，他不敢想象幸运之神会在这条路的前方等待自己，甚至因书画至今无成就有些自卑了。其实，与那个时代的许多书画名家相比，林散之的书画在艺术上已离名家不远，如从山水画的笔墨来谈，林散之未必逊色于一些名家，但这并不能让林散之与他们并论，艺术上这"不远"的距离，并非一朝一夕就能跨过，况且，成为书画名家可能还不仅只从艺术上来谈，其他非艺术方面的因素也很重要。林散之在皖东书画界有影响力，但他毕竟还不在民国书画名家的行列中，或多或少，或深或浅，林散之会有一些生不逢时、怀才不遇的感受。有时，林散之觉得自己生活在一个荒诞又不幸的时代，自戊戌变法那年林散之出生以来，这个世界就一直在摇摇晃晃，它似乎比以往的年代更加动荡不定，戊戌政变、清朝新政、辛亥革命、军阀混战、复辟帝制、五四运动、北伐战争、土地革命战争、抗日战争，中国内忧未解，外患又至，乱糟糟的日子里，民不聊生，许多人茫然无措，不知所从。古代圣贤的思想在这个时代不起作用了，哪里才可安顿身心？缑山，是林散之亲手建设的一方诗意空间，但战争的残酷事实惊醒了他，缑山绝不是真正的世外桃源，缑山是这个乱世中的缑山，它也是一个弱不禁风的地方，一阵突如其来的乱枪，就可以让这份田园诗意瞬间崩溃。在诗书画这条路上坚持三十几年了，林散之已接近知天命之年，但如何才能在这个世界上不更坏地生活下去，仍是个悬而未决的问题，圣贤书中的那些答案，在这个晦暗时代似乎已不再可靠。在精神生活方面，除了传统经典和诗书画，林散之觉得人生中还欠缺些重要的东西。

1943年，中国大片领土已被日军所占，抗日战争进入了相持阶段。林散之与二女婿李秋水前往和县观音阁，听觉澄法师开坛讲经。林散之自觉与佛门有缘，两人在观音阁皈依佛门成为居士，觉澄法师给他们取法名并颁发了度牒。此后，林散之常来观音阁，与住持谈经史，联句吟诗，写字作画，寻人生大觉悟之道。当时和县县长也信佛，见世道昏沉幽暗，撰长联一副，相传此联为林散之所撰，属误传。经当年在场的李秋水回忆，这副长联为县长所撰，林散之书法好，住持请他以行书写好长联刻入木板，悬挂于大殿正中的赭红楹柱上，长联如下：

　　人生本一群骷髅，只缘骷髅玩骷髅，玩出来父子君臣，典章文物
　　世界乃众生色相，太息色相吃色相，吃成了征诛杀伐，因果轮回

成为居士后的林散之礼佛读经，开始留意唯识学的八识

观，以慈悲的目光打量世事，为了达到了别，不入魔道，一切以缘起论，力求断绝人世间的各种邪见。做居士不只是虚名，要发菩提心，直到修学成佛。

在家居士乃佛门弟子，有别于中国古代居士之称，中国古代称居士者，大都是有德才隐居不仕或未仕之人，居士这个称谓，在现实生活中含有隐士、高人之意。在中国文化史上，文人雅士们有超越庸常生活之愿，为表明在世立身的倾向，自称居士者不乏其人，如李白称青莲居士，白居易称香山居士，苏轼称东坡居士。

佛教在家居士，是对在家修行者的泛称，严格地说，在家居士作为佛家弟子，要做到三皈依：皈依佛、皈依佛法、皈依菩萨，要五戒，并持斋，修菩萨六度。人在生活中被各种尘垢所染，本心在欲望和"我执"中受蔽，居士们行不出世，在家修行，要真正做到这些，将佛家的如如智慧化入日常生活中，也殊为不易。林散之远游时，在嵩山和峨眉与佛门中人多有交往，虽动了向往佛门之念，终是解不了世间俗事的牵挂，不过是瞬间动了向佛之念而已。抗日战争爆发后，林散之见日军到处杀戮，恶行泛滥，河山正在破碎，民众处于水深火热之中，他看不出什么力量可以真正救世。这世界在着魔之中，各种无根基的思想正在泛滥，令人不失望的事太少，几近绝望的情绪蔓延在林散之心中无法排遣，于是，向佛而在，成为在家居士，就成了林散之心灵归宿的最好选择。林散之母亲也为在家居士，持观音咒多年，林散之成为在家居士，可能也与他受到母亲的影响有关。

从此，除了作诗写字画画，作为身居俗世的佛家弟子，林散之的生活中多了一项重要内容：早晚三炷香，礼佛三拜，读诵佛经，观想佛菩萨的慈悲之光普摄苦难中的一切众生。

由此，儒家经典与佛家经典对人与这个世界的理解之别，林散之已大致能辨识。虽不能说林散之已开始重新理解人生，但佛家思想对他的精神生活正在产生影响，这种影响也是因缘而起，在家庭、在日常生活、在交往、在诗文书画、在一个人独处等各种情境中，因尘世之缘而生发。

也许，佛经中果真有澄明本心的滋养力，成为佛弟子之后，林散之尘俗的心念似少了一些，经验之垢开始从记忆中被剥离，尤其是在书法上，与实相应的虚灵气逐渐多了，从笔下油然而生。

须弥山上有大觉悟的光芒，信佛的众生心向往之，林散之在接近天命之年成为佛弟子，有了成佛之大愿。

1945年，第二次世界大战的格局发生了根本改变，5月9日，法西斯德国正式签署了无条件投降书。8月6日，美军在日本广岛投下了第一枚原子弹，3天后又在长崎投下第二枚原子弹，8月9日，中国军队开始对日军发起全面反攻。日军在国外与本土都受到了致命重创，至1945年8月15日，日本天皇不得不宣布无条件投降，抗战胜利，第二次世界大战终结了。

抗战期间，林散之除了在逃难途中倍受颠簸，大部分时间花在了交往和应酬中，没能潜心于书画创作，画了不少应酬之作，在艺术上并无真正的突破，但诗作量较大。据《林散之年谱》编撰者邵川统计，抗战时期，林散之共写诗两百七十五首。这些诗作的内容涉及战争中的难民生活，人如蝼蚁的灾难场景，这时期，田园和山水诗比较少，其中多为赠友或步韵唱和之诗，以感叹时世为主，还有少量林散之自称为"闲愁"之作。抗战胜利后，林散之痛定思痛，为留存那段灾难史，他极罕见地改变了旧有诗风，又以半年之时作《今诗十九首》，并自称这些诗为打油诗，十九首已佚一首，现存十八首。林散之改变诗风，可能是为了取消诗作的阅读难度，便于这些诗在民间流传。《今诗十九首》明白如话，皆为针砭现实、悲天悯人之作。为供读者参阅，现全部录下：

千年奇事一朝看，买卖官场上下贪。
中国不亡真万幸，问他哪个有心肝？

忽传敌已下丰台，又报倭人海上来。
记得乌江冬月八，伏尸满地血流街。

离开陋室夜三更，我自携儿蛇鼠行。
怎奈路难天又黑，神号鬼泣不成声。

一声大炮又轰轰，神在西来鬼在东。
抡起大刀齐杀去，可怜个个倒栽葱。

男儿得志唱高歌，擦掌摩拳气若何。

岂料将军打败仗，偃旗息鼓向西拖。

你不能行死活该，几家父母哭乖乖。
无端夜听蜣螂起，错认飞机天上来。

英雄好汉满街游，每日乡村拉牯牛。
又是一番新气象，大旗杆上挂人头。

江边直是杀人坑，大小喽啰成一军。
每夜齐心来动手，掳回钞票大家分。

两巴打得叫爷爷，屁滚尿流屎又连。
毕竟先生刀下死，呜呼一命赴黄泉。

人肝割去下锅煎，说比猪羊味更鲜。
莫怪菜人传历史，惊心七杀又当前。

你哥我弟是清流，我替名人磕过头。
聚赌抽钱真场面，顺风打劫不为偷。

各处英豪雄赳赳，更多壮士气昂昂。
不料街头狗打架，一哄而散面苍黄。

搜腰小事不奇谈，奇是头衔加汉奸。

却有富人真狡猾，暗交财物已从宽。

近来风气太文明，又见人家抢再婚。
劝说不行怒鞭打，满身都是线条痕。

大房攥去二房拖，又占民妻做老婆。
说是皖东大队长，威风凛凛奈他何？

谁家两日尽寻欢，说是儿郎做晬盘。
四处宾朋来济济，大吹大赌大加餐。

世间百物都昂贵，只有文章不值钱。
今古奇观能记否？如斋贱物已多年。

八年抗战事都完，伟绩丰功墨未干。
诗写打油十九首，伤心不忍给人看。

林散之称这些诗为打油诗，打油诗是一种民间俚语诗体，不注重对偶和平仄，不太讲究格律，但一定要押韵。一个习惯写旧体诗的人，为切入具体生活，揭示生活的乱象，更有效地批评现实、抨击时弊，他悬置了以往的诗风，在斯文之气和诗艺方面，宁可少一些讲究，也要词严斧钺、不避不让直入具体的生活情境中去，批判和鞭挞日寇、伪军及兵痞们屠割的恶行和鱼肉百姓的昏暗现实。《今诗十九首》不引经据典，完全采用口语，明白如话，取消了阅读难度，普通百姓也无阅读障碍。就如何理解写作与生活的关系来说，林散之第一次显露出直接介入的倾向，"细书近作十九首，寒灯辛苦半年成。"寒灯下辛苦了半年，才写成这类无阅读难度的口语诗，这对喜好引经据典写旧体诗的林散之来说，是一件不易之事。

第六卷　1946—1949

第二十四章 解放战争时期

抗战胜利后，举国欢庆，和县乌江人也奔走相庆。乌江古镇的人逐渐恢复了日本侵华前的生活，林散之重新收整好猴山这方田园，安排好果园料理和农田耕作，继续在草堂读书、作诗、写字画画。1945年秋，他游历了江浦老山狮子岭上的兜率寺和汤泉的惠济寺，作《古银杏行并序》，心情好了许多，本以为可以潜下心来干自己最喜好的事了，不料，事与愿违，人们担心的内战还是爆发了，从北到南，从城市到乡村，战火再起。抗日战争期间，林散之写了"苦诗三百首，都是为承平"，这个承平之愿才觉得要实现了，转瞬间又成了泡影。

1946年4月，李品仙奉国民政府之命专任安徽省政府主席，安徽省政府由金寨迁往合肥后，为治理好安徽事务，他邀请一些社会贤达人士去合肥，拟聘为省政府参事，1943年，林散之曾赠山水画《终南记游图》给李品仙，李品仙颇为喜欢，这次聘省政府临时参事，林散之也在受邀之列。

这年五月下旬，林散之受邀去了合肥，这是意外之喜，能有幸被聘为省政府临时参事，这与自己的喜好契合，且能与安徽文化艺术界人士多一些交往，何乐而不为。多年来，自己在缑山上过一种半隐居的日子，从没在社会机构中任过职，作为社会贤达人士做这个临时参事，也算合宜之事，何况还有一笔不薄的参事薪水，可作培养儿女用。

林散之被安排在一座大宅中，为安静鉴定字画，李品仙安排了有十几间房子的大宅，供林散之一人工作和居住，并配有书画秘书和持枪门卫，这是很高的待遇。临时参事们从安徽各地来到合肥，李品仙宴请林散之及其他安徽贤达人士，说明了省参事在建设安徽事务中的重要作用，要各位贤达贡献自己的才华和智慧。

在合肥，林散之从友人陶载之处得知老师黄宾虹在北京故宫博物院鉴定书画，这消息令林散之欣喜万分。他与老师黄宾虹因战事已失联多年，心里一直牵挂和思念着老师，1939年，林散之担心老师的安危，不知老师境况如何，曾去上海寻黄宾虹不遇，忧心忡忡。想不到十四年抗战，老师能安然无恙，在北京故宫博物院鉴定书画，这需要很高的资历，没有出众的书画见识和鉴定才华，这事就难以担当。老师荣耀，作为弟子，林散之多了点自豪感，世间事常有巧合，抗战胜利后，师生两人都在做鉴定书画的事，这让林散之喜出望外。要做好书画鉴定这事，书画判定不失理据，才对得起书画先贤，也才能为师门争点光彩。

林散之不仅是个擅学之人，且学有所悟，在上海跟随黄宾虹学书画时，也掌握了不少鉴定古字画的本领，如今，这鉴定的本领有了大用途。对古字画之真伪，他大都能判定，不能直接认定的作品，他宁可存疑，绝不轻率判断。在鉴定字画的过程中，林散之发现了一些名家字画，其中甚至有宋元书画真迹，这让他颇为惊讶。合肥刚成为安徽省府，以前这里并没有多少书画名流，也非商贾云聚之地，这些价值不凡的作品怎么能在这里见到，他有些不解。

工作秘书王孝楚帮他解开了这份疑惑。王孝楚是民国六安四才子之一，与李品仙有些私谊，安徽省府从金寨迁合肥后，任省府文化秘书。王孝楚擅诗词文章，也擅书法，对书画有一定见识，李品仙让他做林散之的书画秘书。2019年，美国旧金山艺术品小拍中，惊现米芾的十米书法长卷，该长卷原为晚清大收藏家裴景福旧藏，1943年为李品仙递藏，长卷中有李品仙的题跋，也有王孝楚的题跋，其中有段文字记叙了李品仙收藏的情况："鹤公府主见示南宫行书长卷，瑰玮沉雄，信稀世之珍。退为长歌，以志眼福。1945年春仲，六安王孝楚敬题。钤印：王孝楚（李品仙）。"王孝楚题跋中所提鹤公，即国民党上将李品仙，李品仙字鹤龄，时人称鹤公，林散之致黄宾虹函中也如此称。王孝楚也好书画收藏，对安徽收藏界的事，远比林散之了解得多。此人文人情怀较重，为人性情耿介，少江南文人的委婉之气。他与林散之交往一段时间后，认同林散之的为人品行和诗书画方面的才华，对林散之渐生好感。林散之对王孝楚的诗文也极为赞赏，在大宅中夜读王孝楚的诗时,"灯花散尽又重开",认为王孝楚文类杨诚斋,诗近王安石,两人气息大致相投,在一起相谈甚欢,都觉得相见恨晚,遂成为坦诚心胸的好友。王孝楚好酒,每日必饮,他常与林散之饮酒叙谈,酒桌上直言不讳,他告诉林散之,这些字画拥有人大都是军政要员,其中有些人用手中的权力巧取豪夺,一些书画藏品背后有不干净的印记。王孝楚几杯酒之后,越说越激动,便从书画谈到了国事,他期待国民政府领导好这个国家,对国民党内部的明争暗斗、贪污受贿的风气甚为不满。王孝楚是省府秘书,知道的内幕比较多,他那些推心置腹的话,让林散之对国民党多了些了解。来合肥不久,在欢迎参事的宴会上,李品仙及其他国民党官员礼贤参事,林散之觉得这是对文人的尊重,从没想到国民党内部问题很多。与王孝楚交谈,使林散之在政治事务上长了不少见识,关于这些名家字画的困惑,也算是解开了。

关于时政话题,林散之与朋友交谈时,很少主动涉及,国民政府有没有能力杜绝它内部的腐败,这事与政体有关,与民国的政治精英们有关,自己只是个喜欢书画的人,这些与书画没直接关系的政治问题,林散之向来不多过问,他即使去想了,也不一定能想得清楚,他要想清楚的是书画之事。尽管他要鉴定的这些字画有一些藏品的背景有污垢,但这个管书画的参事不仅要做,而且要做好。合肥这座大宅供他一人办公和居住,自己一边鉴定书画,一边写字画画,在合肥鉴定书画,虽交谈未必有鸿儒,但往来无白丁,君子和而不同,相聚在一起,谈诗论艺,少浅薄无聊之言,这种如愿之事求之不得。让林散之绝对没想到的是，抗日战争刚结束才一年，正值国家重建、百废待兴之时，却又到处弥漫内战的硝烟，在这乱糟糟的日子里，林散之渴望的诗意人生，很快就踪影不见了。

林散之到合肥没几天，在重庆签订的《双十协定》已成了一废纸，不久，鄂中、苏中和两淮地区战事突起，内战即将大规模爆发，由于桂系军队是进攻两淮的主力，这时，李品仙受命兼任徐州绥署副主任，参事之事，远不及国共战事重要。查阅《李品仙回忆录》，当时，刘邓的部队挺进大别山，已接近六安。安徽临时参议会议长江暐，为避风险已回芜湖，王孝楚告诉林散之，一些参事也提前离开了合肥，参事的事务已基本搁置了。时局大乱，风云多变，许多事不可预测，君子不立危墙之下。八月初，在合肥待了两个月的林散之，回到了乌江缳山。

参事之事，像一哄而散的闹剧，也如一个可笑的荒诞之梦。从合肥回乌江后，林散之心情郁闷，情绪很低落，茶饭不香，身体的健康状况也不如以往，躺在病床上，他陷入深深的焦虑和苦闷中。他时常独坐草堂目光茫然，虽寂寞，但也不想与人交往，更无往日写字画画的兴致，只愿待在草堂里写一些感伤诗。"千秋之业果何用？一艺成名实大难。"[①] "三千余日哀还乐，四十九年是也非。"[②] 这些心情沉郁的诗句，是

---

① 诗句出自《惊心》，见《江上诗存》。
② 诗句出自《病怀》，见《江上诗存》。

林散之躺在病床上写出的，三千余日，指抗战，所哀，是哀在家国遭遇了外敌的侵辱生灵涂炭，而所乐，是指他尚有书画之事可带来少许精神上的慰藉。这几十年的书画人生，是体现自身命运的恰当选择，还是在荆棘遍布的路上一意孤行地盲从行走，林散之不像以往那么坚定了，他认为这是既是也非的事，而有关"非"的那一面，与自己选择艺术之路并无价值判断上的直接关系，而是与这个动荡时代发生的不尽如人意之事密切相关。这些与这个"非"相关之事，既有权力运行的强硬和锋利，又有文化上新与旧相冲突和较量的复杂，它们的发生和展开以及事件性变故，不在自己能力可左右的范围之内，相反，自己痴迷的书画之事，在生活中无可避免地受到这些力量的左右。

以往，林散之出远门归来，都会兴致勃勃地邀三五朋友相聚，在草堂喝酒吟诗，谈古论今，当然，也谈文人雅士们的情感生活。这次与以往大不相同，他的情绪非常低落，像是从风光醒目之地突然跌入了幽暗深谷。其实，林散之离开合肥时，这种低落的情绪就盘结在心里了，回乌江时，他途经巢湖，去看望西隐寺的住持道行和尚，谈时事变幻，感慨人生虚妄，住持道行知林散之已是居士，大部分由儒而佛的人，仍放不下儒家的入世意识，解不开世间俗事的纠缠。他与林散之聊天，佛家认为，世间事皆有因缘，为不可欲求之事感伤，大自在意识欠缺，就难以做到心离烦恼，佛家普度众生，提倡方便法，居士发了菩提心，以诗书画行方便法，诗书画，也能在世间渡人。林散之的失落感太重，道行的话是一种开导，不过，林散之虽已是居士，但他自小儒家思想的根基就筑得较深，这三两句开导的话，并不能让林散之放下心结。夜晚，林散之读住持道行的诗集，依韵成五言诗时有这样的诗句："日月真跳丸，余生已老矣。""心乃如灰冷，檐风吹不起。"四十九岁的林散之感叹人生短暂，时光飞逝，自己已老了，且老无所成，这些诗句暮气沉重，直言自己对这个世界已心灰意冷，似乎生活中没什么再能激发他的兴致。这种失落和感伤之情，不会无由而生，与合肥参事之事直接关联。几部林散之传记在记叙合肥之事时，都认为林散之不愿与国民党合作，拒绝做这个政府参事，从合肥飘然离开，有不合历史事实之嫌。

解放战争的几年，国民党统治区的经济状况每况愈下，催粮交租以及壮丁税，压得生活艰难的民众喘不过气。安徽是国民党征粮的重点区，老百姓被迫交粮，许多人在饥饿的日子中煎熬，林散之家虽比贫穷家庭略好，但日子也过得有些紧张了。战时主流文化政治化，文人雅士的闲情逸致不合时宜，已没什么人再来向林散之求字画了，卖字画的收入明显少了许多，林散之心思惆怅，猴山果园由于无心打理，已几近荒芜，林散之家有田地租种，自己长期教书并卖些字画，钱财上有些累积，但经几年战事的折腾，已不再是无衣食之忧，何况儿女们正长大成人，仅读书就要一笔不小的费用，这种逐渐窘迫的状况，与林散之对生活的设想相去甚远。世事难以料想，原指望去合肥就任省参事一职，会成为自己人生的重要转折，有了这个有一定影响的社会身份，既能让自己的诗书画之路明亮起来，越走越宽，又能扩大文化交往圈，做参事的薪水也可支持家用，从此，生活会佳境渐开，没想到内战突起，难得的一次人生重要机遇被战事断送了，一切已散如烟云。林散之觉得自己时运不济，这时期所写的诗作，忧愁复忧愁，即便是示友诗，也不再有寄身田园山水的闲逸之情，只见满纸愁云。

　　孔子曰："五十而知天命。"大意是人到了五十，生活中的艰辛和烦恼大都已经历了，不会再盲从或傲慢行事了，当顺应不为人意志所左右的高过日常经验的力量，孔子还认为："不知命，无以为君子也。"知天命，始可为君子，这是孔子对君子品性和生存智慧提出的伦理要求，在做人做事方面，人到五十当顺应天命，知尺度所在，知什么可为，什么不可为。关于天命，自小读圣贤书的林散之也许早就对天命好奇，但天命不是一种理论，不是可把握的知识，一个人要在短暂有限的生活中认领这天命，实在是难之又难的事。许多人在这个世界上浑浑噩噩地过日子，果真"五十知天命"的人很少，即便是许多熟读圣贤书的人，终其一生，也不一定能知天命。在江上草堂，年过五十的林散之愁眉不展，他不是心情悠然地站在某个高峰上，举目尽览四周的旖旎风光，而是陷入了人生的低谷，想一想自己在这个时代的处境，不仅觉得这天命难解，而且比以往更加困惑了。多年来，自己对诗书画不舍不弃，别无他求，笔墨生活已有四十年了，当初去合肥出任参事，虽说是公职，也与书画直接相关，这诗书画与他个人的天命有关吗？生于这乱世，活在这乱世，如今似乎在这乱世中已无路可行,想在这乱世中过诗意的日子,是多么奢侈的想法。这时代每天都乌烟瘴气、恶行不止,连缑山这一小块立足之地,都几次因避难而不得不逃离,何谈安顿身心;再看看乌江百姓的生活,食不果腹,凄苦不堪,如何才能没有愤世和厌世情绪呢?这几年,他写字画画的激情已被现实冲淡了许多,入夜,他独坐草堂反思自己,觉得自己无治人济世的不凡能耐,如今已年过五十了,既不擅农事,又不能靠书画谋生,连养家教子的能耐也欠缺,想到人生正在继续一天天虚度,一时不禁心生悔意,写下了自我埋怨之诗《自悔》:

> 自悔平生学稼迟,不勤不力鬓成丝。
> 治人已误齐民术,教子空怀式谷诗。
> 春服几经年岁改,砚田难望稻粱资。
> 一杯苦酒寻滋味,正是熏风入户时。

林散之开始怀疑自己命运不济,一个自小读圣贤书,除了诗书画几无他求的一介儒生,在这乱世中折腾了几十年,在书画方面虽有点名声,但"砚田难望稻粱资",如今,原来被喻为"桃花源"的缑山,抗日战争中山中林木被日军毁坏严重,果园荒芜,自己虽有些粮田(祖传和自己后来购买的共有二十几亩),但内战又起,国统区不断征兵征粮,兵荒马乱的年代,种庄稼收成全无保障,佃农们都担心交不起田租,愿意租田耕作的人越来越少了,"自悔平生学稼迟,不勤不力鬓成丝"，自己又不擅农事，连为稻粱谋的能力都这般欠缺，这首题为《自悔》的诗，心情悲凉，自怨不已。让林散之有所悔的究竟是什么？乍读诗句，似乎是悔自己只知苦读圣贤书，早年就以诗书画艺术为自己毕生所求，生于乡村却不谙农事，如今已年过五十，仍书画无所成，必须为稻粱谋时，又种田无方。

林散之果真为自己没能成为一个耕田种地的好手在自悔吗？置身林散之所处的时代境遇来看，这字面的悔意背后，还悬挂着一个隐形的问号，"砚田难望稻粱资"，在林散之的意识里，农田之事虽重要，砚田中笔墨的劳作更重要，这砚田至今仍无可喜的好收成，相比之下，由砚田而来的焦虑更加刻骨。每个人都生活在特定的时代境遇中，个人的命运，不免为时代生活所左右，林散之的艺术道路几次为战争中断，如果自己生活在一个和平而不剧烈动荡的时代，自己能安心投入书画，书画艺术的业绩不至于止于今日之局面，而在另一个时代，自己也许就不会有此自悔了。"虚堂小立无情绪，万古苍茫一泫然。如此江山如此月，奈何身世奈何天。"写于同时期的诗作《月夜》，直接显露了他对这个时代的不满。从具体的时代情境去看，《自悔》这首诗，叙及平生所求至今无望，日常生活欠缺自理能力，极度感伤，靠几杯苦酒难以遣去的悔意，不止于不擅农事又书画无成，个人与时代的紧张关系，林散之找不到缓解之路，在这无可奈何的自怨中，也有未明言的生不逢时的悲叹！

这个时期，关于林散之的心理活动和精神状态，我们能查阅到的研究资料极少。林散之儿子林昌庚写的《林散之》中，对这个时期林散之生活的叙述极为简略，其他几部传记，可能也由于相关史料的欠缺，未见具体叙述。此外，林散之这个时期与友人交往的书信留存于世的也极少，要了解林散之在解放战争时期的个人生活，我们只能去研读林散之这个时期的诗作，这些感时遣怀的诗作会披露林散之的心迹，是我们要把握的第一手资料。但事难如愿，打开出版于1980年的诗集《江上诗存》，我们很难不为此感到失望和遗憾。据林散之的弟子陈世强回忆，那时，"文革"刚结束没几年，诗集《江上诗存》出版之前，林散之对诗作做了严格筛选，且对部分诗句有所修改。诗集《江上诗存》中，收入他写于解放战争时期的诗作不足五十首，对比其他时期相同时间长度入选的诗作，在数量上悬殊很大。

诗人林散之习惯于以诗记事，也好以诗示友，又常以写诗来排遣内心的苦闷和愁绪，林昌庚称他父亲几乎每日必诗，说林散之写诗成癖并不为过，写诗早已成为林散之生活中尤为重要的事。林散之是个格外谨慎的人，《江上诗存》出版之前，林散之对诗集中的一些作品做了修改。1946至1949年写的一些诗，没收入这本诗集，并不全是对诗艺上的不满意，可能是担心这些诗如选入了诗集，出版后容易产生误读。

没选入《江上诗存》的诗，有未被选入的历史原因，对一个诗人来说，每一首凝聚心血的诗，都含有诗人对人生的理解和感悟，也都是诗人个人存在史的一部分。这些诗如留存于世，对我们了解这个时期的林散之，会有较高的史料价值。

第二十五章 与黄宾虹书

人们谈到林散之时,总会提到黄宾虹与林散之的师生之谊,一个是山水画大师,一个是书法大师,在艺术上,两位大师皆为师古出新之人,也都是"衰年变法",大器晚成。他们之间的师生情谊,产生于书画艺术传承,文气沛然,无俗世的利益盘结其中,与烟火气浓郁的江湖情感不相干。关于他们师生间的情谊,大多数人基本上是从艺术方面来谈的,许多人认为,林散之如果不师从黄宾虹,就不会成为书法大师,也有少数人不这么看,觉得林散之天赋异禀,即便不从黄宾虹处得笔墨之法,在笔墨技法和笔墨意识上,林散之也会有开窍的其他门径,在书法上仍会有不凡作为。后者的说法也不无道理,但这只是一种假想或推断,不属历史事实,只能作为未实现的历史可能,它与已经存在过的历史事实不能相互取代。书法大师林散之掌握的笔墨之法,是他老师黄宾虹所授，两位大师的艺术传承关系是不可置疑的事实。黄宾虹的弟子众多，弟子们的才华与人文修为会有一定差异，在众多弟子中，只有林散之在中国艺术史上与黄宾虹以大师并论，师生皆为大师，这类事实在中国艺术史上虽不算罕见，但也并不常有，大师之为大师，在天赋、见识、性格及生活方式上自有与众不同出类拔萃之处，人们关注这两位大师的师生情谊，有一个历史疑问在其中，黄宾虹对林散之的才华有没有另眼相看？他对林散之在书法上的成就有没有不寻常的预见？在书画艺术方面，林散之有没有向老师表达过自我期待？两位大师之间的交往事实，有一些至今还未被深入梳理，许多人为此好奇。

每一种历史事实，都包含着一些交错甚至晦涩的细节，当我们叙述历史事实时，某些细节的缺失，会成为事实叙述的障碍，力求恢复缺失的细节，不仅需要以恰当方式深入事实，还需要把握事实发生的具体历史情境，叙述一些事如何发生，而另一些可能发生的事为何没有发生。谈论林散之与黄宾虹师生间的情谊，这也是可行方式。

我们先在这里叙述一个与常情相左的事实，林散之自1931年从上海离开黄宾虹后，至1955年黄宾虹先生在杭州去世，在长达二十五年的时间里，林散之与老师黄宾虹再也没有见过面。人们通常会想，林散之向来尊师，他与老师黄宾虹的交往，即使不太密切，也会因艺术求教和关心年事已高的老师而常有交往，一定有什么奇异的原因，使这对师生之间多年从未再见面。要想通这件事并不容易，这首先涉及我们对林散之的理解，涉及他对黄宾虹的情感深度，也涉及林散之的个性及生活态度，也可能还涉及林散之如何看待老师的艺术成就，这些解开疑问的应有话题，离开了两位大师生活的特殊时代情境，便无从谈起。

黄宾虹是民国文化名流，属民国山水画理论的重要人物之一，山水画作品也不同于众，能拜黄宾虹为师，对许多喜好书画的人来说，几乎是一种奢望。林散之对老师黄宾虹十分敬重，在文友相聚或其他社会交往中，林散之也常以师为荣，即便不在老师身边，作为弟子，林散之的言行从不逾矩，弟子之礼也绝不曾忘。从常识角度来看，在山水画艺术上，林散之的作品还不具有自己独特的风貌，他还有一些艺术瓶颈未突破，要从这艺术困境中走出来，获取大师的当面指导，无疑是一条可靠途径，这对提高自己的山水画艺术水平格外重要。这样的重要机缘，对当时许多想在山水画方面有所造就的人来说，可谓求之难得，林散之为什么不去再拜黄先生而自困于乌江呢？令人困惑不解的还在于这事的另一方面，即便人们不从艺术方面来谈，仅从师生情谊来看，师生二人同处一个国家，两人生活之地，有时相距并不算远，看望年事已高的老师是弟子应有的尊敬之举，为何在长达二十五年的时间里没再见过面？这事有点令人费解。要搞清楚这究竟是怎么回事，我们必须回到两位大师所处的时代境遇中去，结合林散之的生活事实、性格和个性、心理状态，尤其是他们在乱世中时断时续的往来书信，对这些信函作出必要的解读和阐述，才可能获取较为可靠的答案。

1931年之后，林散之与黄宾虹之间的交往方式，仅限于信函，谈论艺术之事或时代生活，也只靠这些信函来完成。由于抗日战争和解放战争及其他原因，两人之间信函的联系，曾几度中断，他们之间交往的信函并不多，从林散之入黄宾虹门下为弟子始，1929年至1955年之间师生二人交往的信函，远比人们想象得要少，这些信函加在一起，还不到二十五封，其中有十多封信函，是林散之去上海之前两人之间的，当然，这只是指现存可见的信函，他们之间信函交往的实际数量，可能不止这些，一些信函可能已经散佚了。1931年之后，林散之致黄宾虹的信，如今我们可见的也只有六封，由于两人的联系几次中断了，这几封信函相隔的时间较长，要了解这个时期黄宾虹与林散之的师生关系，这几封信函是唯一重要的史料，我们有必要尝试着从这几封信函中，去寻找有价值的蛛丝马迹。

宾虹夫子大人：

自海上别后，云山阻隔，遂从事远游，于古人略有所得。事变后，四海分崩，更无从得消息，念何如也！近于友人陶载之先生处得悉严驾安居北平，惊喜如从天外得来，雀跃者数日。今特由友弟姜汉卿先生，前任立煌警备司令，为人忠实，亲诚可爱，幸大人勿以泛泛之军人视之，倘有所需，可面示汉卿，不啻弟子在面前也。外奉字画各一件，祈函示为幸。余年来有怀吾师诗甚多，可另奉不及。师母及央弟如何？尤念极。并望吾师将近作惠赐一二纸以为永保藏之。道远不能尽意，唯祈加获珍摄，馀由汉卿面罄可也。敬请福安。弟子林散之叩头。六月七日自合肥寄。函寄皖乌江交不误。①

这封信我们在前面已提及，是1946年夏天林散之在合肥所写，得知老师在北平一切安好，与老师恢复了联系，林散之欣喜不已，激动之情溢于言表。

1935年，林散之曾写信给老师黄宾虹，告知自己行万里路、游历名山的诗画收获，《漫游小记》在上海旅行杂志发表后不久，两个人的信函就中断了，1938年，上海是日占区，林散之牵挂老师，去上海寻黄宾虹不遇，从1935年至1946年，他已十多年没与老师取得联系了，对黄宾虹这期间的生活一无所知，在合肥与同为黄宾虹弟子的陶载之相遇，才得知老师黄宾虹早在1937年4月，便已应北平艺专之邀离开上海北上任教，"七七事变"后，黄宾虹困居沦陷后的北平，从前许多有笔墨往来的朋友大多失去了联系。有人可能会问，像陶载之、顾飞这些同为黄宾虹弟子的人，这个时期一直与老师保持着联系，为什么林散之却十多年与老师中断了联系？顾飞是著名美术评论家傅雷的表妹，早林散之一年入黄宾虹门下，林散之在上海师从黄宾虹时，那一年的时间里，可能见过顾飞，但两人之间没有信函交往。顾飞在上海有稳定的通信地址，与老师黄宾虹从未中断过联系，傅雷从法国留学

---

① 书信原件藏于浙江省博物馆。

回上海后，对黄宾虹的山水画另眼相看，视之为石涛之后中国山水画的高峰，由表妹顾飞引线，傅雷与黄宾虹建立了亦师亦友的坚实关系。1943年，傅雷力劝黄宾虹在上海举办个人画展，顾飞也介入为老师办展事宜。林散之住在山里，来往邮件都通过乌江街上的熟人店铺转交，多有不便。战乱时期，他与同门师兄弟也联系较少，与同乡人陶载之也没什么信函交往，陶载之曾为京沪警备司令郑洞国的副官，对京沪各界名流的情况比较了解，林散之如与陶载之常有信函交往，不可能对黄宾虹这些年的事无所了解。

由前任立煌警备司令姜汉卿代转的信函，黄宾虹因故未能及时回复，两个月后，已从合肥回乌江的林散之，参事之事落空，他正处在生命的低谷状态。老师黄宾虹是他个人情感中的支柱力量，未能及时收到黄宾虹先生的回信，不知姜汉卿是否已将前封信递达，他多次去乌江街上庆恒泰打听，多次失望，在情感上，老师的回函对他是一种安慰，在书画艺术方面，林散之亟盼老师的指点，与第一封信相隔不到四十天，心生焦虑的林散之，又修书黄宾虹：

宾虹夫子大人座右：

事变以来，无从得消息。顷于世弟陶载之书中敬悉吾师近祉清吉不减当年，儒慕之怀，何可言喻。适散之方在合肥，应李公鹤龄招约，即由警备司令姜汉卿先生赴北平之便，附呈寸禀，并字画各一轴，托其面递，兼致区区，不卜曾收到否？至今未见赐谕，曷胜翘仰。伏念自海上拜别，忽忽日月，历丧乱以迄今，兹十五年矣，风尘奔走，空山扣寂，毫无成就，其负恩师之所火传为何如也。今再由京飞禀并另抄近作，略择廿余首，遥使吾师读之，亦知散之有不能忘情者在也。急盼赐示一二。并近作数页，以慰千里下怀。不胜叩首之至。专此，肃请崇安。门人林散之顿首，古八月十三日。赐谕南京转乌江庆恒泰交。师娘及央弟均此问安。又及。①

细致比较或解读这两封信，林散之写第一封信时的心情，明显比写第二封信时要明亮许多，第二封信中多了一些压抑未开的情绪，谈到自己对老师的情感以及在艺术上的自我认识时，在语气和话语深度上，也与第一封信有所不同，第一封信在表达弟子情感时，"念何如也"，这是说自己这些年对老师非常想念，第二封信虽然同样与想念老师有关，但已说及这种情感深化后的性质，"儒慕之怀，何可言喻"。儒慕这个词，现在已较少有人使用了，这个词主要是指人们对父母的孝敬，敬师如敬父，这种情感已深入心灵，难以言喻。相比第一封信,这种师生与父子并称的表达，显然更情深义重，随信函所附廿余首林散之写给老师黄宾虹的诗，诗句质朴，情意真切，足可见证这情感之深厚，在此，我们摘录其中一些诗句，以示林散之对黄宾虹先生的想念之情："秋日苦短夜苦长，星河耿耿摇汇光。中情深念在何所，有师有师潭渡

---

① 书信原件藏于浙江省博物馆。

黄。""吾师乃是黄山老,天海莲花第一峰。长别九年人世换,相期百代性灵同。""苦忆黄山老,虹庐失故居。家国频挥泪,江湖空寄书。"这些情不自禁的诗句,写于1938年至1946年间,在信函和诗中,林散之叙说了思念老师而不可见的忧伤。在这两封信中,林散之谈到自己的书画作品时,也有表达上的差异,第一封信中,林散之期待老师对自己的书画说些什么,未明言点拨和指导之意,仅以"祈函示为幸",这种说法较为日常,作为弟子,可能不够谦逊,恭敬之意似不够充沛,在第二封信中,林散之修正了可能不当之处,"兹十五年矣,风尘奔走,空山扣寂,毫无成就,其负恩师之所火传为何如也"。这么多年过去了,自己风尘奔走,至今仍毫无成就,说自己在书画方面毫无成就,可能有谦逊之意在其中,但林散之自知在书画方面虽投入甚深,但至今仍无自己的面貌,算不上学有所成,他因"负恩师之所火传"而自责,应是含有愧意的由衷之言。为了更好地掌握笔墨之法,从老师山水画作品中看出些奥秘,林散之在信中再次请求老师赐"近作数页,以慰千里下怀",且以渴求"赐谕""曷胜翘仰"这类谦恭之词表达期待老师早日复函的急迫心情。这两封相隔仅两个多月的信,叙说的语气和情感浓度不同,林散之从合肥回到乌江后,心里灰蒙蒙的,失落感很重,压抑和不安的心态在信函文字中可见。

抗日战争期间,黄宾虹困居北平,与许多朋友及弟子失去了联系,林散之对他的想念之情甚深,这从信函和诗中很容易看出,在书画方面,弟子虽在信函中自责毫无成就,仍期待对其作品有所点拨，有所作为的心志，并未被日常流俗的力量消损。在混乱不堪的年代，一些在书画上稍有小作为者，尚不知笔墨之渊深，便飘飘然自以为是，染市井江湖之恶俗，肤浅不堪。而原先誓言以书画为终身所求的许多人，或为生活的情境所迫，或受俗世利益的驱使，已另择他途了，而弟子林散之已达知天命之年，几十年来念兹在兹，对诗书画矢志不移，有此意志力非常的弟子，黄宾虹自是觉得宽慰，点拨弟子的书画作品，谈一谈自己的艺术观，有所引领，是为师之责。入冬不久，林散之收到了老师黄宾虹的复函：

散之先生道鉴：

日昨每上一缄，谅已收到。今由姜君转来大作书画，得知欣慰，无似行草，于阁帖功力不浅，画尤不入时趋，文艺正轨，解者已罕。当今救国，仅有艺术，所赖政府提倡，社会认识，尤重学人奋勉，不为旧习所称文人画之肤浅，朝臣院体之敷衍，市井江湖之恶俗所移（元大痴、明僧渐江自称学人，学人与文人异。颜李之学，痛诋文人相同）。又有中西合璧、折衷之谰言，皆如明代之吴伟、郭诩、张路辈之野狐禅。中国画魔杖层层，五百年来仅天启、崇祯两朝至咸同中兴而已，余则金石家画得笔墨法，其他自绘以下不论可也。附拙作就正是荷，即候起居。宾虹拜上。①

---

① 林昌庚藏父亲信函。

苦闷中的林散之情绪忧郁、消沉低落，黄宾虹先生的复函，是这期间令他最感安慰的事了，师生之间许多年音信杳然，生活的境况彼此不知，这封林散之盼望已久的信，恢复了他与老师中断了十几年的联系，林散之的心情有点好转。

黄宾虹在信函中评价了林散之的书画，认为林散之在书法上已功力不浅，于阁帖下了较大的功夫。阁帖，指《淳化阁帖》，先秦至隋唐的重要书法墨迹均收录其中。黄宾虹论画，尤重笔法，笔法在先，书法的根基如果弱了，是断然画不出好画的。从信函内容看，林散之在书法上有朝一日大有作为，这是黄宾虹绝没意识到的事，在黄宾虹这里，说弟子书法功力不浅，已算是较高的评价了。黄宾虹对林散之随信函寄去的山水画作，也给出了较中肯的评价，在山水画艺术上，黄宾虹并没说这几幅作品有不寻常之处，没说林散之的作品已现自己笔墨语言的端倪，也没有说只要林散之持之以恒，在山水画上就必有所为，这与林散之的自我期许可能稍有差距，但黄宾虹肯定了林散之"画尤不入时趋"，不像许多画家流弊在身而不自知。弟子的山水画路子正，属"文艺正轨"，对此"文艺正轨"，民国画坛"解者已罕"，这番评价，既是对弟子的肯定和鼓励，也是对民国当时美术现状的批评。

乌江偏于一隅，艺术信息比较闭塞，林散之对民国画坛的现状了解不多。林散之艺术交往的圈子小，黄宾虹之外，他与民国美术界的大家基本上无交往，黄宾虹对民国画坛现状的忧虑和不满，以及黄宾虹在当时画坛被排挤和低估之事，林散之也不知详情。当然，也不知失联之后这十多年来老师内心的孤独。

当年，大多数画坛名家都不认可黄宾虹的画论，"黑宾虹"期的山水画在民国也遭到了低估。黄宾虹认为，宋元之后，中国画的精髓已渐失，沈周、文徵明、清四王等，也只习得笔法，未得墨法，明清文人画不断衰落，"五百年来仅天启、崇祯两朝至咸同中兴而已"，"清二百年中唯金石家画尚存古意，其余不足论也"。在这封给林散之的短函中，黄宾虹不仅像刘海粟、林风眠一样主张艺术救国，还着重指出了文人与学人之异，强调学人之功夫，对明清以来文人画之浅薄多有批评，对林散之来说，这无疑也是一种艺术认识上的提醒。当时民国的许多画家，对沈周、文徵明、董其昌都非常推崇，正走在承继明清文人画的路上。坚持己见的黄宾虹，从理论上否定明清文人画，批评画坛野狐禅现状，显然得罪了画坛一些已有影响的人物，一些画坛友人也因艺术观的不同而和他少有交往了。黄宾虹晚年的艺术变法虽有像傅雷这样的艺术知己的赞赏，但肯定他艺术成就的朋友很少，知音寥寥，可以说，1953年之前，黄宾虹仍在寂寞孤独的路上。林散之虽知道"南黄北齐"之说，知道老师在民国美术界学养厚、资历深，但对老师这十多年来在画坛的真实境遇却不甚了解。那个时期的中国画坛，尽管艺术评论家傅雷对黄宾虹的山水画极力推崇，认为"黄宾虹是集大成者，几百年来无人可比，是古今中外第一大家"，但这种评论只是傅雷的一家之言，美术界有影响力的人大都与傅雷的看法相左。当时，能欣赏黄宾虹山水画的人其实很少，黄宾虹的作品在民国美术界有较大争议，许多人并不接受黄宾虹"衰年变法"期的作品，认为他的山水画一团团墨黑乎乎地堆在一起，看不懂，甚至还不如"白宾虹"期的作品。再说，当时傅雷的美术评论，虽不乏独特的艺术见识，但就权威性和影响力来说，无法与精通书画、擅长美术评论的陆丹林相比。陆丹林生于1896年，大林散之两岁，如今已很少有人了解他了，黄花岗起义之前，陆丹林就是同盟会会员，与孙中山有私交，后离开政治介入美术界，在美术评论界人缘很好，资历深厚，属于民国美术评论界的权威。陆丹林与黄宾虹曾有不浅的私交，但他并不看好黄宾虹"衰年变法"期的作品，更谈不上推举了，像民国画坛大多数名家一样，他对黄宾虹画论中的一些观点也不太认同，民国画坛的主流力量在一定程度上削弱了黄宾虹的艺术影响力。1947年，民国美术界编《中国美术年鉴》，陆丹林是编辑《年鉴》的重要负责人之一，黄宾虹的作品就没入列其中，仅有较少文字介绍，评价也不算高，低估黄宾虹作品的是民国画坛的一批主流人物，陆丹林只是其中一人而已。黄宾虹自己也曾无奈地感叹"拙画不合世眼，难博人欢"，"我的画五十年以后才会热起来"。林散之多年未与老师联系了，连黄宾虹1944年在上海办第一次个展之事都不知道，当年他只知道老师在民国画坛资历老，在山水画作品及书画理论上有成就有影响，但对"黑宾虹"期的作品不甚了解，对老师作品受冷遇的事实更是知之甚少。

黄宾虹是个特立独行的人，艺术眼界高，见识深且广，谈及书画时，必坚持己见，从不妥协于时代俗见，也不因各种人情而敷衍，书画史上一些为后世推崇的大家，也常不在黄宾虹的肯定之列。在给弟子林散之的复函中，黄宾虹虽没说林散之在书画方面必有所为之类的话，但认为林散之的书画走在"艺术正轨"上，不入时趋，没被时代流弊所染，这显然是一种肯定，对弟子的勉励之意也自在其中。民国艺术界，许多人已偏离了艺术正道，入歧途而难返，从老师黄宾虹的评价中，林散之知道自己守持在书画的正道上，这是值得欣慰之事，由此，他看到了一丝前行的光亮。

从上海离开黄宾虹后，为不负师望，林散之不懈怠，他虽要料理教书、果园这些与家人生计相关的事，但主要精力还是投入在笔墨之事上。首先，要改掉旧时学书画所染的俗病，在书法和山水画方面，一定要把握好老师所授的笔墨之法。此外，要画好山水画，有一个重要的事必须做好，黄宾虹曾提醒林散之，不能仅闭门临书画名作，要法自然，行万里路，走进名山大川中去，从自然山水中汲取滋养力。林散之不忘师嘱，1934年独自踏上万里远游之路，山水见识渐宽，也创作了多幅山水画，自己尚不满意，老师黄宾虹不可能对这些作品刮目相看。林散之有了这种自知，才在给老师黄宾虹的信函中多次提及自己在山水画上没有大的长进。在书画艺术上，要大名响亮绝非易事，没有别开生面的作品，一切成名的愿望，皆等同于个人妄念。像张大千那样三十岁就名响画坛，是极为罕见之事，艺术乃寂寞之道，老师已年过八十了，仍在这条路上孤独前行，作为黄宾虹的弟子，自己常为书画未有所成写一些自怨之诗。其实，在书画这事上，自己有时会被虚名所扰，尚不能甘于寂寞，且用心不深，觉悟不足。老师在信函中区别了学人与文人，是提醒自己对艺术的认识要达到一种自觉，不能在旧文人的意识中兜圈子。只有自己在书画方面学有所成，早日有自己的艺术风貌，才称得上不负师恩，也才能在书画领域成为一个有作为的人。

有了老师黄宾虹的肯定和勉励，对自己以往的书画生活做了反思之后，一度曾意志动摇过的林散之，又逐渐坚定了艺术信心，自己年少时就立愿诗书画，这条路必须走下去。盲目自大和妄自菲薄不可能在艺术上真正成就自己，这两种极端心态都只会败坏生命，想到这些，林散之开始打扫生活中的萎靡情绪，书法和山水画创作的激情也逐渐旺盛了起来。

1947年，林散之得知民国政府要在十月十日举办全国美展的消息，这相当于全国美术大赛，林散之觉得这是一次难得的机会，如果自己的作品能够参展，并获得好评，几十年的书画努力，就算是结出可喜之果了，这么多年灰暗压抑的日子，也有可能因这次作品入展而柳暗花明。除自己参加美展之事外，另有长子林昌午报考国立杭州艺专之事，也需要老师举荐，于是，林散之写信给仍在北平还未南返的黄宾虹：

宾虹夫子大人座右：

敬维福体万吉为颂！为颂！去年冬日连得二谕并惠画大小四五纸，跪读之下，其喜如从天外飞来，盖阔别十余年，杳杳无从得消息，一旦得睹手教，其快慰为何如！唯以事远出，迟迟至今未能拜复。罪甚！罪甚！吾师近作瑰奇沉挚，能蕴酿宋人，无嘉隆以后结习，明人唯王孟津可以比肩，余子不足与论也。晚年功力犹能精进若此，皖东诸名公对师作品皆谓虽出新安而另具炉冶，乃为确论，跪服！跪服！门人自远游后，于古人笔墨真实处，略有所窥。事变以后，真迹往往流露尘市，乃从今时士大夫家，沉酣饱览。谓非厚幸，惜道远不能一一与师印证之也。今秋双十节，政府举办全国美展，吾师能南下否？门人拟作一两件参加，并欲请师加题数语，以光篇幅，写成当寄上也。

兹有恳者，小儿昌午粗喜六法，用功甚浅，近已卒业于高中部，拟考浙江国立艺术专校(公费生)。郑午昌先生担任国画教授，吾师与伊交谊甚切，伏祈赐介绍书一通，代为关说，则便利多矣。琐琐之求，想能（函寄杭州外西湖国立艺专）俯允，考期在即，敬祈先惠为荷。入夏以来，师母暨师弟均佳适否？遥想往日客居海上，于寓居楼上，曾一度课师弟读书下棋，日月忽忽已十五六年，于兹晤面时恐已不复认识矣。人生如此，宁不可畏。又昔年拙辑《山水类篇》一部，敬存师处，此稿经此丧乱，仍存在否？倘未漂没，烦与友人陶载之晤面时，交伊带下，或由其他办法寄来更荷。余续禀不尽。肃请福安。门人林散之跪上。古五月十五日。附午儿小画二纸呈阅，并祈批下为盼，此画乃其写生稿。

再，友人邵子退赏心书画，书法兰亭，画精小品，出入石溪、八大之间。江上所与往还而共商诗者，只此一人已也。久矣宗仰吾师，欲列门墙而不可得，更欲得师片纸，以作揣摩。时时过我草堂，属为求之，尚祈不吝，以慰远道可也。散又及。①

这封信较长，林散之在信中谈了几件事，首先是评论了老师惠赠的山水画，林散之认为谈明人唯王铎可以与老师比肩，这里主要还是在说用笔，林散之没有提及黄宾虹山水画用墨厚密之独特，也许林散之还没有敏感意识到"黑宾虹"时期艺术的重要特点，王孟津即王铎，字觉斯，王铎主要以书法名世，在笔墨关系以及用墨上，黄宾虹曾在给林散之的回函中肯定过王铎，认为"傅青主、王孟津亦不凡"。王铎的作品，确有许多书法大家不可及之处，但黄宾虹在笔墨认识和作品创作方面，比王铎更理性，也更自觉一些。在致黄宾虹的信函中，林散之从未就书画提出过敏感的艺术问题，也从未说出过不同于老师的个人见解，可能是出于对老师的敬重，基本上是顺着老师的艺术观和见解去说。林散之如说出一些让老师意外而惊讶的话，弟子有了出众的艺术见识，甚至有青出于蓝之见，这对黄宾虹来说，未必不是大喜过望之事，但这事从未发生过。林散之处在艺术感悟的什么状态，对书画的认识进入了什么阶段，从弟子对自己作品的评论中，黄宾虹不难感觉到。黄宾虹先生在给林散之的信函中，曾谈到学人与文人之别，对旧文人气息已颇有微词，其实，林散

---

① 出自《黄宾虹文集·书信编》。

之在信函中对老师作品的评论,以及后叙之言,也算是向老师做了一次汇报,他自己正在剥离旧文人之弊,努力成为一个有较高认识能力和艺术判断力的学人。

我们继续解读这封信。评论过老师作品后,林散之将话题转入了参加全国美展之事,这是重中之重的事,"今秋双十节,政府举办全国美展。吾师能南下否?门人拟作一两件参加,并欲请师加题数语,以光篇幅。写成当寄上也。"黄宾虹会不会是这届美展的评委呢?林散之没有直接问,只问:"吾师能南下否?"即使不是评委,老师仍是画坛有影响力的人,自己画了这么多年,不仅画路正,笔墨功夫也不逊色于许多山水画家,老师如能在作品上"加题数语",必有"锦上添花"之效,参加美展应不成问题,就算没有如愿获奖,在书画方面的影响力,也会因这次作品参展有所提升,不再局限于皖东区域了。如前所说,有个事实林散之不太了解,处于"黑宾虹"时期的黄宾虹,与民国美术界的主流力量不合拍,黄宾虹如在林散之作品中"加题数语",评委们会有什么反应呢?这很难做出判断,不一定像林散之想象的那样。评委中与黄宾虹见解相左的人,可能会有不同看法,往最糟糕处去想,说不定送展作品会因此而被否定。我们说这些,只是在推想林散之可能有过的心理活动,这些又只是从黄宾虹晚年在民国艺术界的处境而言的。通过信函解读,对我们理解当时林散之的内心活动,不能说没有参考意义,毕竟,林散之想请老师黄宾虹在作品上"加题数语",与参展的个人策略或筹划有关。其实,为这些事担心是多余的,因为

1947年的全国美展，事实上并没有办成。

　　国民政府教育部一共举办过三次"全国美展"。第一届全国美展于1929年4月10日在上海举办，这是中国历史上首次由政府举办的全国美术展，1937年"七七事变"之前，第二届全国美展在南京举办，抗战时期，由于国民政府迁都重庆，1942年12月，第三届全国美展在重庆举办。筹划中的第四届全国美展，原定于1945年10月在南京举办。日本是1945年9月2日正式投降的，以全国美展来庆祝抗日战争的胜利，美术界对办这次美展的热情虽高，但美展只有一个月的时间做展前准备，许多筹备工作难以完成，也只能作罢了。1947年准备举办的全国美展，其实是对第四届全国美展未完成计划的继续。五年没办全国美展了，消息传出，许多还未出名或名声还不够响亮的画家，觉得这是成就自己的好机会。为参加全国美展，林散之参照远游写生画稿，精心画了好几幅山水画，《峨眉记游》《终南文殊台》《嘉陵道中》等，都属于这年七月之后的作品，但全国美展像个时代的畸形儿，未见面目已胎死腹中，到1949年2月，才在上海只做了个预展便不了了之，林散之没能参加这次预展。他把握艺术机会的愿望又一次落空了。

　　不过，林散之在信中相求老师的其他几件事，八十五岁的黄宾虹认真看待，并在回函中一一答复，就林散之长子林昌午报考杭州艺专一事，"已函致郑午昌、汪勖予诸国画教授，唯因校长一席，时有变去易人之说，未得复音，谅早已筹及。大著《类编》一部，谨慎保存，已函陶载之君，托其携带转奉"。①弟子当年求学所编的《山水类编》，从上海迁北平时不曾佚失，并保存了十七年，黄宾虹对弟子的情感以及做人做事的认真细致可见一斑。林散之为同乡好友邵子退求画，黄宾虹也爽快答应了。1947年，林昌午（筱之）考入国立杭州艺专。1948年黄宾虹由北平南下艺专任教，这年秋天，林昌午由杭州归来，带回黄宾虹画作两幅，一幅山水画为邵子退所作，一幅茧纸立轴为林昌午结婚所作。

关于美展之事，黄宾虹认为参展作品一定为精品，他不久将南归杭州，为防邮递途中耽搁，就不要寄北平了。关于这届美展筹划的详情，黄宾虹在信中只字未提，他也可能有所不知。

美展之事让林散之激动了一阵子，这事成了泡影后，林散之的情绪又低迷了起来，一切似乎又回到原状。生活中如愿之事太少，而与愿望相违之事几乎每天都在发生，林散之只能以诗遣怀，诗中的愁意也渐深，《新愁》《已迟》《感伤》《自笑》《枯坐》《残宵》，通过这几首诗的诗题，就可以感受到林散之当时的忧郁状态。"文字因循残砚在，风尘零落破巢危。"②"呼晴已失回天力，封土空存凤夜勤。"③读这些感伤不已的诗句，便可知林散之当年苦闷之深。

据《林散之年谱》记载：1947年6月，国立安徽大学拟聘其为文学、艺术教授，先生婉言辞谢。1946年，省立安徽

---

① 转引自《林散之年谱》第115页，江苏凤凰文艺出版社，2016年。
② 出自诗《已迟》，见《江上诗存》。
③ 出自诗《新愁》，见《江上诗存》。

大学在安庆原址复建，改为国立安徽大学后，1947年在全国广聘师资。林散之在诗中曾多次感叹自己学未能致用，为怀才不遇困在乌江而苦闷，有这个去国立安徽大学展示才华的机缘，为何会婉言辞谢呢？《林散之年谱》中未说明辞谢的原因。民国时期，不像如今没有博士文凭便不可能在大学任教，只要是在某个领域造诣较深者，不管有没有接受过新学高等教育，在大学教书的事并不罕见，如熊十力、金克木、梁漱溟、钱穆等人，在受聘入大学教书之前，都没有高学历作为资本。林散之师从清朝进士张栗庵十多年，于经史诗文修为不浅，后又师从黄宾虹，山水画的笔墨水平已非一般画家能及，对中国书画史也颇为了解。此外，他还是个在皖东有影响力的诗人。拟聘教授的专业是中国文学和艺术，这在林散之的兴趣和能力范围内，受聘去任教，一般情况下，应不存在欠缺资历之类的问题。再说，为争取聚集有竞争力的师资人才，国立安徽大学教授的薪资高过"省立"大学，对不甘困居乌江的林散之来说，这本是柳暗花明之事，但林散之却婉言相辞，这就有点费解了。

查阅现存林散之的个人文字史料，包括他这个时期的诗作，对这件事无从印证，是不是民间传言，也较难分辨，如拟聘国立安徽大学确有其事，林散之辞谢的缘由，可能出乎日常理解。我们不妨将这事记录在此，供参考。

黄宾虹于1948年夏从北平返回南方，受聘于杭州艺专，这年秋天，在杭州艺专就读的林昌午带回了黄宾虹的赠画两幅，林散之极为高兴，自去年那封涉及美展之事的信之后，也许是无事不想打扰老师,这段时间内,林散之没有再与老师通信。见黄宾虹的赠画后,11月17日,林散之去函感谢,为"一年来无寸禀奉问"向老师表达了歉意。信中称黄宾虹所赠山水画,为"吾师不可多得之作",黄宾虹赠给弟子的作品,在艺术上当然会比较讲究,此话虽为赞誉之言,但说成是"吾师不可多得之作"就未必恰当了,如依此言往下作推断,黄宾虹可理解成弟子觉得他这样的精品不多,甚至很少,如此理解,这句话便生出歧义了。林散之如说这作品为弟子从老师处"不可多得之作",则恰当合宜,不生误解,看来,一向细心的林散之也会有表达不慎之时。林散之谈及自己在书画上无大进展时,与以往的理由大致相似,"散之年来牵于人事,未能绝俗,以此用力不深,日见弛缓,以视吾师,愧汗无极。"这些绕不开的人事,信中没具体说,林昌午在杭州艺专就读,结婚之事,父亲必须为长子操办好,其他几个孩子正准备考大学,这关乎孩子们的生活前景,林散之要为此操心,信函中所说人事,应部分与这些事相关。1948年夏天,黄宾虹已从北平回到了杭州,林散之近二十年未见老师了,杭州离乌江路途不算远,不谈当面求学问艺,只从弟子对老师的情感来说,不去拜见和看望老师黄宾虹,于情于理,也都说不过去。林散之以乌江土产棉花制作了一床被絮,由儿子林昌午带给老师御寒,并在信函中告知老师:"准拟明春偕子退来杭,恭叩崇安。"

林散之写这封信时,长江以北战事日趋激烈,1948年底,长江南北已通行不便,因战事而严重受堵。1949年4月,解放军横渡长江，随后不久，全国各地开始土改，安徽和县长期属于国民党统治区，林散之家有雇种田产，属乌江土改对象，原定这年春天去杭州拜见老师黄宾虹之事因此未能成行。

林散之家有二十多亩田产，自己并不下田亲操农活，长期雇农民耕种，每年收雇农上交的田租。土改时划分阶级成分，由于有"不劳而获"之嫌，加之自己又曾与国民党将军有过交往，林散之被划分为剥削阶级的风险较大，林散之担心遭遇厄运，整日惶恐不安。后由于林散之曾做过圩董，办过济民之事，平时待人谦和有礼，乡民们认为他是痴迷书画的一介书生，又为佛家居士，属开明乡绅，土改后，他分了十多亩田和十间房屋，江上草堂的果园和树木，仍全部由自家经营。保留的这些田产，大致属于祖传之产。

这个结果不在林散之预料之内，比他想象的结果要好，林散之没想到，自己仍会有十多亩田和十间房屋，江上草堂的果园和树木仍归自己，这比一般中农还要好一些。在此之前，林散之担心的是日后的日子怎么过，虽有些土地，但自己不擅农事，又不可雇人种地，庄稼不会从田里自行生长出来，五十之后才学习种地，已老大不易，自己除了教私塾、写字画画，几乎一无所长，私塾已取缔了，1949年后，卖画已没有市场，卖画，甚或有剥削之嫌。林散之有七个儿女，从一家人的生活去想，儿女们还没真正自立，林昌午刚到北京铁道兵团工作，林昌庚考取中央大学，女儿林荪若、林荇若都考取华东人民大学。这些让林散之觉得宽慰，但儿女们读书，穿衣吃饭和其他开销的费用不小，这些都是必须要解决的问题，如何料理好这些事，本就令人烦忧，除了这些生存之事，自己的书画之路还能再继续走下去吗？政局已变，旧事物正在消失或隐退，新秩序还没完全建立之前，破旧立新，是生活中的主流力量，对主流力量持不合作态度，一定会被边缘化，林散之恩师张栗庵当年的处境便是如此，张栗庵晚年的孤独和凄苦，林散之仍历历在目。林散之的现实处境，与张栗庵当年有些相似，只是相似而已，其实在性质上大有不同。张栗庵是清朝官员，辛亥革命后他拒绝与民国合作，辞官回乡课徒行医，与不做"二臣"的政治态度相关，而林散之从没入政，无明确的政治倾向，他只是一个立愿诗书画的人，新旧力量更替之时，不存在政治选择问题，一般来说，只要不反对主流力量，虽不算与时俱进，也可安然于时代之变。但林散之有个隐蔽的心结，这个心结让林散之忐忑不安。战争年代，他曾与国民党军政高级官员有过赠画、和诗、宴请这些交往，还有去合肥拟聘省府参事之事，乡民们虽不太了解，但这个问题其实很敏感，林散之想到了老师黄宾虹，他将寻找出路的最大指望落在黄宾虹身上。1950年，林散之致函黄宾虹：

宾虹夫子大人座右：

　　解放后消息中断，遥想吾师康强难老眠食如恒，为颂无量。门人伏居乡间，与人无侮，幸得粗安。唯土改在即，放弃个人利益为大众着想。此后居处乡间，无力劳动，居大不易，不得不离开乡土，谋求生存之路。上海、杭州为艺术重心，有无研究及教员之组织？倘得此类机构，至望吾师鼎力推荐，以作喘息之地，且可借此得近随左右，朝夕倾谈，以求改造与精进之道。东南为吾师久游之地，此中人士当有联络，不难为力也。门人在此如坐针毯。渴望！渴望！区区不尽下怀。专叩福安。门人林散之拜启，赐示皖乌江庆恒泰转。①

这是一封重要的信函，林散之对时局的态度，从这封信中能看出一些端倪，准备另谋生存之路的林散之如坐针毡，这焦急的心理状态，不仅只是与通常意义的谋生相关。林散之急于离开乌江，可能与他担心自己与国民党军政要员有过交往相关。1950 年，乌江进行阶级划分后，林散之差点被划分成富农，他在信中说"门人伏居乡间，与人无侮，幸得粗安"，生活中如无疾无患，则无粗安可言，这幸之为幸，似乎还不太可靠，谁知道后面会发生些什么变故呢？早点避开这个是非之地，以免不测之事发生不失为权宜之举。如从信中措辞和急迫的语气去解读，这封信似有请老师为弟子救急之意。此外，这封信之所以重要，还在于林散之致函黄宾虹后，我们至今没能查到黄宾虹的复函，从林散之与黄宾虹信函交往的现有史料来谈，这是林散之和老师黄宾虹的最后一封通信，此后两人再无信函交往。

黄宾虹有没有复函？如果有复函，复函中有哪些内容？

---

① 该书信原件藏于浙江省博物馆。

我们不得而知。黄宾虹在民国艺术教育领域，资历很深，推荐林散之入某教育机构并非没有可能。王伯敏1947年在北平师从黄宾虹，1948年入杭州艺专教书，便是由黄宾虹推荐的，黄宾虹为何没满足弟子林散之的请求，由于不见黄宾虹复函，不可妄加推断。

自1948年起，黄宾虹在杭州生活了七年，林散之曾想去杭州拜见老师，因故未能成行，从现有史料看，1950年之后，这对师生的信函联系再次中断了。师生两人信函交往的中断，会不会与黄宾虹当年未复函有关？这样的疑问，只供参考，依日常情理谈，耄耋之年的黄宾虹即便未能给林散之复函，作为弟子，林散之也不至于因此不再与老师联系了，这事情可能另有他因。林散之在世时，他的弟子们可能都没问过这事，在他弟子们的回忆中，从不见与此相关的文字。黄宾虹九十岁寿辰之时，国家授予他"中国人民优秀的画家"称号，这个荣誉称号相当于确认了黄宾虹先生在画坛的大师身份。1955年春天，黄宾虹在杭州离世，据他的弟子回忆，黄宾虹在病床上突然谈到友人谭嗣同，并当场脱口诵出两句诗："千年蒿里颂，不愧道中人。"这是他五十七年前惊闻谭嗣同为变法殉身而作的挽诗，话中的寓意不难解读，辛亥革命后，中国的许多事仍被旧秩序的力量纠缠，沉垢太重，革新是时代发展的必由之路。从艺术发展的可能来谈，唯有变法，才能让中国艺术重现鲜活生机。黄宾虹推崇艺术变法的精神，林散之正是出生于维新变法那年，这似有命运式的暗合。两位大师都是师古又师造化之人，也都是艺术变法大成之人，由于两位都是在书画艺术上贡献不凡的大师，这对师生之间的交往，成了民间流传的艺术佳话。人们习惯于以常识和日常经验去解释生活，这个佳话越丰富饱满，越具传奇意味，就越能满足人们对大师的好奇心。但总有一些事出人意料，又往往会不被人留意，自林散之1950年致函黄宾虹后，至1955年黄宾虹在杭州离世，我们从史料中查不到这期间他们之间交往的文字，除非这五年之间他们又中断了信函交往，或林散之与黄宾虹交往的部分信函已散佚，或部分信函至今仍未公开，否则，便难以找到较合理的解释。从各方面综合来看，他们之间因故又中断了信函交往的可能性较大。

黄宾虹离世那年，林散之已在江浦县人民政府任公职四年了，这四年时间里，他为何仍未去看望老师，不知其故。如果说是出于政治敏感林散之才没再与老师联系，这似乎也可成为理由。黄宾虹的历史背景比较复杂，与于右任等国民党高级军政人物有过交情，又是民国著名的旧文人，在当时的政治环境下，林散之不与老师通信或不去看望老师，是担心会给老师或自己惹出什么麻烦，这算是个理由。但1953年黄宾虹被评为"中国人民优秀的画家"之后，林散之的这种顾虑就应该打消了，去看望黄宾虹已名正言顺，又何以没去杭州呢？除非，林散之对1949年后老师黄宾虹的情况一无所知。这就意味着，这个时期的林散之与黄宾虹的交往渠道完全断了。我们查阅了《江上诗存》中林散之写于1955年的诗，也不见林散之悼念老师黄宾虹的诗作。在致黄宾虹的这些信函中，林散之向来敬师如敬父，情感既浓且深，黄宾虹离世了，作为弟子，林散之不写诗悼念，这是不太可能的事。由此来看，当年在政府忙于公务的林散之，极可能不知黄宾虹离世的消息。

世间合乎常识的事，大都是不具事件性的寻常之事，但有一些事的背景比较含混，发生之初就不全在寻常状态，人们关注这些事，往往会出现与常识相左的意外结果，又因其缺损不全，成为某种有待追问的事件，这意外的结果，甚至会激发出不同的想象。这对师生的交往中，有个事实是清晰的，林散之于1931年离开上海后，只以断断续续的信函形式，与老师黄宾虹保持情感及艺术交流，直至1955年黄宾虹先生离世，在这长达二十五年的时间里，林散之再也没有见过老师黄宾虹，这对林散之来说，可能是一大憾事！

第七卷　1950—1962

第二十六章 焦虑与决断

林散之没能如愿离开乌江,他在心理上格外紧张,他知道自己遇到了不可避让的政治风险。如何应对和克服这风险?思之再三,只信天命可能不行,在这风险中如何作为?这是林散之一定要想明白的事,但当时的林散之并没有想到,在这风险中却暗藏了惠及他后半生的机运。

土改开始了,他无法置身事外。但林散之并没被定性为剥削阶级,林家收租的土地为大伯父所传,但那已是清朝年代的事了,不属于林散之受益于国民党从剥削而来的土地。而林散之与国民党官员交往的事,乡民们所知甚少,即使知道点他与国民党有瓜葛的事,也是皖东大才子林散之对国民党不满意,拒绝与其合作。总之,林散之不属于国民党统治时期的受益者。林散之家虽有田地出租,但他平时与人为善,待佃户很好,从不欺压租地的农民。土改分地时,林散之积极支持，没有任何态度对峙的表现。他从小就读书、作诗、写字、画画，长大后做私塾师教书，是一个远近公认的有影响力的书生，从来没有加入过任何党派，在政治上没有污垢。关于国民党团长送枪给林散之的事，工作组曾调查过，当年被国民党关押的乡亲们都感激林散之，他教过的那些学生都很敬重林散之，也帮老师说一些避风险的话，都说这个团长品质恶劣，欺压乌江老百姓，林散之画画得好，这个团长动了歪心思，用了两只废弃无用的枪，来换取林散之的书画，欺骗了林散之，而受辱的林散之同情乡民，借机智慧地应付了这个团长。在国民党军队压迫乌江百姓时，他还帮了乡亲们不少忙，避免了一些不幸事情的发生，那枪早已作为废物扔了。此外，1932年林散之在乌江水灾后做过圩董，他不辞劳苦，不计个人报酬，水灾中济民，从乌江步行到江浦县赈灾工作站，用心费力争取到了五千袋面粉，并亲自上堤督工，带领圩区的乡民高质量地修好了江堤。林散之做圩董救灾修堤这件事过去已快二十年了，他的这项个人功绩，乌江的乡亲们仍旧恩不能忘，铭记在心。加之林散之做私塾老师时，教书育人，在乡间名声很好，以上这些个人历史资本，在土改划分林散之的阶级成分时，起到了比较大的作用，提高了地方政府对林散之的认同度。

通常被人们称之为幸运的事，都是不期而至之事，其实，这些看似不期而至之事，往往与个人关键时刻明智的决断相关。在土改及此后的运动中，林散之都没受到冲击。旧事物正云消烟散，新制度正在筑基，林散之认清时代趋势，放弃儒家文化中与新事物相冲突的那些部分，打扫国民党时期的文化阴影，成了林散之必须做出的明智选择。

在当时，林散之主动写诗参与社会生活，为了表明他放弃了旧文人的思想，有些诗一改旧时的诗作风格，直接采用民谣体歌颂时事。诗《土改》《镇反》《大虎谣》《学习》等，都写于这一时期，例如《大虎谣》："好将这帮大老虎小老虎。蒙虎皮，假虎威，马马虎虎，鬼鬼祟祟，狐群狗党，驴肝马肺。既贪污，又受贿。叛祖国，害同类。负义人，忘恩辈。先砍大的头，后割小的耳。才能服住大众心，堵住人民嘴。"像这类受大众喜爱的通俗易懂的民谣体诗，由向来文气十足、格外注重诗意的林散之写出来，在诗学上对林散之较为了解的人，可能会为此颇为惊讶。这些民谣体诗作，诗意匮乏，或者说几无诗意，一定要称之为诗，就可能会贬低诗，也贬低了林散之作为诗人的身份，将它们说成是民间歌谣之类的文字，要合适得多，但凡是持有这种想法的人，这时强调诗艺，或多或少都有些书呆子倾向。其实，这些人并不明白林散之的心思，这些一看就明了的作品，老百姓非常喜欢，合乎时宜，它们表达了林散之在时境中的精神取向。应该说，这是当年林散之审时度势的选择。

在风险担当和个人前景的预判上，一个人的选择关乎今后要走什么样的人生道路，这与生活中的日常选择区别甚大，与林散之诗书画的艺术选择也区别甚大。政治选择，要求立场严肃而坚定，坚持无党派也是一种政治选择，当事者一旦选择了之后，在生活中要改变个人姿态，难度就非常大了，而不稳定时期的选择,往往也是在风口浪尖上的选择,如果选择不当,极可能令人生陷入崩溃之中,就再无所谓未来可言了。

不过,说这个道理林散之是逐渐明白的,并非没有依据,1950年,林散之写给黄宾虹的求职信,黄宾虹没有回函,林散之别无他途可行了,这在一定程度上起到了促使林散之认清现实的作用。

仅写几首人民大众一看便懂的民谣体诗,林散之虽然已表明了自己的倾向,但林散之自知这显然还不够,改造旧文人思想,就是改造与人民大众的愿望不相契合的旧文化。要做到这些,除了写诗表态,在具体行为上,林散之也要与民众一致,这关乎一个旧文人的觉悟问题,行为上的偏差,也意味着风险的产生,至少会被认为是觉悟不够,这是不可掉以轻心的事。

再则,与乌江的普通乡民们比,林散之饱读诗书,在乌江是个有文化影响的人,他有能力比乡民更恰当地理解新政策。林散之认同共产党,就更要在行动上积极响应了,响应的最好方式,便是加入农会组织批判地主的活动中去,政府镇压反革命分子,必须主动参加并明确表态,只有敌对阶级的人,才会在言行上有所抵制或态度暧昧,如果林散之的行为和普通乡民一样,他担心有可能被视为不积极。林散之活了五十几年了,过去年代,乱糟糟的社会战火不熄,动乱不止,人心难定,整个世界似乎都在坏下去。至于第二次世界大战为什么发生,日本为什么会侵略中国,有关这些政治之事,林散之从未深入关注过。也许,林散之自知这些事,不是他可以想明白的,他只是一心投入与个人愿望相关的诗书画上,对时代政治与个人生活的关系，也并无多少认真的思考。但这次不同于以往时期，革命有时比干好农活让庄稼从田里生长出来更重要，林散之每天走出家门，乡民们脸上流露出的无不是革命的表情。轰轰烈烈的宣传深入人心，农民协会开会时大力宣传说，这是人民当家作主的时代，共产党是人民的政党，人民的利益，就是共产党的根本利益，以人民为敌的人，不会有好下场。受传统文人和国民党文化影响的旧文人，要与人民群众站在一起，才是真正明智的选择，反之，则意味着自绝于人民，死路一条。

1949年夏天宣传土改政策时，林散之曾被土改工作队作为嫌疑人看待过，缑山林散之家门前，也曾有持枪民兵进行监督。这个时期，没有人能安然于超越日常俗事的书画艺术，选择成了头等大事。林散之写与人民站在一起的诗，是立场的表态，但只是写诗表态，还不足以反映一个土地收租人和旧文人自我改造的决心，运动中的各种活动，主动参加和迫不得已才去参加，性质是大不相同的，从具体的生存境遇和之后可行之路来看，不识时务不行，与其被动员后才去参加，还不如自己主动加入。

1951年春天江浦县土改基本完成了，由于林散之积极配合，表现较好，他被政府定性为无党派开明乡绅，个人历史与敌对阶级无干系，属于敌、我、友中的友这一类，是人民政府团结的对象。被认为是乌江开明乡绅，这让半年多来惊慌不安的林散之始料未及，甚至喜出望外。国民党统治时，为防止民众亲近共产党，对共产党泼了许多脏水。当时，林散之对共产党缺乏了解,新中国建立后,他心里一度十分不安,整日处在焦虑和紧张中。如今,共产党认为他是无党派开明人士,与共产党和人民大众的根本利益不相冲突,那些想象出来的风险解除了,他不再心魂难定,与给黄宾虹写信时相比,他心里要踏实多了。

日常生活中,凡事都斤斤计较、自以为精明的人,在大事上常会遭遇意外的挫折,而一个长期在寂寞和孤独中磨砺的人,人文素质和个人德性不遭人诟病,且处世谦虚、低调,日常小事不太在意,甚至时常有一些"傻气"的人,时常看似有点迂腐的人,在时代生活的特殊时期,当大事临身,往往会成为一个幸运的人。而一个人的幸运,总是在现实生活中发生的幸运,这幸运,并非全都要以命运来解释,只当我们将这幸运放在时代情境中去谈论,这幸运才会不那么难以理解,也才能大致看出它与此前和之后的事产生历史意义的关联。土改划分了阶级后,林散之成了乌江旧时文友们眼中的幸运之人。土改时,这些旧时文友曾为林散之担心,如果林散之被划分成地主或富农了,他今后的日子一定很不好过,他的诗书画生活也极可能因此彻底中断,那将是不幸之事。这些文友们绝没想到的是,林散之不仅在运动中安然无恙,而且还出人意料地时来运转了。

第二十七章 任公职

　　1955年春天，江浦县体委的办公室里，常坐着一位衣着朴素的人，从衣着来看，与田间劳作的农民无异，只是两眼炯炯明亮，脸上虽有些沧桑，但仍流露着一个儒者的书卷气。五十八岁的林散之，时任江浦县体委主任，体委在当时的政府机关中虽不是重要机构，但体委主任也不算是个闲职。1955年的体育口号是"发展体育运动，增强人民体质"。林散之自小就习少林武功，属文武兼备的机关人才，这个体委主任的位置，他完全能胜任。

　　林散之白天在体委忙于公务，晚上回到住处，最重要的事莫过于书画创作。林散之1951年在江浦任公职时，在书画方面仍保持过去的社会影响力，他是"中国人民优秀的画家"黄宾虹的弟子，江苏艺术界也留意到他的存在。1953年，他已是江苏省文学艺术界联合会的会员，但书画创作不是他的本职工作，而是以不影响自己在政府的本职工作为前提的业余之事。在江苏的山水画领域，林散之是新安画派的传承人之一，不过当时画坛的山水画精神，首先必须是时代政治精神的一部分，画家们的艺术观，要与延安文艺座谈会传达的精神一致，艺术必须为人民大众服务。1949年后较长时期内，中国美术认为写实和浪漫主义的人物画能更好地反映时代生活，一度曾不提倡传统山水画，花鸟画更不会被看重，美术学院甚至取消了中国画系。林散之入了公职，更要改造旧时士大夫的意识，虽只是在工作之余画画，也必须以为人民服务为基本艺术准则。

为了响应艺术为人民服务的号召，这一年春天，他正在创作《江浦春修图》，这是准备去江苏省文联参展的三幅作品中的一幅。1954年，长江发大水，江浦县的圩区大面积受灾，江堤受损极为严重，省政府动用了数万民众支援江浦县修复江堤。这幅长卷作品，便是以修江堤人物为歌颂主体的中国画，画面中筑坝修堤的人物众多，其中有挑土方的，有夯实堤面的，有拉绳放样和水利工程检测验收的，还有现场督促指挥者，各种劳动人物聚集在作品中。《江浦春修图》长237.5厘米，宽33厘米，画面中共有劳动人物635个。从作品的题材选择到以人物为表现主体的画风，这幅中国画作品，反映了时代生活中的重要主题，塑造了人民大众的形象，在艺术性方面，这幅作品可被赞誉之处虽不多，但《江浦春修图》合乎时宜，与延安文艺座谈会的精神相契合，是旧文人自觉改造士大夫意识的艺术见证。这幅反映林散之特定历史时期改变艺术观的作品，现藏于南京求雨山林散之纪念馆。

　　惶恐不安的日子已过去了，在人民政府任公职，除了基本生活有了较好的保障，林散之也有了较强的安全感。当年，如果黄宾虹果真帮林散之介绍到某个艺术机构去了，以后的路，未必就不坎坷难行。去某个艺术机构工作，林散之的艺术机缘可能会因此多一些，或某些机缘到来得早一些，但离大师黄宾虹太近了，往往会被大师的影子笼罩，林散之就不一定会出人头地，能不能成为后来的书法大师就很难说了。至少，林散之如在高校教书或某个艺术机构工作，会有不可回避的政治风险。

　　人们常说，生活中有许多事难以料定，在这方面，日常经验经常不起作用，靠知识推断，也经常不可靠，大多数情境中时势弄人，极少数时刻时事也造就人。土改中，时事如何造就了林散之，当年能说明白的人不多，迄今，能说明白的人仍不多。人民政府认为，林散之虽有土地对农民出租，但他的土地属祖上承传，不属于剥削而来，林散之在中华人民共和国成立前，就对国民党的腐败有较清醒的认识，土改时，林散之积极拥护共产党，属于乌江的开明乡绅，不属于剥削阶级，于是他被任用为公职人员。有人说，在个人历史的非常时期，是幸运之神庇护了林散之，而乌江信佛的人知道林散之是居士，认为是观世音菩萨在护佑着佛弟子林散之，当然，乌江更多的乡民认为，共产党人觉得林散之支持共产党，又有较高的文化修养，在整个江浦县，他是个难得的有用之才，才任用他为政府公职人员。

1949年之前，江浦县属于国民党统治区，文人们接受的是国民党对共产党的否定性宣传，解放战争后期，国民党军队不断溃败，大势已去，不少文人逃离了江浦，去了上海、香港和台湾等地。1949年后不久的江浦，有文化知识的人比较少，在江浦县政府机关中任职的多为南下干部，大多数南下干部也只是略具文化，那时，人民政府急迫需要一些有文化知识的人。在江浦民间，像林散之这样有文化学养的开明人士属凤毛麟角，地方人民政府要用无党派人士，林散之作为社会贤达人士，在乌江乡民中有一定的社会影响力，正是政府任用公职人员的首选对象。

　　1951年，林散之当选为江浦县第三届一次各界人民代表大会常务委员。常务委员为专职委员，林散之始入公职。入公职这事，对林散之的后半生影响重大，林散之的人生道路，由此发生了命运式的转折。

　　1952年，林散之当选为安徽省第一届各界人民代表大会代表。

　　1953年，江浦县由安徽省划归江苏省，林散之当选为江浦县第四届各界人民代表会议第一次会议的副主席。

　　1954年，林散之当选为江浦县首届人民代表大会代表。在政治性质上，人民代表大会与各界人民代表大会不同，人民代表大会属于政府权力机关，人民代表大会的代表，在政治信誉上要高于各界人民代表大会的代表。同年，林散之因书画成就加入了江苏省文学艺术工作者联合会。在政府任公职的林散之谦虚谨慎、兢兢业业，与政府机关干部们关系融洽，认真做好各项公务后，对书画之事并未忘怀。一旦晚上回到了住处，除了想一想第二天要处理的公务，便是写诗、写字、画画最重要了，只是诗书画的内容要符合时代的要求，他心里那个艺术目标仍在，虽多年倾心努力而未能至，但心向往之，成为江苏省文联会员是他对这个艺术目标的一次接近。

　　书画艺术只是个人喜好，不能影响到自己职责内的事，公职事务每天都必须做好，而且要尽可能做到精益求精。这是林散之在政府工作的原则。在政府工作的这些年，林散之意识到自己的生命中也有一个过去不太在意的维度，一旦涉及政府工作，这个维度就明亮了起来。过去自己只在乎诗书画，不问政治，现在每天都要谈政治，不仅谈，而且要和实际工作结合起来谈。这几年，林散之读了一些唯物主义的书，实际工作中的政治经验也丰富了许多，在理论认识上，他对共产党的理解和肯定，甚至比一般共产党员更深刻。

　　工作中，林散之意识到自己与政治的关系越来越密切，不仅每天必须谈政治，还要有较好的政治表现。中华人民共和国成立后的较长时期，人人都要参与政治。这与辛亥革命之前人们对政治的理解大为不同，封建帝制瓦解之前，大多数中国人认为，政治之事只是皇帝和士大夫的事，老百姓莫谈国事，过好自己的日子就行了。这种在历史中流行已久的说法，已在压迫性的封建权力中丧失了。其实，国事也是老百姓自己的事，老百姓莫谈国事，就能过好自己的日子吗？这种麻木不仁的无思之说，已在中国历史上泛滥了几千年，似乎过好日子的愿望，可以独立于国事之外，与国事无干，封建帝制时如此，到国民党统治时期仍是这样。中华人民共和国成立之后，共产党主张提高人民群众的政治觉悟，发动群众打击反革命分子，要将被封建专制剥夺的人民的权利，还给人民。

过去年代，林散之只在乎儒家经典，偶尔也读佛经，如今时移境迁了，马克思主义是中国共产党的指导思想，林散之虽不是共产党员，但读了很多理论著作，这些书中都坚定明确地反复强调，共产党代表人民的根本利益，失道寡助，得道多助，人民拥护共产党，跟随共产党建设新的中国，这是人心所向，大势所在。林散之不再以为书画艺术什么时候都可以独立于政治之外了，他的思想意识也逐渐明确了起来，"思想早为时代改，心情欲共海天宽"。旧文人的思想能为时代所改，不仅见证了时代政治力量的强大，这也与林散之个人的意愿相关。

应该说，与当年乌江的许多旧文人比，1949年后林散之已变得睿智了许多，虽然还不完全能做到守常知变，但他已成为一个知进退、识时务的人。时代在变，儒家的许多思想，辛亥革命时就已不合时宜了，作为乌江著名的乡儒，他不再死抱住儒家经典不放，至少，在日常表现上不再如此，识时务未必要做俊杰，但不可在生活中冥顽不化。不过，在乌江，甚至在他的朋友圈子里，真了解林散之这种思想转变的人其实不多，乌江民间流传着一种说法，林散之有一些痴迷于诗书画的"傻气"，林散之确实有这种"傻气"，但自以为熟悉林散之的人似乎从没想过，恰是这些不够精明、不太入世的"傻气"，遮蔽了人们寻常的目光，人们难以看出林散之自处时深沉的心思，更不会了解林散之在急迫中对生活的私下筹划。林散之之所以有那种看似不谙世故的"傻气"，从心理根源说是由于林散之在骨子里向往着不凡之事，他对许多日常俗事不仅不感兴趣，甚至还有所鄙弃。林散之与人交往时向来谦逊，又常认为自己是个不才之人，他内心的那个艺术抱负少为人知，林散之在日常生活中显露的"傻气"，又岂能与生活中的不智并论？

五十岁之后的林散之，想在书画上成名仍是远不遂愿。这个愿望自小便已刻写在他生命中了，三十几年来，自己没将日常俗务放在最重要的位置上，在书画这条路上几乎一意孤行，从未懈怠。老师黄宾虹已离世，这条路还要走下去，不可因其艰难半途而废，但人生的许多路，并不能直接抵达愿望的目标，抵达目标的路，有时是曲折迂回的。土改后，林散之便已知道，这不是陶渊明那个时代了，自安于一隅已不可能，作为一个社会人，必须介入到社会事务中去，自己不可能坐在江上草堂就能成就一番不寻常的事业，他需要与社会重新建立关系，不能成为被这个社会遗弃的人。过了知天命之年的林散之，已不再以书画之事权衡一切了，书画艺术只是个人爱好，不说书画乃小道，但也不能像以往那样固执地认为书画至上。在书画之外，生活中还有许多重要的事，它们也值得关注或不得不关注。

这个世界每天都存在着冲突，每天都处在不同力量的较量中，每天都在发生各种不幸的事情，它还远没有成为可安然生活的世界，难以弥合的裂隙越来越多，一个可诗意栖身的世界，只存在于人们的想象中，这个世界如何才能好起来或不更糟糕？政治，是回答这个问题多种方式中的一种，而且是至关重要的一种。中国传统山水画家大多不问政事，但时代不同了，政治之事有时是不可避让的，与其让政治之事破门而入，不如事先就做出明智的选择。要处理好个人与时代的关系，其实，个人在时代激浪中，只是一叶扁舟，顺应者才会不被激浪倾覆。明白了这个事实，林散之在生活中已大致能顺势而为。

在江浦县人民政府的公职人员中，林散之无疑是最醒目的开明文人，政府对他也比较重视，林散之感激党对自己的信任，没想到在诗书画之外，自己还能在人民政府中有所作为。1955年，他在写给外孙朱信毅的信中说："政府对我的恩太重了。"林散之在谈到自己的书画时说："我的艺术，山水虽用了二十年功夫，技巧上、思想上虽有一点创造能力，自己惭愧走上士大夫欣赏一路，与劳动人民无关。虽把祖国壮丽山河描绘了一些，只是迹象上，笔墨太玄虚了，所谓超阶级、超政治的。近年来，已从毛主席指示（延安文艺座谈会上的讲话）于思想上，于技术上提高。"在这封信中，林散之对自己以往超越政治的士大夫艺术观做了批判，强调了艺术和时代政治的紧密关系。林散之这番因时制宜的话算是与时俱进了，也算是艺术认识上的自觉，就连书信的文体也采用了白话文，以顺应时代的主流文化。由于林散之在政府工作中言行得当，表现了一个党外人士的政治觉悟，与同事们的工作关系也比较融洽，江浦县人民政府对林散之很器重。1954年，林散之就被内定为可培养的干部，如果不是政府领导班子中需要配置一个无党派人士，林散之极可能会被吸收入党。1956年9月，林散之在南京参加了江苏省各界人士短期政治学校的学习，为政治学校第一批学员，学期为四个月，学员们的主要学习内容是：马克思主义哲学、中国革命史和中共八大的文件。短期政治学校开办的目的是为了提高各地干部的素质和政治觉悟。1956年12月，江浦县人民代表大会召开，林散之被大会选举为江浦县副县长，成为江浦县政府领导层的成员。

林散之感激党，不仅是党将他作为旧文人思想改造的地方典范，以开明人士对待，在阶级区别上属于党的友人，还感激政府让他入公职并当了副县长，能老有所用，还安排好了他的家庭生活。

林散之的社会地位改变了，经济条件也随之改变，从当时人们的生活水平来看，林散之的家庭生活条件要比人民群众好不少。被选为副县长之前，林散之家的经济条件已比上不足、比下有余，作为政府公职人员，他每个月有六十一元的政府津贴，属于国家二十一级工资，与普通工作人员相比，这已算是较高的薪水了，至少，妻子和五个子女生活在乌江不会有大的压力。1956年12月，林散之被选为副县长之后，他的待遇也提高了不少，妻子盛德翠和五女林杜若也迁居到了县政府所在地珠江镇，在邻近县公安局的二条巷，政府为他家安排了住房，林散之的工资几乎提高了一倍，由原来的六十一元，提高到一百一十三元。做好这个副县长，干好分内的各项工作，审慎地处好政府大院中的社会关系，只要自己不犯错误，过几年退休了之后，也不存在后顾之忧。

作为无党派开明人士，林散之任副县长后，政府里的一些重要权力机构不属于他管，林散之主要分管文教、卫生和民政方面的事务。这些工作虽然比较杂，但并不比以往更忙，一些事务已不需要自己亲力亲为了，可以交由秘书和下属去执行和完成，林散之的工作职责是把握好相关政策和方向，管理好下属机构，发现所管领域存在的问题并及时解决问题，以及审批相关方案。

政府大院内，一间门向朝南大约有二十平方米的平房，便是林副县长的办公室，在当时的办公条件下，这算是比较大的办公室了。与其他副县长办公桌的陈设不同，林散之的办公桌上，除了文件和办公常用的大头针、订书机及蘸水钢笔之外，还放有一个大笔筒，笔筒里插着大大小小多种毛笔，办公桌左边，有一只红木外壳的雕花砚台，砚台右边，是一锭上好的灰墨，宣纸和书法碑帖都放在抽屉里，桌面向右角处，放着工作文件夹。上班时，和县政府的其他领导一样，林散之写批文、批条不用毛笔，用的是蘸水钢笔；下班之后，林散之经常会在回二条巷晚餐之前，一个人在办公室中临帖或画一会儿画，也许，下班后的林散之与上班时的林散之，生活在不同的精神状态中，书画之事，对林散之来说，并非所谓业余爱好，而是他生命中最根本的意愿，其中如果有不为人察知的生命裂隙，它们是如何弥合的呢？这个发问，与林散之在时代生活中如何存在的个人智慧相关，林散之经常远离这个发问，似乎这个发问并不存在，在他谨慎披露心迹的那些诗作中，也从未对此有过直接的应答。不过，细读林散之的诗集《江上诗存》，还是可以从中窥见蛛丝马迹。从诗作中我们可以反复感受到，在林散之心里，世间有许多事虽然重要，在理论和实践上，也有它们的价值和意义，但却并不一定适合自己去做，而适合自己去做的事，尤其是那些需要天赋才华的与众不同之事，往往并不能够如愿地去做。人类生活中，欠缺真正的个人自由，在大多数情景下，个人的自由意志被社会强大的主流力量悬置了，人生活在规训力支配的社会中，宽泛一点说，就是生活在价值和利益共同体中，共同体的根本利益，总是高于个人自由选择的。而人生活在被选择中时，总会有不一定想做但又不得不做的事，相比于这类事，作诗、写字、画画，这才是林散之最想做也最适合做的事。

第二十八章 以文会友

还没有重出文坛的林散之，已有了一些结识新友后必须还的"文债"，晚上，林散之在办公室干点私活，他要赶画一批山水画，有一些山水画，题上了歌颂祖国大好河山的诗句，这些画，是一些新认识的文友请他画的，这些相见恨晚的文友，都是江苏文化界有影响力的人物。要字画的人渐多，这每一笔"文债"，林散之都非常乐意去还，每一幅山水和书法作品，都是他个人价值的体现。林散之曾有诗幽默地言及此事："买的秦淮白玉笺，泼成水墨赠高贤。谁云剥削年来尽，既贴工夫又贴钱。"在这首诗中，林散之用了剥削一词，虽是幽默之言，但读者应能感受到，剥削一词是那个年代阶级斗争中流行的术语，在林散之的意识中，时代政治的历史印痕已刻写得很深。

刚来政府任职那几年，林散之担心别人说闲话，在工农革命干部前露了不宜露的艺术才华，他写字画画的时候较少，工作要先做出醒目的业绩，否则就不算称职了。现在做了江浦县副县长，工作能力和业绩，已得到了政府的认同和肯定，自己心里也踏实了许多。副县长的工作自己会做好，但书画之事仍是自己最大的喜好，这辈子放不下它，工作之外的业余时间，干点写字画画的私事，不会有什么负面影响，对别人尽可以说，写字画画是为了放松心情，书画也可怡神养身，与成名无关，这算是个有些说服力的理由。

当今的许多人可能不太理解，当年的林散之为什么连写字画画都要找个合适的理由，这似乎也太过谨慎了吧？其实，这看似有点荒诞的事，恰恰反映了在那种历史条件下林散之私下里执着于书画之不易。林散之已被选为江浦县副县长，需全身心为政府工作，如仍然想着在书画上成名，这就叫作一心二用，对本职工作不够专心。一心二用，也是对政府忠诚度不够，用心去写字画画，就有可能会主次不分，如此这般，岂能胜任这个副县长？如果说得严重点，这会影响到他的政治前景，在这方面如不谨慎，至少，也会受到批评。于是，林散之白天在政府忙工作，写字画画的事，只能在休息日或夜晚去做，也不宜太公开，要尽量避开别人的眼光去做，不能让不理解的人说闲话，误认为自己对书画之事的重视，高于对政府工作本身的重视。

其实，在林散之心里，一直有个未完成的夙愿，过去，他一心只想在山水画上有大的作为，林散之当副县长时已五十九岁，快要到退休的年龄了，这个隐在心里多年的艺术愿望，又逐渐强烈了起来，一旦退休了，他就有时间像过去一样投入到书画中去了，那是他更愿意过的日子，每次想到这些，林散之就觉得轻松了许多。这些年来，在书法上，林散之并没想过有朝一日竟可以与古人争，并名扬天下。从他老师黄宾虹的见地去理解，书法，是画好山水画的筑基力量，要画好山水画，笔上功夫是必须具备的。虽然心志在山水画，但林散之自幼就喜好书法，对书法，他的心思也从不涣散，风雨飘摇了许多年，他几乎临帖不辍。来江浦工作的这些日子，虽不能以书画为重，但他对书法史上的那些大家颇多研究，也时有所悟。这个时期，他对大师王铎的兴致已越来越高了，也越来越在意王铎后期草书中的笔墨关系，工作之余，他已开始尝试从行书向草书转化。

与刚来江浦那几年比，如今的林散之已是心境大开。管文教卫的副县长，有机会参加省市召开的一些文化会议，有机缘结识江苏文化界的一些名流和大家。江苏的传统文化根基很深，历代名人和书画大家辈出，新文化冲击之后，传统文化的风气仍很浓郁，喜好写旧体诗和书画的文人较多。副县长这个官位虽不大，但林散之是无党派人士，在政府官员中身份特殊，他连续几年参加省市政协会议，有缘结识了江苏文化界的一些新朋友，个人交往的视野也扩大了许多。最重要的是，林散之恢复了与外界几乎中断了五年的诗书画的交往，恢复与外界的诗书画交往，不是只多了一些文友的事，对林散之来讲，这事可谓意义非常，如同一潭死水被天空馈赠的新雨激活，它流入了江河后成为准备涌动的激浪，又相当于唤醒了林散之那部分处于半沉睡状态的艺术生命。诗书画毕竟是林散之不可舍弃的刻骨之好，是他个人意愿中在世间存在价值的最高期待，他当年为此喜极欲泣、欣喜若狂的感受，许多人可能难以体会。

初来江浦时，林散之只是一个受人尊重的在政府任职的开明人士，很少有人在乎林散之的诗和书画，几乎没人与他谈论这些"不务正业"的东西。在政府任职的那些南下干部，其中最有文化的也只是初通文墨，对他们来说，革命文化高于一切文化，而传统诗书画，即便消解了士大夫意识，也不过是文人闲事。在这种语境中，没人与他谈诗书画之事。旧文人思想改造还不够彻底的林散之，在江浦缺少知心文友，或多或少，心里会有一些落寞。

许多人可能难以置信，从1952年至1962年林散之退休，这位书法大师在这十多年的时间里，其实只有三个月与诗书画直接相关的生活。1952年，江浦还属于安徽省下辖的一个县，还没有划入江苏省，作为在皖东有影响力的开明人士，林散之当选为江浦县各界人民代表大会代表后，又被选举为安徽省各界人民代表大会的代表，参加了安徽省第一届各界人民代表大会。会议后，林散之被借调留在合肥筹建安徽省博物馆，林散之主要负责对皖南、皖北集中来的书画进行艺术鉴定。1946年，李品仙要他干的事，也是书画鉴定，不同的是现在合肥已解放，不会再有当年令人败兴之事发生了。这三个月里，他每天都与名家的字画打交道，也每天都如饥似渴地投入到写字画画中去。在名教寺筹备国庆文物展时，林散之很是勤奋，他向懒悟和尚借了一方破砚台，从书库借来《皖人诗词》，用小楷工整抄录成两册。每天早晨五点多钟，他房间的灯就亮了，不是写字，就是画画，书则隶、楷、行、草等书体不拘一格，画则山石勾勒、树林点染，坚持练习基本功。开始在废纸上写画，后来同事常买宣纸请他画，他总是有求必应。把一张宣纸裁成十六开或二十四开的小册页，山水小品极为精致，一卷一卷地送人。

这段时间里，他认识了书法家葛介屏、石谷风和名教寺亦儒亦佛的和尚懒悟，懒悟和尚俗名张绩成，为人不拘俗礼，他曾师从林风眠，诗画功夫和个人境界非一般文人可比，林散之与懒悟和尚相处时甚为投机，交谈的话题时儒时佛，两个人谈诗论画，以诗画相赠，曾彼此欣赏。

但这已是过往之事了。无人谈诗论艺的日子，非常枯燥，自少年时期，林散之便养成了与友人以诗唱和的习惯，国民党统治时期，文友们常来江上草堂吟诗唱和。1952年他来政府任职后，与他写诗唱和的朋友不像以往那么多了，许多旧文友失去了联系，或由于政治缘由已不常交往了。仍与他常有诗作相和的，是早年在乌江结交的好友许朴庵和邵子退，以及和县的刁蔚农。"林散之刚到江浦时，正值春雪狂飘，铺天盖地：'天地几封闭，百鸟成饥饿。'他本想仿照宋代郑侠绘《流民图》而写一幅《寒夜图》，但又怕遭时人之唾。正在困寂之时，他遇见了邓西亭。"[1] 遇到邓西亭，如遇故交，这是他在江浦这些年里遇到的唯一诗友，"浩浩市人中，相

---

[1] 邵川编著.《林散之年谱》第125页，江苏凤凰文艺出版社，2016年。

谈没一个。幸遇东门邓，他山几切磋。新愁添小诗，金玉曾相和。苦辞嚼冰雪，佳境喜逢蔗。"寂寞中的林散之遇到邓西亭的激动心情，在这首诗中流露无遗。邓西亭，江浦珠江镇人，年轻时饱读诗书，1949年之前，一直在江浦从事地方教育工作，土改时，由于家中有田地收租，他的阶级成分被划为地主，和林散之一样，邓西亭也是佛家居士，1956年赴兜率寺出家。邓西亭属于与共产党无对抗意识的旧文人，一个愿意接受改造的地主分子，又是佛教徒，林散之与他交往，以诗唱和，并无风险。这首诗主要谈切磋诗艺，林散之结邓西亭为友，在江浦有了一个可以谈诗论艺的人，心里少了一些寂寞。林散之与邓西亭有相同的宗教取向，他们在一起谈佛家经典，相互交流宗教情感。邓西亭的母亲，身卧病榻多年，他悉心照料直到母亲去世，才去江浦狮子岭上的兜率寺出家为僧。邓西亭的大孝子行为，让目睹的林散之触景生情，世人常道：百善孝为先，他母亲在世时，林散之的心思在诗书画上，自觉对母亲孝敬不足，没能如邓西亭这般对母亲竭力尽孝，他曾为此含泪写诗自谴。从林散之来江浦任公职直到退休，这十多年来，邓西亭是他在江浦结识的唯一文友。

　　林散之当上副县长后的那几年，与他写诗唱和的文友逐渐多了起来，他是山水画大师黄宾虹的弟子，向他求字索画的人也多了，这些意气相投的新文友，主要是在省市人大和政协会议上结识的。在江浦县，仍然没有人真正认同他的书画。当年，江浦县人民大会堂建成后，需找人题字，有人向县委书记说，林散之喜欢写字画画，1949年前，他的字画就在皖东有较大影响了，不妨让他写写看。林散之觉得这是一件很重要的事，它既是一项政治任务，也是书法艺术之事，而且，这还是自己报答家乡人民的重要机会，"江浦县人民大会堂"这几个题字也是江浦县的文化面子，必须认真写好。林散之反复书写了"江浦县人民大会堂"这几个字后，选择了其中最满意的一张交给县委秘书，县委书记不懂书法，觉得字要写得像印刷体那样才算好，他看了林散之的题字后弃置一旁，竟不屑一顾地说："这算是什么题字呀，连笔画都不够端正，这题字不能用，要另找人写。"在自己的家乡江浦，书法大师林散之的书法也曾有这般被冷遇的事，往深处说，这不只是让林散之有些尴尬的事，他当年在江浦所处的文化生态，也由此可见一斑。在当年的政治文化情景中，艺术要服务于政治。"江浦县人民大会堂"这几个字，作为一件书法作品，它的好与坏，不是由艺术本身决定的，更不是由林散之决定的，决定这作品好与坏的，是代表江浦县最高权力的县委书记。

出任江浦县副县长期间，与文化界交往的机缘多了，林散之不再像以往那样只身寂寞于江浦了，这个时期，在诗书画方面与林散之交往的人，除了乌江的几位老友，其他如胡小石、陈方恪、陈元杰、夏冰流、曹汶、唐圭璋、朱剑芒、范烟桥、周瘦鹃、程小青等文友，都是林散之在这个时期参加各种会议时相识的。这些人都是江苏文坛的名人，在文化和治学上各有所长，文化趣味大致相同，他们都曾饱读中国经史诗文，都喜欢传统书画，也都不愿意过枯燥流俗无诗意的生活，他们彼此以友相称，写诗唱和，或以书画相赠。

1958年秋天，反右运动结束了，反右的对象主要是党外知识分子。在大鸣大放中，林散之究竟说了些什么，我们已无从知晓了。有一些未明之事，是可以依据后来的事实去进行倒推的，从1958年他成为南京市政协常委这个事实来看，大鸣大放时林散之的言论，应是比较委婉温和的。林散之对党心存感激，批评不正之风时，不会有什么尖锐之处，更不会因为不知把握说话尺度，让人误解或怀疑他的批评动机。再深入点来说，林散之所以没成为右派分子，是由于林散之的历史经验和个人经历丰富，在复杂的生活中，林散之已能守常知变，加上他性格较内敛，对政治的态度以及在政治生活中的立身方式，与这些右派分子显然不同。

1958年秋，南京市召开了政治协商会议，会议主席是南京市市长彭冲，作为特邀人士，林散之参加了这届政协会议，并当选为南京市政协常务委员。

文人相聚，以文会友，在会议上，林散之一次性认识了许多文坛高朋，其中有几位还是林散之早已慕名之人，能在这次会议上与他们相遇为友，这让林散之格外欣喜。在江浦工作了这么多年，他只认识了一个文友邓西亭，现在，他终于多了一批可与他在一起谈诗艺、论丹青的友人了。不过，在那个特殊的年代，文人间的友情，也是特定政治情境中的友情，彼此间说话，直见心性不太可能，即使是谈诗书画，也都比较谨慎，谈及诗书画，主流文艺方针不能忽略，要提防自己一激动冒出点传统士大夫的意识来，或说出了分寸不当令人生疑的话。

政协会议召开时，参会民主人士对议题的看法大致相同，一派祥和气象。五月中共八大二次会议召开，正式通过了社会主义建设总路线的决议，国家将进入社会主义建设的高潮阶段。经历了十年来的阶级斗争，许多文人的头脑中还刻写着不同时期的革命口号，政治的那根弦，也都还绷得很紧，言行上不敢有丝毫松懈，林散之不会例外。政协会议休息期间，在私人交谈中，交谈的话题大都是与诗和书画艺术相关，也只是泛泛之谈，偶尔也会聊一聊各自的日常生活。这些政协委员大多已过花甲之年，在风风雨雨中走了大半辈子，都有过一些难解的迷茫和困惑，在人生道路的决断上，一些人遭遇了许多坎坷。

在这次会议上，林散之结识了胡小石和陈方恪等文化名人，这些文人都各有建树，有些人已名声响亮，林散之早有耳闻，只是以往时光中无缘与他们相遇。对这些文人来说，坐在一起谈诗书画，似乎已是久违的事了，大家兴致也都很高。林散之与胡小石和陈方恪等这些文友们相遇，可谓一见如故，相见恨晚，彼此之间惺惺相惜。

胡小石早年师从教育家和书画家李瑞清，是南京大学中文系教授，他既是著名学者，也在文字学、文学、历史学诸方面皆有不凡造诣，又是著名的书法家。在书画艺术上，李瑞清有两个最有成就的弟子，张大千之外，便是胡小石。陈方恪出身名门，在文坛上早已诗名远扬，他是国学大师、历史学家陈寅恪的弟弟，家学渊源极为深厚，父亲陈三立与谭嗣同、吴保初、丁惠康，合称清末四公子，是民国学界的宗师，1937年，陈三立因拒绝与日本人合作，在绝食中忧愤而亡。与这些人相比，林散之除了是清朝进士张栗庵和山水画大师黄宾虹的弟子，并无其他令人刮目相看的资本，自己在书画上仍暗自不懈地努力，但还没有不凡成就，不像这些新结识的文友，已在文坛各有影响力。不过，林散之的诗和书画水平，已远非常人所能及，并不逊色于许多有影响力的诗人和书画家，他已不羞于与这些文友们交流。政协会议期间，林散之画了一幅山水作品《蜀江旧游图》赠胡小石，并题诗以表欣慰之情："一堂济济尽耆英，始认人间胡小石。""因缘文字正同心，乍见翻疑旧相识。"为与文友们进行书画交流，林散之还带来他在江浦创作的山水作品《溪山旧游小卷》，胡小石欣赏小卷之后，颇为兴奋，为此小卷欣然题跋，林散之遂赠诗以谢："别后伊人总慕思，连江寒雨正丝丝。爱垂小卷曾题字（先生为题溪山旧游小卷，书法苍古），契合中林亦赠诗（余曾作七古长句以赠）。几日同怀心共远，名山有愿梦偏迟。书成又误今年约，辜负云空雁到时。"胡小石与林散之相识虽晚，在艺术上结缘较迟，两人在世交往时间也不长，仅只四年，但这两位书法大师的艺术缘分甚深。如今，在南京浦口区求雨山中，胡小石纪念馆和林散之纪念馆并立在书法圣地的茂林修竹之中，两馆之间相距不足百米，两位大师的艺术之魂在面朝将来者的岁月中，相伴不倦。

出身名门的陈方恪比林散之年长七岁，青年时风流倜傥，虽看似在风花雪月中过着翩翩公子般无忧的生活，其实，在时代动荡中，他遭遇过许多不幸，在人生道路上曾多次彷徨，不知所去，年轻时在上海染鸦片、入洪帮，进汪伪政府，后又加入了国民党军统，不幸遭日军抓捕，囚禁多日，被折磨得骨瘦如柴，险些丧命。从风浪不平的时代政事到个人情感生活中的波折，陈方恪时常陷在不如意之事中，尝尽了自拔之苦，他是一个内心沧桑感很重的人，过了花甲之年与人交往，常沉默寡语。陈方恪诗才过人，早年就名扬诗坛，他的诗作情感丰富而深细，中年之后，多情绪苍凉、沉郁之作，陈方恪的诗出唐入宋，既有唐人的丰厚与放达，又有宋人的峭险、忧郁和缠绵情思。这次参加政协会议的文人，都有各自不平凡的经历，陈方恪是其中格外引人注目的人。对诗人陈方恪，林散之也是另眼相看，既羡慕他家世的人文传承，又看重他足可与世相争的天赋和才华，"灵运曾开北宋诗，君家亦自有宗师。豪情已与今时异，佳句能搜六代奇"。[1] 当年，林散之与陈方恪初识，对陈方恪的人生经历只是有所了解，还谈不上深知，但能与诗人陈方恪为友，在一起切磋诗艺，是人生一大快慰之事。这首赠给陈方恪的诗，既是对陈方恪诗的赞誉性评价，也是一种寻其友声的邀约，是对陈方恪诗才的肯定。这邀约是由衷而又迫切的，它来自一个诗人裹在寂寞中的心，与友人谈诗这类雅事仿佛已是久违之事了，有一种身在异乡突遇故旧的感觉。这类与陈方恪和胡小石先生唱和的诗作，林散之曾写有多首，这些诗作基本上都收录在诗集《江上诗存》里。

---

[1] 林散之在《赠陈方恪》诗后注："陈公散原诗学荆公，为一代宗匠，其七公子方恪先生博雅工诗，嗣其遗响，缅然有怀，书此长句赠之"，见《江上诗存》。

第二十九章 布衣的友情

政协会议结束后，林散之回到了江浦，又忙于公务，落实政协会议的基本精神：文艺要积极歌颂工人和农民的模范形象，版画、漫画、年画以及人物画和山水画，必须服从政治宣传的需要，这与传统文人喜好的田园诗意以及隐逸山林的人文趣味不相干。江浦县大大小小的画家，也都要做出贡献，那些漫画、年画，人物画，都要为政治服务，这些作品欠缺艺术性，林散之焉能不知？即便当年在画《江浦春修图》这幅人物众多的山水画时，林散之也还是比较注重笔墨的。虽然林散之经常自称已放弃了传统士大夫的旧文人情怀，但这可能只是一种权宜的说法，其实，中国传统文化中最渊深的那部分力量，仍存留在他的生命中，林散之改造传统旧文人的意识不够彻底，或不愿彻底改造传统人文意识，就林散之后来成为书法大师而言，这不失为一大幸事。

坐在副县长办公室里，想起政协会议期间与新文友们的相聚，只觉得那种诗意的生活太短暂了，转瞬间就成了过去之事，它像一个突然冒出来的梦，斑斓迷人，这个梦还远没完全展开，就被尖锐又猛烈的口号给震醒了。尽管如此，林散之这次与文友们的相聚，不因短暂而失去值得回味的意趣，有了这些新结识的文友，与他们常有谈诗论艺的信函交往，自己在江浦就少了些寂寞，心理上也多了些慰藉。

林散之的生活又回到了原来的状态，政府工作必须认真做好，他自己在意的诗书画之事，依然只能在休息日和晚上才能私下里去做。其实，他已没有正常的休息日了，人民公社成立后，林散之在政府的工作比以往更紧张了，学习文件，检查下属单位的工作，经常开会，批各种条子，这些职责中的事，虽说林散之已驾轻就熟了，但还是要尽可能做到精益求精，政府工作中他负责的每件事，都要细心谨慎地处理好，工作上不能出现任何失误和差错。林散之已入花甲之年，过几年就要退休了，退休之前，他要给人民政府一张满意的答卷。

林散之在江浦工作的最后几年，正是全国推行人民公社化的几年，1958年5月，八大二次会议通过了社会主义建设总路线，阶级斗争暂时告一段落了，国家的经济建设成为头等大事。

林散之的家乡乌江，原属鱼米之乡，乌江的农业生态，也在挖山挖地大炼钢铁中遭到了破坏，粮食歉收，乡民们能不能吃饱，已成了大问题。对此，林散之应有较深的感触，据林散之二儿子林昌庚回忆，那几年，生活格外艰难，林家三房的所有儿女，都不同程度上得到过林散之的重要帮助，才渡过了难关①。

　　人们常说，诗人应像杜甫那样成为时代生活的记录者，这显然是对诗人提出的一个较高的要求，并不是每个诗人都能做到的，也不一定是每个诗人都必须做到的，但能以诗真实记录时代生活的诗人，总会令人们生出更多的敬意。杜甫是个对现实感受深切的诗人，有强烈的忧患意识，他的诗大多情绪沉郁，忧国忧民，关注时代生活中人民的疾苦，在诗艺上，也显示了大师出类拔萃的才华。林散之年轻时即对杜甫的诗尤为推崇，在《江上诗存》自序中，林散之称自己多年来"力宗少陵，为之弗辍"，所宗显然不止于诗艺，杜甫关注社稷的写作精神，林散之也应是承继在心。

　　遗憾的是，仔细查阅《江上诗存》中所收 1958 年至 1961 年的诗作，都是交友唱和之诗和山水诗，与杜甫关注社稷的精神无关，林散之作为县政府官员，在思想上必须与当时的大方针相契合。增编版之外，《江上诗存》里的所有诗作，皆为林散之自选，那时，国家已对各种冒进政策进行了纠偏，如果林散之私下里曾写过质疑"反右"运动和"大跃进"的诗，如果写过反映真实生活的诗，属于关注社稷且具先见之明的诗，就有足够的理由选入诗集《江上诗存》。由此推断，这样的诗林散之并没写过。林散之曾亲身经历"反右"，不能说他对当年的现象不敏感，敏感而又言行不露的根本原因在

---

① 林昌庚著.《林散之》第 86 页，百花文艺出版社，2007 年。

于，林散之心里有个尺度，跟着党走，做与党意愿相合的事。其实，在那个年代，绝大部分中国诗人都在写歌颂类的口号诗，真能以诗反映真实生活的诗人极为罕见，虽极为罕见，但也并非没有，这令人惊讶的事就发生在林散之身边，在中国诗坛少为人知的乌江布衣诗人邵子退，便是这极为罕见者之一。

邵子退，出生于1902年，自幼便跟随父亲邵鲤庭诵习诗文，熟读四书五经，也擅诗书画，为人淡泊好静，不喜喧嚣，不逐名利，在乌江是一位有影响的乡儒。邵子退与林散之少年结交，两个人的深厚友情长达七十年之久，一直保持到终老。1958年，他从乌江街道下放回到家乡，故宅已毁，不得已在村前开荒山种桃谋生，筑几间小茅草屋看守桃园，自谓"种瓜老人"，他白天在瓜田劳作，晚上在小油灯下读书写诗，作品中几无怀才不遇的感叹，著有诗集《种瓜轩诗稿》。

1984年，几位有些名声的学人去拜访林散之，有人当场称赞林散之是诗书画三绝的大师，当世难有人与他并论，林散之两耳都已聋了，来访者只能凭字条与他交谈，他看过字条上赞他的话之后，缓缓摆摆手说："邵子退的诗比我写得好，他写出了一首必定要传世的好诗，说着，从书桌上拿起《种瓜轩诗稿》，翻到《邻姬》这一页，语气沉重地读完了全诗，表情很严肃地告诉在场的学人，'你们都听过这首诗了，这是我仅见的一首记录'大跃进'农村生活的古体诗，这首诗写得很真实啊，直接继承了杜工部《三吏》《三别》的精神，而我当年噤若寒蝉，没有写的勇气呀，惭愧！惭愧之极啊！"①在《种瓜轩诗稿》中，有一半诗作，是邵子退与林散之的唱和之诗，林散之也有一百三十多首诗是写给邵子退的，两人友情甚深，有当世元白之誉。林散之曾多次向他的弟子们言明，诗书画三者中，自己在诗上是用力最深的，他认为："诗，性情而已，诗言志，志即性情之所寄托，而进修之所遵守也。于功力，于风格，于境界，又技之进也。无性情，不足以言诗。"②林散之这段关于诗之为诗的表述，大意是说，对诗艺的把握虽与技之进相关，但写诗，尤重性情之真，一个诗人失去了性情之真，便难以写出真正的好诗。一个诗人的"真性情"，如果不与"生活之真"密切相关，它从何而出？布衣诗人邵子退不畏写作的风险，一以贯之地保持这"真性情"，令林散之既惊讶又敬佩不已，面对《邻姬》这首诗，作为诗人，林散之当年噤若寒蝉，如今直言惭愧，应属反思后的坦诚之言。

　　林散之在政府为官，邵子退为一介布衣，写了一些与主流不太契合的诗，写成之后，便藏在瓜地的小茅草屋里，林散之在官场，关于"大跃进"，他与林散之在认识上有异，他们对当时农村的现实生活也看法不同，这些诗是不宜与林散之交流的，不宜与林散之交流的另一个原因，可能是不想给林散之惹出麻烦。这个时期的一些诗，邵子退去世后林散之才读到，看过邵子退的诗，林散之曾心绪难平，相比之下，

---

① 引自柯文辉著．《林散之印象》。
② 出自《江上诗存》自序。

就一个诗人应不失"真性情"而论，林散之自愧不及。在江浦工作期间，林散之写了不少于三百首诗，但没有一首诗真实地反映过当时的生活，那些山水诗以及与友人唱和之诗，较少触及那个时代生活的真相，诗人在写作中避让风险，古今不乏其例。但这类避让之事，显然不宜理解为诗人的某种沉默，更不宜理解为诗人对时代生活的超越。

1984年，耄耋之年的林散之，已是社会公认的书法大师，在艺术界影响较大，林散之的草书是当代书法的高峰，无愧于大师之名，但书法之外，林散之还是个自我认同度向来不低的诗人，在诗书画这三者中，他曾多次自称自己的诗为第一。是知交邵子退的诗作，震撼了林散之被生存经验裹紧的心。思及当年的真实生活，林散之不禁有些自愧，他对几位来访学人说的这些话，并不是谦逊之言。这些话应属林散之的由衷之言，其中，有那个年代留在他心中的隐痛，也有他对以往年代个人写作的深刻反思，这反思中，也包括了现在文学中常有的提问：诗人何为？读了知交邵子退的《邻姬》一诗，林散之不太可能绕过"诗人何为"这类逼问，但在林散之这里，未必会有可靠的答案。不过，关于"诗人何为"这个话题，也不宜只以诗人杜甫为例来谈，更不宜只从日常道德去叙说，诗人何为，与诗人对诗之为诗的领会相关，它关乎存在的奥义，人们也许会换个角度去想，生活中多一个直面真实生活的优秀诗人，和多一位对书法史做出贡献的大师，两者都很重要。

第八卷　1963—1972

第三十章 入江苏省国画院

1963年早春的一天,一些在冬夜中沉默已久的花,可能还没做好开放的准备,街巷和屋顶的积雪还没化尽,一切尚在复苏之际,天气仍有一些寒意。林散之几乎没感觉到这些,他站在国画院分配的一栋青瓦红墙的小楼院子里,只觉得南京这座六朝古都阳光暖人、春风和煦,出现在阳光和春风里的事物,比以往任何时候都新鲜了许多。十三岁那年,他从乌江来南京学工笔画,距今已有五十三年了,这五十三年的艰难之路,跌跌撞撞走过来了。其间,风风雨雨,时代生活不乏狂烈激荡之时,站在这小楼院子里抚今思昔,林散之为有今日的生活感到幸运。

江苏省国画院刚成立不久,省政府很重视,国画院获取了较好的资源配置,按个人的社会身份,给入院的画家分配住房,不同身份享受不同的待遇。林散之的行政级别是副处级,在省国画院，这个副处级可是个不低的级别了。元月 11 日上午，南京中央路 117 号一栋欧式两层小楼中，比平日多了许多文气，这里住进了两位年过花甲的书画家，一位是原无锡市美术家协会主席钱松嵒，一位是来自南京江北的退休副县长林散之。著名画家钱松嵒住楼上，其时，钱松嵒已是省国画院副院长，林散之住在楼下，待遇与钱松嵒大致相等。

楼下共有四个房间，两间主室，每间大约有二十平方米，一间做卧室，一间做画室兼会客室，另外两个小间做饭厅和厨房，上二楼的楼梯设在楼内，卫生间在小楼的一侧。这小楼原为民国住宅，大概是民国政客或中产人士的私人公馆，小楼配套齐全，楼前有个较大的院子，有一百多平方米，围墙较高，院子里植有松树、柏树、香椿树等十余棵，并种了些品相较好的花卉，来访者进了院子，大致能感受到房屋主人的文化品位。

小楼的位置选择也颇讲究，离楼房不足三百米处，便是南京著名的风景名胜玄武湖公园，这是江南地区最大的城内公园，也是中国仅存的江南皇家园林，被誉为"金陵明珠"。公园里景观众多，四季风物宜人，平时出门散散步就到了。

住进这栋小楼，林散之心悦意惬，比他在江浦做副县长时要好得多，乌江的江上草堂也不能比。这是大喜过望的事，林散之为此激动赋诗："已从尘垢脱形骸，几度人间作官才。樗散犹能取一格，好风送我过江来。"① 入国画院后，自己的

---

① 出自《新居二首》，见《江上诗存》。

生活境况大有改变，这种喜不自禁的事，必须让许朴庵和邵子退分享，他们是林散之的少年知交，四十多年来友情不衰，三人在乌江民间有"松竹梅"之誉。我们从《馆藏林散之先生诗稿水墨迹》中发现《新居有怀示朴庵子退》一诗曾数易其稿，林散之在斟酌改诗的过程中，除了那份入新居的喜悦之情，他当时的心思和生活感触，也不禁从诗句中流露了出来：

亦爱南来屋，松门日日关。
心安功德稳，境迥岁时宽。
有价书千卷，多情墨一丸。
最难寒夜里，云路几回看。

我们不妨来对这首诗做些解读。这是书写字迹清晰的完成稿，无纠结和迟疑的字词，前两句基本上没有大的改动，第一稿中的第三句，原有可作选择的参考备用句"余事堪三省，前尘愧一官"在完成稿中弃而未用，第四句斟酌再三，在第三稿中原为"最难朋友字，几度问平安"，完成稿中已改为"最难寒夜里，云路几回看"，"余事堪三省，前尘愧一官"这个诗句是对友人的真心表白，这所"省"者和所"愧者"是什么，也许不便言明，从"心安功德稳"这个诗句可以看出，这个句子并非指自己政府工作没尽力做好，这不是自省和自愧的理由，林散之改诗时追忆往昔，多年风雨在心，心潮起伏难平，这未言明的"省"与"愧"应是言及其他，最后一句改为"最难寒夜里，云路几回看"，在林散之心里，这未言明的"省"与"愧",应是蕴含在其中了。

一个人在比较满意的生活状态中回忆以往的艰难,会更觉得这满意的生活来之不易,也更值得珍惜。六十几年坎坷人生路,林散之在各种艰难和风险中,凭意志力独自负重前行,他经历了时代政体的几次变革、新旧文化的争执和冲突、各种战争以及避让不了的时代政治生活,林散之思想上的眩晕也多次发生。这世界上的事向来复杂,有一些事远不在常识表达中,真能看得透彻又能说明白的事,其实并不多,应该说,在大多数时候,人自以为了解这个世界了,也自以为是个自知之人了,其实,人仍茫然在庞大的晕圈之中。一般来说,自我选择出于自由意志,林散之选择立命于诗和书画艺术,但这世界经常是反对诗和艺术的,到处是高于自由意志的现实力量。回想起那些往事,林散之觉得人生中许多事与自己的志向不契合,甚至会有较大的冲突,但又不得不介入。在政府工作期间,林散之必须认同这个世界是阶级斗争的世界,阶级斗争每天必须过问,而诗书画的事几乎已成为林散之个人生活的隐私,政治生活不同于艺术创作,林散之在生活中尽可能守常知变,这也包括生活中的某些妥协,连自己的知交都未必能真正理解。好在这些事已成过去了,林散之在感恩之时,又觉得是命运之神撕开了乌云,将光芒投到自己身上了,退休之后,他能享有如此这般的待遇,过上自己喜欢的诗书画生活,这是他此前不曾想过的。"有价书千卷,多情墨一丸。"世事万千,人们在各种欲望中折腾,林散之独钟笔墨之事,诗书画乃自己今生不弃不舍之所求,岁时尚宽,艺术的前景可期，在《新居有怀示朴庵子退》中，他向两位知交表达了老骥伏枥的志向。这时期，他又得知二十多年未见的知己张汝舟在贵州大学任教，欣然写诗几首相赠，告知张汝舟自己进入省国画院移居江南的好消息。

对书画家来讲，进入江苏省国画院，是梦寐以求的事，林散之如愿进入了国画院，1946年林散之在合肥想进入艺术机构的愿望因内战发生而没能实现，如今这个愿望实现了，此后的日子，他终于可以沉浸于诗书画了。在江浦任职的这些年，林散之对书法和山水画有过较多思考，只是没有大块时间和精力去做艺术尝试，如今进了省国画院，已是个专业画家，自己别无他求，唯一重要的事就是写字画画，关于书法和山水画的想法，可以落实到宣纸上去了。

妻子盛德翠也随他入住中央路117号，这是林散之入国画院个人待遇中的一部分。俗话说，夫荣妻贵，在江浦时，人们对她这个副县长的妻子很尊重，入住中央路117号后，她从一个副县长的妻子变成了一个专业画家的妻子，这对盛德翠来说，是一种大安慰，丈夫在事业上有作为了，妻子当然比别人更高兴。与乌江许多人家比，盛德翠的家境较好，嫁给乌江才子林散之后，她任劳任怨，七个儿女成长中的日常之事，她从没让林散之费心，在儿女教育及生活安排上，夫唱妇随，从不与林散之的决定相左。林散之与盛德翠结婚后，仍书生气很重，甚至还有些不知世故的"傻气"，乡村的绝大多数女人，只想过好平常的日子，也都拘泥于眼前私利，对什么是要干的正经事看法大有不同，对她们来说，一群"书呆子"们喜欢谈所谓诗意的生活，这无异于不着边际的扯淡，如果盛德翠像她们那样，就很难与林散之生活在一起，林散之也极可能会不认同她。在乌江，作为好妻子，盛德翠声名在外，林散之痴迷于诗书画，无论是去上海师从黄宾虹，还是花大半年时间独自远游名山，她都全力支持，林散之不理家中俗务，她也从不埋怨，进省国画院对林散之多么重要，盛德翠不一定说得清楚，但她格外高兴，这事遂了林散之多年的愿望，成为一个社会公认的画家毕竟是林散之朝思暮想的事。早年，林散之就为在书画上有大成就发愿在心，也有过挫折和失意之时，那年在合肥入省参事之事，因战事未成，仿若一枕黄粱梦，他回到乌江时情绪极度低迷，便属此例；但他以书画史上的前贤精神激励自己，仍与平庸的生活暗自较劲，不弃不馁，在国民党统治时期是如此，1949年后在人民政府工作，也是如此，只是不宜公开以书画为重而已，一有空闲了，林散之就笔不离手。相伴了几十年，盛德翠比任何人都了解丈夫的志向，林散之对外一向谦逊，叹自己师古而未成，但他骨子里憋着一股劲，林散之想成为山水画大家，师从黄宾虹后，这个志向更坚定了，从没真正动摇过。进了国画院，他会在书画上更投入，料理好日常家庭事务是她对丈夫事业的支持，洗衣、买菜做饭、客人来了茶水招待这类家务事，是不用林散之操心的，他可以全身心投入到写字画画中去了。

这个春天，在林散之眼里，是六十六年来最好的春天，林散之心情大好，以往看见树上的枯枝会联想到生命的悲怆，现在，他眼前院子里树上的那些枯枝正在恢复新芽萌发的生机。一个人有了好的精神状态，会加强身体生理功能的自调能力，三年困难时期林散之在江浦患上的胃病也不发了，他似乎也年轻了一些。中央路117号楼下这近百平方的空间，虽是实用空间，也要尽可能安排得虚实得当。林散之向省国画院借了两个大书橱、一张大画桌和椅子等日用家具，又从江上草堂搬来了许多画谱、书论、碑帖和文房四宝，以及很多落了灰尘的经典书籍。在草堂搁置了十几年的这些经典，从青年到中年，自己曾一读再读，说那些年时常手不释卷，并不夸张，1949年后，不提倡读这些经典了，即便在古籍书店，大多数经典也已买不到，中国古代圣贤的思想不合乎时代的需求，不意味着它们全都是糟粕，况且，经典中被认为属于糟粕的那部分，也可以化腐朽为神奇，私下里重温经典，这理由大致说得过去。林散之的笔墨生活，就要从这里重新开始了，站在中央路117号的院子里，他看看开阔的天空，见有大鸟在初春的阳光中振翅飞过，林散之似乎受到了某种暗示，踌躇满志。

　　对江浦县政府的人来说，林散之进国画院，是个不小的新闻，他们知道林县长工作之余没其他爱好，只喜欢写字画画，水墨画出来的农民和工人还没年画好看，没人看出他的书画究竟好在哪里。据说他写字画画，与人们闲时打牌下棋相似，只是个人喜好，只为了打发时光，对书画略有点见识的人，至多只能看出林散之笔力不浅，像"莫愁前路无知己，天下谁人不识君"这类勉励的话，更没人私下里对林散之说。

当然，将整个江浦县最有想象力的人集中到一起去想象，也不会有人想到林散之有朝一日会成为书法大师。进入省国画院的人，都是江苏省最好的画家，林散之退休后进入省国画院，县政府的许多人始料不及。其实，他们对林散之的了解仅限于工作范围，再就是这个林县长有修养，为人谦和，人品好，而林散之的内心所求，与他在一起共事多年的人也所知甚少。

在江浦从政十多年，林散之工作的主要内容，大多直接与政治运动相关，人们称赞他工作做得好，他认为这不是他擅长之事，但人们认为，这只是林散之知其不足要求进步的说法，没人相信这是林散之的真心话。这个自觉接受政治改造的旧文人，在政府工作期间，为人民服务、干好分内工作，在这方面，他甚至比政府中的一般党员干部表现得更好一些，这也是他被人民政府器重当上副县长的原因。但他毕竟不是共产党员，在林散之的意识里，做好政府工作，不一定是为了实现共产主义，这只是一个无党派人士在政府工作中坚守职责的体现。中国传统文化中有一些未被人们领会的精髓，尤其是中国传统艺术精神，仍血液般流淌在林散之生命的深处。从"五四"新文化运动开始，中国传统文化虽反复受到了激烈冲击，从林散之生命的深层意识去分析，后来的各种主义都没能真正取代它，说这些主义已在林散之心里取代了传统儒、佛两家的思想，可能言过其实。

这些年中，林散之除了以具体工作中总结的经验去把握和处理事物，他以往所读的那些经史之书，以及内蕴在中国传统文化中的立身智慧，对林散之如何把握生活的分寸也起到了潜在的作用。"我志欲方，我行喜圆。"这是林散之1961年书写的行书联中的句子，这是一个自白的句子，表面上随和处世，不露锋芒，但内心尺度严明，这种外圆内方的处世智慧，为他在复杂的政治生态中拓宽了个人回旋的空间。在江浦期间，林散之在工作中一如既往，尽职尽责，将儒家"无过无不及"的思想带入到具体生活中来，上被领导们肯定，下被部下们赞誉，依林散之对林家后人常有的表述，这算是不辜负政府对他的恩宠了。

进省国画院的前一年，1962年6月21日，离退休尚有半年时间，林散之作为"特别邀请人士"参加了江苏省政协会议。在会议中又结识了一些新文友，朱剑芒、范烟桥、周瘦鹃、程小青等都是在这次政协会议上相识的，新文友中的朱剑芒是常熟虞山人，与林散之的老师黄宾虹是"南社"诗友，交情不浅。林散之见到朱剑芒时，觉得格外亲切，他想起了老师黄宾虹。没有山水画大师黄宾虹，难有他今日受人敬重之身份。心中感慨颇多，不禁诗性荡漾，他对朱剑芒先生尤为敬重，以长辈相称，写诗相赠："千年江左风流在，始识人间一剑芒。南斗几瞻文字社，北山曾驻性灵乡。诗如秋鹘坚还瘦，人比寒松古更苍。太息师行余几辈，莲花同爱暮云黄。"[①]诗中既赞了新识诗人朱剑芒也表达了对老师黄宾虹的追忆之情。新结识的苏南文友们，俱为江苏文坛的名耆，也都是江苏旧体诗的名流人物，他们欢聚一堂，诗人兴会，写诗唱和，

---

① 出自《奉呈虞山朱剑芒先生》，见《江上诗存》。

这是旧文人们交往的传统，甚至是交往的一种礼仪。这类唱和之诗，大多叙叙新友相识之情，谈谈主流语境中的风物，不免会有些套话，心性藏而不露者多，写出佳作的可能性很小。但这仍是一种快乐之事，在这次政协会议期间，林散之心情极好，可谓心花绽放，一天内会写诗多首，被日常事务长期抑制的才情，呈现出突然井喷的状态。作为特别邀请人士参加这次政协会议，林散之为之高兴，更值得林散之高兴的事是在这个政协会议之前，他已被内定进入江苏省国画院了，江苏省政协会议期间，林散之正从江苏省国画院学习班结业。

林散之进入省国画院，如今已成为国画院的历史资本和荣耀，但国画院成立之初，要在全省选优秀画家入院，从没有人与林散之联系过，否则，林散之就不会在退休前的1960年，有重修江上草堂返回乌江的打算了。即便国画院对林散之的书画有所了解，但也谈不上重视，第一批入院画家名单中就没有林散之的名字，也许，林散之的名字，也不在备选画家的名单中。

其实，江苏省国画院首选入院画家时眼光很好，吕凤子、陈之佛、傅抱石、亚明、张文俊、鲍娄先、钱松嵒、陈旧村、何其愚、余彤甫、郑秉珊、王琴舫、顾伯逵、丁士青、费新我、龚铁梅、张晋、魏紫熙、宋文治、叶矩吾、喻继高，这是国画院成立时首选画家名单，这些首选入院的画家后来在艺术上各有成就，其中，以大师身份享誉中国画坛者就不乏八九人。林散之虽是黄宾虹的弟子，但与这些画家比，他当时在画界的名声还不够响亮。他的山水画尤其是书法，也都还没获得较高的认同度，现在，人们谈书法大师林散之进省国画院之事，会认为是省国画院有眼光，但依当年国画院选画家的实情来谈，事实并非如此，如果林散之无所筹划，不去把握进入国画院的机遇，他即便是黄宾虹的弟子，想进国画院，也可能会事与愿违。

1960年，继北京和上海国画院之后，经过几年的筹建，江苏省也成立了国画院，傅抱石任院长，钱松嵒、亚明任副院长，当时江苏的一批精英画家被首选入院，林散之的名字未列入其中。林散之虽在县政府从政，但这毕竟不是他的所长，林散之一生孜孜以求的是诗书画艺术，江苏省国画院的成立，让在书画艺术上几乎已雄心不再的林散之，又看到了些许的光亮。

在政府工作十多年了，林散之已临近退休年龄，原本是打算退休之后回乌江过赋闲的日子，在江上草堂作诗、写字、画画，与乌江的老友饮酒叙旧，在笔墨中安顿疲乏的身心，安度晚年，只要不再有什么折腾就好了。他曾有诗流露心迹："牛渚经年别，乌江此夜思。山川留素约，松竹待归时。鹤怯还巢冷，莺怜山谷迟，一窗风缓缓，吹我鬓成丝。"[①]诗中的情绪比较平和，不见以往艺术志向未酬的感叹，与如今老人们择地养生的感觉相差无几，别说是将来要成为书法大师的事了，就连成为一个社会公认的书画家之事，他也没去多想。但江苏省国画院成立了，那是江苏省国画的高地，林散之在

---

① 出自《夜思》，见《江上诗存》。

山水画方面向来不失自信力，觉得自己也有进入那个高地的资格，如能进入江苏省国画院专事画画，做个心无旁骛的专业画家，那是再理想不过的事了。在省城南京，林散之在书画方面的影响力正在提高，1962年年初，南京市第三次文学艺术工作者代表大会召开，林散之被选为文联的副主席，他是山水画大师黄宾虹的弟子，这些都是林散之进入省国画院的资本。在政府工作多年，林散之不仅政治经验比平常人丰富，原本就不弱的交往能力也提高了许多，与许多迂腐气未消的旧文人相比，在如何把握人事这方面，他既能在复杂关系中看出关键点所在，又擅长在具体运作上变通把握。凡所欲之事，必运筹在先，一个人在生活中想做好某件事，首先要找到恰当的方式，做好事情的能力和智慧，体现在最恰当的方式上。随着退休日的临近，林散之想进入省国画院的愿望，也一天比一天愈加强烈了起来，在笔墨上，自己不比首批入国画院的画家差，那么该用什么方式才能促成这个愿望的实现呢？自我举荐恐怕不行，为了稳妥起见，林散之思之再三，想到一种最可靠的方式，他对彭冲表达了想进国画院的愿望。

人们经常生活在事与愿违的现实中，心想事成的事向来不多，有一些东西人们心向往之，但心向往之毕竟还只是一种愿望，大多数时候，这种愿望像是一张空头支票，让人们生活在兑现的幻觉中，而那些不太寻常的愿望，就更是如此。只有当这愿望具备一定的条件，又与幸运这个词结合在一起时，它才会成为生活中的事实。其实，也只有极少数人与这种幸运相关，就进入省国画院这事来说，林散之便属于这类幸运之人。

尽管林散之在笔墨上的造诣不亚于画院的一些画家，但林散之进入国画院这个愿望的实现，并非直接出于国画院在艺术上对他的认同，而是彭冲的力荐帮他达成的。进入省国画院成为专业画家，是林散之社会身份的一次重要转变，以前，林散之只是个有影响的业余书画家，进入了省国画院，便是专业画家了，自此，他才真正跻身中国艺术界了。不能说彭冲当年的举手之劳，对林散之成为书法大师没有影响，没有彭冲当年的权威举荐，林散之的名字可能就不会出现在省国画院的画家名单上。进入了江苏省国画院，林散之的艺术道路由此平坦了许多，也因此有了许多重要的艺术机缘，甚至可以说，这与他以后成为书法大师，也不无内在的历史关系。

当然，以林散之那个时期的山水画水平而论，在江苏国画艺术领域，林散之虽社会影响力不足，但他至少在山水画笔墨上具备一定的优势，人们也可以说，林散之是有资格进入江苏省国画院的，即使没有彭冲的直接推荐，也可能会有其他的途径进入国画院，但这仅是一种可能，没有人能断定这事一定能成。

这个世界上所有的艺术大师，乃是作为具体生活中的人存在于世的艺术大师，这个世界向来就是个世俗的世界，现实也是世俗的现实。大师并非完美之人，完美这个词，神话倾向明显，用之于人，向来都不合适。也许，这个世界曾经有神，有过迄今不曾与人类照面者，但人占有了这大地，欲望汹涌，众神不畏惧人乎？众神可能畏惧于这人世之俗，早已遁迹而去了。这世俗世界中的世俗，是人类根本处境的重要特征。在这宿命般的世俗中，也有存在的秘密鲜为人知，世俗中的众多事物，也还有待重新解读。生活在世俗中，人就难免会有庸常之时，而大师在艺术上的所谓超越，是指他们提前抵达了成长的某个高度，创造出了了不起的艺术作品，出离了世俗中那些庸常之事，也出离了艺术史旧有的秩序，向人们敞开了与诗性和美相关的存在的可能，但这超越，必缘起于世俗生活，乃是大师生命在世俗生活中的绽放。书法大师林散之，不是从天空突然降临的大师，在变革时代复杂的政治和文化冲突中，林散之有过迟疑和彷徨，有过惊恐不安，也有藏智于拙之时，和所有人一样，他也不可能在世俗事物的裹挟之外成长，仅从辛亥革命后大大小小几十场社会运动看，就可知林散之这代人成长之艰难。从世俗生活中具体的境遇去谈，为了诗书画艺术，为了过一种不失自由精神的生活，林散之整合权力资源，不意味着妥协于庸常之事，人们完全有理由做另一种理解，林散之对世俗经验的恰当运用，也可能正是不沉沦于庸常之事的生存智慧。

我们在这里说出这个事实，是为了尽可能还原书法大师林散之个人史的真实。这个世界上的真理，可能会像尼采所说的那样是被解释出来的，但一个人存在的历史真实，不是被知识解释出来的，它只能在具体生活中发生。要深入了解并理解林散之，必须剥离不实的流言回到历史事实中，相比于流传中有虚构之嫌的那个林散之，一个真实的林散之，一定会让读者更感兴趣。林散之进入国画院的实情，如被流行的说法继续遮蔽,这对人们深入理解历史上那个真实的林散之,是个不算小的理解瓶颈。

第三十一章 游于艺

江苏省国画院成立了，江苏省政府大力支持，在国画院的选址上，也给予规格很高的关照。省国画院原址选在长江路292号原国民党总统府西花园内。西花园也称煦园，是晚清江南园林的代表作，西花园的面积不大，但虚实相映，层次分明，园景以水为主，水道南北走向，东阁和西楼隔岸可望，南舫与北阁遥相呼应，花间隐榭，水际安亭，景致和谐。水池平面似长颈花瓶，瓶口有漪澜阁屹立在水中，花园内假山巧而精致，碎石子铺成的行道旁，花木扶疏，修竹参差，从秀丽中透出雅静的气息，在这里散散步，也可算是最佳去处了。这里的房屋皆为古典建筑，1949年前，西花园为国民政府参谋本部办公地，国画院的画家们见识颇多，但从没想过自己会在这西花园中画画，画院院址选在风物宜人的西花园，省政府对国画院的重视可想而知。

国画院的条件优越，画家们都有自己宽敞的画室，除了美展和其他宣传任务之外，在哪里画画，由画家们自己决定，画家们一般都在家中静心画画，去画院画画的时候其实不多。林散之当副县长时，每天必须按时到办公室处理事务，这是工作制度，现在不再受这种制约了。国画院在这方面比较宽松，画家们星期六去西花园聚集，各自谈谈画画的情况，相互间再做一些艺术交流。

　　"好风送我过江来。"对林散之来说，读书写字画画，是最重要也是最本真的生活，这种曾被几度中断的艺术生活，如今从中央路117号重新开始了。这生活还需再作筹划，时间一定要安排有序，各类书法名帖仍需再读，读帖也是一门很深的功夫，要从这些名帖中读出些堂奥来并非易事，这些年，自己在书法上感悟颇多，并已有一些区别于大师们的笔墨语言了，但临帖，还是要成为绝不可懈怠的日课，每日必临。读帖和临帖之事，不只与书法笔墨之技相关，许多勤于读帖和临帖的人，往往会止于书法之技，其实，时有感悟的读帖和临帖，尤其是临帖，临写各类名帖时，可会通大师们书写时的情绪、感受和生命状态，可加深对书法意义的理解，这也是临写者与历代大师精神往来的一种方式。书画相通，历代的书论和画论自己早已了解不少，重温它们，读到心领神会时，会有一些新的感悟。老师黄宾虹所授的笔墨之法，不能说自己已烂熟于心了，他在山水画晚年变法时，笔墨意识中就有些新的东西，也还需多一些琢磨，多些创造性领会。林散之深知笔墨理论的重要性，这关乎笔墨技艺，也关乎中国的笔墨精神,但从书法和山水画的创作来讲,最重要的还不是理论,这些理论并不是凭空想象出来的,是从前人的书画实践中梳理和总结出来的,它会提高书画家对笔墨艺术的认识力,对说明书画家的身份也会有阐释和支持的意义,但最终能说明书画家身份最根本的东西不全是这些笔墨理论,而只能是作品本身。明白了这些,就要创造性领会它们,并落实到作品的创作中去。

国画院的画师们各擅其长,在画坛各有作为,大多数画师的社会影响力都比林散之大,楼上的国画院副院长钱松嵒在画坛的影响力更大。这是一种不小的心理压力,与社会认同相关,更大的压力来自林散之的自我期待。与大师们精神相通,好眼光的人,不会迷失于大师们光芒炫目处,也能看出大师们的欠缺,一般书画家没有这样的好眼光,只在大师们的影子里兜圈子,有了这样的好眼光,又有坚持不懈的努力,激发创造的天赋,才不至于让这个期待落空。别开生面的艺术创造,是一种高于集体行为的"私活",这种生命从作品中绽放的私活,许多细节少为人知,从作品技艺到艺术语言的个人性,必须独自去完成,这是绝无他人可取代的事,林散之要干好这种私活,才能成为自我期待的那个林散之。成名之前的林散之,虽向来谦逊,却是个在艺术上私下里较劲的人,他敬重历代书画大师,但谦逊时也从不小看自己。在山水画方面,自己虽已得老师黄宾虹笔墨真传,也不可满足于这现状,山水画,自己已画了近四十年了,如今成为省国画院的画师,专事画画,不能只安然于做个普通的画家,仅从自己是山水画大师黄宾虹的弟子来说，也要有不同于众的艺术作为。不同于众，在艺术上就要更上一层楼，想做个优秀画家，这是应有的愿望，但从古至今，有能力实现这个愿望的画家其实并不多，大多数画家都止步在某些打不破的瓶颈前。这不是只关乎理解力的事，它需有极高的艺术悟性和出众的创造力，这样的事，也只能以笔墨在宣纸上去完成，难度之大，绝非寻常之事可比。虽知其难，也必须迎难而上，从大师作品中吸收艺术滋养，激活个人创造力，在艺术上更上一层楼，这是进国画院之前，林散之对自己提出的要求。林散之深知，这不是只靠意志力就可以完成的事，在山水画方面要有不寻常的作为，比当年只身跋涉蜀道要难得多，自己山水画的笔墨语言，承继自老师黄宾虹，如何才能有所创新，这个自我提问，也只能以作品去应答。

中央路117号，这里的风物虽不能与西花园比，但林散之对这个新居很满意。小楼静立临湖之地，独门独院，少受干扰，风气和畅的庭院中，松木亭亭，花草生发，这与江上草堂有几分相似，看上去很顺眼，也觉得亲切，这个地方很合林散之的心意。西花园离中央路117号较远，在画院，有了宣传任务，也常有主题在先的共同创作，这类热闹事，林散之不太适应，他更愿意在家中过笔墨生活。

一日三餐的饭菜，打扫庭院和过道，盛德翠料理妥当，林散之不用过问，画画也要有好身体，林散之早年患了胃病，每天除了早晚打太极拳康复身体，他全身心投入到书画中，心无旁骛。"不及，非人也"，少年时，林散之便立有这样的志向，也许，林散之有个秘而不宣的期待，有朝一日，这中央路117号，会成为艺术名人的旧居，当人们提及中央路117号时，不会只想到钱松嵒这个名字，不会漫不经心地说，这个楼下曾住过一个比上不足比下有余的画家，或是曾住过大师黄宾虹的一个弟子，而是将这一楼看作杰出作品的诞生地。那个时期，林散之的心思主要放在山水画上。

与著名画家钱松嵒同居小楼，邻画坛名家而居，林散之心里既愉悦又欣慰，从一幅林散之当年所撰对联中，就很容易看出这愉悦和欣慰之情，"楼上是谁？钱郎诗句；个中有我，和靖梅花。"中唐诗人朗士元与钱起齐名，诗名响亮，世称"钱郎"，和靖与林散之同属林氏家族人，原名林逋，后世敬称为林和靖，北宋著名隐逸诗人，通晓经史百家，善绘事，工行草，力道较深，瘦挺劲健，以山水和咏物诗见长，性孤高，一生喜梅，以梅为至爱，"疏影横斜水清浅，暗香浮动月黄昏"这个咏梅名句便出自林和靖。这副十六字对联，看似信手即兴写出，其实藏有深意，林散之视钱松嵒为画坛高朋，"钱郎诗句"与"和靖梅花"这两个句子，有文才和品性相喻之意。

按国画院的级别待遇，林散之和钱松嵒大致一样，住楼上或是住楼下，并没大的差异，画院安排钱松嵒住二楼。那个年代，南京这座古城还没有什么高楼大厦，楼上的景观要略好一些，从二楼窗口既可欣赏到玄武湖一部分旖旎风光，远处常有云雾缭绕的紫金山，也可收入眼中。钱松嵒1899年生于江苏宜兴，父亲是晚清秀才，钱松嵒八岁就随父习诗文书画，1918年考入无锡省立第三师范学校，十五岁时便志于山水画，对石涛、石溪、唐寅、沈周等大家的作品颇多临摹并有较深研究。民国时期，在师范学校接受新学教育时，接触了一些西画技法，钱松喦的山水画，画面开阔，笔墨沉着、浑厚、刚柔兼济，较注重写实，用色大胆热烈，擅长以传统笔墨技法表现时代生活，是新金陵画派的代表性人物。在艺术上，钱松喦强调山水画的意境要创新，好画家要做到"人可老，画不可老，要日日新"。进入省国画院之前，他已是无锡市美术家协会主席，在当时的江苏画坛，钱松喦名声响亮，知道钱松喦的人，远比知道林散之的人多。林散之参加省国画院学习班时，钱松喦曾和其他画家给学员们上过课，讲授中国画学知识和笔墨技法，这些知识和技法，林散之大多早已了然于心，尤其是在笔墨技法方面，与一般画家比，他要掌握得更深透一些，但学习班的课，还是要去虚心倾听的，"谦受益，满招损"，学无止境。在山水画艺术方面，也总还有一些自己需要深思的东西，再则，既是学员了，就要去认真听课，是黄宾虹的弟子或是副县长，都不能成为不去听课的理由，起码，这也是对讲课老师应有的尊重。如今，他与钱松喦共居在一座小楼中，楼上楼下，相邻而居，依民间的说法，造化遣人，许多人同在一个世界，甚至同在一个城市，却终身不曾相遇，相识后又能成为邻居，是今世的缘分。钱松喦是很有艺术个性的山水画家，又通诗书，为人不卑不亢，与钱松喦为邻，林散之喜悦在心，生活中有个好邻居，是莫大的幸事。林散之妻子盛德翠没多少文化，长期生活在乡下，从没与城里的文化名人相处过，与大画家钱松喦做邻居，他的性格和个性以及生活习惯，这些都要留意，林散之向盛德翠再三叮嘱，要处好邻里关系，谦和相让而不计较琐碎之事，邻居之间要相互关照。

不过，生活中常会有些令人尴尬的事不期而至。钱松嵒在江苏画坛影响大，又是省国画院的副院长，钱松嵒入住117号不久，就经常有人前来拜访和请教，这就让中央路117号不太安静了，不仅不像林散之之前想的那般安静，有时甚至还有些热闹了。林散之住在楼下，来访者敲门了，盛德翠就得进院子里去开门，林散之不知来者是谁，如来访者是找自己的，不及时出画室相迎，会有失礼节，就算不是找自己的，如果是国画院的画家或是领导来了，自己仍在画室中画画，这也有欠礼数。楼梯就在屋内，上二楼必须从一楼经过，每次有人来访，他都要以礼相待，"来访者有的知道钱松嵒住在楼上，便径直上楼，对林散之给予的礼遇并不理睬，有的不知道钱的住处，在向林家打听清楚之后，便将他冷落到一边，径直上楼去了"。[1] 这种情境令人尴尬，似乎还有点荒诞。林散之向来衣着朴素，从不讲究，从衣着看，林散之与乡下老人几无差异，和画家这身份似乎不搭。生活中有好眼光的人向来极少，许多人已习惯了以貌取人，一些人甚至以衣取人，来访者中有人以为林散之是个雇佣工。起初，遇到有失礼貌的来访者，林散之没将这事放心上，偶尔有这种尴尬的事发生，林散之不会在意的，以林散之的历世经验和人文修为，他知

---

[1] 王广汉著.《林散之传》第149页，上海三联书店，2007年。

道这些人慕钱松嵒之名而来，不会是粗俗之人，前来117号的拜访者，未必是可谈笑的鸿儒，但不会是胸无诗书的白丁，至少也算是知书达理的读书人吧。林散之的感觉大致与事实相符，钱松嵒在画坛朋友多，常有高朋来访，但有些人是来求画的官员秘书，有一些人可能是文化掮客，还算不上真正的读书人，上面所说的发生在117号的事，就与林散之的感觉出入不小。

在江浦这些年，人们对林散之很尊重，他已多年没遭遇过这类被人冷落的事了，一向谦和待人的林散之，心态再好，也会为此有些心烦的，被人小看和歧视了，或多或少，林散之的自尊心会因此受到一些伤害，这对林散之的生活情绪也会有一些影响。

林散之儿女们觉得父亲又犯了年轻时的"迂腐"病了，其实，有一些人是来拜访钱松嵒的，林散之如不认识，就不必上前去打招呼，干了八年副县长，阅人不算少，应该知道生活中知书达理之人毕竟不多，父亲也太重日常礼数了。为了不让尴尬事继续发生，他们想到了一个可行的办法，盛德翠每次去开门，先问清楚来访者是谁，不认识的人开了门就行了，林散之在画室不必出来，如来访者不是陌生人，林散之便出来相迎，这样就不会再尴尬了。

钱松嵒小林散之一岁，两个人都出生于十九世纪末，在时代的激烈变革中，他潜心读书，并没有像众多热血青年那样，在疾风骤雨中选择了枪，在乱世中，他和林散之一样选择了画笔，以书画为个人志向。钱松嵒出生于旧文人家庭，接受过新学教育，从省立师范学校毕业后，一直从事美术教育工作，从未间断。林散之祖父一代未见有从文之人，他出生于清朝的武将家族，只读过私塾，几易其师，十八岁师从进士张栗庵，从未接受过新学教育，拜名师学习书法和山水画，解放后，林散之从政十多年，比钱松嵒多一些政治经验，但书画之事有所耽搁，这是他们个人经历的一些差异。大致相同处在于，两个人都文气较重，性格也都比较内敛，都习惯于心思深藏，不轻易流露，而且，两个人都是自主意识和独立性比较强的人，不太可能热闹相处。两人同在一座小楼中生活，锅碗瓢盆之声相闻，在一起谈诗论画的时候并不多。钱松嵒从不自称是诗人，他的所长不在诗，林散之进入国画院之前，钱松嵒就听说他师从进士张栗庵十几年，诗写得好，传统人文的根基颇深，钱松嵒只说林散之比许多画家有诗才，并不直接赞誉林散之的诗，这与他对诗不作妄评的态度有关。从山水画作品看，钱松嵒的山水画契合时代主题，画面开阔明亮，林散之的山水画较少关注时代主题之类的事，他承继老师黄宾虹，尤重笔墨，基本上不用色，有一些作品，看上去也是黑乎乎一片，这与钱松嵒变革山水画的想法多有不同，钱松嵒只留意林散之作品的笔墨技法，其他方面也从不评论。至于林散之的书法，像当年国画院几乎所有的画家一样，钱松嵒也没从林散之的书法中看出不凡气象。

君子和而不同。做朋友就不必只是求同，人与人相处只要真诚相待，不囿于是非不辨的"乡愿"，在差异中，也可互补，能够存异而不抵牾的友情往往更值得称许。林散之有意与钱松嵒订麟凤之交，1963年春节期间，他写了一首诗题很长的诗《一九六三年春节新居湖上，感激有怀，写奉楼上钱松嵒同志》赠钱松嵒："乃从吉日卜新巢，麟凤何期得订交。松影当留三径月，滩声犹听太湖潮。江南文物今年早，塞上春光旧梦遥。大好山河都是稿，浅深我欲共君描。"[1]林散之情绪明亮，与钱松嵒对山水画的变革意识不尽相同，艺术风格有较大差异，不一定影响私人相处，林散之和钱松嵒的友谊，虽不像几年后他与高二适那般一见如故，成为挚友，但两人间花甲后建立的友情缘起于艺术，又在这相邻之居中不断加深，比普通朋友要亲近许多，在中央路117号，这两位艺术大家相互理解，相处融洽。

1963年3月，春暖花开，省国画院组织画家们去江苏的风景名胜地体验生活，实地写生，这次艺术活动由院长傅抱石带领，林散之与画院丁士清、叶矩吾、喻继高等画师们来到了宜兴和无锡，重点游览太湖。太湖的山水风物偏于阴柔，山水平远，气息平和而委婉，是人文江南最具诗性的部分，为历代画家向往之地。东晋顾恺之便是无锡人，他提出过作画意在传神，"迁想妙得""以形写神"。到了元代，在社会政治和民族文化冲突中，隐逸成为文人士大夫的避世行为，许多文人画家隐居于太湖。较长时期内，道家思想盛行太湖，这里相继出现了赵孟頫、钱选、黄公望、吴镇、倪云林、王蒙等重要画家，在绘画上形成了以笔墨写胸中逸气的新画风。长期生活在太湖的倪云林，他的作品多见小山竹树、疏村远岫，

---

[1] 林散之著.《江上诗存》第224页，花山文艺出版社，1993年。

天真疏淡，他提出了"逸笔草草，不求形似"的文人画艺术观，对南派文人山水画产生了重要影响。林散之所宗新安画派的开创者弘仁，便是从倪云林作品中领悟了虚实之美，又出离了平远之求，另起新安画风。省国画院选择太湖为写生之地，让画家们得太湖山水的滋养，又可与历代大师精神往来。林散之年轻时曾游历太湖，以往年代，只身远游，他是个喜好画画的青年，这次，他以省国画院的画师身份出来参加集体写生，心境和感受大有不同。"此来非草草，画稿觅维新。"这志向不凡，他要像弘仁和黄宾虹两位大师那样，开出新路。

在宜兴，他们游历了东西二氿湖，林散之首次参加省国画院的活动，心情很激动，一路诗性大发，一日数首。宜兴离江浦其实大约只有160公里，但林散之不曾来过，他感叹："佳境知多少？平生遇独难。""行年六十六，眼界又从宽。"到了祝英台的墓地，让同行画家有点费解的事发生了，林散之情思凄迷，沉浸在祝英台的悲情故事中，感伤不已，途中常沉思不语。据《林散之年谱》作者邵川按，林散之为祝英台一口气写了十首诗，梁祝之间至死不渝、生死相伴的悲情，让诗人林散之心血涌动，神思忧郁难定。我们从《馆藏林散之诗稿墨迹》[①]中，看到他当年这些诗的手稿，有些诗经多次抄写和修改，诗人感伤时用情之深令人不禁生出许多敬意。从宜兴去无锡，画家们一路畅谈艺术，兴致颇高，林散之坐

---

① 《馆藏林散之诗稿墨迹》第118页、119页、120页、121页，江苏凤凰美术出版社，2020年。

在车上，心神有些恍惚，他似乎还没从梁祝的悲情故事中缓过神来。

游览了太湖、梅园和鼋头渚这些名胜后，按活动程序，画家们在梅园进行了笔会，笔会的艺术氛围浓郁，画家们各显所长，丁士青画梅花，林散之作草书，他写的是《梅园作书有感·用吟秋韵》诗："笑坠书城六六春，老来风格更天真。自家面目自家见，还向黄庭取谷神。"在笔会上，画家们相互肯定和勉励。他们已习惯了论资排辈，林散之是黄宾虹的弟子，又年龄最长，大家对他都比较尊重。梅园笔会，其实是写生后的一次欢聚，画家们各自拿几张写生稿谈谈写生体会，交流时只说长不论短，不会得罪人，其中不免有一些客套的话，林散之的写生稿以及诗和书法，也受到了画家们的夸赞。在林散之以往的诗作中，谈及书画，林散之总是谦称自己师古而未成，这次不同，他没再重复过去的说法，而是显露了书法上的自信，"老来风格更天真""自家面目自家见"，他人的夸赞，往往将被夸人的作品与传统中的大师联系在一起，只会泛泛地说，这出自谁或继承了谁，以证渊源所在。林散之觉得，只这样去谈他的书法不一定合适了，山水画，他还在黄宾虹的影子中，要走出来开辟新路，山水画权且不谈，在书法上，林散之认为，他的自家面目至少已露出了端倪，甚至比这端倪还多出些什么，这与书法史上的大家已相异的面目，似乎还只有林散之自己才看得出来，而夸赞他的人还没能看出。

不过，林散之明白，这是还未完成之事，还有较长的路要走，从中国书坛的现状看，林散之个人的书法语言虽已大致可辨，但还不够丰富充沛，尤其是笔墨之间还存有一些玄妙的东西未被把握，林散之知其不足，才会在"自家面目自家见"后，接着写出"还向黄庭取谷神"这个句子。对中国古典文本涉猎不多，又对书法史略有了解的人，可能认为这个句子与大书法家黄庭坚有关，果真如此，那便是误读了。"黄庭"与"谷神"二词，乃道家身心修炼的常用词，在张三丰所著《无根树》中，就有"守黄庭、养谷神"之说。黄色乃土色，在五行关系中，土居中央，而庭中必虚，喻指人身体中的丹田之地，合称黄庭。谷神，乃是元牝，至虚至灵。"守黄庭、养谷神"的大意是修炼者要守中抱一，阴阳相生于身心，以达至整个生命的圆融自在。林散之对道家经典也用心不浅，又早晚打太极拳养生，常有感悟，他将修道的奥秘引入诗中以论书法，可见他的参悟力和贯通力非比寻常。林散之名震书坛后，谈论林散之的书法几乎成了艺术圈的时尚话题，许多学者开始研究林散之的书法，但涉及林散之书法意识微妙转变者迄今不多，一个留意不足的事实是，退休后的林散之心思在笔墨，私下里复归传统，这个时期，他对佛道思想的兴趣渐浓，尤其是道家的太极思想对林散之圆转笔法的自在运用，甚至对林散之草书风格的形成，都有不可忽略的内在影响。

太湖写生，画家们颇有收获，林散之此行写诗近四十首，但写诗毕竟不是画家游太湖的目的，回南京后，画家们要完成创作任务，林散之依太湖写生稿，精心创作了一幅山水作品《江帆渔隐》。这幅作品，由国画院送往北京参加全国美展，1947年林散之就想参加全国美展了，他曾为此写信给黄宾虹，十六年后，这个愿望眼看就要实现了，但由于这幅山水画用墨较浓，黑山重叠，又水汽迷茫，无时代生活火红热烈之意，最终以不合时宜而落选。这是一个很坏的消息，国画院不少画家的作品都入选展出了，作为大师弟子，自己的山水画没能入展，这件事让林散之感觉有点窝囊。作品入选全国美展是对画家艺术水平的肯定，画家的影响力也会随之提高，他在山水画上要有所作为的志向，又一次受挫。不过，自己的画落选，是由于与主流艺术意识不合，其他一些画家的作品落选，与艺术水平相关，这样想时心里的窝囊气便消了不少。在林散之心里，山水画毕竟是一门艺术，一定要与时代观念相合，这未必是恰当的事。

第三十二章 艺术转向

第四届全国美展于1964年举行，1963年各省开始选送作品，林散之数月后才得知《江帆渔隐》落选的消息，这一年，林散之创作了多幅山水画，《蜀江记游》《终南观瀑》《溪桥山木》《溪山消夏》等作品都是这一年创作的，大致是每个月完成一幅山水作品的节奏。此外，他对于临帖和书法创作也孜孜不辍，像《石门颂》《乙瑛》《礼器》《张迁》《西峡颂》《孔庙》《曹全碑》这些碑帖，以前都临写过，但需反复再临。历代诗论、书论和画论也读后再读，会通诗书画三者，提高艺术和人文修养，这是不可绕过去的事。在《溪山消夏》的跋中，林散之谈了诗画之间的相通之处："古人论书，谓用笔之妙，翩若惊鸿，婉若游龙，如落花回风，将飞更舞，如庆云在霄，舒展不定，此语论诗亦即论画。"另有《溪桥山木》之跋："洪亮吉论李青莲诗，佳处在不着纸，杜工部佳处在力透纸背。作诗如此,作画亦如此。"①由诗而画,由画而诗,林散之对诗画关系时有感悟。

国画院每年都会组织画家出去写生几次,入秋后,林散之与一批画家去苏州作十日写生,进入小桥流水、粉墙黛瓦的姑苏古城。九月之后,江南的景物色彩丰富,饱满又厚重,画意充沛。这里是历史上吴文化最为发达之地,也是江南文化根基最深厚之地,姑苏城名胜众多,拙政园、沧浪亭、虎丘、寒山寺、天平山、西洞庭、东山等这些姑苏名胜,画家们一一游览,每到一地,如入画卷,总会听到称奇之声。林散之领略了姑苏风物后,又与参加省政协会议时结交的范烟桥、周瘦鹃、程小青等苏州文友相聚,文友们相处的风气,与江湖朋友迥然不同。他们步韵写诗,以诗唱和。写这类关乎友情的诗,林散之似比其他诗人更擅长,与上次去无锡游太湖时比,林散之激情更盛,说他诗性荡漾绝不为过,林散之每到一地,写生之后,又必有诗作。姑苏之行,林散之写诗上所用的心思和精力,不会比用在写生上少,对诗才出众的人来说,写诗也是颇为费神之事,他竟然在十天内写诗五十多首,如此惊人的创作量,在中国诗歌史上也极为罕见。

这次江南之行,不仅诗作数量多,诗作内容也较丰富,有一首名为《弥勒训》②的诗,写自己与叶矩吾、喻继高同游佛寺的感受,林散之是佛家居士,见佛思过:"虽是梅花后

---

① 邵川编著.《林散之年谱》第162页,江苏凤凰文艺出版社,2016年。
② 求雨山文化名人馆编.《馆藏林散之先生诗稿墨迹》第203页,江苏凤凰美术出版社,2020年。

代人,无如一瓣画不出。徒从文字困搜讨,时向声名苦征逐。"我们在前面已提及,北宋著名隐逸诗人林和靖酷爱梅花,林散之当属"梅花后代人",无如的意思,是意想不到,林散之称不擅画梅是个事实,但也有自己的画不被时人认同的寓意在其中。而"时向声名苦征逐"这个诗句,不遮不掩地吐露了他以往对名声的态度,这在他的诗作中极为罕见。作为佛家弟子,林散之恭身在弥勒佛前,必须虔诚而不掩心迹,这么多年来,自己曾多次以佛家弟子自称,其实还活在"我执"之中,六根难净,常为俗世的声名纠缠,见弥勒佛,立感愧疚不已,于是"我闻佛言神肃肃""仓皇低首出山门"。这应是林散之由衷之言,尽管他自知世缘未尽,又会卷入与声名相关的俗事中去。

十二月,南京市工人文化宫举办书法讲座,举办方为江苏书法印章研究会和南京市工人文化宫,受邀主座人是林散之。这是林散之进省国画院后首次在公开场合谈书法,书法史上历代大家的作品,林散之大多已反复研读过,这些大家的书法风格、艺术特点以及彼此间的差异,林散之了然于心,但林散之还是做了精心准备,年轻时做过私塾教师,又当了六年副县长,怯场的事不会发生,讲座效果很好,谈到如何临名家碑帖时,他还出示了自己临写多种碑帖的作品,听众大长见识,受益颇多。

书法家尉天池和冯仲华也去听了讲座,那时,尉天池在南京师范学院(现南京师范大学)毕业后留校教书法,冯仲华刚从南京师范学院毕业不久,他们都是江苏省书法印章研究会的会员。第二届省书法印章展时，参展的前辈书家中，他们觉得林散之书法最好，书法印章研讨会在西花园举行，散会时，他们向林散之表达了敬佩之意，据冯仲华在致《林散之年谱》编撰者邵川信函中回忆："林老和蔼地说，'我知道你们是沈子善先生的学生。欢迎有时间来舍下坐坐。'并且把住址告诉了我们。就是在此后不久的一个星期天的上午，我和尉天池在南京中央路林老的寓所，正式拜见了林先生。"这次拜见，他们两人都成了林散之的入室弟子，不久，由冯仲华引荐，在南京师范学院就读的季伏昆，也成了林散之的弟子。此后，林散之在南京书法圈子里影响渐大，拜林散之为师的弟子也渐多，来中央路117号求教的人中，不再像以往只是直接往二楼上走，有一些人是慕林散之大名而来，有一些人已是林散之的弟子。

　　拜师学书法的弟子经常上门求教，没什么人来向林散之学习山水画，林散之虽是国画院的画师，但在山水画方面的名气还不够大，林散之认为，山水画已走上了媚俗之路，红红绿绿、热热闹闹的作品才符合主流审美意识，这种状况正在持续，即便老师黄宾虹在世，他那些以笔墨为重的山水画，也会是不合时宜之作，而自己正是师从黄宾虹，也有求变之意，但每次办画展，他的作品都不会出现在重要的位置，而是常被挂在展厅的一角，仿佛是用于陪衬的。山水画的主题，似已高于笔墨之法，一些画家的笔墨显然不过关，但作品却被认同。自己想在山水画方面有所作为，这条路如今太不好行走了。在生活中怀才不遇，会让人心中不平产生批判现状的意识。为什么会怀才不遇,要想清楚不那么容易,只有极少数"傻"向极端的人,才从不在乎这事,只埋头干喜欢的事,遇与不遇,不比干自己喜欢的事更重要。民国时期,老师黄宾虹就曾受到画坛的冷遇,1949年后,他才幸运地被称为山水画大师。林散之这么一想,似乎有了自我安慰的理由,正当林散之努力不让自己陷入苦恼之中时,有一些有才华的年轻人前来拜师学书法,这些弟子上门求教,盛德翠不觉得烦,平时又少有人来,她担心林散之一个人经常待在画室里会有些寂寞。林散之也蛮开心,既然收了弟子,就要教弟子深入书法这门艺术,传用笔之法,让弟子们掌握书写的真本领。在书法上,自己虽已显出一些自家面目,但也需再前行一段路,这一段路,是向中国书法高峰地带去的一段路,其艰难程度可知。这个时期,他对李北海和王觉斯的书法再度反复研读和临写,用功颇深。

省国画院的画家,每年都有参加美展的任务,1964年初春,管文化艺术的领导提出,山水画要为政治服务,上次,林散之参加全国美展的山水作品《江帆渔隐》落选了,国画院告诉林散之,落选的主要原因是画面太黑,不合要求。"于是他下了一个天大的决心,'放弃国画,专攻书法。'这个说法似乎是一时不开心的意气之言,但自有了这个说法之后,他在各种公开场合,只写书法,绝不作画(只是有时躲在家里偷偷地画)。"上面引号内的这段文字,引自《林散之》这部传记,它是林散之儿女的共同回忆,由林昌庚执笔,这段文字内容,大致出自林散之与儿女们的交谈。林散之交上去的山水作品为《冬日》，作品高山耸立，画面的中部和左上方，画了一些傲雪的梅花，未着色，墨黑厚重。这幅画和上次选送的画，遭遇了同样落选的命运，林散之一直想成为大画家，并一直为此不懈努力，但林散之的这个愿望，在现实中遭到了重挫。这次作品落选后，他觉得自己在山水画这条路上已很难行走了，苦闷之中，他决定将时间和精力主要用之于书法。林散之因此决定倾力于书法这个说法，基本上符合历史事实。林散之开始在书法上投入更多的精力，这是林散之在艺术上的一次重要转向，这个似乎迫不得已才产生的重要转向，为之后柳暗花明局面的出现，仿若造化式地提供了机缘。

这里，有必要提及一件事，林散之的作品未入选，与画风有关，与主流审美意识有关，《林散之》的作者要表达的本意是，林散之一生在乎的是艺术本身，而不是政治，对政治向来不感兴趣。

初夏，南京的天气渐热，画院短期内无重要任务，林散之携林荪若和林昌午同游黄山。林散之七个儿女中，长女林荪若和长子林昌午最爱书画，两人已得父亲用笔之法，在书画上都很勤奋。林散之带他们两人来黄山，除了游历风物奇异的黄山，写生以提高画艺之外，还有另一层意思，开创新安画派的山水画大师弘仁曾长期住在黄山中，弘仁善写黄山真景，留有《黄山真景册》五十幅，其构图皆出于黄山真情实景，如大师石涛所言，弘仁"得黄山之真性情"。此行，也是向大师弘仁致敬之行。林荪若和林昌午知道，父亲追随老师黄宾虹师承新安画派，新安画派在画坛不合主流，父亲的画不被看好，并非艺术上不可取，而是另有他因。林散之仍鼓励这两个儿女继续走新安画派这条路，不改门庭。在黄山，林散之指导他们如何观景、如何写生。黄宾虹写生时，并不太受物形的制约，他偏重于对山水精神的领会，线条简约而虚灵，林散之的写生风格，还是略重山川物像，偏于写实。

来黄山，林散之已是故地重游了，三十年前，林散之与知交邵子退秋日游黄山，黄山断断续续地下雨，许多胜景未能尽收眼目，颇为遗憾。这次，黄山风和日丽，三十六峰正摇青耸翠，万壑向游人敞开之际，又各有所藏，早晨和黄昏，可见黄山云雾蒸腾，似蔽若开，神奇诡秘，林散之陶醉在黄山的惊人之美中，甚至认为"谁云如画，画成终是凡胎"。林散之曾只身游历过大半个五岳，这次游历黄山，所见不凡，心神为之畅漾，对"黄山归来不看岳"之言，才始信不虚。此次黄山之行，林散之得写生画稿二三十幅，古今体诗作二十二首。回南京后，先淡化"专攻书法"的说法，创作了《黄山莲花沟》图，这幅山水画是为国庆献礼而作，在题诗中有如下诗句："为利在民生，吾党力量厚。因素人第一，此理岂可否。"这几句题诗，也许是林散之的真实感受，以前在作品中题诗时，没这么直接地表明过个人倾向，这次不同，有了这几个呼应时代主流意识的句子，与主流审美意识相合了，国庆画展不至于再不入选。

江苏省政协会议九月在南京召开，会议上，林散之结识了著名书法家费新我，两人以诗相赠，表达了幸会之意。认识胡小石后，来自苏州的费新我，是他认识的第二位江苏大书家。

不久，经省画院资料员何乐之介绍，汪己文与林散之相识，汪己文毕业于华北人民革命大学政治研究院，在南京从事教育工作，他与黄宾虹同为安徽歙县人，与王伯敏合著《黄宾虹年谱》，自编《黄宾虹书简》，从汪己文处，林散之始知孝文为他的长公子。汪己文带来了黄宾虹学生的联作，林散之见师门兄弟之作，倍觉亲切，欣然续笔作画，并题句其上："……诸君为孝文联作之画，笔墨渊源所自，风雨晦明之情，岂胜感念也，因不揣鄙陋，涂此以附其末，幸孝文父子有以教之，林散之。"黄宾虹自身的经历，平时并不与弟子们多谈，弟子们也只是略有所知，林散之与汪己文相识，看了他与王伯敏合著的《黄宾虹年谱》，对老师的家世和经历多了些了解，也加深了他对老师一生的理解。

十二月的南京已经下雪，天气很冷，林散之在117号基本上不出院门，早晨打过太极拳之后，就回到画室里临写名帖，或创作书法作品。山水画不合时宜，不被认可，山水画这条路，林散之艰难行走了几十年，这条路已几乎被堵断了，如果山水画曾是他的生命之梦，这生命之梦在现实中的碎裂之声，他每次听见了，都会产生私下承受的隐痛。如今这山水画之梦，可能也只留有一些梦影在心了，他的心思就更多地放在书法上了。书法之路，也许更不好走，在书法上要开出生面，对书法这门艺术，还需有创造性的领悟，不能困在旧有的权威说法中，还必须坚定个人在书法上的信念，这个年代，人们重画而轻书法，书法现状也的确比较萎靡，但书法艺术不会一直萎靡下去。

有些人已开始断言，书法艺术的高峰不再会出现了，曾在中国艺术史上光芒夺目的书法，作为一种独特的艺术类型，已进入了命运式完成的阶段，它已是一种余晖将要散尽的黄昏艺术。而许多热衷于书法的人，只是在抄袭传统，干一些模仿复制的工匠活，这工匠活干得较好的人，就被称之为书法家，这其实是对书法前贤们的不恭，甚至是莫大的侮辱。这个断言，林散之是不能完全接受的，书法艺术要出现新的高峰，是难之又难，但书法不至于终结，新的高峰会不会或能不能出现，肯定或否定的回答都未必合适。不过，林散之觉得，这个断言有一部分是可以接受的，它批评了时下的抄袭传统、模仿复制的书坛现状。林散之也觉得这是个事实，书坛的水其实也很浑，和画坛一样不乏野狐禅，大多数书法家们师古而不能出，只在传统中兜圈子，欠缺自立面目的创造力。

书法艺术如有朝一日果真终结了，也不会在林散之有生之年就终结了，对此，林散之确信不疑。写好书法，写到什么状态才算好，自己心里要首先有数，在书法上，林散之自认为已有些自家面目了，也许还能有大一点的作为。

这作为只能从作品中显示出来，从宣纸和笔墨到书写时的身心状态，都关乎书法作品的产生。何为书法？要下个确切的定义，其实极不容易，权宜之说大多是指：以毛笔为书写工具的汉字书写艺术。毛笔的种类较多，中年时代起，林散之就喜以长锋羊毫书写，长锋且是羊毫，柔而无坚锋，吸墨量大，书写时驭笔难度较大，笔力不足者，行笔见弱，而能从容驭笔者书写出的线条，圆浑含蓄，见书卷气。笔不宜离墨而论，笔与墨的关系，是书家格外留意的事，如何用墨，要朝妙处去多做探求，古代书家多谈及笔法，也涉及如何用墨，但从各类笔的不同笔性出发，谈论笔与墨如何浑然而至妙，不见详论，书法史上在这方面有成就者不算多，林散之视之为友的书法大师王铎，他后期的草书在用墨上有较大作为。书写者如何用墨，与书法之技相关，离墨而言笔，或离笔而言墨，皆属泛泛工具之论，与书法和水墨艺术几无关系。自古便有"笔骨墨肉"之说，墨有浓、淡、干、湿之分，这都与恰当用水有关，以笔带墨及水，是对所用之墨的再造，关于这方面的事，还需结合书写达至更深的思悟。

黄宾虹曾授林散之五笔七墨之法，关于七墨之法，这些年来，林散之多是从画山水画的角度去理解的，这会不会是在理解上自设藩篱呢？人一旦在看似熟悉的事物上发问，就可能有新的契机出现，林散之心窍一开，觉得化七墨之论用之于书法，也未尝不可，这其中，或许有可尝试的较大空间。林散之崇中锋用笔，擅以长锋羊毫书写，长锋羊毫更易于调中锋。一般说来，执长锋羊毫书写，宜慢不宜快，而书写的慢与快，与宣纸种类相关，尤其与用墨相关。书家各有喜好，书写习惯和书写经验不尽相同，如何达到笔与墨相生的最佳书写状态，书家个己的感悟力尤为重要，这关乎线条质量和线条感染力，不可漫不经心。

在书写的尝试中，林散之对个人书风的形成，已有一些关乎形式的想象，"书，心画也"[①]这个说法，类同西方哲学家康德提出的内直观，心画，表象为汉字的书法形式。心画出自想象，这想象中呈现的图像，虽然还有些模糊，但其中溢着差异的气息，要落实这想象，还是要回到笔墨上来谈。长锋羊毫如何用墨，才能达到笔墨相生的至妙状态，这对林散之个人书风的真正形成，仅从书法技法上来说，也至关重要，而相关于此的更深入的事，是个人书法意识的更新。

在书法用墨之事上，林散之这时期的所思所想，大致还处在技法层面上。以往人们谈书法，必重用笔，这很有道理，林散之也特别重视用笔，但书法中如何用笔与如何用墨，在实际书写中是不能剥离开来的，书法中如何用墨，需从笔性与墨性之相应来谈。笔墨相生的至妙状态，依凭旧习性在宣纸上即兴写写，是断然不会出现的，这也不是靠意志力就可实现的事，结合自己以长锋羊毫书写的喜好，这个时期，关于书法如何用墨，已成林散之思悟之要事。

林散之进入国画院的前一年，书法大家胡小石已病逝，那时，南京这座古城，传统文化根基深厚，文人众多，在书法上竟几乎无造诣较深者，这显然是一种缺憾。没人与林散之谈论书法用墨之事，林散之在宣纸上独自摸索，仿佛在干私下发明之事。次年，国画院画家去徐州体验生活，在火车上，林散之与费新我聊书法，感叹书法用墨之难，费新我对这件

[①] 出自扬雄《法言·问神》。

事有过回忆:"林老还谈过用墨的难处,搞得不好,淡了不是,黑了更不是。林老谈'墨彩',固然与用墨有关,依稀记得他说主要是依仗作者的功力与修养。"在书法用墨方面,林散之本想与费新我做一些交流,费新我对书法用墨没多少新想法,这话题没能深入。当时费新我"逆、生、拙、奇"的书风已大致形成,但对书法用墨之事并没太在意,可能更多的书家也没太在意,林散之似突有所悟,这事更值得好好琢磨了。

画家们从徐州转行扬州,林散之对这座历史名城颇有好感:"另出偏师,怪以八名,画非一体。"清乾隆年间,扬州画派主张革新,画家们反对泥古,虽取法前人,但不拘前人陈规,自成风格,在诗和书法及篆刻上,他们也都各有建树。扬州画派和新安画派各具所长,林散之尤喜扬州画派的革新精神,这种革新精神,正显露在他对书法笔墨的思考上。游览了扬州的名胜古迹后,在篆刻家桑愉的家中,林散之结识了蔡易庵和孙龙父,在篆刻和书法上,蔡易庵和孙龙父皆为江苏名家。同行们彼此早有耳闻,相见谈艺甚欢。"不向当时摹俗字,独从今篆刻秦分",这是林散之纪行诗中的句子,称赞新友,也自我勉励。他的二女儿林荇若和女婿李秋水,就生活在扬州城里,这让他与这座名城多了层亲近关系,林散之没想到,一年之后,他竟会不得已去扬州避难。

在南京没有人与自己深谈书法,人们喜欢主流画家,也没有人来谈山水画。自己的山水画基本上不送展了,但可作为送友之礼,以书画赠友,多了许多与友人率性交往的生活情趣。不过，除了参加国画院的外出活动，林散之基本上就待在寓所里，除了几个弟子偶尔来请教书法，117号楼下，经常只有林散之和他妻子的身影，这日子显得有些冷清了。本就不算多的好友都不在南京城里，老来寂寞常思旧，在情感上越觉得有点空乏，就越容易想到许久未见的老友，林散之曾多次邀许朴庵和邵子退来南京相聚，这年七月，他又寄诗相邀：

闭门辜负今时节，落尽槐花老尽蚕。
好友不来年已半，新秋在望月初三。
犹从叡论思平舆，更向清言忆仲堪。
书字浮沉人已倦，碧天如水卧江南。

这首诗是向少年结交的知己言，直吐胸臆，无曲笔隐微之气。忆仲堪，虽说是忆古代才德高人，其实是叹友人们怀才不遇，当然，这其中也包含自己。诗作最后一句饱含沧桑，在字画艺术中，林散之浮沉多年，倦意已生，"碧天如水卧江南"这句，在手稿中原为"碧天无语卧江南"，"无语"，就不是一般意义上的寂寞了，而是一种难与人言的深度孤独。在此孤独中，思友之心迫切。

深秋，林散之生日将至，许朴庵有事不能离开乌江，邵子退来南京看望林散之。布衣诗人邵子退一直生活在乌江乡下，自号"种瓜老人"，中年后由儒而道，尤喜庄子，一生淡泊名利，与世无争。老友邵子退来，林散之格外兴奋，这天，南京时晴时雨，"风随好友便，云为故人开"。两位老人行走在玄武湖畔，时而忆旧，时而论今，时而闲看风物。回117号寓所后，这风雨摧而不变的元白般友情仿若医治孤独的良药，林散之心情振作了许多，他与邵子退谈了画坛现状，并告诉老友，自己决定专攻书法了，不是不画画了，而是用于画画的时间会比以往少些。邵子退知道林散之几十年志于山水画，决定专攻书法，似乎是退而求之，林散之还是苦恼在心。下午，林散之的弟子单人耘来拜见老师，见两位老人正谈兴甚高，林散之听力不好，邵子退写字条与他交谈，话题涉诗文书画，基本上不谈时势和俗事，单人耘在一旁倾听，两位老人侃侃而谈，时有厚古倾向，修养和才华为时下少见，单人耘钦佩不已，受益匪浅。

林散之决定专攻书法，他原初的艺术大愿在山水画，这事才告诉老友邵子退不久，一个让林散之一时特别欣喜之事发生了。这事与他山水画的旧梦相关，一天，汪己文转来傅雷向林散之求画之意。傅雷早年留法学西方文艺理论，是著名艺术评论家，至今仍有人说，当年没有傅雷目光独到的评论，在民国画坛，黄宾虹的画可能更不被人接受，黄宾虹可能要到许多年之后，才会被人们以大师相称。无疑，傅雷的评论，促进了人们对黄宾虹作品的重新认识。"因与众见参差，踽踽凉凉，寂寞久矣。"一个在生活和艺术上特立独行的人，一个不流俗之人，知音更难求，黄宾虹得此见识不凡的评论，视傅雷为难得的知己。

老师当年在画坛被冷遇的处境，林散之似感同身受，只是不宜流露这感受，免得有傲慢之嫌。傅雷向自己求画，求画之说，自是傅雷先生的谦言，傅雷是大评论家，是老师的知己，也是老师的诤友，林散之对傅雷早有敬意。此前，汪己文已带着自己的两幅山水画请傅雷批评，傅雷评价林散之的作品"深得宋元神韵，在宾翁高足中实为仅见"。在林散之眼里，这"仅见"二字，如迷茫的天空中突然冒出的曙光，傅雷肯定自己画路正，是老师黄宾虹画风罕见的承继者，又期待看到自己更多的作品，这显然是对自己的关注。1948年后，评价林散之山水画的人，少有见识不浅者，像大评论家傅雷这样的人绝无仅有。这可能是个重要机缘，有了傅雷对自己作品的评论，不说会在画坛产生多大影响，至少，一条几乎被堵死的路，有可能会重新敞开了。傅雷在致汪孝文函中说："林老大作笔苍墨润，深得宋元神韵，在宾翁高足中实为仅见。但所示作品只是林老一种面目，不能妄加月旦，惟格调允称逸品，曷胜钦佩。倘蒙转恳赐一八开（八幅）便图，包括各种不同风格，不同色彩，俾获一觇全豹，尤为感幸。"[1]其他方面因作品所见不多，还不宜深谈，"格调允称逸品"，这不是一般画家有资格享有的评价。

　　林散之对傅雷的要求欣然允诺，傅雷的美意所在，林散之自能领会，他心里似乎有一棵铁树就要开花了。为创作这八幅作品，林散之心无旁骛，才华涌动，画兴极高，这八幅山水作品完成后，林散之自觉很满意。下面的几段文字，摘

---

[1] 傅雷著．《傅雷书信集》，生活·读书·新知三联书店，2009年。

自《林散之序跋文集》,是林散之有关这部分作品的自述:

予为怒庵画册页八开,由初春而深冬,水墨、着色者相间,浓淡有序,动笔之前便有大体上的构思,下笔时细节有变动,但大纲未变。总体构思疏忽,每幅可看,放在一起便不协调。八开中有"重头戏",《嘉陵江》取斜势,小中见大。一页得郭熙遗意,云头皴似牛毛,笔笔相顾,一页近子久,多次积墨,较为沉厚。

余作太白山图,山石勾法不同,远山以大笔触皴擦,晕染与皴法相让,不板。下端杉林郁勃,烟岚飞动如盛夏,下面雪峰削玉。淡墨晕天,峰头留白,积雪炫目,笔力颇健。树作大胡椒点。敷色后,藤黄融于墨气间,绚丽不俗,四时合成天绘,足见太白山之奇。其方险,险才奇。此作自谓得宾翁师十之三四,极为得意。余作相去远矣。

拙作《峨眉雨景》上,云片乃浓淡墨点成,未加晕染,斑驳可近视,远看则成一体,于乱中求干净与不乱。再放若干年,墨气融合,云烟奔流,杉笙泉笑,元气饱满。

汪己文将这八幅山水作品及时转给了傅雷,傅雷认真打量,仔细审读,对林散之山水作品的风貌,已有了整体上的了解。林散之对自己的山水画颇有信心,他期待着批评大家傅雷的信函。1966年元旦之后,林散之收到了傅雷的致谢函[①]:

---

① 傅雷著.《傅雷文集·书信卷》上,安徽文艺出版社,1998年。

散之先生艺席：

　　日前汪己文先生转来法绘，拜谢之余极佩先生笔法墨韵，不独深得宾翁神髓，亦且上追宋元明末诸贤，风格超迈，求诸当世实不多见，吾国优秀艺术传统承继有人，大可为民族前途庆幸。惟大作近景用笔倘稍能紧凑简化，则既与远景对比更为显著，全幅气象亦可更为浑成。溥心畬先生平生专学北宗，刻划过甚姑勿论，用笔往往太碎，致有松率之弊。不知先生亦有同感否？

　　题诗高逸，言之有物，佩甚佩甚。惜原纸篇幅有限，否则以长题改作跋，尾后幅，远山天地更为宽敞。往年常与宾翁论画，直言无讳，故敢不辞狂悖，辄发谬论，开罪先生，千祈鉴宥为幸。

　　耑此叩谢。顺候

　　道绥

傅雷拜启

一九六五年十二月二十三日

　　在这封致谢函中，傅雷高度肯定林散之在笔墨上的作为，其精神上追宋元明末诸贤，不只是承继黄宾虹先生，又赞林散之画作中的题诗高逸。长处可圈，短处也要谈，从这封致谢函看，傅雷认为林散之的山水作品尚有不足，在画面远景的处理上，用墨过重或过浓了，近景与远景的对比，就会不够显著，而深远之境，就难从画面中显现出来。此外，傅雷列举了大画家溥心畬的画作，在用笔上往往有碎而松率之弊，提示林散之在作品线条的简约上再下功夫。从《傅雷书信集》中，未见林散之给傅雷的复函，在林散之弟子和友人的回忆中，也未见提及这事。林散之究竟如何看待这段评论，我们无判断依据。

傅雷的评论未必就恰当，但对林散之来说，这不会只是一阵过耳之风，也许，傅雷的评论对林散之是个有价值的提醒，对他之后的山水画创作，不至于毫无影响。

傅雷是个性情耿直的文人，坚持己见，反对各种庸常之论，直言无讳，他与好友刘海粟、钱锺书等人都争执过，甚至一度绝交。在政治上，傅雷是个近乎"幼稚"之人，大鸣大放后，被扣上了"右派"的帽子，1961年底得以改正，这期间，他靠翻译西方名著谋生。给林散之的致谢函发出后不久，"文化大革命"开始了，傅雷又受到了迫害，被反复批斗。1966年9月3日凌晨，傅雷先生不堪其辱，愤而离世，夫人朱梅馥也自缢身亡。这个悲剧，林散之当年不会知道，也难以想象。

傅雷的这段评论，不知林散之会觉得是一种提醒，还是觉得傅雷的评价不太恰当。对林散之的山水画，傅雷只是从评论家的角度去解读，林散之是黄宾虹的高足，见其所短而不言，只赞誉其长，是对知己黄宾虹的不礼，也是对他弟子的怠慢。傅雷直言无忌，当年谈黄宾虹作品时也是如此，傅雷曾说黄宾虹的一些作品布局过实，层次略欠分明[1]。傅雷言及林散之山水画的某些不足，是期待他画出更好的作品，甚

---

[1] 吴晶著.《画之大者：黄宾虹传》第208页，浙江人民出版社，2003年。

至期待林散之有朝一日能比肩老师黄宾虹。

　　傅雷的这个意愿，林散之自能做出恰当判断。当然，如果有人去分析林散之读信后的心理反应，觉得林散之志于山水画几十年，对自己的作品向来自信，尽管他已决定专攻书法，但山水画仍是他艺术生命中不可舍弃的部分，傅雷看出他作品的某些不足，如此这般的直言相告，对林散之个人的自信，可能是不期而至的挫伤，而林散之有可能会因此一时心情抑郁，这样的推测，也未必不能成立。

　　与大艺术评论家傅雷的交往，林散之是有所期待的，这期待像是大旱天听见了几声响雷，并没看见自己想要的那场雨。可以说，傅雷先生给林散之带来的那点兴奋，与林散之山水画旧梦的重现相关。世间之事，不都是依日常之理就能解释清楚的，傅雷对林散之作品的评价，也许另有价值，与其说让林散之在山水画上失落感更大，不如说这反而更坚定了他在书法上的心志。

第三十三章 相遇高二适

傅雷的信是1965年12月23日写就的，就算是当日寄出，那个年代的邮递通道，远不及现在发达，普通信件寄到南京要十天，林散之收到这封致谢函的时间，大约在1966年1月4日左右。幸福快乐的如意人生，往往是幼儿园里儿童们背诵的口号，其实，生活中令人失意和忧郁的事有很多，正因为如此，人一旦幸遇了可喜之事，总会在这可喜之事中注入更大的期待。大多数时候，这期待是出自欲望，也有例外，比如有共同喜好又气息相投的友情，属于人生价值相契后产生的友情，它就与这欲望有别，而只与生命中素朴的愿望相关。收到傅雷信函大约一个星期后，林散之可能还处在该如何理解傅雷评论的心理纠结中，1966年1月11日晚，喜事上门，国画院资料员何乐之来到中央路117号，由他陪同而来的人，是林散之急切要何乐之恭请的高二适先生。

高二适时为江苏文史馆馆员，著名学者、诗人，后被誉为书法大师。早年他立志求学，北平研究院国学研究生毕业。中岁师从章士钊，后为章士钊的忘年交。1965年参与兰亭论辩，是《兰亭序的真伪驳议》一文的作者。高二适学识渊博，文史知识丰厚，书法独学自成，尤擅草书，诗风高古，具铿锵慷慨气，为人狷介自持，从不驰骛浮名，做人行事刚正不染。在书法上尤为自信，当时的许多书法家不入高二适的法眼，众多不识者说他过于狂傲了，但高二适觉得，他的书法当时未被时代认可，那是这个时代的平庸。人们说他狂妄，他也从不在乎，在书法上，高二适毫不谦虚地自我认可，他曾主动请篆刻家韩天衡刻章"草圣平生"，并在《澄清堂而堂法帖》后题字："二适，右军后一人而已。"林散之名响书坛后，上海印人敬慕书法大师林散之，刻了一方"人书俱老"的闲章，让林散之的弟子庄希祖转交，林散之看后，自谦地认为，这方章他不能用，"人虽已老了，但字还未老"。由此可见，高二适的性格、个性以及狂放孤傲的立身态度，与林散之恰成极为鲜明的对比。

　　林散之处世待人，向来偏于阴柔，委婉谦逊，高二适不同，他偏于阳刚，不屑随俗，傲岸耿介，当然，林散之的谦逊，有时也未必与真实心思完全一致。性格也会影响人的喜好，从两位书法家对笔的喜好，也能看出性格之差异，高二适惯用坚挺的狼毫，而林散之惯用的是羊毫，且是长锋。不谈日常生活的细节，仅从两人的书法和诗作来谈，稍有书法和文学见识的人，都可看出他们性格和个性的差异。许多人可能难以理解，这两个人的性格、个性以及处世方式，差异如此之大，如何能成为一见如故、彼此相惜的人生知己？从儒家中庸思想去谈，人立身于中和而不偏不倚，才是智慧和德性饱满的状态，而偏于阴柔或偏于阳刚，人就不能达至"无过无不及"的中和境界，人要行走在成圣的道路上，这种"偏"是要自觉克服的。在儒家，中和也是道德丈量的尺度，人在具体生活中的言与行，过和不及，都一定与这"偏"有关。人类迄今为止的性格理论，都还是未完成的理论，其中有许多模糊的东西，我们说某人性格是"外倾性"或"内向性"，这与某人成长的具体境遇有关，它还与性格基因有更微妙的关系。性格基因对人的行为虽不具有决定性，受到后天因素的影响会有所改变，但不管后天因素多强大，也不可能消灭性格基因。人们通常会说，性格即性情品格，这未必是恰当之言，人的性格偏于阳刚或偏于阴柔，在道德上用儒家这个尺度来丈量，也未必合适。一个人的言与行，不仅只是受思想的支配，它还与个性和性格有更深层的联系。人与人的日常关系，是亲和还是疏远，大多数情况下，与利益取舍相关，在非利益取舍的交往中，这种亲疏关系，并不完全取决于思想的默契，个性和性格的作用不可忽略。一般来说，两个人的性格和个性，一个偏于阴柔，一个偏于阳刚，这样的人有缘在生活中相遇，思想上只要无大的冲突，个人喜好又大致相近或相同，彼此喜欢的往往正是对方与自己相异的那部分。林散之和高二适的友情，依民间俗话讲，是两个人非常投缘，何以如此投缘呢？说是命中注定，那就比较神秘了，有一种值得参考的说法，他们都对中国传统文化尤为敬重，各自都有较深的修为，对诗与书法又各有造诣，这些只是这缘的一部分。两人所以投缘，不可忽略的一个事实是他们在性格和个性上，有较大的空间彼此互容，缺乏这种友情可互动的空间，就可能无法做朋友甚至会文人相轻，两个人的友情，正是因此才在这和而不同中越处越深厚。

据林散之儿女们回忆："早在1962年，高二适先生见到父亲为江苏省政协书写的毛主席七律《长征》，拍案惊呼，'这才叫字！'并说此幅'字字精神，耐人寻味'。"[1]其时，林散之与高二适还不相识，高二适的赞誉是否确有其事，无人可证。在书法上，高二适极为自信，能这么说，正说明了他书法见识极高，果真有此说，应是高二适与林散之交谈时告知的事。

何乐之好诗，一日，他将林散之的诗带给高二适看，高二适看后，赞道："诗坛一绝！"高二适不仅书法好，诗还写得才华惊人，表示有兴趣认识林散之，并请何乐之转带自己的诗作给林散之。读了高二适的诗作，林散之颇为惊叹，来南京几年了，竟不知南京诗坛有如此高手，又听说高二适在书法上有较高成就，人生知音难得，知己难求，林散之很激动，急让何乐之恭请高二适晤面。两人结交的心意相合，1月11日南京下大雨，高二适的妻子劝他，雨夜路滑不好走，不如天晴了再访，高二适想见林散之心切，与何乐之冒着大

---

[1] 林昌庚著.《林散之》第97页，百花文艺出版社，2007年。

雨来到林散之寓所。

两人相见,如久别又重逢的故友,尤觉亲切,全无初次相见的陌生感觉。中央路117号院子里的雨声,似乎是呼应的掌声,林散之的画室里,灯光明亮,不时传出深沉而温馨的声音,他们相对而坐,从傍晚一直倾谈到深夜,两位年近七十的老人竟全无倦意。

民间有种说法,人老了会话多,儿子啊孙子啊再加些零零碎碎的往事回忆,不是老生常谈,就是无要点地唠叨啰唆,大多谈不出新东西来。这说的是普遍存在的事实,并非对老人不敬。林散之与高二适的交谈,既涉及被冲击的中国传统文化,又不时触及时代现状,与这种说法迥然有别。两位书法大师相遇,高二适不断写字条递给林散之,两个人议古论今,厚古之言中,时而透出薄今之意,话题由经而史,或论诗及书,各自都有些发人深思的提问,此起彼应,越谈越投机,绝无理解上的障碍。谈到了诗书画,高二适目空民国后书坛,语露锋芒,直言不忌,平时憋在心里没合适的人去说的话,一吐为快。学识渊博的高二适,率性坦荡,话语从不涉名利,时显竹林风气,这让林散之由衷钦佩。"嘤其鸣矣,求其友声。"一向慎言的林散之,知道这是几十年来从未幸遇之真高士,也直露心迹,尽性畅言。他们交谈的话题丰富,从人文传统、文史、诗、书法、个人经历到今日之事,即兴而谈,在诗与书法尤其是在诗这方面,两个人相互认同和赞赏,他们对书法有时也见解不同,但彼此间切磨箴规,又相互敬重,两个人很快便以知己相称。

初次相见，能交谈得如此愉快，说他们是因为气息相投，稍觉含糊了一些，性格和个性因素之外，还与这两位诗人、书法大师的经历、个人才华和人文倾向直接相关。高二适师从章士钊，林散之师从张栗庵，章士钊和张栗庵都是师古倾向极重之人，新文化运动时期，章士钊提倡文化复古、极力反对白话文，是抨击新文化运动的领袖人物，张栗庵是清朝进士，清朝崩溃后辞官回乡，拒不与民国政府合作，坚持以儒家圣贤思想课徒。两位为师者对弟子的影响极大，高二适和林散之都出生在清朝末年，自幼读圣贤书长大，经史子集在心，都有较重的崇古意识，他们年轻时就对新学不感兴趣，中华人民共和国成立之后，改造旧文人的思想运动，对他们其实没起多大作用。仅以诗文来说，白话文两人都不喜欢，作为诗人，两位都推崇旧体诗，只写旧体诗，关于新诗，他们从没说过半句认同的话，新诗在他们的意识中，有可能连狗屁都不是。当然，这不意味着他们了解新诗。除此之外，两个人都怀才未遇，彼此相惜，也是他们能谈得格外愉快的内在缘由。

林散之写诗几十年，在诗的业绩上，林散之的自我认同度要高于书画，他一向觉得自己的诗缺少知音读者，高二适的出现弥补了林散之内心的这份缺憾。在文史学识、诗和书法这几个方面，高二适都才华逼人，颇有成就，若非时代条件的制约，一定会有更高造就。谈做人的品格，将高二适放到古代高士群谱中去，也不失其风姿，林散之阅人众多，也结识了不少文才过人且品性不俗者，但高情远致如同高二适者从未见过。孤标独步，在生活中耿介而不羁者不是这个时代可以接受的人，这个时代仍有高二适这样的人是稀罕事。人经常生活在难以自主的状态中，不情愿而妥协的事不算少，将这种妥协看作是生活的智慧，这似乎已成共识了，不能说这与生活智慧无关，但有一些人在生活中的妥协行为，不一定适合这么去看，也许，他们的嘴里含着不为人知的黄连。事实上，绝大部分人都生活在庸常中，而且是这庸常状态的维护者。不向各种庸常妥协者，生活中能有几人？林散之坐在画室里，想了一些与高二适相识之前不曾多想的事，越想内心越激动，对与自己雨夜倾谈的高二适，尤为钦佩。

"寒雨连朝暮，人来喜在庚。初交留半夜，一语重平生。宛马春相顾，天鸡夜共鸣。君非魏公子，何意到侯嬴。"[1]这是林散之记录他与高二适雨夜倾谈的五首诗中的一首，"一语重平生"是对交谈价值的高度肯定。林散之保持一贯谦逊的态度，以魏公子和侯嬴的交往，相喻两个人的初见，魏公子是战国四公子之一，为了魏国有好的前景，屈尊求贤，不耻下交，好名声为后世称颂。侯嬴是魏国隐士，比许多同时代人更具智慧，后助魏公子实现了政治愿望。林散之以隐士侯嬴自喻，在自谦之中，也隐含着自我认识，但"君非魏公子，何意到侯嬴"这个诗句，主要还是意在称赞高二适屈尊来访。这首五言诗，记录了两位大师初见时的情境。此外，诗中"人

---

[1] 出自《一九六二年元月十一日，雨夜，东台高二适先生，由画院何乐之同志介识，过我湖上寓所。长夜深谈，抗怀今昔。缀拾成五首，以报区区》其一，见《江上诗存》。

来喜在庚"这个句子，还印证了一个事实，在较长时间内，人们误认林散之与高二适相识于1962年，《林散之》这部书中，也这么认为，在《林散之年谱》中，编撰者邵川细致梳理，根据高二适女婿尹树人的回忆，已对这个误认做出了纠正，认定他们相识于1966年1月11日，"人来喜在庚"这个句子，记录了他们相见的日子，对邵川的纠正提供了确切支持，1966年1月11日，正是农历庚午日。

在古城金陵生活了多年，在诗文和书法方面，终于有了知己，林散之满腹诗书，才华出众，古今之事能辨识在心，且睿智谦和，雨夜与林散之深谈的情境，许多年后，可能仍会历历在目，幸遇知己的高二适，也写诗记述了这次会晤："书到酣时千万字，情投深处两三更。昨夜风雨今宵月，只欠风声作画声。"天空中雨去月明，高二适在书房伏案写诗，过了大半生不随流俗的日子，桀骜不驯，年过花甲，能得遇人生知己，他兴奋异常。"只欠风声作画声"，祈愿或期待，就在这不及寻常之物的颇具虚灵气的诗句中。

"旷世知音钟子期"，林散之好文史，与高二适结为知己，他脑中可能出现了与友情直接相关的历史图像：伯牙与钟子期，元稹与白居易，苏东坡与黄庭坚，这些令人赞叹的友情图像，像一幅耐人深读的长卷，它为后人留有书写的空白。有了此生难得的知己，时常觉得寂寞的林散之，心里充实了许多，在南京，不再没人与他谈诗和书法了，他与高二适常相往来，两人每次相见，把酒论诗，又及书法，谈兴极高。

这年春天，林散之没有参加国画院的采风活动，妻子的

病仍未见好转,林散之牵挂在心,继续找大医院的名医医治。创作书法或写诗时,会不自禁地想到高二适,四月,他又诗赠高二适①:

> 侃侃高二适,江南之奇特。
> 斗筲岂为器,摩云具健翮。
> 有文发古秀,彤缋好颜色。
> 百炼与千锤,掷地作金石。
> 雅俗更徵别,论贤有卓识。
> 于人不虚誉,于己能专责。
> 平生青白眼,未肯让阮籍。
> 人皆谓之狂,我独爱其真。
> ……

　　一个人认同另一个人,并视为知己,绝不是一时意趣相合的江湖式冲动,而是精神与情感的内在需求。知己在生活中的言行和存在方式,可能意味着自己的某些欠缺,也可能是自己想显露而未显露的另一面,所以未能显露,除了与性格和个性相关,也与生存的具体处境相关,当然,一定还有其他原因。"平生青白眼,未肯让阮籍。人皆谓之狂,我独爱其真。"这几个直抒胸臆的句子,语意明明白白,推崇的是不合时风的魏晋竹林精神,这竹林精神是林散之内心之向

---

① 出自《春日寄怀二适》,见《江上诗存》。

往，它内在于林散之的生命中，林散之年轻时在江上草堂与文友相聚，也曾有所流露，到中年之后，这竹林精神就藏之甚深了。高二适一直生活在民间，而林散之多年生活在官场，个人处境和经历大有不同，从言与行和存在方式谈，高二适要比林散之自由一些，林散之独爱高二适做人之真，与"人皆谓之狂"的看法不同，这无疑是对知己品质的由衷赞誉，这其中，未必没有与做人之真相关的个人感叹。

第三十四章 羁身扬州

1966年，林散之的心理波动极大，到了下半年，他精神上遭遇了意外打击，生活几近完全失序，乱糟糟的不堪收拾。对林散之来说，这一年，悲远大于喜，傅雷年前的来信，与林散之对自己作品的认同不一，他的情绪难免有些低迷。春节后不久，妻子患病卧床，病情时好时坏，林散之忧郁不安，好在春节之前，他幸遇了知己高二适，春节后两个人时常相聚，这是不小的安慰，这也是1966年唯一能安慰自己的事。林散之五十岁之后，成为新中国无党派开明人士，就开始过阶级斗争的日子了，直到1962年，纠正大跃进的左倾错误，工农业恢复了常态生产，阶级斗争不再公开提了，这四五年里，林散之头脑中那根政治的弦，才不像以往绷得那么紧，在国画院画画，也要讲政治，但主要讲文艺工作者的正确方向，这与激烈的阶级斗争不一样。林散之和国画院的画家们一样，期待社会主义建设能正常发展、人民能安居乐业，他自己可以安于诗书画的日子，但"文化大革命"发生了。

1966年后，南京城风声狂热，红卫兵破"四旧"到处抄家，"四旧"中的旧思想旧文化，林散之自知难以避嫌。江苏省国画院的几位领导都被打倒了，副院长亚明和钱松嵒已下放到五七干校。五月份，自己虽仍像往年一样被选为江浦县副县长，但这绝难保证自己在这场运动中安然无恙。这次运动来得猛烈，省国画院的副院长亚明，十五岁就参加了新四军，算是老革命了，还是被打倒了，自己只是个无党派人士，可能有难度之劫。上半年，生活在和县的大女儿林荪若也被打成了反革命，经常被戴高帽游街批斗，母亲在南京病重了，也不允许她来看望。这年八月上旬，断肠之悲无可抗拒地发生了，妻子盛德翠因病医治无效离世。盛德翠与林散之相伴四十五年，相夫教子，从无怨言，来南京后，为了让自己安心画画，能在艺术上有大作为，料理好一切家务，从不让自己为此烦心，如今她在病中不幸离去，林散之老泪纵横。由于悲痛过度，林散之的右耳也聋了，听力几乎丧失，《江上诗存》中有《病思》一诗，正是写于这个阶段，其中说"六根已断一，喧寂两无妨"，高音喇叭每天传出大声喊叫，林散之已不再能听见，当然，他也听不见最亲切的问候了，世界突然安静了下来，他身边的一切似乎都陷入了沉默。林散之悲而作诗，在看似超然的语气中，藏着他的无奈和隐痛。妻子的离世，是难以承受的打击，这悲伤之事，几乎让林散之一蹶不振。

盛德翠离世后，中央路117号，只有林散之孤身一人了，他无法料理自己的生活，"文革"的风声已越来越激烈。林散之心情抑郁，儿女们都非常担心，觉得父亲不能一个人待在117号，二女儿林荇若来南京接父亲去扬州暂住。当时，林散之已被告诫不得随意去外地，要离开南京，需要国画院领导的同意。国画院快要解体了，已无院长管事，林昌庚找到了办公室主任音铭，商量父亲去扬州之事，任音铭知老人林散之在丧妻之痛中，国画院外，高音喇叭每天都在喊着口号，林散之继续待在南京，时局对他这样的旧文人恐怕不利，遂同意林散之暂去扬州，并为他开了一张证明，林散之去扬州后，这证明会让他少一些麻烦。

妻子离世，林散之的生活需要人料理，此时他待在南京风险又大，林散之随女儿来到扬州。林荇若的住宅较小，只有不足三十平方米的两间小瓦房，这里原是某资本家的马厩，破旧不堪，一下雨就会漏，几乎每下一次雨，都要再补修一次。室内，有一只盛衣服的旧木箱，以往是兼做饭桌和孩子课桌用，林散之来后又兼做画桌。林荇若的住宅很简陋，与南京中央路117号比，条件之差可谓天壤之别，林散之来了，这里就更加拥挤了。但这是情境所迫，乌江离南京太近了，大女儿在乌江被批斗，自己如回乌江去，可能会"自投罗网"，在扬州要安全得多，与女儿在一起生活，心里比较踏实，条件虽然差一些，但也能随遇而安。林散之乐观地将这里称之为"荇庐"。

在扬州，女婿李秋水经常回家看岳丈，李秋水早年即为林散之弟子，经史子集在胸，诗书画兼通，颇有成就，岳丈避难来自己家，做儿女的必须尽孝心，要尽量安慰岳丈，不让他因怀念去世的岳母过多伤心，岳丈在这里不觉得孤单，能安心写字画画，是他和林荇若的责任。在诗书画方面，平日里是岳丈以书信指点，现在，近水楼台先得月，他可以当面请教了。

林散之时常会想起妻子盛德翠，哀思难平，在扬州时，悼念之诗便写了九首，题为《忏悔诗》，这些诗以忏悔为题，在林散之心里，妻子一生辛苦劳作，自己从年轻到中年，常不在家，少温馨关照，写这些诗，思念之外，也是向妻子表达歉意。林散之虽早已是佛门在俗世的居士，敬佛的诗也写了不少，初到扬州时，他甚至曾与友人说："内子去世，我想走印光、弘一两位法师的路，住进寺庙，以度余年。"[1]但与妻子的情缘很深，生死之事还是难以看破。人要在世间看破生死，从佛理上讲并不是太难，世界上的一切，出自因缘和合，也都随因缘聚散生灭。不过，人在俗世中的情缘是不易了却的，生死之事，一旦在现实中关乎自身，就情不能抑了。林散之有一首追念妻子的诗，写自己八月梦冷扬州的感受：

> 自识人间有别离，奈何身受痛如斯。
> 挽歌熙伯虚成字，惜誓灵均苦作词。
> 佳色相留红树早，归期已付碧山迟。
> 昨宵又误生前约，冷梦扬州八月时。

---

[1] 曹如诚编著.《林散之与扬州》，江苏广陵书社出版，2012年。

熙伯，三国时魏文学家，诗作多挽歌气息。灵均，屈原之字。诗中提及熙伯和屈原，是向离世的妻子表白，自己曾发誓做个好诗人，如今却在扬州以诗哀悼你。林散之常以梦度日，在梦里追寻妻子，其情凄切。

长久沉溺在哀思之中，对身心伤害极大。儿女们劝父亲振作起来，说母亲在世时，一直期待着他在书画上有大作为，写字画画这事不能荒芜了，再说写字画画对身体也好，扬州也有一些文友，多与他们聚聚，就少一些寂寞。儿女们的一再劝说和文友们的关心，让林散之从悲伤中逐渐走了出来，他开始投入书画尤其是书法创作中去。

生活在扬州的孙龙父、桑愉、蔡易庵，是扬州城的文化名流，都是林散之的旧时相识，兴致好时大家聚在一起，谈谈诗书画印，也算是散了一些心中的悲伤之气。不过，这样的交往其实较少，自己两耳听力已失，友人们和他说话需写字条，这事挺麻烦的，林散之觉得过意不去，不如少出门，安心于书写之事。

于是，林散之将大量时间用于书法创作，这时期，除了写诗和给高二适、费新我等文友写信，他书写的内容，无一例外都是毛泽东诗词，不涉及其他内容。在林散之心里，书法乃是笔墨线条艺术，人们要欣赏的主要是书法艺术，而不是具体的文字内容，写什么内容不是那么重要，一个朴素的理由是，要欣赏文字内容，不如直接去读那些书本中的文字，何必去读书法作品。这种想法，有点接近当代书写艺术的某些观点，但"文革"期间这种想法行不通。因此，只写毛泽东诗词，就没有人会指责他，更不会影响林散之提高书法技艺。

　　书法中笔墨的微妙关系，林散之在南京时曾有过思考，如今每天创作书法，又有了一些新的感悟，主要还是对用墨之法和书法形式的领会，有关私人笔墨语言的书写尝试，已成较为自觉的事。书法上所谓自家面目，必须是从书法史中独立出来的面目，是艺术可辨识度较高的面目，林散之书法的自家面目，虽然还不够醒目，但比在南京时已逐渐清晰了些。

　　林散之的书法造诣，由于扬州文友们的口传，在扬州城产生了一定的影响，向他求字的人也逐渐多了。扬州是著名的文化古城，喜好书画篆刻的人，比一般城市要多一些，在扬州期间，林散之写了大量书法作品，自己留下来的极少，大部分用于交往应酬，少部分也作为商品。在当时，书法作为商品，可能是因买家所求私下进行的事。

　　与遭遇大劫的文人相比，林散之在"文革"中虽颠簸不安，心理上也时有惶恐，但在旧文人群体中，他大致算是较幸运者之一。林散之在乌江的家虽被抄了，但他身在远离南京的扬州，扬州的造反派对林散之无所了解，他才未被造反派打成反革命。在精神和物质上，他也受到了一定的伤害，但身体并没有遭遇折磨。

　　当年知识分子和文人的遭遇，林散之可能所知不多，在他的诗作中没有相关叙述，这不意味着林散之只谈书画，不问政治，毕竟他身在"文革"之中，说书法大师超然于政治，不可能解释林散之对"文革"的态度。一次，林散之与二女儿一家人去瘦西湖游玩，见几枝梅花在湖旁绽放，正待赏花之时，一群红卫兵喊着口号经过，林散之赶紧避让一旁，以免惹不测之祸①，可知林散之当年对时事的敏感，远超过常人。

1967年年底，林散之回南京林昌庚处过春节，从汽车站去南京林学院的途中，三轮车穿过大街小巷，到处都是时事标语，广场和大街上，全是参加游行批斗的群众队伍。南京不可久待，他尽可能与知己高二适以及南京其他文友多见面，谁也不知在后面能否自保。春节后不久，大女儿林荪若从乌江来看父亲，父女相见，悲喜交集，不禁潸然泪落。

林散之回林昌庚处没多长时间，南京的局面更糟糕了，相比之下，在扬州要比在南京安全点，于是，林散之携林荪若一道返回了扬州。"文革"开始之后，林荪若就被批斗，她已很久没见到妹妹林荇若了，父女同游瘦西湖时，林散之为儿女们的安好而庆幸，他边走边吟："山荪水荇同无恙，笑看双双姐妹行。"②

林散之向来慎言慎行，"文革"时更是如此。那个时期与文人们交往，也隐含着一定的风险，自己从省城来，扬州的文友们与自己交往，也可能有此担心，还是专心于书法为妙。书法之外，自己的心要能闲起来，人生有些时间，要善于用之于闲，庄子在《齐物论》中言："大智闲闲，小智间间。"这"闲闲"与"间间"，是两种区别甚大的存在状态，对一些小事情纠结在心常耿耿于怀的人，属于小智间间，而

---

① 林昌庚著.《林散之》第110页，百花文艺出版社，2007年。
② 曹如诚编著.《林散之与扬州》，江苏广陵书社出版，2012年。

大智闲闲，重在对这"闲闲"之意的领会，"闲闲"者看似无为之态，但并非无所为，能超越生活中俗常利益而闲者，能闲于齐物感通之中。林散之闲时，似乎也处在这感通之中，他去门口不远处看人下棋，或与小自己四五十岁的年轻人一起打太极拳，打太极拳，也是极好玩的闲事之一，或者说是一种身心相契的游戏，玩到身心无碍时，也会常有所悟。

林散之太极拳基础较好，以往学的是杨氏太极，入夏后，他随太极拳师何瑞生学武式太极。杨氏太极与武式太极差异较大，杨氏太极舒展大方、匀缓柔和、身体圆活连贯，轻灵而沉稳；而武式太极则姿势紧凑，严分虚实，尤其强调走内劲。细读《武式太极拳谱》后，经过亲身习练，林散之由太极拳又想到了书法，并由此参悟到："颜平原之书如杨氏太极，雍容博大；李北海之书如武式太极，欹侧险绝，而间尾中正。二公之书虽奇正不同，而凛然正气却是一样的。颜、李二公一生正直不阿，终为奸佞所害。然书如其人，传其浩然正气而千古不朽。故学书先学做人，做人正直为本，一个人，一生正直，谈何容易！"[1]颜真卿，唐朝名臣、书法大师，受朝廷派遣去晓谕叛将，凛然痛斥反贼时，被缢杀。李北海，唐朝大臣、大书法家，为北海太守，史称李北海，遭奸人构陷含冤杖死。两位都是书法史中的醒目人物，两位大师的书法和人品，林散之敬意颇深。林散之年轻时习唐楷，先是习柳，后改习颜，李北海的《麓山碑》，林散之时常临写，《麓山碑》

---

[1] 曹如诚编著.《林散之与扬州》，江苏广陵书社出版，2012年。

笔力坚实、雄强浑厚，字体结构较宽博，而中宫紧缩，又不失飘逸之气，可与帖互补，林散之临写《麓山碑》，在浑厚中还透出二王帖中的灵秀。上面所引这段话语中，从杨氏和武氏太极拳，林散之联想到书法家的个性和风格，又将书法与做人品性结合在一起谈论，这领会虽不算独特，古人也有相似谈论，但从中能看出他关于书法与人生的深度思考，"一个人，一生正直，谈何容易！"这个结句，是出自他内心坦诚真切的发问，它关乎书法家的品质，其中有林散之对生活的复杂感受，意味不浅。

尽管在泥沙俱下的生活中，一个人要一生正直殊为不易，但书品与人品相契，仍是林散之内心所求，这也是书法家在德性方面应有的修养。人品，是林散之收弟子的重要条件，交朋友，要远小人近君子，这是在德行上的提醒，收弟子，要看求学者的品质如何，辨识一个人的品质，那需要阅世阅人的丰富经验，必须有出众的好眼光。况且，为师者不仅要为弟子解惑，不仅要在言行上为人师表，从佛道两家的思想来看，还要承担弟子在世间的业障。几年前，在南京工人文化宫讲书法，就有一些人想成为林散之的弟子，林散之婉言拒收的理由是对求学者的人品不甚了解。

林散之回南京过春节期间，弟子尉天池去林学院拜望，推荐了一位极好书法的青年王冬龄，看了他的习作，林散之认为，王冬龄在书法上颇有天赋。1968年，从南京师范学院毕业的王冬龄，分配到扬州，得知林散之在扬州，立即去林荇若家拜访，并常去问学求艺，且态度谦恭。之前，林散之的几个弟子都在南京，来扬州后，就没什么机缘与人谈书法，柴米油盐之事，林散之关心得较少，他极喜好与人谈诗书画，这类话题较少有人交谈了，有时心里会憋得慌，王冬龄出现了，避难时还收了得意弟子，林散之很开心。

收了弟子，就要解弟子学书之惑，授弟子以书学真谛，游于艺者志于道，从根本上说，书法之技，莫不与此相关。书法界和画界一样，野狐禅到处可见，不能让弟子滑入歧路。此外，关照弟子，乃为师者分内之事，生活中一旦有了时机，就要提携弟子。这时机很快就出现了，"中央文革"委派军代表到扬州稳定局面，扬州管文化的军代表，很可能也喜欢写字，听说林散之书法好，就专门在宾馆安排了房间，要林散之创作书法。林散之称自己年龄已大，与人交谈耳聋不便，磨墨裁纸之类的事也需要有人帮忙，想调他的弟子王冬龄来，军代表满足了他的请求。

对弟子王冬龄来说，亲睹老师现场书写，可窥运笔之妙，书写时书家的身体语言也很重要，能为老师磨墨裁纸，求之不得。王冬龄在给《林散之与扬州》所写序言中回忆，两个月时间里，林散之每天"一般要写七八张六尺四开的商品字及应酬，高兴时也会写到十一二张。写字时的林老眼睛瞪得圆圆的，毛笔捏得紧紧的，纸上声音沙沙作响。林老有罗汉之貌，佛陀之心，孩童之性，洪钟之声，他写完字后习惯性地挠挠头，瞪圆眼，不时朗朗大笑。有时的眼神又黯然孤寂，一言不发，让人感到人在而神远。"这耳提面命的两个月，林散之如何用笔用墨，以及书写时的具体情状，王冬龄刻记在心，受益匪浅。

在扬州，林散之能不受俗事的干扰，专心研究书法艺术，在书法创作中，既与历代书法大师们精神相往来，又在艺术上与这些大师们有所较劲，为自家面目的完成倾注着他的心血，干这种别人不在意而自己最喜欢干的事，多好！如果说，在那个不幸的年代，林散之能如此这般地投入到书法之中，属于大幸之事，我们只要想一想当年的情境，这个说法就未必不能成立。"文革"之初，林散之如回到乌江，被打倒批斗的可能性不会小。看来，林散之离开南京来扬州，虽是与丧妻之悲相关，是不得已而为之的事，但从当时的情势来看，这不失为一个"良策"。

不过，覆巢之下，是难有完卵的，尽管林散之避难于扬州，"文革"对他的冲击还是不小。林散之去扬州后不到三个月，造反派就接管了省国画院，国画院的画家们都被停发了工资，"每月只发二十元生活费，这给父亲和荇若全家的经济开支带来了很大困难，父亲中央路的住宅，每月租金要九元，这时已无法维持。林昌庚只好退去此住房，向画院的集体宿舍要了一间房子，将中央路的东西搬了进去。"

1968年10月，国画院成立了"革委会"，恢复了国画院画家的工资，林荇若家的日子有所改善，能接济女儿一家人的生活，林散之的心里踏实了一些，往来南京和扬州的次数也多了一些。对林散之来说，在扬州或在南京，写字画画都不可耽搁，世事混乱，条件简陋，林散之不像过去还有些讲究，他已大致能随遇而安了，林荇若家有只木箱子，林昌庚家有吃饭的大桌子，都可以用来写字画画。书法写得比以前好了，写出好作品了，也没有人评价，与历代书法大师的作品放在一起比较，看出自身所短，比只知所长更重要，这比较不是为了自我欣赏。有好眼光的文友评点，当然是快慰之事，但"文革"中，"谈笑有鸿儒"这类事不会发生，文友们都处在不安之中，平日里的书信也基本上中止了，消息中断，少一些书信联系，也未必不好，文人出卖朋友的事，在大难中并不少见，唯知己，才可靠不欺。回到南京，林散之常会想到知己，高二适和邵子退也久未联系了，境况不明，林散之惦挂在心。有一些文友可能和自己一样，还在想着诗书画之事，与文友们重逢畅谈艺术的日子，不知什么时候才会出现，总之，他们的日子也不会好过，甚至还不如自己。这个极不正常的年代，知己同在南京城，却咫尺天涯，难以相见，林散之内心的孤寂，比晚年黄宾虹在民国时可能更甚，黄宾虹当年见民国权力腐败，人心不古，也曾相信唯艺术可以救中国，艺术能救中国，林散之不一定相信，但艺术可安抚苦难中的心灵。不管这个时代怎么坏下去，林散之觉得，投入到书写中去，才是他可行之路，其中，自有书写艺术的游戏趣味，也可排除一些孤独和寂寞。

每次回到南京，林散之都会留意这个城市的状况，停工的工厂仍然停工，停课的学校仍然停课，这种状况什么时候才能结束，没有人能回答。"文革"不结束，国画院就不会正常运作，它几乎等于不存在了，与以往不同，林散之现在写字画画，与国画院的任务无关，纯属干一种私活了，虽然为避风险，书法的内容是毛泽东诗词，但这种非任务的私人书写，多了一些自在。

在林昌庚处，写字画画的条件，比在扬州略好一些，但林散之在这里创作的作品并不多，林散之在南京时的心思，比在扬州时要复杂一些。盛德翠因"文革"没能安葬的骨灰盒，就放在林昌庚处，林散之与妻子生活的一幕幕，在头脑里时常浮现，他又因妻子想到了家乡，一想到离南京不远的乌江，心里就不免又多了些怅然。好几年没回江北老家了，大儿子林昌午在乌江，那里有自己建造的江上草堂，有知交许朴庵和邵子退，他们是否安好？南京离乌江不足五十公里，却知交难见，林散之不敢轻率回去，只能在南京和扬州两地来回漂泊。

第三十五章 多舛岁月

1969年12月底,春节将至,林昌庚带上他母亲的骨灰盒,以及父亲的笔墨纸砚、书籍和日用必需品,送林散之回到了多年未归的江上草堂。

江上草堂久无人居,山上的大片树木遭日本人砍伐之后,曾经重植,后又几乎被全部砍光,三间草房,在空荡的高地上显得格外残破。一棵老松树,孤单单地立在门前,枝干粗糙而有韧性,透出经历风雨后的沧桑,草堂后面,几十根瘦挺的竹子立在寒风中,看上去有点清冷,又有点不畏风折的倔强。

这里的一草一木,都会让他想起以往那些岁月中的事,如今,相伴多年的妻子已离世,林散之站在草堂前,不禁触景生情,悲楚突然压到心头。"昔年春归来,两两翔双翅。今冬乃独归,孤雁不成字",这是诗《归江上》中的句子,表达了七十几岁老人林散之思亡妻的深挚之情。

江上草堂遭冲击之后，这里就没收拾过，屋内的灰烬旁散落着撕破的书，一片狼藉，窗户上结着蜘蛛网。父亲从南京归乡，林昌午将江上草堂清洗打扫干净，画室认真整理好，被褥是林昌庚从南京带来的，画室对林散之来说是生活中最重要的空间。坐在江上草堂，林散之恍如在梦中，自己离开乌江已许多年了，在外转了一大圈，如今重回江上草堂，似乎又回到了几十年前的生活，一时心思很迷糊。退休之前，林散之一边筹划着进国画院之事，一边做整修江上草堂的准备，如果不能进入省国画院，就回到江上草堂来生活，写字画画，与乌江老友常相往来，再无他求，在草堂再读庄老之书，闲看日光西落，安度晚年。后来得彭冲相助，自己果真进入省国画院了，回江上草堂就成了多余的愿望，将家迁入中央路117号后，自己觉得可能会终老于南京城了，没想到会发生"文化大革命"，国画院虽没有宣布解散，实际上已不运转了。为了生命价值的实现，一个人在短暂人生中锲而不舍的努力，能不能有所作为，决定性的因素往往不是个人能力和才华，而是时代的文化环境，年轻时不明白这些，付出了许多代价之后，才算明白了这个事实。在山水画方面，自己用力最多，也用心最甚，在这方面指望越多，失落感越重，参加全国美展的机缘也曾有过，这是名响画坛的机缘，林散之多次去把握，但每一次接近高处，又令人沮丧地滑落下来，愿望一再落空。如今，坐在这江上草堂中的人，不是梦想成真的大画家，而是被折腾得神情疲倦的古稀老人。这是生活之不幸，还是人生之宿命？要说清楚很难，无论是不幸还是宿命，林散之都必须承担，林散之可能会想，如果自己被压垮了，这执着于诗书画的一生，就只不过是个平庸的笑话。林散之对诗书画的喜好，似乎是命运使然，日子再艰难，诗书画在他生命中的位置，也不可为俗常之事取代。

在江上草堂，林散之基本上闭门不出，读书，写字，画画。以后的日子，只偶尔会有几个文友来访，并无杂染喧嚣之事，只要不惹上麻烦，这里算是安静无扰之地。人当有慎独精神，不要让妄念侵扰身心，读一些佛道经典，尤其是佛家的书，这个世界上的事，都在生灭之中，要像佛家那样看破看开，天意常弄人，人需自渡，一些俗念要打扫出去。在江上草堂，自己专心于诗书画，游于书写之艺，别无他求，不再像以往那样被名欲支配，或少受这名欲的支配，古往今来，在艺术上能有大贡献的人，大多是不为名所役之人。一个人到了古稀，不该再被世俗之名纠缠了。未被造反派搞成"反革命"，于林散之而言便是幸事，他对生活的最大祈求，是可以在写诗、写字、画画中自寻安慰，夫复何求？

许多颇有才华的人，一生累于功名之欲，生活在苦闷、困惑和忧郁之中，由于志向难酬而厌世者不乏其人，如载舟之水也可覆舟，功名之欲也可毁人。自青年时期始，林散之便想在画坛出名，跌跌撞撞许多年，也为这功名之欲所累，在功名上，林散之的意识时常有些模糊暧昧，在失落的生活状态中，想克制成名之欲，这些有反思倾向的想法，是一种自我规劝。但成名的念头时隐时现，一旦有了出名的机会，这个愿望就可能重新强烈起来。其实，对功名的欲求，像一棵铁树扎在林散之生命中，根基已深，要连根拔出来绝非易事，这棵暗地里生长的铁树，至今还没开花，但有朝一日，它可能会开出炫目的花，对此，林散之总还是有所指望。这次回到江上草堂，"文革"仍在继续，在特殊的生活状态中，成名无望的感觉像一大堆乌云压在心头，但林散之仍心有不甘。

"少小负奇志，岂甘事畚锸。"这个出现在《偶成》开头的诗句，透露的正是他久藏不宣的心声，而看淡或看轻这个名，也只是林散之的一时感悟。

生活在度日艰难的年代，林散之心志受挫，生活中有太多无奈和不得已，江上草堂的旧梦大致上破碎了，这里，又成了他尝试安顿身心的地方。但回江上草堂后，日子还没安顿好，屋漏偏逢连夜雨，更为不幸之事劈头盖脸地发生了。1970年是林散之的本命年，2月5日这天是除夕日，乌江农村有个传统风俗，春节前最后几天，必须洗一次澡，有除旧迎新之意。当天，林散之来到了浴池，春节前洗澡的人特别多，浴室拥挤不堪，热气熏眼，小镇浴池的设施，既简陋又陈旧，开水锅上的木盖已腐朽了，林散之从上面经过时，木盖受压忽然断裂，他不幸跌入滚水中，一旁人急忙抓住他的右臂就往上拖，右臂及双手腕的皮层多被拉脱，肉尽裸露；颈部以下全部烫伤，七十三岁高龄的林散之，烫伤面积达百分之七十，浑身血肉模糊，在乌江医治无明显效果，六天后，送南京鼓楼医院医治。

林散之因发高烧而昏迷，醒来后，他问医生的第一句话是："我的手今后还能否写字？"医生颇为惊讶，这老人的命差点都没了，一醒来竟然还想着写字！不禁为病床上这位老人的精神感动。林散之右手的五个手指已黏合在一起，为了能重新执笔书写，他请求医生，一定要将手指切开。切割手术只能做一半，小指和无名指不宜切开，它们粘连在一起，弯向手心，伸不直也不能活动，好在有三根手指切开了，病床上的林散之时常盯着这三根手指看，表情沉郁，这三根幸存的手指，如活动不畅将难以正常持笔，关于书画的愿望，就只能下辈子再谈了。好在切开的手指恢复较快，身体痊愈后，心急如焚的林散之想到纸与笔，他要干的最重要的事，就是反复练习这三根手指，坚持不懈，克服三指驭笔之难，经过一段时间的练习，这三根手指似被灵性贯通，他竟然逐渐恢复了执笔书写的能力。

数月后，林散之自号"半残老人"，治印"瑶池归来"，这次突如其来的灾祸，使林散之身受一劫，惊吓不小，但这并没有挫败他在书画上的心志，以三指书写，也能搅翻墨池。对这段经历，他在临书时曾以题诗记录："拍案惊心六十秋，未能名世便残休。情犹不死手中笔，三指悬钩尚有求。"又另有《病归》一诗为此感叹："劫后归来身半残，秋风黄叶共阑珊。可怜王母多情甚，接入瑶池又送还。"林散之以幽默的语气谈及此劫，为能从劫难中生还而庆幸，"未能名世便残休"，林散之仍不忘名世，这与世人所称林散之向来不在乎名，恰恰相左。

回江上草堂这个时期，他逐渐习惯了一人独处，偶尔有弟子从南京来看望他，对弟子的作品，耐心指出不足所在，是为师之责，他从不含糊。自己写出好诗和比较满意的字，画出自得的山水画，便邀老友许朴庵和邵子退前来草堂，欣赏书画，切磋诗艺。邵子退常来江上草堂，两个人以诗相和，已属日常之事。1970年，南京长江大桥建成通车，这类新鲜事不多，平时几乎闭门不出的他与老友结伴去看了，在两年时间内，林散之与外界基本上没什么交往，他的心思大多放在书法上。

一个人面对一部书法史，书法史中草书大家的风格，林散之可谓已了然于心了，自家面目，要放到一部书法史中去谈，要在与历代书法大家的比较中去谈，这就必须与古人争，而不是纠缠于今人之间的比较，与古人争，要有争的个人资本，具有自家面目的好作品，才是唯一可与古人相争的资本。这种与古人相争的意识越来越明亮，林散之几乎日日书写不辍，心无旁骛，临写汉唐碑帖是一门多年坚持不懈的功课，此外便是书法创作。在书法上，林散之似乎比年轻时更加投入了。这期间，关注其他草书书法大家的同时，他对怀素和王铎的作品再三琢磨，并时有所悟，林散之的衰年变法，在江上草堂开始了。

第九卷　1973—1978

第三十六章 衰年变法

（一）林散之与王铎

"余学书，初从范先生，一变；继从张先生，一变；后从黄先生及远游，一变；古稀之后，又一变矣。"这是《林散之书法集》自序中的话，重回江上草堂的几年，正是这古稀年之变的前期。

林散之书法的"古稀之变"，在字的结体和章法上只略有所变，主要还是反映在对草书笔法和笔墨关系的把握上，就此而言，王铎的影响至为重要。"草书以大王为宗，释怀素为体，王觉斯为友，董思白、祝希哲为宾。"这个时期，他开始谋求诸家草法的融合，对怀素尤其是王铎的草法加以变通。在江浦离任前的那几年，他就对王铎晚年草书极感兴趣，进入国画院之后，更是细心揣摩，在《跋王觉斯草书诗卷》[①]中他说："觉斯书法，出于'大王'，而浸淫李北海，自唐怀素后第一人，非思翁、枝山辈所能抗手。此卷原迹流于日本，用珂罗版精印问世，复传中国，为吾友谢居三所得，于一九六六年春余假于尉天池处，已七八年矣。朝夕观摩不去手，'文革'运动中亦随身携带，幸未遭遗失。今居三欲索回原物，自当完璧归赵。佳书如好友，不忍离别，因题数语归之，以志流连之意云耳。"王觉斯的草书诗卷，林散之七八年朝夕观摩，不忍释手，"文革"中，也随身携带，他对王铎草法研读之深可想而知。

林散之以王铎为友，乃是一种神交，是在书写中精神上的相伴之友。林散之为什么以王铎为友，对书法艺术缺乏了解的人，就未必明白了，一般喜好书法的人，也不一定能理解恰当，林散之从王铎草书中感悟颇多，对林散之和王铎的草书风格做些比较，可能有助于人们去理解这件事。

王铎早年极崇"二王"，书写时笔势较为平和，行笔温润，和林散之一样，王铎对李北海也认同度很高，中年学习了米芾后，从笔势到笔法，都发生了较大变化。他晚年的草书作品，笔法变圆转而为方折处多了，起笔时多为方折，顿笔入纸，弹起收笔，下笔果断，无迟疑之象，用笔力度较大，且行笔速度快，书写时不以平和为求，激荡跳跃较多，提按时节奏感极强，在不失圆转中呈现方折劲挺的形态。王铎的草书，

---

① 林散之著.《林散之书法选集》，江苏凤凰美术出版社，1985年。

线条大幅度跃动，变化异常丰富，在线条粗细、断连、湿干、疏密这些方面错落较大，又浑然有致，作品中奔涌着一股与时流较劲的奇气。在书写时，王铎的个人情绪和感受跃然于纸，以至于淋漓尽致。这种个人情绪既复杂又充沛的文本，颜真卿的《祭侄稿》之外，在书法史上极为罕见。

王铎草书的另一个重要特点，表现在创造性用墨上。王铎在书法用墨上，显示了出类拔萃的才华，他晚年的草书作品成片涨墨与大片枯墨强烈对比，由涨到湿，由湿转干，由干转渴，又涨渴相应。书法中的涨墨之法，在王铎之前，没有一个草书大家自觉运用过。由于在书写中创造性地运用了涨墨，并与飞白枯墨率性交错，王铎的草书作品墨色变化奇妙，线条中生出墨晕，视觉冲击力强烈，呈现出别具一格的文本意趣和韵致。到了晚年，王铎的草书已与典雅婉转、润泽流美的魏晋书风迥然有别。

大致叙述了王铎的草书风格，我们再来谈林散之的草书。林散之虽推崇王铎的草书，也了解王铎的运笔之长，在书法成就上，自认可向王铎低头。但他觉得王铎的草书作品方折过多，造成了剑拔弩张的冲突感，有时会棱角不藏，率性中显得有些粗悍，这与林散之追求儒雅的书卷气不合，如果将方笔"暗折"糅合于圆转之笔中，在汉字方折之处，就不会有棱角突出的粗悍感，在这层意义上，王铎的草书对林散之是个提醒。"笔从曲处还求直，意入圆时更觉方。"这是林散之对自己的书写要求，书如其人，说的不仅是书法家个人在文化上的修为，这也与书法家的性格和个性相关，林散之的性格偏于阴柔，个性较温和，林散之知王铎的草书之妙，但方折不及圆转合乎自己的心性。林散之持守中锋用笔，草书作品中圆转的长线条很多，而方折极少，用音乐词汇来打个比方，林散之倾向于重旋律，王铎倾向于重节奏。两个人在用笔上差异明显，王铎的草书笔法是方中蕴圆，方多于圆，林散之的草书笔法则是圆中含方，圆大于方。

林散之与王铎神交多年，"王觉斯一代大家，才气横溢，其草书转弯处如折钗股，留白尤妙不可言。运笔圆中有方，顿挫见丝，就是飞白"。在与弟子的谈话中，林散之引领弟子理解王铎的草书，其中转弯处折钗股、顿挫见丝和留白，涉及笔法和章法，林散之承王铎书写之技，已纳入自己的草书创作中，至于运笔圆中有方，是指王铎五十岁之前的运笔之法，学了米芾之后，王铎的草书运笔，已是方中蕴圆时多，方多于圆。林散之从草书大师王铎处所取，乃是完成他个人书风之所需。

其实，从林散之的草书风格来看，王铎中年时的笔法对林散之有一些影响，而王铎晚年的笔法有所变，时见方折，这与林散之向来偏重圆转的喜好不太契合，王铎草书对林散之的最大影响，可能并不在于笔，而是涨墨法和枯湿相间的用墨之技，以及王铎别开生面的创造精神，这是林散之以王铎为友的重要原因。

不过，技法的承继，如果守成不变，即使是承继大师，拟古而不能出，也可能只是个书奴。在书法界，绝大多数崇拜者生活在大师的影子里，无合乎己身的思变才华，难有作为。在师古这方面，林散之年轻时就曾自我提醒，绝不拟而不化，林散之平时临写碑帖，多是取其神，而不拘于形，其中有文而化之的力量。许多人对林散之的碑帖临写，评价并不太高，误会可能正是出自这里。承继书法传统，不化不成，化而裁之，则通变可成，仅就涨墨之技来说，林散之对王铎的涨墨法便有所改造，结合黄宾虹所授墨法，林散之在运用涨墨时，不像王铎那样肆意率性。为了避免过于率性而生粗悍，损伤作品的书卷气，就要把握好涨墨之度，如把握不当，过或不及，就会出现涨得不足或含糊一团的"墨猪"现象，把握好涨墨之度，显然非一日之功，需要在生宣上多作书写尝试。失败和不成功的尝试不可避免，尝试涨墨书写，不止是涨墨一技的事，还有思及作品整体相应的诸多方面，书写的直接经验当然重要，但艺术意识上的自觉同样重要，甚至更为重要。

林散之欲取怀素和王铎草书之长，结合自己的审美意趣，加以合宜改造，进入省画院之后，他对怀素草书作品也多有临写，那些连绵中缠绕动荡的弧形线条，犹如薄雾中惊蛇入草，又如狂风入林，扑朔迷离，满纸云烟，独具神秘玄妙的朦胧之境，是林散之书写时向往之境。而要达到怀素草书中线条连绵缠绕的效果，又能在书写中整合王铎的涨墨之技，就书写工具谈，林散之觉得长锋羊毫更为合宜，再从涨墨的技法言，长锋羊毫蓄墨较多，带水时墨气饱满，易于在生宣上晕开，又利于长线条的上下勾连。由此可知，林散之视王铎为友，取王铎草书之长，但在涨墨运用以及笔法之技上，是与个己的艺术意趣紧密契合的，他有所节制，有所取舍，和王铎有所不同。

在书法上，林散之与书法界人士其实没什么交往，与书法家费新我一道去徐州时，也只是谈及书法用墨之难，话题并没有展开，和知已高二适交往，话题从未真正触及过书艺，高二适在书法上自我认同度极高，他说林散之字写得好，不意味着高二适认为林散之比他本人写得好，两人在一起时谈诗论史居多。邵子退常来江上草堂，也多是谈诗艺，在书画这方面，他自知不及林散之，谈到书法，就听林散之如数家珍地说，没有高出林散之的见识，也就提不出什么建议。所以没有文友在书法上启发过林散之，林散之在书法上的"衰年变法"，靠的是自己独自感悟，悟到了深处，自有所得，草书自家面目的图像，在林散之头脑里已大致确定，在书法这条路上，他不再恍惚不定。

林散之曾意味深长地说过，"我出生于变法之年"，这句话别人听起来似为玩笑，实是林散之的内心独白，变法这个词，命运式暗示和激励着林散之。这个说法如果能成立，林散之已被暗示和激励六十年了，六十年中，从少年发愿诗书画，遍读经史诗书，拜师学艺，到去往名山大川中师法自然，一个人万里独行，他经历了诸多苦闷、彷徨和失意，时代激烈动荡时，有过惊恐和不安，甚至度日如年。被人们看作幸运的事也曾发生在他的身上，但这类事与林散之的艺术愿望并不相契。出生于变法之年的林散之，在生活中时儒时佛时道，或儒或佛或道，有时无所适从，艺术变法之念在生命精力最旺盛的年龄阶段中，被不得已而为之的事一再推延或耽搁，如今，他已是七十五岁的老人了，人已老，事仍未成，心有不甘。1964年开始，林散之将更多的艺术精力投入在草书上，草书大家怀素和王铎以及其他书家的所长，仅仅了然于心还不够，将大家之长化入自己的书写中，才会有独特的个人书风。迄今，林散之离个人草书风格的完成，还有一大段独行之路要走，有可能大器晚成吗？有句广为人知的俗语：老骥伏枥，志在千里。读出来总让人觉得有点吹牛，人们通常会认为，这不过是老人用来自我安慰而已，但这个成语用在林散之身上，不仅合乎事实，而且极为恰当，意义饱满。

"衣带渐宽终不悔，为伊消得人憔悴。"王国维将柳永词《蝶恋花》中这最后两句列为人生第二重境界，望尽书法的天涯路，"文革"开始后不久，林散之就处于这重境界之中了。他不在乎年高，也不问寒暑和雨骤风急，回乌江后遭烫伤之劫，克服了三指书写之难，坚持书写，几乎手不离笔，江上草堂的灯光，常是下半夜才熄灭，林散之旺盛的意志力，许多青年人可能都不及。"衣带渐宽终不悔"不是为了表现意志力，而是生命之寄托，不可忘怀。林散之投入在书写中，从用笔用墨到章法形式，大胆尝试，贯通领会，一场以中国书法史为深远背景的个人变法运动，在江上草堂私下进行着，这场个人运动最初只具有个人书写的游戏意义，游戏的创造性意味越浓，自家书法面目越清晰，林散之从中获取的安慰也就越多。自1969年底回江上草堂，对草书深度投入的这两年时间，正是林散之"衰年变法"的前期阶段。

（二）风生水起

中日恢复了邦交，国际环境也有所缓和。林散之回江上草堂后，才感觉到乌江的风气，比自己担心的要好一些，不像南京那么激烈，没人将他当作反革命嫌疑人，自己不出门，在江上草堂画画写字，大致安全。

1972年，林散之的心情明显好转，创作更勤奋了，与文友间的书信往来也多了些，从林散之几首自作诗中，能看出他心情的好转，也能看出他对书法的感悟已进入了新的状态。关于书画，他在诗作中经常涉及，与邵子退谈得最多："退墨零笺笔不停，寒窗辛苦十年灯。此中消息得天能，用色由来如用墨。生枯燥湿验虚灵，练成炉火自纯青。"[1]在这首答邵子退的诗中，林散之侧重谈的是墨法，用墨有方，才可从浓淡干湿中显现诗性流溢的虚灵之气。《江上诗存》另有一首诗《论画二律》，林散之谈及的是笔法和章法，"锥沙自识力中力""守黑方知白可贵"，并欣喜地提到了自己作品已现新风气，全诗如下：

(一)

笔法沾沾失所稽，不妨带水更拖泥。
锥沙自识力中力，灰线尤宜齐不齐。
丝老春蚕思帝女，情空秋月悟天倪。
人间无限生机在，草绿池塘花满溪。

---

[1] 转引自《林散之年谱》第216页《答子退·浣溪沙》，江苏凤凰文艺出版社，2016年。

（二）

守黑方知白可贵，能繁始悟简之真。
应从有法求无法，更向今人证古人。
云卧千山时欲起，春回万木自推陈。
眼中风物手中笔，天趣年来又一新。

"天趣年来又一新"是对这期间作品的一种自我判断，这个判断来之不易，其中，有林散之多年含辛茹苦中锲而不舍的努力，有阴差阳错的日子中怀才难遇的持守，也有与古人相争的心志，还有他对偶尔出现的自卑和自大心理的克服。林散之最该庆幸的是，七十几年来几乎风雨不止，但自己的艺术天赋没有被乱糟糟的生活断送。

1972年，林散之与省国画院也有了联系，八月的一天，林散之得知《人民中国》日文版请他选送作品的消息。

《人民中国》是以日文出版发行的杂志，由中央人民政府新闻总署主办，为了庆祝中日恢复邦交，加强中日之间的文化交流，《人民中国》杂志打算出版一期特刊，日本人喜好书法的风气很盛，《人民中国》设定了一个重要版块："中国现代书法作品选。"这是中日之间的文化交流，《人民中国》的编辑们对书法作品的艺术质量非常重视，发表的书法作品，应能较好地体现中国现代书法的水平。

江苏传统文化根基极为深厚，在书法史中，江苏大家辈出，江苏是这次组稿的重要省份，诗人韩瀚是《人民中国》的编辑，对书法也颇感兴趣，他受命在全国组织优秀的书法作品，《新华日报》的美术编辑、画家田原,当时借调到了《人民中国》,从田原处,韩瀚对江苏的书法现状已有所了解,不日便启程赶到了南京。

那时,江苏还没有成立书法家协会,韩瀚来到江苏省国画院,找到"文革"中复职的副院长亚明,向亚明打听江苏谁的书法好。亚明对书法并没有深入研究,不属于行家,不好直接推荐。据韩瀚回忆:"亚明找了几幅字给我看,我觉得比较一般。后来,他从一个老式书桌的抽屉肚里拿出一个未经装裱的手卷。在未打开手卷之前,他告诉我,'这是一个怪老头写的,有人喜欢,有人不喜欢,你看看再说。'随着手卷一展开,我面前顿时一片光亮。我大叫道,'好!好!'我说,'我在北京一个朋友家里看到过一个王觉斯的手卷,当时的感觉和现在差不多。'亚明兄这时也神采飞扬起来,竖起拇指说,'怎么样,中国还是有人的吧!'他指着题款对我说,'此老姓林名散之。早年跟黄宾虹学画,现已年过古稀,一生不求闻达,只管闭门写字作画,别人喜欢不喜欢,他从不在乎。'我表示想见见此老,亚明兄说,他现在住在老家乌江镇,就是霸王自刎的那个地方。你看上他的字,我叫人告诉他写两幅给你寄到北京去就是。"[1]亚明语气这么肯定,林散之一定会得到相关消息,韩瀚便放心地去别地组稿了。

亚明将这个消息及时告知了林散之,《人民中国》选稿

---

[1] 转引自《林散之年谱》第223页韩瀚文:《关于林散之的出山》,江苏凤凰文艺出版社2016年。

是为了中日文化交流，这是个令人愉快的消息。"文革"开始后，这类有关书画交流之事从未发生过，此外，林散之从未发表过书法作品，在国家级刊物上发表书法作品，比一般书画展影响大得多，他意识到这事不仅与自己相关，也与国家的文化声誉有关，要认真对待。林散之当然明白，但他在乎更多的还是书法。据说，日本书法界普遍认为，中国书法到了民国后期已经萧条了，与日本人的书法已不可比。许多人认为，这是日本人的文化傲慢，是在扯淡，林散之对日本书法现状不了解，不好妄作评论。

但日本人说中国书法已萧条了，不无道理。科举制度废除之前，书法尤其是小楷，是科举考试的内容之一，当时书法不仅用于日用书写，而且大小文人无不将书法作为个人修为的一部分。但自民国始，新文化运动推崇西学，中国传统文化受到了激烈批判，传统文化已被认为不合时宜了，没有传统文化涵养的人，是难以写好书法的，复杂的时代大语境中，书法这棵文化老树，正失去它存在的土壤，古老的书法艺术明显势衰，只有旧学根基较深的极少数文人，还心系书法。在绝大多数文人那里，日用书写工具已改成钢笔，钢笔取代了毛笔，梁启超曾不无感慨地认为，书法就要变成"国粹"了，大意是书法正在成为被遗忘的文化。自林散之少年时开始，长达六十年的时间里，中国传统文化一直遭到一些人的批评和否定，也只有像林散之这样的人，才将书法放在生命的重要位置。

《人民中国》来约稿，对林散之来说，这几乎是命运的安排，消息来得太合乎时机了，这正是林散之"衰年变法"

已见成效之时，他的草书已接近成熟状态。

韩瀚回到北京不久，便收到了亚明寄来的林散之作品。林散之选送的是一幅草书《东方欲晓》。"东方欲晓，莫道君行早。踏遍青山人未老，风景这边独好……"这是毛泽东词《清平乐·会昌》的部分内容，林散之选择这首词来书写，既能恰当表达个人心境，又符合《人民中国》选稿的要求，林散之的"衰年变法"已见成效，"东方欲晓"这四个字，与曙光相关，在林散之心里，这或许还另有寓意。

从全国征集来的书法作品较多，《人民中国》的会议室里，挂着很多各种书体的作品。选出优秀作品，必须懂书法，要有好眼光，韩瀚写新诗，也好书法，他和田原都觉得林散之的草书别具一格，但他们担心，"革委会"来审稿时，被打入冷宫的可能性太大了，于是，韩瀚决定先请书法声望高的人评定。

当时，中国书画界权威人士中，没有比赵朴初、启功、郭沫若几人更高的人物了。韩瀚首先来到西直门小乘巷启功的家，启功没听说过林散之这个人，他坐在椅子上，起先没太在意，林散之在书法界没名气，韩瀚心里没底，他打开林散之的草书条幅，用口水小心粘到墙上，请启功鉴评。据韩瀚回忆，启功看见了草书条幅后，突然神情异样，他从椅子上起身，走到条幅前，仔细品味良久，脱下毡帽深深地鞠躬，以示敬佩。

启功的态度，让韩瀚觉得选对了书家，心里踏实了许多，他又去南小栓胡同赵朴初家。赵朴初对佛家经典研究颇深，在宗教界影响很大，和启功一样，他已属中国书法界领袖人物。

《人民中国》要办"中国现代书法作品选"特刊，他已给了作品，编辑韩瀚上门，他十分高兴，以为是来请教书法。赵朴初从"二王"谈到日本的空海，如数家珍，还将自己珍藏的空海《风信帖》拿出来，一边谈话一边欣赏。韩瀚说，想请他看一幅选送的草书作品，并对作者做了些介绍。赵朴初和启功一样，从没听说过林散之这个名字，只是觉得这个名字有点古意，赵朴初仔细端详了草书《东方欲晓》，等韩瀚收好这幅作品，赵朴初微笑着说："此老功夫至深，佩服！佩服！请代我向林老致意。倘能赐予墨宝，朴初不胜感谢！"

林散之的草书条幅《东方欲晓》，已得到了启功和赵朴初两位书法大家的认同，在韩瀚向林散之约选送稿之前，林散之在书坛基本上还不为人知，林散之的这幅草书《东方欲晓》，要发表在《人民中国》不成问题了，那时，韩瀚还没意识到，自己干了一件大事，一个书法大师，一个将要被称誉为草圣的人，与这次发表作品关系甚大。

郭沫若是这些作品的终审人，不久，韩瀚带了包括草书条幅在内的20幅作品去郭沫若的寓所，请他审阅。郭沫若和夫人于立群一起观赏作品，不时发出赞叹："好！很好！"这期选稿完成了。

"应从有法求无法，更向今人证古人。"在江上草堂，林散之继续过书写的日子，历代草书名作在林散之头脑里时常浮现，"衰年变法"的乐趣也常随书写而生。

秋天，林散之去和县林荪若处小住，仍是每日书写不辍。老友张汝舟已从贵州大学离休返乡，听说林散之在和县，便赶来相见，两人阔别数十年，各自沧桑在心，久别重逢时悲喜交集。张汝舟也耳聋了，视力也弱，两位耳聋的老人以笔倾谈，谈这几十年来个人的遭遇，谈书画、儒学又至佛经，话题丰富，据《林散之年谱》记载，两个人笔谈了两天两夜，纸片写了一大堆。林散之谈兴极高，话题应涉及《人民中国》书法选稿之事。

书法作品已寄给《人民中国》了，"衰年变法"之际，林散之的山水画也微有变化，评论界有人认为，他的大多数山水画作品，介乎"白宾虹"和"黑宾虹"之间，在形式上创新意味似不足，欠缺个人独特的山水语言。别人的批评，可参考，但未必全是恰当的。在山水画的笔墨上，林散之从没失去过自信，许多画家的笔墨功夫较差，作品很不耐看，画坛上"花拳绣腿"者众多，时风如此，使之如此的力量，不仅仅出自画坛，个人能奈何乎？

前面已说过，林散之的山水画，不被主流力量看好，这也是他转向书法的契机之一。这次回到江上草堂，他也创作了一些山水画，大多是应友人所求而作，他的心思和时间仍主要放在草书上。

据说，这次中日书法交流，《人民中国》在全国只选二十幅作品发表，平均几乎两个省才选中一幅，被选中的难度不小，如被《人民中国》选中发表，参加了中日书法文化交流，这是有意义的事。当然，这也说明自己在书法上有过人之处，发表了能产生多大影响，没必要指望太大。选送的草书发表了，只意味着自己的书法在中国排进了前二十名，林散之的个人愿望，不止于此。

在林散之心里，"不及，非人也"。这个早年就有的愿望，当然与名相关，而且起初可能只与名相关。许多年来，成名之欲，像地下河的水在暗自流淌，林散之在与友人交往中，或是在唱和之诗中，关于名，他显露出的常是淡然之态，人们听不到它流淌的声音，如果林散之曾为名欲所累，这个事实就如隐私般少为人知。这个世界上，有出众才华而不在乎名者，虽然罕见，但并非没有，中国佛道文化肯定这种超然的精神，在现实生活中，绝大多数人的名利意识过重，以至于不明白世间之名不可强求，强求往往自损身心。如今，关于名，林散之已有了略显超然的心态，人生在世，顺其自然，这名，如大地上鲜亮的花，到了季节会自然绽放。自己的作品如被《人民中国》选中发表了，会不会因此出名？这样的事没必要多想。林散之对草书正深度着迷，创造性书写，才是本真之事，"不及，非人也"，这个愿望不再只是关乎名了，它首先关乎的是自己在草书上的作为，书法功夫，要既真且深，时名如烈酒，修为不足正如酒力不胜，狂饮必自伤身心，在林散之意识深处，有朝一日，自己以作品与古人争，能不活在这"不及"的遗憾中，才是他最大也最根本的愿望。

冬日，他完成横幅长卷《太湖东山纪游》赠韩瀚，款题自作诗《太湖东山四首》；横幅草书《李白草书歌行》也创作于这个阶段。《人民中国》书法选稿之事，对林散之是一次激励，他的创作激情勃发，比以往更旺盛。

第三十七章 名震书坛

《人民中国》的书法稿已选定了，韩瀚来到南京，与亚明、喻继高、田原驱车前往乌江镇江家坂村。江上草堂不再寂静了，国画院院长亚明带人来访，林散之心情大好，之后喜出望外，他选送的草书作品，得到了启功和赵朴初的肯定和赞誉，并且两位都有恭敬之姿，韩瀚用笔叙述了当时的详情，并转达赵朴初求林散之墨宝的愿望。启功和赵朴初是书法界公认的大家，书法见识非一般书家可及，这消息让林散之颇为惊喜。这次的惊喜，可能甚于知己高二适当年赞誉他的诗。在书法上，知道自己大致可与书法界权威并论，林散之心中那棵老铁树终于花朵绽放了，这花朵绽放得激荡心神。

人生的一些重要机会可能会擦肩而过，自己虽在江上草堂潜心书写，但书法界无人知晓，没有韩瀚、亚明、田原的劳心，自己就会错过选送作品的机会，更无被书法权威赞誉的可能，人生在世，凡有恩于自己者必须回报，最合适的礼物便是书画了，来访的几位各有所获，《人民中国》的编辑韩瀚，显然是最应重谢之人，林散之为他精心创作了一幅书画长卷，这是对韩瀚的答谢和感激，也是林散之"衰年变法"的自我激励，林散之自信会出更好的作品。

　　此后，林散之与启功和赵朴初有了信函往来，主要是论书和诗，见林散之的诗与画，启功和赵朴初都觉得他不仅书法好，诗与画的才华也远过常人，对他更为佩服。

　　林散之的草书得到了赵朴初和启功的高度认同，这个消息很快就传开来了，林散之的名字在南京的书画圈子里亮了起来。南京艺术学院的代表得知这个消息后，将林散之接到了南京，与他商量来南京艺术学院教书之事，尉天池、冯仲华、季伏昆几个弟子前来拜见，多年未见，师生之间相见甚欢。话题主要围绕着老师的书法成就展开，弟子们为此高兴不已，林散之告诉弟子们，他正为进南京艺术学院教书之事迟疑，弟子们相信老师会做出恰当选择。这一个多月里，来访者较多，书法家萧娴是康有为的弟子，她带领弟子桑作楷和庄希祖也来到林散之住处拜访。关于是否去南艺教书，儿子林昌庚力劝父亲，如果能重回省国画院，可以专心写字画画，比在南艺教书更合适。林散之听取了林昌庚的建议，与亚明谈重回国画院的事，亚明答应尽快安排好。

　　1973年1月，《人民中国》书法专辑出版了，根据郭沫若、赵朴初、启功等人的意见，林散之的草书摆在第一页，依次刊载的几幅是沈尹默、沙孟海、启功的作品，一个从不为书法界所知的人，他的草书作品如此醒目地出现在首页，书法界格外惊讶，中日书法界的好评随之而来，这位七十六岁前在寂寞中书写的老人，从此名响书坛。

人们常说，人在短暂一生中，要有大作为，仅有才华和天赋可能还不够，时势造就人，这个说法不无道理。林散之的书法放在《人民中国》特刊的首页，与他的草书成就直接相关，但这样的安排，也与中日恢复邦交的政治环境相关。与日本进行书法交流，首先要考虑的是中国书法当下的真实水平，如果只是国内的相关事务，林散之在书坛无名，在书法家的排名次序上，就可能会另有安排了。

林散之的草书受到了中日书法界的赞美，声名鹊起。许多认识林散之的人，没想到他竟会成为这么有影响力的书法家，江上草堂几乎成了闹市，上门求字的人络绎不绝。一个才华出众者在无名之时，能认同其价值并时常在意的人，至多不过三五知己而已，生活的事实是，许多人一辈子也未必有这三五知己，人一旦出名了，原先许多不在意他的人，便会对其刮目相看了，大多数对林散之刮目相看的人，在意的是他在书法界的名，对使之成名的作品，其实不甚了解。从南京来江上草堂求字的人逐渐增多，乌江以及附近的文人，也不断有人上门求字，几乎每天都有人求字，拒之有傲慢之嫌，林散之为此不胜其烦，作诗自安心神："不学板桥要白银，学他赖账或能行。请君且莫勤追索，待到千秋一律清。"

几个月之后，林散之离开了江上草堂，国画院为林散之安排了新的住所——南京百子亭23号，这是原德国驻华使馆中的一座小楼，林散之住楼下两间，这里离中央路117号不远，也邻近玄武湖，算是较为安静之地。自1966年离开南京，七年凄风苦雨，林散之在南京和扬州两地颠簸后，又回到了乌江，如今重返南京，感慨颇多，首先想到的是离世的妻子："三月樱花晚，残生梦又回。画楼人不见，衔泪过江来。"这首诗开头以樱花为咏，心思与中日书法交流之事相关，林散之告慰生前辛苦操劳的妻子，自己在书法上已有所成，可惜妻子已不在世了，看不到自己的成就了，只能衔泪而叹。

上次住进中央路117号，上门人找的是钱松喦，自己只是个无名画师，在画坛没有影响力，这次大不相同，林散之没想到百子亭的居所刚安顿好，上门的人又络绎不绝。来百子亭23号的人，有一些林散之根本不认识，只有少数人是前来拜望自己的，大多数人是来求字的。怎么说这些人来求字，也是对自己书法的认同，不写不合适，每天写二十几幅字，年高精力不济，难免有劳作之累。还有一个不便说出的原因，这些人多属无聊客，在书法上没多少见识，不属同道之人，无法就书法做些交流，林散之书写时，他们只会站在面前瞎嚷嚷，看不出什么名堂，没有好的兴致，写不出好作品，反而会越写越败兴。晚上，百子亭23号安静下来，林散之作《无聊》诗一首，诗中表达的既是无聊也是无可奈何的心情：

连日人声闹市楼，我家亦复闹咻咻。
人来都是无聊客，不是名流与上流。

这首诗透露了林散之当时的心理，前来求字的人大多对书法没什么见识，他欲与交流的是"名流与上流"，是文化艺术界有些作为的人士，这与达官显贵可能没多大关系，看来，当时南京文化艺术圈内有影响力的人，去百子亭23号的人较少。

林散之名响书坛，一鸣惊人，这名来得既突然又大，大到许多人为之震惊的程度。重返南京后，整天忙于写字送人，一些文友还未及交往，其时，南京的书法圈子里，能称为"名流与上流"者，无人可与高二适并论。在书法上，知己高二适向来自信，说他目空书坛也并不为过，启功、赵朴初和郭沫若是书坛大家，属于书法界仰目之人，但在高二适心里，这几位书家不一定有较高位置。1972年冬天，得知《人民中国》选稿已定，林散之雪夜写诗致高二适，肯定高二适出众的才华，并对其给出极高评价，"君其浮名客，才堪命世雄"。其中自有对高二适怀才未遇的安慰，林散之在书坛的名声正不断提升，心思细腻的林散之，比许多人更了解高二适，他主动写诗赠高二适，称自己在书坛的名声实属过誉，"平生自愧学无成，浪得虚名实过情"。林散之与人交往一向谦逊，在同时期给赵朴初的赠画题诗中，也有类似的表达，"沾沾未得脱形骸，浪费平生纸几堆"。但这成名之后的谦逊与成名之前的谦逊，如果有一些差别，高二适会比别人更敏感，对林散之在书坛成名之事，高二适没多作评说，只是劝林散之别写得太多。话虽朴素，其中寓意不便说白，这世上的声名，如不能睿智相待，它也会有伤人之时，不要来者不拒，庸常流俗之人不交，这不仅是对知己身体的关心，也有对书法质量的提醒，无兴致而硬着头皮去写，不会有什么好作品。

　　林散之的弟子越来越多了，弟子们常来百子亭23号聆听他的教诲，林散之谈古论今，从古代书家的精神到日常生活，从世态人情到书画艺术，凡不触及时代政治的话题，都尽兴说开，弟子们给林散之的住处起了个雅号叫"林家铺子"。名高往往多孤寂，尉天池、陈慎之、冯中华、庄希祖、桑作楷等这些弟子常来求教，这"林家铺子"人气旺盛，诗意不一定满堂，但文气时常荡漾其间，林散之不仅少了些寂寞，生活中还多了许多意趣，在百子亭的日子，算是过得如意称心。

　　但是，意外发生了，大儿子林昌午在乌江出事，风月中的乌江多了一些阴影，事情出在儿子身上，必须尽快想方设法去解决问题，这件突然发生的事，让林散之"受到强烈刺激，整天喊头昏乏力，走路步不稳，摇摇欲跌。夜间睡眠差，时常半夜爬起来坐着，白天少精神，只想睡，时感心慌气喘。"[①]儿女们从各地匆匆赶往南京，将林散之送往省人民医院。经检查，林散之患上了脑动脉粥样硬化、心律不齐以及高血压等病，住院治疗一个月才出院。脑动脉粥样硬化的患者大多是中老年人，这种病除了可导致人的记忆力衰退，头晕乏力，还有缺血性脑卒的风险。医生建议林散之出院后休养身心，要注意日常饮食，并适当运动，比如打太极拳，但这种老人易患之病治疗较难。一个多月出院后，林散之坚持每天早晚打两次太极拳，也很注意日常饮食，但记忆力已不及以往了，

---

① 　林昌庚著.《林散之》第141页，百花文艺出版社，2007年。

常会间断性遗忘，头昏现象也比较严重，林散之开始嗜睡了，一天要睡三次，陈抟嗜睡，属于道家修身为仙的佳话，林散之嗜睡，属于不得已之事。此外，林散之还患有慢性支气管炎，常年咳痰，换季时容易急性发作。身体状态不好，生活的情绪和书画创作之事，不可避免都受到不小的影响。

入秋后，国画院当年还没正常运转，没什么书画活动，为调养身心，少一些求字者的干扰，林散之去扬州林荇若那里小住。

"烟花三月下扬州"，这年春天，他已来过扬州一次，林散之在扬州的情状，与几年前避难扬州时大有不同。几年前，他在扬州时，还只是一个不知名的落泊画师，如今，他已是名响书坛的大家，再从名声上来说，他的草书受到日本书法界的极高赞誉，这在中日文化外交中，也算是为中国增了光。春天在扬州时，文友们恭贺林散之扬名天下之后，求林散之墨宝是预料中的事，瘦西湖公园的负责人知道林散之到了扬州，请他为瘦西湖公园题写匾额，林散之乐于题写；在扬州的弟子们上门拜望老师，求老师墨宝珍藏，林散之更是有求必应。王冬龄藏《代函十首赠张汝舟》草书小册页，便是这时在扬州所书，在林散之记忆中，扬州的这个春天，应是最具诗性的春天，这段日子，从扬州的文友到林散之弟子，无不对林散之敬佩有加。但这秋天来扬州，是为了养好身体，儿女们都劝他尽量不要与文友们多交往，养好自己的身体最重要。这次，林散之在扬州没待多久，就返回了南京。

这时期，林散之名气渐旺，已有人称他为书法大师了。

安徽合肥的旧友来南京求字，说现在书法界已将林散之当作书法大师，林散之说："瞎吹！"这浓重的乌江口音，将吹字说成了一个长平音，听起来似乎对这个大师之称没太当回事。其实，林散之暗自喜悦，书法大师这个称誉是有魅惑力的，这是个与古代大师并肩的艺术高度，这个高度不再可望而不可即，林散之相信自己能写出更好的书法作品。

第三十八章 《书法自序》与《江上诗存》

　　人的一生短暂而有限，这是命运的限定，这个限定，在人类言说的一切事物中，最幽暗也最晦涩，也最具深渊性。在这个远未敞开的世界中，存在着众多未知而神秘之物，对每个生命个体来说，这个限定本身就是神秘之事，相比而言，人的有限性，在所有未知而神秘的事物中，是最高的神秘。在这个神秘的限定中，每个人都是这世界上的短暂存在者，每个人都向死而在，这个事实不可避让，就此而言，人劳作在这个世界上，生活的意义不是去挑战死亡，而是在此短暂有限中应当如何存在。

　　林散之的晚年少了些不安，多了些向死而生的从容。"人生总一死，神仙岂所望。"这是他晚年诗作中的句子，这个诗句，直接表达了他对人的有限性的认识。且不说林散之可能对此有过近乎哲学家的深思，作为佛家居士，佛家的生死如一观，或多或少会对他产生一些影响，至少，人向死而在这个限定，并没对晚年林散之的精神生活产生多大的纷扰。相反，人老了，可以老于天真，即便不能老有所为，也不必因老而畏死，在心理上自我折磨，影响了晚年的生活情绪。在林散之意识中，人生中有许多耽搁了人的事，这些事既不能承前也不能启后，因欠缺诗意不值得去做，而平庸流俗的晚年也令人厌烦，一个人要绽放出生命最后的诗意，并留下不凡劳绩，这才是晚年林散之刻骨关切之事。《我生》这首诗，写于他八十岁左右，其中"抚剑时吹唉，风声震大聋"这个句子，让人读后颇为惊讶，林散之已年高八十，依日常说法，他已功成名就了，可安然享受由此而来的荣誉了。但与这类日常说法相左，在书法上，林散之与古人"论剑"的志向，仍是坚毅不移，更令人称奇的是，这抚剑吹唉的风声，大而强劲，它竟出自一个双耳已聋的老人的内心，如果没有老而大成的生命意向，这就只能被当作一个老人的臆想和幻觉，或被视之为书坛莽夫的狂妄。林散之壮心不已，诗句"抚剑时吹唉，风声震大聋"正是他晚年的自我期待。

　　人生虽短暂而有限，但人们想做的事仍然很多，一些人为梦想而劳作，一些人在幻想中折腾，绝大多数人过着生儿育女、养家糊口的日子，既无成就个人事业的梦想，也从不去想入非非，只在庸常流俗中了此一生，而真正热忱于杰出事物者向来稀少。相较于以性和纸币为要事的日常生活，一个人越是志向不凡，所为之事越异乎寻常，完成的可能性往往也就越小，大部分热忱于杰出事物者的梦想，都在生活中破灭了。导致梦想崩溃的原因很多，一个人仅有百折不挠的意志，未必就能完成它，一个人仅有不凡的才华，也未必就能完成它，往深度去谈，一个人在生活中的作为，总是会受到社会情境的一定制约，尤其是当这种制约力与个人梦想相冲突时，如果个人的抵制力虚弱，梦想崩溃的事实就会发生。由此来看，一个人要想在生活中坚守生命的诗意，要有不凡的劳绩，除了有与这梦想相匹配的天赋和意志力之外，还需要存在的智慧。

许多才华不凡的文人，在时代生活的风险中沉没了，林散之谨言慎行，不立危墙之下，守常明变，他从这些风险中走出来了，回首风雨之路，林散之暗自吃惊，也暗自庆幸。可以说，林散之的晚年，是春风得意的晚年，人生之路已发生大的转向，他前面的路，可能不再有狂风暴雨，可能会越走越宽阔，也许会铺满灿烂的晚霞。这段不会很长的路，是一条彻底完成人生梦想的路，一定要写得光芒照人、耐人品读。

与一些和自己年龄相仿的文友比，林散之的身体状况还算好，他们有的躺在医院的病床上，有的老年痴呆了，老有所为，已成不可能之事。与他们相比，林散之对个人生活仍有所筹划。

林散之已入杖朝之年，诗书画方面未完成的一些事，不宜作久长打算，老之已至，但他不能像许多老人那样闲暇度日，自己的书法作品选集和诗集，至今还没整理编辑，个人关于书法的见解，也要写出来留给世人，林散之草书的那个高峰，需要他自己创造出来，这些事都需要亲自去做。人生一世，总该有些东西留给这个世界，总要对这个世界有所给予，一个人如能对这个世界有所给予，人生就不至于因短暂而过于黯淡，这短暂人生就值得去过，甚至值得去赞美。在林散之这里，诗、书法和画，是他馈赠给这个世界的最好礼物，将一生劳作的业绩聚集起来，生命中已没有比这更重要的事了，其他的事也许不好回避，但不可喧宾夺主。

1973年秋天至1974年底，林散之较少出门，文友之间主要以信函交往为主，他投入在未完成的急迫之事中。外面在"批林批孔"，群众已习惯于过这样的日子了，但百子亭内是另一番情景，"吾道一以贯之"，一个老人正在画室中进行墨法尝试，每天都会有一堆废弃的书作——他在继续完善个人的草书风格。此外，除了介入一些回避不了的社会应酬、参加一些书画展事，便是整理和编辑个人书法集和诗集，写《书法自序》。

1973年入秋后，林散之自选了一些书法作品，编辑成《林散之书法选集》，并撰写了他一生中最重要的文本《书法自序》，这篇自序叙述了他个人的书法历程，谈及笔法和墨法以及个人的书学思想，在草书方面，他将自己与古代大家从技艺到精神相往来的心迹，也和盘托出。我们在此辑录几个小段，其中的部分内容，可能已为许多读者熟知，但其要义仍值得人们再作领悟：

黄先生不以余不肖，谓曰："凡用笔有五种，曰锥画沙、曰印印泥、曰折钗股、曰屋漏痕、曰壁坼纹。用墨有七种：曰积墨、曰宿墨、曰焦墨、曰破墨、曰浓墨、曰淡墨、曰渴墨。"又曰："古人重实处,尤重虚处;重黑处,尤重白处;所谓知白守黑,计白当黑,此理最微……"

用笔有所禁忌:忌尖、忌滑、忌扁、忌轻、忌俗;宜留、宜圆、宜平、宜重、宜雅。钉头、鼠尾、鹤膝、蜂腰皆病也。凡病好医,唯俗病难医。医治有道,读万卷书,行万里路。

余学书,初从范先生,一变;继从张先生,一变;后从黄先生及远游,一变;古稀之年,又一变矣。唯变者为形质,而不变者为真理。审事物,无不变者。变者生之机,不变者死之途。书法之变,尤为显著。由虫篆变而史籀,由史籀变而小篆,由小篆变而汉魏,而六朝,而唐、宋、元、明、清。其为篆,为隶,为楷,为行,为草。时代不同,体制即随之而易,面目各殊,精神亦因之而别。其始有法,而终无法,无法即变也。无法而不离于法,又一变也。如蚕之吐丝、蜂之酿蜜,岂一朝一夕而变为丝与蜜者。颐养之深,酝酿之久,而始成功。由递变而非突变,突变则败矣。书法之演变,亦犹是也。盖日新月异,事势必然,勿容惊异……

居尝论之,学书之道,无他玄秘,贵执笔耳。执笔贵中锋,平腕竖笔,是乃中锋;卧管、侧毫,非中锋也……

余十六岁始学唐碑;三十以后学行书,学米;六十以后就草书。草书以大王为宗,释怀素为体,王觉斯为友,董思白、祝希哲为宾……

所辑文字前两小段，林散之追忆了师生之情，叙述了自己开窍于黄宾虹所授笔墨之法，其他几段，谈学书经历和个人书学思想。此外，林散之草书风格的形成与书法史上大家的微妙关系，也陈述明白。在《书法自序》中，林散之推崇中锋行笔，这与他多年临名碑、名帖在内的书写经验相关，与他对书法的个人领悟相关。书法是否一定要中锋用笔，这是书法界仍争执未休的话题，仁者见仁，智者见智。林散之一向推崇中锋用笔，有中锋决定论倾向，这是他个人的喜好和书法认知，属于个人观点，有一些书家不一定认同，但对许多书法爱好者来说，中锋用笔之说，不乏启发意义。

林散之做的第二件重要的事是编辑《江上诗存》，与书法之名比，他的诗迄今还少为人知，十七岁时，林散之曾编过一部手抄本诗集《古棠三痴生拙稿》，这些诗，如今只能算是早期习作了。自十几岁始，林散之就痴迷于写诗，迄今已写了六十几年，知者也只是一些交往未断的旧友，高二适对他的诗颇为赞赏，这是他视高二适为知己的缘由之一。如今，启功和赵朴初这两位饱学之士，对林散之的诗也大为赞誉，林散之原本就对自己写诗的才华不乏自信，有了文坛这些饱学之士的肯定，林散之觉得将这些诗编辑成集，就非常有必要了。以诗交友是中国传统文人交往的方式，编好的诗集，既可以私下赠送友人，也可留作后人一览，这些诗的好坏自有人评说，只要不属"敝帚自珍"就好，毕竟，这些诗是他个人生命的心迹。

　　林散之曾对弟子们说，他写诗投入的心力和时间多于书画，这个世界上所有吸引他的事物中，最能激荡心神的首先是诗。就诗而言，作为诗人，他承继中国传统诗学，主张诗言志，与传统士大夫精神相契，在诗学上，并没有多少自己的创见，不过，我们没理由以天才诗人的尺度丈量林散之，与新诗相比，他的这些旧体诗，虽欠缺形式自由度，所受约束较大，人文意识也欠缺当代性，但他的诗作尤其是中年时期的诗作，不乏对人生的发问，也不乏对诗艺的追求，人们从中能读出林散之存在之艰辛，也能读出他在忧郁或快乐中流露的诗性，作为现当代旧体诗中一个比较优秀的诗人，林散之完全有资格获取读者的认同。如果我们结合时代境遇来读这些诗，就会有另一些复杂感受，一些问题也许就很值得深思。新文化运动之后，中国激烈反传统，新诗已成为诗歌的主流形式，但林散之从不写新诗，对兴起的新诗未必有好感，旧体诗才是他的所好。可以说，林散之一生都生活在反传统文化的主流话语中。戊戌变法之年，林散之刚出生，中国就出现了反文化传统的事件，民国时期反传统形式激烈，令人惊异的是，一反再反，林散之仍与传统文化血脉相承，是一个经过多年改造而矢志坚守的旧文人。从这层意义来说，他的这些旧体诗以及他的书法，是对被时代败坏的文化传统的承继，在林散之的意识深处，对反传统的私下抵制从未真正放弃过，这是意味深长之事。

　　总之，林散之对传统文化的敬重根深蒂固，他对旧体诗的情感特别深厚，编辑《林散之书法选集》和个人诗集《江上诗存》，这两件事都与传统文化相关。这些诗的写作年代跨度较大，由于生活的具体情境不同，不同年龄对生活的感受不同，对诗艺的理解也不尽相同，修改旧作，有时比写新作还难，这显然是很费时间的事。他已写诗六十几年了，历年所积的诗作颇多，每一首诗都倾注了他的心血，不加以整理，年久散佚了，这会是个不小的遗憾。在书法创作之余，他要干的最重要的事，就是抓紧整理和修改这些旧作。

这一时期，林散之较少邀约文友，专心整理和修改旧作，自己修改选好的诗作，就交给帮忙的弟子编辑，由弟子在钢板上刻写，再油印成册。诗集《江上诗存》共三十六卷，每卷收诗四五十首，1974年底，《江上诗存》油印完成，线装成册，诗集共油印了一百册，三十册准备送文友，其余七十册，以每册八元成本费被喜好者收藏。文物出版社出版《江上诗存》诗集时，诗集内容做了些增补。

诗集《江上诗存》的内容，由林散之自己选定，未选入的诗，除了在诗艺上自己不满意，与他对意识形态的敏感有关，诗集由启功作序，次页是赵朴初为诗集所赠之诗，之后，才是林散之的自序。

《江上诗存》这部诗集，凝聚了林散之的心血，展现了他在时代生活中的忧伤、困惑和迷茫，一生坚守诗书画信念不移的意志，以及自卑与自信长期纠结的个人心态。此外，关于名的暧昧心理，甚至林散之在复杂时代情境中的立身方式，读者可从《江上诗存》中仔细品出，善读的人读这部诗集，则会不止于窥见二三。

这几年,林散之的日子过得比较顺心,为《林散之书法选集》撰写的《书法自序》完成了,《江上诗存》也编好付印了,心情踏实了许多,心中牵挂的事越来越少,可以一心专注于草书创作了。

1973年国庆节,江苏省美术馆举办江苏省国画书法印章展,林散之的草书作品《咏梅》在美术馆不翼而飞,林散之对这件事的反应出人意料,作《失梅六绝句》,并写失物通告:"鄙人参加省美展,书写《卜算子·咏梅》两件,不意失去,想系梁上君子所为余不深究,唯是该纸乃旧藏名笺,字虽不佳,纸却名贵,深望诸君子,急将拙书送还,若能送还,一张赔两张,两张赔四张,绝不失言。因有所感,做六绝句示之。"这个"失物通告"内容奇妙,一时被传为佳话,似乎起到了广告的作用,百子亭求字的人大量增加,林散之不得不为此又忙乎起来。也有人不解林散之此举,丰子恺作品当年在展馆被窃,也曾在《杭州日报》登过告示,大意是窃画者定是知己,如窃画人上门,可为其补题上款,似有赞窃画人目光不凡之意。林散之的参展作品《卜算子·咏梅》被人窃走了,不管是被展览馆的人还是外人所窃,一定是对林散之书法格外喜欢,才窃而藏之,林散之与丰子恺的失物告示有所不同,从告示内容看,林散之是为了纸的名贵才书写这通告的,并承诺"若能送还,一张赔两张,两张赔四张,绝不失言"。这件事许多人无法理解,窃画之事成了新闻,这两张纸再名贵,也已经是书写过的纸了,两张已书写过的纸竟如此重要?值得林散之以这种方式告示天下吗？除非，林散之根本之意不在纸，而是对自己这两幅作品特别满意，或许可称代表作，不忍失去，才期待物归原主。此外，什么样的理解，才切合林散之写"失物通告"的心理呢？现在我们不得而知。

　　书法创作一直在继续，来人求字，不得已才写，有人求字而林散之为之欣喜，这样的事极少发生。1973年之后，中国人对书法的兴趣开始恢复了，中日恢复邦交后，书法成为文化交流的重要内容，日本首相田中角荣也好书法，南京市外办负责人接上级指示，从中日外交关系考虑，要林散之为田中角荣写幅字。给日本首相写这幅字，是一项有亲和力的政治任务，也是林散之在时代政治中的隐性资本，此外，一个书法家的作品能作为国礼，这显然与书法家的个人荣誉相关，在中国书法界，能享此荣誉者极少，于国于己，做这件事都颇有价值，林散之很乐意去写。这次，林散之没写毛泽东诗词，诗作《书赠日本友人二首》，是他特意为田中角荣而作，林散之很投入地书写了多幅，直到有一幅草书作品诗性洋溢，他满意了才收笔。

　　除了弟子们来拜访，没有人与林散之谈书法，媒体上夸他的文字看多了，也变成了老生常谈。林散之被人们称为书法大家了，山水画还要画，诗是一定要写的，不写不行，医生劝他少动脑筋，林散之做不到，儿女们劝他不要再对诗这么投入了，林散之会突然发火。写诗早已是他生活中无法放下的事，有些诗写得不满意，躺在床上，仍想着要修改的诗句，非苦思不可，如有人当面说他是个诗痴，他会开心得大笑。

在南京，能在诗文方面敞开深谈的文友，只有高二适。林散之成名后回到南京，主动写诗赠高二适，两位草书大家见面，仍和以往一样只谈诗，相互夸赞一番，彼此都不谈对方的书法，这算是智慧的避让，但他们之间的和诗少了，相见的次数也逐渐少了，高二适的心脏状况不太好，时常心悸、胸闷、气短、乏力，又著书费神，身体状态不及林散之，知己之交浓如酒的感觉，不像初交时那么强烈了，两个人同在南京城，相互之间时常惦挂着，兴致好就聚一聚。高二适平时不在文史馆就在家中，交往不多，在南京，林散之是他较少文友中最重要的一个。一次，高二适邀林散之去小饮叙谈，林散之见高二适书房藏书甚多，自叹弗如，林散之这几年读书不多，高二适在寂寞中精勤治学的精神，令林散之感佩在心，不过，在他当时所作的两首绝句中，对这位知己淡泊名利、不求闻达的精神，并未赞誉。

林散之与高二适过从甚密，高二适对文坛之事了解颇多，从高二适口中得知他老师章士钊九十大寿时，林散之曾作诗《寄章士钊先生》贺寿，"他时有幸登堂日，一笑相逢结胜缘"。这个句子很直白，林散之有意与章士钊结缘。章士钊的历史背景极为复杂，新文化运动中，章士钊是文化复古的领袖，他曾任北洋政府段祺瑞政府的司法总长兼教育总长，中华民国政府参政会参政员，中华人民共和国全国人大常委会委员、全国政协常委、中央文史研究馆馆长。"文革"中，许多著名的文人都被打倒了，章士钊安然无恙，他是被点名保护的旧文人。从林散之作诗为章士钊贺寿这事来看，高二适可能答应过向老师引荐林散之，林散之崇古之心尤重，对章士钊心存敬意，能结识章士钊，当然是快慰之事。林散之与章士钊弟子高二适属知己之交，登堂入室的机缘应该是有的，但这机缘太弱了，章士钊不久为两岸政事病故于香港，这成了林散之心中的一件憾事。

来百子亭求字的人仍然较多，林散之为名所累，不堪其烦，求字的人走后，创作兴致一时不易恢复。林散之已脑动脉粥样硬化，症状虽没变得严重，但医生多次提醒他，书法能少写就少写一些，写诗太费脑筋了，不宜太投入。医生的劝诫还是要听的，但林散之的笔一旦停下来，就无事可做了，心里会有些茫然，求字的人来了，林散之会觉得心烦，这些人走了，独自一人坐在画室中，又常有寂寞感，他常想到老家乌江，想到自己的知交邵子退。邵子退患了哮喘病，换季节时就会发病，但老友林散之多次来函邀请，三月花开，春风渐暖，邵子退从江北来百子亭看望他。两个老人去玄武湖旁散散步，叙旧的话题多，林散之说，邵子退听，重要的话题需要回答，便从口袋里掏出准备好的白纸条，写上文字递给林散之看，回到百子亭，两位诗人一边小饮，一边谈诗，基本上都是林散之读自己的诗，邵子退欣赏或偶尔提出点建议，直到双方都累了为止。邵子退来百子亭，林散之格外欣喜，人到高龄之时，仍有几位常相往来的友人，可谓幸事。书法重要，这关乎林散之自我价值的实现，在林散之心里，友情也有特别的位置，知己的情谊有时不弱于亲情，尽管亲情不可取代，拥有了这种友情，至少，可消解一些孤独和寂寞。

第三十九章 好运

上世纪六十年代末，苏美间的冷战仍在继续，中日恢复邦交，美中已准备建立外交关系。中国开始与资本主义国家建交，这不仅一定程度地改变了世界政治秩序，对中国国内事务也产生了一定影响。

诗书画之外的事，林散之较少过问，日子过得不顺心，也只是希望在坏日子中遇上好事。在那样的年代，好事乃稀罕之事，不期而至的好事，会令人大喜过望，仿若造化垂青。但生活中遇上这好事的人毕竟不多，正因为不多，这些人才被称为幸运之人。

林散之离世不久，就有人说林散之是这类幸运之人。他一生遇到过不少幸运之事，乱世之中，他遇张栗庵是幸运之事，遇黄宾虹也是幸运之事，1955年到政府任职，也应算是幸运之事，彭冲推荐他去省国画院，更属幸运之事。与同时代众多遭受厄运的文人相比，这幸运几乎会令人妒忌，而每一次幸运，似乎都是某种安排，都指向明确地接近他人生欲求的最高目标，几乎没有发生过大的偏移。

无疑，这些幸运之事，是好事中难得的好事，但真正能体现他个人价值的大好之事，出现在他的晚年，而且出现得恰逢其时。如果中日邦交恢复得早一些，林散之的草书风格还未形成，书法作品能不能被《人民中国》选上，这很难肯定，即使选上了，也不会产生太大的影响。如果中日邦交恢复得较迟，如果迟到1990年才恢复，林散之的名字，就有可能不为当今时代所知，更不会有草圣之赞誉了。但事实是中日邦交的恢复，中日书法文化的交流，恰好发生在他"衰年变法"已见成效的时期。

对林散之来说，这一类幸事未至之时，它像人生寒夜中封闭在冻土里的花种，一旦命运的春风朝这片冻土吹过来了，这花种就破土而开，开得灿烂炫目，而且往往会一开一大片。1972年后的林散之，是被好运眷顾的林散之，好事连连，一件接着一件到来，他仿佛立身在这片花种已破土而开的花地上。

中日关系正常化后，两国文化外交不断升温。日本人喜好书法的风气很盛，书法，是日本国民教育科目的一项，日本书道界起初并不看重中国现代书法，林散之的草书在《人民中国》专刊发表后，令他们对中国书坛刮目相看，林散之草书成就之高，完全出乎日本书道界的预料。清末以后，中国就开始反传统文化，口诛笔伐地反了这么多年了，竟然还有林散之这样的书法高人，这让日本书道界不仅对林散之的书法好奇，对林散之这个人也好奇心极重。

1975年3月，日本书道代表团访问中国，直接要求来南京拜见林散之。日本书道团的团长是村上三岛，成员有香川云峰、饭岛春敬、青山杉雨、金子欧亭、梅舒适等，这些人都是在日本有影响力的书道家，他们一到南京，就迫切想见到林散之。这次访问是通过外交途径安排的，外事办领导非常重视这件事，决定将见面地点安排在南京艺术学院，并及时告知林散之，要他做好接见日本书道代表团的相关准备。

关于林散之会见日本书道代表团之事，人们说法不一，对会见事实言之不及者有，言而过之者也有，林散之给知交邵子退的信函中谈及过这事，有较高的可信度，以下是从信函摘录的部分内容：

>这次代表团来华时，向外交部提出要求，要到南京见我，外交部不好辞了，只得陪他们到南京来。前一天就有南京外事办人来同我联系，第二天下午一时，乘小车到艺院，把我收在一间办公室里，暂不让日本人见面。初步有艺院领导和教师陪他们介绍情况和参观艺术学院展览的一些陈列作品，最后才由艺院领导人陪同日本书法代表团一行16人，女的五人，到我这里来相见。团长名叫"村上三岛"，向我致以最热烈握手和八九十度的鞠躬礼，随行15人也同样地敬礼。团长介绍我的声名，书法价值非常崇高，说是一张字可值日金一万元，能换两部汽车。见面后开一个座谈会……之后交换书法，先

> 由团长写两幅后，由我写两幅……日本人看到我执笔时平腕竖锋，惊奇非常，大家围着看、拍照，我的眼都被他们照昏了。①

日本书道家对他的至高敬意，政府对他异乎寻常的重视，让林散之真有点"受宠若惊"的感觉了。大好喜事，自己兴奋不已，也要及时与老友分享，从林散之给邵子退的这封信看，他语气激动，得意欢悦的心情溢于言表。"外交部不好辞了，只得陪他们到南京来。"外交部此前有没有过为这事"辞"的意思，我们不得而知，是日本书道家告诉林散之的，还是外办的人对他说的，这句话无法确证，不排除这是林散之听信的传言。在南艺接见日本书道团，依照事先安排好的接待程序，中国出了让日本人敬慕的大师，似乎大师要有大师的"架子"，国家才会有面子，不让林散之提前与日本书道团见面，让林散之在休息室等日本书道家拜见，则是确有其事。关于这次接见，也有虚夸不实的传说，有弟子说林散之写的四首赠诗，是在休息室当场所作，其意是在肯定林散之诗才卓绝，弟子对老师的推崇夸赞，有时会过誉，这事不难理解，但在休息室那么短的时间内，就能写出四首赠日本书道团的诗，让人难以置信，这也太不合常理了。林散之另一弟子庄希祖证实，这几首诗并非是现场所作，而是事先已在百子亭写好，他有此诗的标题及第一首的残稿。

---

① 出自《荣宝斋》2010年第1期。

日本书道家对他作品市场价值的评价，让林散之颇为吃惊，林散之为自己的字在日本很值钱而高兴，一幅字值一万日元，他在乎的不一定是钱，但这直接体现了他作品的艺术价值。其实，当时的一万日元，只相当于六百元左右的人民币，林散之并不知道，他以为会值一大堆人民币。1975年，一万日元在日本能买两部汽车，这个说法太不靠谱，可能是翻译错译了日本书道家的话。不过，一幅字值六百元人民币，在当时，是一个中等工资的人几年才能挣到的钱，这无疑已经是很高的价格了。林散之对日本鞠躬礼可能不太了解，行鞠躬礼，是日本流行的交往礼节，它分为四个级别：会释、敬礼、最敬礼、真礼，行九十度鞠躬礼，即是日本最高礼：真礼。日本书道家行八九十度鞠躬礼，林散之也颇为吃惊，他双手向前将对方扶起，压根儿没想到日本书道家竟对他这么敬重。

书法家邵希平当时参与外办的接待事务，林散之会见日本书道团之后，邵希平也成了林散之的弟子，据邵希平回忆："这次会晤，'文革'还在继续，尚处特殊时期，双方还有些拘谨，放不开手脚，交流还不够深入。"所谓放不开手脚，是指在"文革"时期，林散之还不能与对方畅谈，谈的虽然是书法，但有一些话也是不可以说的。林散之的发言，必须强调"为人民服务"的文艺方针，从翻译口中，日本书道家们没听到大师对书法的独特见解，但林散之书写时，日本书道家全神贯注、态度虔诚，见大师亲笔书写，这是极难得的机遇。村上三岛对王铎的书法研究颇深，对林散之的草书较为推崇，回日本后，他写有《难以忘却的回忆》一文，其中有一段文字，叙述了当年林散之书写时的情景："当时在学院的时候，听说中国的至宝——林散之先生，早就在那等候……座谈会结束，林先生开始挥笔展示书法，大家屏住呼吸。凝神盯看，他笔端涌出的字写法刚劲有力，庄重威严，引来了雷鸣般的掌声。到现在为止，我也忘不了当时那一幕。"[1]

林散之与日本书道家交流书法，现场书写时，还发生过一件不太令人留意的事，这件事在日常眼光中看似不大，但在林散之心里却是一件不可小看之事。三月的南京，天气仍是很冷，林散之书写时需卷起棉衣的袖子，儿子林昌庚帮父亲将棉衣的袖子往外卷，这是卷袖子的正常方式，林散之用手拍了他一下，示意林昌庚将衣袖往里塞，林昌庚只得将父亲的袖子往里塞。这个动作很小，在场的人即使看见了，也会不知其故，原来，林散之的棉衣袖子里面已破损了，往外卷，袖子破损处就完全暴露了出来，一个受日本人崇敬的书法家，露出这袖子的破损处，岂不是会给中国丢了脸面，那时，"文革"还没结束，中日间的书法交流属于外交行为，如果露出这袖子的破损处，怕日本人会因此产生联想，中国的大书法家竟然过着这么贫穷的日子，大书法家尚且这般，中国老百姓的日子会过得怎么样呢？林散之参加中日书法交流，本意是为国家在文化上增光，也为自己争名，却因此惹出了麻烦事，一定会受到批评，甚至会被当作刻意破坏国家形象来看待，在那个年代，人们习惯于这么看事物，很难说这类事不会发生。

---

[1] 转引自邵川编著：《林散之年谱》第446页，江苏凤凰文艺出版社2016年第一版。

林散之要林昌庚将衣袖往里塞，他的爱国情怀和政治上的谨慎，从这件事的处理上也可见一斑。

平静多年的中国书坛，因《人民中国》书法专刊的发行，产生了不小的动荡，林散之这匹老黑马突然出场，一鸣惊人，成了中日书法界一个重要的新闻。两年后，日本书道团来访，从北京到西安再至南京，中国书坛又风浪突起。1949年后较长时期内，书法艺术处于被冷遇的状态，如今，这状态正在改变，中国人重新喜好书法了，许多人已开始练毛笔字。正如村上三岛在文章中所言，在日本书道家眼里，林散之成了中国的至宝，日本书道家来南京拜见林散之，并致以最高等级的鞠躬礼，以示由衷敬佩，这对林散之在中国书坛地位的提高和稳定，不无微妙关系。

日本书道团离开不久，初夏，林散之受荣宝斋之邀去北京，荣宝斋前身为松竹斋，始建于清康熙十一年（1672年），1894年更名为荣宝斋，取"以文会友，荣名为宝"雅意，是有着三百余年历史的权威艺术机构，非艺术界大师级人物，通常不会受荣宝斋之邀。荣宝斋之邀，是对林散之书法地位的肯定，林散之爽快地接受了邀请。林散之去北京，要有人照顾，林荪若和林昌午姐弟两人陪父亲前往。这一女一儿均酷爱书画，带儿女来北京见文化界和书法界的大家，也可让他们借此机会宽一宽眼界，长些见识。

这是林散之第一次去北京，火车到北京站，有专人来接，他们下榻在北京民族饭店，被安排在豪华套房。赵朴初和启功事先已知道林散之的北京之行，已安排好与这位传奇性文友相见的时间。

初入北京，这里的一切都很新奇，北京的天空中，似乎还散发着一些或浓或淡的神秘气味。荣宝斋知道林散之初次来北京，首先安排他和儿女游览北京城。这里离天安门广场很近，步行只需几分钟就可到达。一个对明清政治史有所了解的人，进入天安门广场，历史感会不觉厚重起来，在人们心目中，北京首先是政治之都，这里曾是明清两朝的皇都，大大小小几十个皇帝，在北京城以天子身份统治着这个国家。

林散之出生在戊戌变法之年，这场改变旧制的变法失败了，戊戌六君子在菜市口被杀。革新旧制时先行者们付出的代价，也有文人参政的某些警示，最值得深思之事，是中国文明开端时期倡导的"其命维新"的精神，为何在故土旧邦一再遭到压抑和堵截。林散之的最大兴趣在诗书画，不在对这方面事物的深度追问。他出生在变法受挫之年，多年以来，"变法"这个词，在林散之心里一直是个敏感词，他由"变法"这个词联想到的是，个人与中国书画传统应建立什么关系？从旧事物中寻找出口，必须开启道路，如果以传统为"主"，就会以己为"奴"，"继往"的根本目的是为了"开来"，中国草书也要"其命维新"，也要开启新的道路。

北京名胜众多，十天半个月也看不完，荣宝斋请他来北京，是为了留下墨宝，不是为了让他游山玩水的。林散之心里明了，所以只选了一些重要景点去游览。一些重要的名胜之地，平时不对外开放，比如，广济寺，但经过赵朴初的安排，林散之一行以特别待遇进入寺中游览大殿，敬香拜佛后，饱览了佛家文化胜景。

游览名胜,当然是闲逸而愉悦之事,北京风物虽好,但最开心之事,还是与神交几年的赵朴初和启功见面。在林散之心里,这两位皆为当代鸿儒,也是国内对自己书法和诗做出最高肯定的人。这几年,他与赵朴初和启功已有多次信函来往,并相互赠予各自的书法和山水画,这次与两位大家一见如故,林散之将《江上诗存》递上以求教正,赵朴初和启功都对林散之的诗颇感兴趣,评价甚高,赵朴初赠诗相赞,启功为诗集《江上诗存》作序。

书法大师林散之来北京了,消息传开,许多人来民族饭店求字,林散之只得连日书写。但越写,求字的人越多,林散之觉得身体吃不消了,头目昏晕,体力也不支,再不离开北京,这身体可能会被搞出大问题。给荣宝斋的字认真写好后,国家博物馆想要林散之的书法,林散之只写了一张六尺立幅,就赶紧回南京了。回到南京后还不到两天,林散之果然生病了,住院一个多月才康复,又因南京双门楼宾馆之邀,近一个月时间在宾馆创作书法,与在北京时相比,他的书写没那么仓促急迫了,书写的情绪也自在了一些。

书法外交,从文化上促进了中日的友好关系。1976年7月,全日本书道联盟、日中友好协会和《每日新闻》社,联合举办"现代中国书道展",由当时的文化部选出中国八十位当代书法名家参展,这次规模较大的书法展,先后在日本的东京、爱知县和北九州岛三地举行。"现代中国书道展"轰动了日本书道界,民众蜂拥前往看展,中国书法家们集中彰显了自身的书法实力，林散之书写的行草作品《七律·人民解放军占领南京》，线条遒劲，墨意苍茫，气象雄浑，在参展的八十幅作品中尤为醒目，人们在作品前细心观赏，赞叹不已，《每日新闻》及其他媒体在报道中都予以极高评价。

这正是林散之"衰年变法"接近完成的时期，他已娴熟掌握了墨法的创造性运用。将老师黄宾虹所授之墨法运用于草书创作，林散之强调："写字要有墨法。浓墨、淡墨、枯墨都要有。"墨重笔圆而神气内敛，墨淡而笔干，线条神旺气足，绽开时一片浑茫，润在其中，要于无墨中求笔，从枯墨中写出润来，筋骨血肉，尽在其中。浓墨、渴墨、积墨、宿墨、破墨，加上渍水，书写中求变，深浅枯润相济，变化无穷，而"运用之妙，存乎一心"。

书者必知笔法，但笔与墨如不相兼，不知墨法，不善用墨，尚不能称书法中的大家。笔中墨太多，极容易将字写烂，"多肉微骨者，谓之墨猪"。以浓墨肥笔写出的字，大多过于绵软，神气不备，善书者要惜墨如金。林散之写草书惯用"蘸水法"，即以长锋羊毫蘸浓墨之后，再蘸清水，他认为，"磨墨欲熟，破水写之则润，惜墨如金，破墨如神"。这是他个人的书写经验，如此，他一次性可以书写多个字，甚至在笔毫中的墨将枯未尽之时，拈动笔杆，善用笔腹甚至笔根之墨，以内力皴擦出几个苍茫之字，林散之提示弟子："没得墨，里面起丝丝，枯笔中见到润。"[①] 在书写中，林散之着意追求水墨在生宣上

---

① 枯中见丝，丝中生白，白与淡黑生润。

的渗化,墨润则浑厚华滋,干枯则苍茫雄浑,由极浓到极枯,由极湿到极干,湿枯相互交替,节奏变化强烈,作品中由涨墨而成的晕状墨块,与皴出的缥缈线条相应,云烟迷离,突显出"润含春雨,干裂秋风"之效,极大地增强了书法的艺术表现力。

"天际乌云忽助我,一团墨气眼前来。得了天机入了手,纵横涂抹似婴孩。"这首《论书诗》,集中体现出他的草书墨法思想,溯其源流,林散之的用墨思想,主要源自黄宾虹所授"七墨论"和笪重光的书学思想:"磨墨欲熟,破水写之则活;蘸笔欲润,蹩毫用之则浊。"此外,林散之又从王铎书法中悟得涨墨之妙,因兴落笔,极富通化地运用于书法创作。

在草书创作中,他运用多种墨法,渴墨枯笔的大量运用,线条中飞白斑驳,独具月影婆娑、虚实相生的美感,枯墨线条若隐若现,笔中起柔韧之丝,浑朴苍茫、老辣纷披,与涨墨运用时产生的墨晕相契一体,气象超然,林散之草书的个人风格已卓然自立。

1966年至1976年,是极不寻常的十年,林散之的草书风格成熟于非常时期。"文革"结束后,社会逐步回归正常状态,文坛风气也逐渐好转,文友们的交往频繁起来。"中国现代书道展"在日本成功举办后,林散之的书法在日本很抢手,但日本收藏界难获林散之的作品。有人可能会很好奇地想,日本书道界那么喜欢林散之的书法,为何不请林散之去日本举办个人书法展?那时出国办艺术作品展,需要通过外交部的批准,程序复杂,林散之没被请往日本举办个人书法展,只要不绕开当年的环境,就不难理解。

那时，称林散之为大师的人越来越多了，不仅民间半神话式地谈论林散之，即便是文化界人士聚会，话题也离不开林散之。林散之在书坛的地位已令人仰慕。一些不解书法之妙的人，也以得到林散之的墨宝为个人荣耀，有一些人甚至带着林散之的书法到处炫耀。似乎有了书法大师的墨宝，便是"见贤思齐"之举了；似乎有了这墨宝，以日常眼光看，就与书法大师有某种关系了。一些人的虚荣心也由此获得了满足。从林散之的晚年诗作看，他从未流露过受人崇拜的满足感，每年要写出多少幅字，才能满足大批求字者的欲求，为大师名声所累的感受，倒是在诗作中时常流露。求字的人太多，与林散之在书坛的位置相关，想到这个事实，林散之虽然因书写而累，有时也乐在其中。

1970年代后，林散之书写的不再全是毛泽东诗词了，古典诗词中的名作，已成为他经常书写的内容了。"会当凌绝顶，一览众山小。"林散之少时便熟知的这个诗句，如今才在林散之心中真正明亮起来，但林散之留下了上千幅作品，却未见以这个句子为内容的作品，也许是这个句子太霸气了，写出来即使不会在书坛树敌，也会招人诟病，处世一向谨慎的林散之，断然不会犯这个"忌讳"。林散之自知，这当代书法的"绝顶"已隐约可见，名载史册，与书法史中的大师并论，不会有大问题了。也许，他还想过后人为他立传之事，这虽是发生在另一个世界的事，但它毕竟仍与自己相关，想一想也不乏诗意。不过，后人写的那些关于自己的文字，会不会有不合实事之处，会不会有瞎吹之嫌，或会不会写到比林散之更了解林散之的程度,这些都是他过问不了的事了,任后人评说吧。一个人在意后人如何评说自己,必先在意自己在世时如何存在,他要做的不是去讨好这个平庸的时代,而是立身在草书的高峰中,拥有值得世人赞誉的资本。

生不立传。林散之生前没有人为他立传,但以笔墨为林散之造像的人却不止一个。第一个为林散之绘像的人,是狮子岭兜率寺的住持圆霖法师,上世纪五十年代,林散之在江浦县时与圆霖法师相识,遂成为人生挚友。圆霖法师善书画,书法承弘一法师,林散之来南京后,他几度来探望,"文革"中他被批斗,被赶出寺庙去桃园接受监督改造,与林散之失去了联系。1972年,圆霖法师凭印象为林散之画了一幅写意兼工笔的画像,1979年赵朴初见此画像,欣然在右侧题字:"其容寂,其颡頯,寂然是秋,温然是春。"田原、费新我、范曾、钱松喦等都曾为林散之画像,林散之对田原的作品尤为喜欢,见画后随即在画上题诗一首:"自惜磨砻七十九,容颜未忘平生丑。骨瘦犹存一点真,此境求之前人有。"他将这幅作品配上玻璃镜框,挂在画室的墙壁上,见到它,常开心如忘乎所以的儿童。

1977年下半年,高考恢复,"文革"中一些被打倒的知识界和文化艺术界人士,也逐渐恢复了社会身份。与这些文人的遭遇相比,林散之应属幸运者。当然,林散之不可避免地也是受害者,字画被抄,书籍被焚,在南京和扬州之间来来回回,颠沛了五六年心神难安。据林散之外孙、画家林金回忆,1967年,钱松喦被批斗时,林散之也曾被拉上卡车游街示众,之后便是禁止他随便外出,但此后不久,妻子离世,他就去扬州避让风险，虽然心里不踏实，担心出什么灾祸，但他并没遭遇过身心被摧残之事。

中日恢复邦交后，两国之间进行书法文化交流，声名鹊起的林散之，已进入"风景这边独好"的安全地带。中国书法复兴的事态，也明显好过以往，林散之的日子更是风生水起。

1977年，林散之也写了批判"四人帮"的诗，林散之阅人世沧桑，在风风雨雨中，不敢公开发悲天的感叹，但悯人之心却从未丢失。他一生诗性不泯，寄情于诗，虽已人老身残，能看到人们不再艰难度日，并有望过上好日子，林散之自然是大为开心。

改革开放后，中国对西方敞开了大门，大街小巷中看到的不再是阶级斗争的面孔。但令林散之遗憾的是，他的知己高二适没能看到中国的改革。

人生即便是一帆风顺，也总有避不开的哀伤，亲人或人生挚友的去世，便属这类彻骨的哀伤。1977年3月，高二适在南京病逝。高二适于1903年出生，比林散之小几岁，这位清高自守从不争俗世之名的知己离世了，林散之得知消息后悲痛不已。林散之在人生最孤独之时，与高二适相遇并成为知己，艰难世事中的相处，钟子期与伯牙相遇的那种旷世情感，曾在他们的生命中荡漾。如今，这一切因高二适的突然离世，一瞬间似乎变成了人生幻梦，随之而来的是难以自禁的哀痛！当晚，林散之以泪和墨，饱含深情地为这位知己书碑："江南诗人高二适。"第二天，他亲撰挽联："风雨忆江南，杯酒论诗，自许平生不净友；烟波惊湖上，哀残衔泪，哪堪昨夜写君碑。"又由二子林昌庚陪同去高宅吊唁，林散之坐在高二适的书桌前,哀伤不已,林昌庚担心父亲的身体,多次劝返,但林散之摆手摇头,大声说:"二适不在了,我以后再无机会来此。这是我最后一次坐在这里。为何不让我多坐些时候?"在场者闻八十岁老人林散之的切肤之言,无不感动得落泪。

高二适在文史学问、诗和书法方面的才华,在林散之的文友圈子里无人可以并论,林散之也有自叹不及处,高二适与林散之交往,至情至性,从不附和俗常之见,在书法上,两个人见解多有不同,但两个人都能相互避让,和而不同。比如,林散之对怀素草书颇为推崇,而高二适在诗作《题怀素〈自叙帖〉》中,明确表达了他对怀素草书的态度:"怀素自叙何足道,千年书人不识草。将渠悬之酒肆间,即恐醉僧亦不晓。我本主草出于章,张芝皇象皆典常。余之自信固如此,持之教汝休惶惶。"他认为:"怀素书雕疏,不得方笔圆劲之势,此其所短也。"在诗这方面,林散之与高二适相互肯定,而在书法意识和作品风格上,他们能存异而和,不因某些不同便相互否定,并长期保持知己之情,高二适离世,林散之为失去这位知己哀伤多日。

高二适的追悼会林散之没能参加,高二适的家人心里明白,林散之没能到场,一定是由于年老身体有恙了。在追悼会上,许多旧识没看到林散之,心里都挂起了问号。为此,林散之深有歉意,他从乌江写信给高二适女儿高可可:"余自尊大人去世后,即将心脏查一下。鼓楼许同庆医生说心律不齐,要注意不能多写字和其他运作。我那日做那副挽联时,心里宽虚发慌,才到医院查的。所以赶快回到了江北乡下。

休养一时,因南京找写字的人太多,无法摆脱。那天尊大人出殡,我未能吊唁,罪甚,罪甚,你母亲面前代为致意问好。"[1]

林散之回乌江了,连知己高二适的出殡吊唁都没能参加,身体本就比较虚弱,心情悲伤时状态更差,必须及时休养,但高二适再也不会与他小饮谈诗了,回到乌江,他的心情一时很灰暗。林散之的身体和精神状态,乌江乡民们并不了解,林散之的字值钱了,每天前来求字的人一批又一批,拿不到字就赖着不走。林散之回乌江后,经常想到知己高二适,每想起与他在一起的时光,心里就很难受,身心疲乏,无兴趣写字,但又不得不写。"江南住不住,江北住不安。可怜天地间,无以息孱孱。"求字如索债,不写不行,这样写下去,林散之的身体受不了,不离开乌江,一定会写出病来的,这种状况,无论如何不能继续下去了。

清明后,林散之赶紧返回南京。江北江南多次折腾,索字者如索债,避之不及,每天来百子亭的人不比在乌江老家时少,而且都是一些有点社会身份和背景的人,"何处能寻避债台?江南江北费安排。无端学得龙蛇字,惹出人间毁誉来。"对前来索字的人拒之不礼,写多了又太累,书法的艺术质量也会有所下降。知己高二适当年的提醒,是关心林散之的身体健康和书法质量,高二适也是草书大师,去医院看病时医生想让他写字,他都断然拒绝,高二适清高自守,孤

---

[1] 《高二适研究》,载《东南文化》1997年增刊,南京博物院《东南文化》杂志社。

傲不羁,向来不与同道之外的人深处。这与林散之颇有不同,林散之是佛门俗家弟子,日常交往中随缘相处,不轻易作界别,上门求字的人,基本上没有拒绝过。林散之曾为江浦县书写"江浦县人民大会堂"几个字,被当时的县委书记弃置一旁,林散之名响书坛后,这位书记也来求字,林散之还是认真写了一幅字给他,只是说了句让这位老领导沉思的话:"我的字写得不好唉。"不过,百子亭的那扇门,不能再像以往那样对什么人都开了,身体不好,需要安心休养,前来求字的人应会理解。高二适因病离世,对林散之是个重要的提示,不能让身体更虚弱了,要有个好身体,要保持良好的心理状态,书法创作的时间,不能被其他事占用太多,如此这般,日落前生命中的那种辉煌,才能更醒目。

尽管林散之身体状态不太好,从他这个时期的诗作看,他的生活情绪并没有因此而低迷,虽然没太多激情,作品中的诗性已不如以往充沛了,但那些平和舒缓的诗句中,仍蕴含对未抵达之事的向往,不见老衰的暮气,且不乏天真好奇的意趣。

此时,中日书法交流高潮再起,日本书法来中国几大城市巡展。这年秋天,"日本现代书法展"在江苏省美术馆举行,这是了解日本书法的重要机缘,但林散之因病毒性感冒导致支气管炎急性发作,儿女都不在身边,"自分必死,唯念平生所习,匆匆至此完毕,实可哀已"。[①]林散之以为生命将终结于这场病,"平生所习"不能再展示人间了,病重时仍"寸

---

① 出自《病医院杂诗二十首》,见《江上诗存》。

心不泯，念念咏哦不置"，咏诗以寄哀叹之情。"沉沉高热压头颅，笔力犹思大令书。"书写之事耿耿在心，不能了却。后来弟子桑作楷得知他的病情，急送工人医院救治，住院一个多月才康复。其间，他三次勉力前往江苏美术馆看日本书展，日本书道家上次来南京时，对他极为恭敬，他们来江苏省美术馆办书法交流展，生病了也要去，否则太失礼了。此外，日本书道家很自信，日本书法水平究竟如何，林散之也很好奇，如不去亲眼看一看，就难做判断。说服了医生后，林散之离开医院，去江苏省美术馆看展。

出乎林散之的预料，日本书道家的水平令他颇为吃惊。林散之坐在轮椅上细心观看了这些作品，他对日本书法兴趣极大，并给出很高评价，觉得中国现代书法家们有许多不及之处。"日本现代书法这次来宁展览，余看了三次，当中佳作不少。无怪他们看不起中国人，实惭愧。不如他们，连裱褙也不相比。"在给邵子退的信中，林散之高度肯定了日本书法，林散之认为，这些作品风格多元，各见其长，耐人品评的佳作很多，他尤其对梅原清山节临的石鼓文赞誉有加，梅原清山的书法，用笔苍劲老辣，笔锋多变，筋骨转折，妙趣横生。整纸苍苍茫茫，情趣盎然，以行书笔意写石鼓而流畅自然，变化多端，实为难得。林散之认为，这件作品是这次日本展品中的一等上乘之作。日本其他书道家的作品，大多也堪称上乘之作，当然，他也看出了一些日本书道家作品的不足，有些书家用笔枯硬干瘪，抛筋露骨，字形古怪别扭，也有一味追求浓淡疏密而矫揉造作的，林散之告诫弟子们，这些都是书法之大忌，这种风气不可效仿。

日本书法源自中国，林散之那一代书法家，许多人对日本书道的了解仅止于此。日本书道史也可谓久长，大约在公元552年佛教传入日本，日本僧侣和佛教徒模仿中国，用毛笔抄录经书，中国书法便已在日本流传开来了。远在唐朝，唐太宗曾下令收藏王羲之的作品，王羲之的作品一时身价百倍，日本遣唐使以重金购买，回国时带回去大批王羲之手迹。日本废除了遣唐使制度之后，随着日本假名文字出现，书法也开始日本化了。宋元书法被引进日本之后，书法开始从贵族阶层逐步转入民间，在日本，书法原初称为"入木道"，取以毛笔入木三分之意，到17世纪江户时代，日本书法界"唐风"再度盛行，"书道"就产生于这个时期。明治初期，六朝书风传入日本，这对日本书道产生了极大影响，日本书家开始注重自由精神，至近现代，王铎后期的书法令日本书道界大为仰慕。林散之所处时代，日本推崇书法的风气，远甚于中国，在日本，书法已成人们修身养性的方式，而书法艺术，则是日本书道家毕生不舍的追求。

看了日本书道家的作品，林散之感触颇多，书法乃中国艺术中最重要也是最根本的部分，但现当代许多中国文化人厚今薄古，已不再守护传统之根基，鄙先人之劳作，对书法早已淡漠了多年，而日本人虽为异邦，竟对中国书法如此深入，且有这般令人惊讶的书写成就，相比之下，中国的书法教育明显落后于日本，实令国人不安和愧疚！

回到工人医院，老人心思波动难平，在病床上作《日本当代书法观感》长诗一首，赞中日书法交流促进了两国邦交，期望中日之间继续推行人文互通，世代友好："式两国之相好兮，如日月之光昌。何文光之交流兮，轮兹远道；感沧波之渺渺兮，一苇之杭。启两国之深思兮，古光璀璨；结良缘之杳蔼兮，山高水长。"在诗中，林散之肯定了日本书法的成就，并给出了较高赞誉："笔何驰兮古秀，墨何运兮琳琅。山之峨峨松柏虬，水之渊渊蛟龙藏。"关于中国书法的现状，林散之虽然担忧在心，诗中并未公开提及。

　　观看了日本书法，觉得日本书家深入中国书法传统时，有不拘陈规、勇于另辟蹊径的创新精神，就书法创新来说，当代中国书家似有所不足。林散之思及自己的书法，个人面目已成，书法风格已定，但在自由精神方面，尚需更饱满、更充沛一些，真正杰出的书家，应做到"希贤希圣希古今，无我无人无主奴。一种虚灵求不昧，几番妙相悟真如"。人虽已老，老有所悟，当知弃生命中的一切束缚，解衣磅礴，从书写中感受大自在，自己的草书，也仍有可推陈出新的空间，创造的大愉悦不可能外求，只能产生于创造本身。年过八十的林散之，仍发奋在心，那座神往已久的书法高峰，如今已隐约呈现，不可止而不前。长锋在手，"搅翻墨池便钟王"，在书写中继往开来，写出无愧于古今的好作品，这事虽然难之又难，但必须知难而进，全身心投入其中，由创造性劳作产生的慰藉，也只有像林散之这样的人，才可享有。

第十卷 1978—1986

第四十章 赴京参会

林散之在书法上的成就，不仅确立了他在书坛的大师地位，也为他赢得了一定的社会资本，在无党派民主人士中，林散之无疑已是个新闻人物了，1978年，林散之当选为全国政协委员。2月24日，全国政协第五届委员会第一次会议召开，全国政协会议委员座席上，出现了一位书坛风云人物。当天林散之穿了一件新棉衣，头戴的线绒帽也是新的，新衣新帽，可能是为这次参加政协会议特意准备的。全国政协委员中无党派民主人士多，基本上都是党外有影响力的知识分子和文人，当选为全国政协委员，林散之很是开心，这是他在国家政治领域中最高的个人身份。会议期间，林散之精神饱满，小组发言，书法大师谈的重点话题，主要是中国书法文化如何复兴。根据《中国人民政治协商会议章程》，全国政协委员在各自领域中要"有代表性，有社会影响和参政议政能力"，林散之谈书法复兴，是个文化问题，但文化也在参政议政话题的范围之内，发言能起多大作用，这不是他能判断的，说出个人关于书法复兴的见解，是他作为书法界政协委员要履行的职责，书法之外的话题，没有与众不同的见识，不必妄谈。

这次来北京，由林昌庚和其妻陪同照应，住在北京友谊宾馆，宾馆条件很好，服务员都知道她们接待的是书法大师，对林散之照顾得十分周到。在北京参会之暇，林散之没再去看风景，一些社会交往是必不可少的，与赵朴初、启功、李真、陈英相聚，算是旧友重逢了，李真和陈英是将军中非常好书法的人，1975年林散之来北京时，曾受邀去李真将军家中赴宴，留几幅作品作为礼物，是可想而知的事。这些在北京城里的友人，难得相见，应该聚一聚。

这次来北京参会，首先要拜访的重要人物是他生命中的贵人彭冲，没有彭冲当年鼎力推荐他入江苏省国画院，林散之就会回到乌江过写写画画养老的日子，"文革"中即便不陷入风险中，也极可能不会有今日之名声。1978年，彭冲已是中央政治局委员，也是这次政协第五届全国委员会副主席。林散之是个向来谨慎的人，他与彭冲的关系，在写诗或与人交往时，极少提及。

全国政协会议半个月后结束了，回南京程中，他与陈中凡教授同在一个包厢。两个老人都已耳聋了，聊天时，只能以笔代口，林散之与陈中凡虽同在南京，对陈中凡却了解不多，不过，能参加全国政协会议的人，一定是无党派人士中的名流，不会是等闲之辈，这次同车回南京，他才知道陈中凡是一位大儒、一位大学者。

陈中凡出生于1888年，大林散之十一岁，他与胡小石都是李瑞清的弟子，陈中凡在教育界和学术界是有较大影响力的人，林散之与他相识时，他是南京大学著名教授，兼江苏省文史馆馆长。

陈中凡是个不卑不亢的学者，一生不攀附各种权势，他赞同孟子的交往观："说大人则藐之，勿视其巍巍然。"大致意思是，一个人立身在世，不要把显赫地位和权势放在眼里，哪怕某个人的殿堂高两三丈，屋檐宽好几尺，如德性不彰，也可藐视。陈中凡赞同孟子的这句话，认为这是孔子不及的地方。陈中凡一生治学，社会见识较宽，个人资历深厚，他结识的文坛和政坛大家不少，与陈独秀、李大钊、胡适、鲁迅、刘师培等人物，都有过深浅不一的交往，其中，他与陈独秀和李大钊的私交颇深。在学问及文化方面，陈中凡造诣颇深，一生著述甚丰，出版著作有《诸子书目》《经学通论》《诸子通谊》《中国韵文通论》《周秦文学》《汉魏六朝文学》《两宋思想述评》以及《中国民主思想发展史》《民主与教育》等十多部。这些著述涉及面较宽，两个老人在车中笔谈，话题泛泛，只是多一点相互间的了解，在文化和学术上不会深入，陈中凡在学术上的成就，林散之知之甚少。

以诗记事，是林散之的习惯，他写诗记录了与陈中凡同车回南京的情景："昨日蔚蓝好天气，得遇陈公惊凡异。两两相对各无言，口虽无言心共契。"1978年，林散之八十一岁，陈中凡九十二岁，两个耳聋老人在车上以笔交谈，仍在谈文化或诗的事，想一想那场景，两位老人精神生活的充实，在空虚无聊中度日的人恐很难理解。

在笔谈中，这两个老人很可能涉及老有所为这个话题，关于有为无为，在《车中呈陈中凡教授》这首诗中，林散之坦率表达了个人见解："老氏无为无不为，无为有为道之旨。读书万卷终何得，抉择真诠在自己。"林散之的意思大致是，无为有为，都要合乎道，人生应合道而行，当为时则必须为，读书万卷即是一种为，学以致用是更大的为，生活中有歧路和迷途，关键时刻还要靠自己抉择。

可能是由于陈中凡年高身体有恙，回到南京后，林散之与陈中凡没再和诗了，也可能是两个人不甚投缘，这交往没能再深入，没能像当年与高二适那样成为知己。

高二适去世后，林散之怀念这位知己。1978年8月，林散之又病卧工人医院，高二适的女儿高可可和女婿尹树人来看望他，见故友后人到来，林散之不禁凄然，与高二适初识时雨夜倾谈不倦的情景又上心头，他取出1974年诗稿的复印本赠高可可，并在扉页上书《题高二适先生遗墨》："矫矫不群，坎坎大树。巍巍菁菁，左右瞻顾。亦古亦今，前贤之路。不负千秋，风流独步。"林散之对高二适的诗书及品性评价极高，许多以文人自居者望尘莫及。

出院后，林散之回到乌江休养，这里的田园、河流、山石草木都很亲切，一切都具有素朴的诗意。他自小在这方土地上成长，在这里立下诗书画的誓愿，从江上草堂走出去，返回来，再走出去，风雨沧桑，人生磨砺中甘苦自知，如今自己有大名声了，但要在书法史上立得坚稳，才算不负这盛名。参加了全国政协会议，他似乎听见了春天将至的风声，想起在扬州石塔寺和江浦惠济寺所见古银杏树，他创作了一幅自勉作品《老木逢春图》，在林散之心中，这沧桑满身的老树在春风中新枝舒展、新叶勃发的愿望，格外强烈。后又书自作长诗《古银杏行》，以寄情怀。

秋高气爽时，林散之受马鞍山采石矶太白纪念馆邀请，与陆俨少以及林昌午、林昌庚来到了采石矶。在太白楼上，想到了诗仙李太白，林散之豪情奔放，手执长锋羊毫，在一丈二尺长的横幅上悬肘书写了自作诗："斗酒闻名诗百篇，谁人可比李青莲。诗在胸中酒在手，将坛压倒万千年。"少年时，李太白就是林散之崇仰的诗人，从李太白的才华到放达的自由精神，以及生命中生生不息的豪情，林散之都由衷敬佩，叹自己不能望其项背。这首诗再次表达了他对李太白的敬佩之情，当然，也寄寓了他自己老而未衰的生命激情。

全国政协五届二次全会于1979年6月15日在北京召开，这次林昌庚有要事在身，由孙女林丽青一人陪林散之前往北京。车过徐州，林散之上厕所时突然血压升高，头昏眼花，差点跌倒，勉强扶墙回到铺位，他已不能言语，脸色发青，随车医生及时赶来抢救，病情才稍缓，坚持到北京后，便立即住进了北京人民医院。林昌庚得知父亲病情后，急忙赶到北京陪护父亲，指望父亲能早点康复，如果状态好，还可以参加这次政协会议。

林散之到北京就住医院了，没能参加会议，但对会议的情况有所了解，中国的局势正往好的方面转变，国家对无党派人士的政策也放宽了，林散之当然为之兴奋，但他为没能到会议现场而遗憾。他在北京人民医院医住了十多天，身体初愈后便返回南京休养。这次去北京参会，林散之遭遇了较大风险，让儿女们吃惊不小。此后，1980、1981、1982年连续三次政协会议，林散之的名字排在了缺席委员的名单上，林散之的儿女们担心父亲身体出问题，没敢让父亲出席政协会议。

　　说是安心养身，其实，林散之很难闲下来，上门拜师的人比以往更多，这些弟子都是由文友或熟人介绍而来，书画方面的基础和天赋也都不算弱，弟子多了虽然觉得有些累，但还是接受为宜，再说，书法艺术要复兴，桃李满天下，本身就是好事一桩。大多数弟子是来学书法的，学山水画的弟子相对少一些。像以往待弟子一样，林散之提倡学书先学做人，学书法，个人天赋和根基当然重要，但一个人如果没有不流俗的好品性，就很难在书法上有所造就。尽管这些弟子中书画天赋非同寻常者极少，但林散之仍如黄宾虹当年教导他的那样，无保留地授弟子们以笔墨之法，比如"笔是筋骨，水墨是血肉"，古人凡善书者皆宜平腕竖锋，笔能竖得起来，笔杆不能偏斜，要如锥画沙，如壁坼纹。林散之一再强调中锋用笔，要弟子们勤加练习，领会中锋行笔之妙。又多次告知弟子，"用笔宜柔，不能硬，硬则僵无力"，"字的分布和虚白最重要，字的当中要虚灵，要气通"，"作画宜求笔墨，古人千言万语不离笔墨二字，能领悟笔墨用力之处，即知作画。

近人只知涂抹，不知笔墨，所以画道不明也"。弟子们得到大师亲授笔墨之法，视为人生之大幸。

百子亭的两间房太小了，画桌占了较多空间，来访人又多，放一些供客人坐的椅子，空间就更逼仄了，生活上有诸多不便。九月，国画院安排林散之重回中央路117号住，但林散之的孙女林丽青回忆这事时说，林散之回中央路117号是惠浴宇省长帮的忙，林散之写的报告，由她父亲去找省长惠浴宇的。看来，林散之返回旧居，自己还是做了些必要的努力。回到了旧居，依旧是钱松嵒住楼上，林散之住楼下，这里的条件要比百子亭好多了，院子里花树自立，依然生机旺盛，楼下已恢复了十几年前的陈设。不同的是这里不再有妻子相伴了，物是人非，诗人林散之原就比常人善感，触景生情，难免沉入对妻子的回忆之中，感伤之情绵绵在心，几日不散。

迁回中央路117号后，除了弟子们上门求学书画，来中央路117号的还有一些与书画不相干的人。林散之有大名声了，一些熟人遇到了为难事，比如家中有人患了疑难之病，求医没有好门路，知道林散之认识一些大医院的院长，也会来找他帮忙。林散之知他人之难，都有求必应，尽力而为，概不推辞。这一类林散之认为不可旁观之事，也占去了他一些书写的时光。

日本书法界大家、全日本书法联盟常任总务梅舒适，已是林散之旧时相识了。1979年，梅舒适率日本书法团来华访问。代表团抵达南京后，首先要拜见的人是林散之。在南京饭店，林散之会见了他和副团长谷乡村以及秘书中野。那时，中国的政治风气已不像"文革"时那样紧张了，双方的交谈，不再有所顾忌，林散之与梅舒适就书法艺术进行了畅谈，他称赞了日本书法取得的成就，对梅舒适的书法也给予了较高评价。林散之书写杜牧诗《山行》相赠，梅舒适也当即书写了陶渊明的诗句"诗书敦宿好，园林无俗情"回赠给林散之。"园林无俗情"在陶渊明的诗中原为"园林无世情"，林散之以诗书画为终生所求，梅舒适改"世情"为"俗情"，是强调对林散之的赞誉之意。

经此交谈，梅舒适对林散之的书法观以及精神生活，有了更深入的了解。他在文章中回忆："第四个访问的城市是南京。在这里，我度过了这次所有访问中最难忘的时刻，就是能亲眼看到自己崇拜的中国书法界第一人林散之先生。林散之先生行走不是很方便，甚至到宿舍都要靠别人的帮助，我们深切感受到林先生是中国书法界里谁也比不上的令人尊敬的人。"[①]日本书法家普遍认为，林散之是当今中国书法第一人，这样的评价，在当时中国书法界还不是特别明确，媒体也还没这么报道过。应该说，这是日本书法家和几个中国书法权威的看法，大部分人认同权威，权威的说法就是人们评价和认同的尺度，权威自有权威的专业高度，但当时的中国书法界有一些人并不认同这样的评价。其实，无论是书画艺术，还是其他领域的事物，众口一词，未必就是好事，书法界并不是一个无差异的地带，人们看法不一，见解不同，

---

① 转引自《林散之年谱》第308页，江苏凤凰文艺出版社，2016年。

有不同评价，是很正常的事。

日本书法家代表团一行三十一人，访问了广州、肇庆、西安、扬州、南京、上海，在所到之地与中国书法家交流时，都对林散之的书法赞叹不已、评价极高，在中国媒体还没大幅度报道林散之前，这对林散之在中国书坛影响力的提高，无疑起到了较大作用。年底，香港双月刊《书谱》杂志，刊登了林散之的书法横幅和对联，以及《林散之老人论书诗选》，并附有专文评介，林散之在中国港台和东南亚地区的影响也不断扩大。

1980年夏天，南京栖霞寺邀林散之书写撰联："佛日重辉，四面青峦惊昨梦；江天无恙，满林红叶灿如花。"写给栖霞寺的这幅作品已刻在栖霞寺毗卢宝殿的抱柱上。2014年6月4日，在北京国际饭店会议中心举行的拍卖会上，这幅作品以644万元人民币拍出，一时惊动艺术市场。但这幅作品被拍卖之后，曾产生过"盗卖"嫌疑，有人认为栖霞寺中所藏林散之的作品已被人盗出。其实，林散之有个习惯，凡为重要人士和重要机构书写的作品，同样内容的作品，林散之通常都会写出好几幅，这是为了在艺术质量上能有保障，这个内容的作品，林散之也认真地写了两幅。拍出的那幅作品也是真品，是从林散之家不知何因流出去的。

1980年8月，江苏省国画院、江苏省书法家协会、南京市书画院、江苏省美术馆联合主办林散之书画展，展出书法精品六十五件，山水画四十五件。这是林散之有生以来第一次举办个人书画展，一些较满意的书法作品已被人拿走了，自己必须赶写一部分，"自攫妙相入画图，居心未肯作凡夫。希贤希圣希古今，无我无双无主奴……"林散之丈二尺幅的草书名作《论书一首》正是写在这个时期，这幅草书名作现藏于南京求雨山林散之纪念馆。这些年，林散之的山水画没多少人直接要，作品的数量足够，从中选择一些满意的就可以了。这是林散之第一次举办个展，要展示个人在各种书体上的完整面貌，为选首次个展的作品，林散之颇费心神。

林散之书画展隆重开幕，盛况空前。大批书画爱好者涌入展厅，熙熙攘攘，欣赏了林散之的书法原作后，又想在展厅中见到大师，看一看大师究竟长什么样。据说林散之与佛家有缘，长得一副罗汉像，这相貌带着点神秘意味，也挺让人们好奇，至于寺庙中那罗汉的样子，是不是人想象出来的，这已不重要了。林散之是书法大师，而且是从江北乌江那个小地方一路风风雨雨走过来的大师，在前来看展的许多书画爱好者心里，林散之几近于神话人物。在江苏省美术馆的展览史上，这是一次参观人数最多、氛围最浓烈的书画展。

春节之前，应安徽省之邀，林散之书画展移至安徽省博物馆展出。由林昌午陪同父亲前往合肥，林散之出席了开幕式，展览现场的氛围非常热烈，和在南京办展时一样，观展的人同样很拥挤。合肥是林散之旧游之地，也是林散之中年时期艺术愿望受挫之地，民国末年，由于解放战争爆发，林散之没能成为安徽省参议员，当年离开合肥时那种失望的感觉，记忆犹新，如今回忆起来，觉得人生颇具戏剧性，耐人寻思和回味。几十年没踏上这片土地了，这次来合肥办个人书画展，林散之心情大好，新朋和故旧都对林散之的书法敬佩之至，与合肥的故旧相见，大家都已垂垂老矣，相互惊叹，而林散之那种"霜叶红于二月花"的老人情怀，令旧时的文友们自叹不及。

林散之书画展在合肥举行，成了安徽省的文化盛事，林散之接受了记者的笔访。他告诉记者，自己也算是安徽人，这次受邀来合肥展览，有对家乡的情感寄托在其中。这是有亲和力的表达，安徽的一些书画爱好者，甚至以自己是林散之的同省人而自豪。笔访的时间较长，内容涉及林散之的书法历程和书法艺术观，以及他对中国书法现状的看法，其中，也有对书法爱好者们的期待，林散之书画展中有一幅作品——《学然后知不足》，这幅书法作品是林散之为展览特意书写的，可算是对所有观看者的提示。

《合肥晚报》对展事作了大篇幅报道，相比于《新华日报》对林散之书画展的报道，合肥媒体的报道内容，似更充实丰富一些。

除了第一次举办个人书画展之外，几年来，林散之展出的作品比较多，不断兴起的全国性书法展都邀请林散之提供支持，林散之的书法作品无一例外地都放在展厅最醒目的位置。

林散之那一代文人生活在封闭性的计划经济年代，主流思想倡导"大公无私"，对物的欲求被当作资本主义的意识。1980年左右，中国书画市场仍属于半地下市场，直到1992年，国家实施社会主义市场经济，中国艺术品市场才兴盛起来，当时林散之的书法在艺术品市场上十分抢手,其时,林散之已离世四年了。计划经济年代,林散之在吃穿住这些方面的欲求很低,重精神生活远大于对物的欲求,除了个人因素之外,或多或少,这也受到了那些年意识形态的影响。物质生活水平的提高,自然是皆大欢喜之事,如果中国艺术市场1980年就兴盛起来了,收藏家或艺术商会经常上门买书画,各大拍卖行也经常拍卖林散之的书法,他的收入一定很丰厚,林散之成为书画界的富豪,应是不争的事实。但当时的艺术市场并没放开,书法大师林散之也只是个中等收入的人。林散之生前有没有私下卖过书法作品?只能说这样的事也许发生过,这方面的情况,我们无据可考。不过,有一件让林散之为难的事,说明他对当时艺术品地下市场是有所了解的,也大致能看出林散之对纸币和物的态度。

据《林散之年谱》编撰者邵川所按,林散之书法启蒙老师范培开的内侄林振声,曾托人将范培开一副对联带给林散之,请他帮助在南京变卖,标价五十元,对联内容为"六经传圣学,万卷萃人文",桑梓之情,岂能恝置。于是林散之托美术公司将这副对联装裱好,又准备请赵朴初和启功题跋,果真要卖,这样才会卖出好价钱。对联留在林散之处时间稍长了点,仍然没卖出,林振声以为林散之已将对联据为己有了,遂向林散之要字要画,以作抵兑。这种误会让林散之很尴尬,也很不舒服,"上次遵尧过江,将他的字件带到我处,托我变卖,需价五十元,吓我一跳。现在在书法上想卖点钱,不是容易的事。要具备几种条件:一要有时名,二要有虚美,必有这两个条件才能谈到卖钱，范先生虽有二十年功夫，可惜未得到当时要人捧场，在上海、南京都不能混下去，潦倒回来，过几年就死了，殊为可惜。我感念他的身世，总想借点机会，替他游扬。我对遵尧说，他的字功力颇深，要是生在近世就可能大出名了，无奈生非其时。那时还有一些遗老书法在世，数不到他了。我对美术公司人说，这位书家是我老师，作品在'文革'时都被毁了，只剩下这一点，我把他（它）保存下来，他们热情地接受。我只能将对子暂裱起来，人情的也要三十元一件，谁知振声不懂人情，不承情，反过来还要我领他的情，向我要字要画。这真是好人做不得，向我要点字是可以，不应当提出苛刻条件，请你们二位向他谈，这事弄错了。我看将字还他罢，免得许多麻烦。请你们赶快复信，我花了三十元裱，这一副对子太破烂了，又要替范先生写一篇传，还请人再跋一点，直到北京去请人跋一下（请赵朴初和启功二老），不知此事做好做不好。振声对他姑爷完全不负责任，一味要钱，真是寒心。"①从自己在书坛成名的经历看，林散之意识到一个人书法即便很好，如果没有大家出来捧场，也可能仍是怀才不遇，范培开当年如有要人出来推举，也不会隐没在民间。林散之为自己的启蒙老师当年不为书坛重视而惋惜。从这封信函看，范培开留世的作品甚少，这副对联作为范家的传家之物，林散之不想林振声将它卖掉，对林振声唯钱至上的行为，林散之有明显不满之意。这封信

---

① 邵川编著.《林散之年谱》第339页，江苏凤凰文艺出版社，2016年。

函虽为解除误会而写，但它透露了当时书法在地下市场的行情，范培开的对联标价只五十元，竟然让林散之"吓了一跳"，而裱这副对联便花了三十元，可见当时书法价格并不高。不过，书法的市场价格与书法家的名声和影响力直接相关，林散之的书法在当时地下市场的价格，应该远高于范培开。

林振声要卖范培开书法的事，被范培开的孙辈范以晨知道后，范以晨心中不安，觉得将范培开这副对联卖出去甚为不妥，为避免这传家之物流入书画市场，急忙筹钱赶往林振声处，将这副草书对联买了回来，是年春日，范以晨将对联带给林散之看，林散之认为范以晨所为极是，觉得老师范培开这位后人乃可教之才，欣然提笔在对联上题字："范培开，字朗轩，亦字新村。少时家贫，从含山张栗庵先生读书并习书法。初学唐碑，有功力，后学汉魏，用功甚勤。张先生为清末进士，富藏书，遂随宦游山东。余初学书即寻其途径而学之。唯余自怀素之外，又后宗二王书帖，此其所异。范先生用笔甚泼辣，为近人所宗仰。惜晚年所宗稍退，归山中购地数亩，种树读书其中，不能尽其所学，年五十五岁而卒。惜哉！"这副草书对联，现仍为书画家范以晨收藏。

林散之在题字中谈及他与老师相异之处，在于后来林散之宗二王书帖，也即在行书方面用功甚深，而范培开在行书方面习练较少，用力不足，便直接从楷书跨入草书，生出一些弊端，林散之在与弟子的谈话中，为老师范培开没能由楷入行再入草而颇为遗憾。

1981年，有三件事对林散之来说比较重要：跋书法启蒙老师范培开的对联为一要事，师恩当报。二是看老师黄宾虹的画展，在给知交邵子退的信中，林散之称自己去看了三次，"黄老画我已看过三次，第二次看比第一次收益多了，第三次比第二次更多，百读不厌。"在信函中，林散之批评了当时画坛不重笔墨的现象，"现在人作画，口头上谈笔墨，实际是包括许多名家在内，都是讲究外形、透视、单纯的层次，用笔大都是横扫、乱拖，然后上层墨水和颜色就行了……现在画禁不住看，一眼而过，再往里看，就没有东西了。"第二次去南京博物馆看黄宾虹的画展，由弟子萧平陪同前往，据萧平撰文回忆："老人要我陪他去朝天宫南京博物馆参观黄宾虹画展，他说他已看了一遍，但未过瘾。他扶杖蹒跚，却一幅幅细看，看到得意时，神采飞扬，并大声向我议论，或论其意境，或赞其笔墨。"[1]从林散之信函中的自叙和弟子萧平的回忆，足见林散之对黄宾虹山水画的赞慕和认同，远高于当时中国画坛的许多名家。1955年，黄宾虹虽获得"中国人民优秀的画家"的称号，但至这次画展，艺术评论界对黄宾虹作品的研究，并没有真正展开，更谈不上深入，黄宾虹家人捐给浙江博物馆的作品，三十年后那些包裹才被打开，他的作品与时宜不合，被闲置或遗忘了三十年，仅从这个事实，就可看出画坛当年对黄宾虹作品仍重视不足。

林散之对黄宾虹的崇敬之心至老不变，山水画的艺术意识也直接承继老师黄宾虹。在山水画方面，林散之终是没能

---

[1] 萧平著.《要求点身后功名》，刊于《金陵书谭》。

像书法那样也来个"衰年变法"。与黄宾虹一样，林散之与弟子或友人谈书画，必首论笔墨，不谈笔墨，不可论画。在致邵子退的信中，林散之对画坛时弊的批评不可谓不尖锐，但这些不吐不快的话，只是对知交私下说的，和画家们在一起时，向来锋芒内敛的林散之就不会直言不讳了。林散之可能认为，自己的山水画不弱于许多大家，笔墨之妙，取法乎上，从出于心神，画坛真懂笔墨的人太少了。办林散之书画展时，林散之精选了占书画展作品数量近一半的山水画，但人们的注意力大多还是停留在他的书法上，对他的山水画仍不是很在意，似乎他的山水画只是随书法作品附带展出的。自己的山水画没引起画坛足够重视，林散之不是不解，而是认为画坛中许多人不一定看得懂他的画，在山水画方面，林散之的心态与当时画坛的主流意识是对峙的。从这封信函的内容看，当年傅雷指出他山水画存在远近透视的问题，林散之似并未认同。由于自己的山水画被画坛忽略，他才将艺术心力更多地转向了书法，书法大师的地位已大致稳定了，但就山水画而言，林散之觉得自己仍是怀才未遇。与林散之对自己山水画的认同有别，画坛没有将他看作山水画大家，究其原因，大致在如下两个方面，一是因为林散之山水画黑乎乎一片，无鲜亮醒目的色彩，不合那个时代的主流审美意识，二是由于林散之山水画的个人语言还不够显明，仍逗留在"白宾虹"和"黑宾虹"之间，在笔墨上，林散之胜过许多名家，但问题并不在于笔墨，而在于他山水画的形式创造力尚显不足。这可能是林散之较少思及的事，在给邵子退的多封书信中，关于山水画的形式，林散之也较少谈及。

看过黄宾虹画展，回到中央路117号，黄宾虹的山水画一幅幅还在脑中浮现，黄宾虹山水画笔墨之精妙，深深吸引着这个已入耄耋之年的弟子。林散之和黄宾虹一样，都是大器晚成，在艺术上，两个人都非常执着，且都有大师常有的偏执。林散之的山水画有哪些不及黄宾虹之处，不知他的弟子们有没有触及这个话题，在林散之的诗作和交往信函中，未发现他对此有过比较和反思，但不及之处，林散之不可能无所思考，从林散之三次去看黄宾虹画展，以及他对老师作品的赞慕来看，应该说，林散之是明了的。如今，林散之的山水画经常出现在一些拍卖会上，拍卖的行情，反映了艺术市场对艺术家作品的认同度，如果从黄宾虹和林散之山水画的拍卖行情看，两人作品拍卖价的差距甚大。由此可见，人们对林散之的认同，主要还是在于他在书法上取得的成就。

1981年，是林散之妻子盛德翠离世十五周年，林散之原准备自己百年之后与妻子合葬，所以妻子的骨灰盒就一直放在家里，大女儿提出让母亲早日入土为安，这个提议，全家人都认同。入秋，经马鞍山市政府同意，林散之在马鞍山的弟子陈艾中，与林昌午、林昌庚带着一位风水先生，在太白楼旁小九华山的阳面，找到了一块墓地，这个墓地背靠九华，面对青山，后面有整块大石壁，两边有抄手，风水颇佳。林散之看了示意图，非常满意。选定了宜葬的日子之后，秋高气爽，林散之带着儿女们参加了妻子的葬礼，并自书碑文："诗人林散之暨妻盛德翠之墓。"李白是林散之极崇敬的诗人，他曾对弟子陈艾中说："我不能与李白相比，但我愿与李白为邻。"有了这块好墓地，"身后一片清静土，并君永此傍青莲。"林散之的夙愿算是达成了。林散之去世后，与妻子合葬在此。

受林散之的影响，他的大女儿林荪若和大儿子林昌午，自幼便好书画，也都继承新安画风，成年后各有造诣，孙子林小康画画也颇有才气。1982年3月，江苏省国画院、南京书画院和鼓楼公园，在鼓楼公园联合举办"林家三代山水画展"，春风中尚有些寒意，林散之出门很容易感冒，一旦感冒了，气管炎就会发作，他没有出席开幕式。家族的文风有后代人承继，林散之甚为开心，作绝句十首。画展期间，为安徽歙县题写"黄宾虹故居"并"黄宾虹纪念馆"，又题诗赠安徽歙县黄宾虹故居：

> 吾师乃是黄山老，天海莲花第一峰。长别九年人世换，相期百代性灵同。琼宫瑰玮曾寻异，古墨斑斓为继踪。衣钵可惜辜负了，名山事业误匆匆。

从"长别九年"这个时间看，这首诗应是写于1941年，抗日战争时期为逃避战乱，一时书画荒芜，林散之想念老师黄宾虹时所作。这首诗最后一句"衣钵可惜辜负了，名山事业误匆匆"，显然不能反映1982年林散之在中国书画界的实情，林散之已是书法大师，名山事业皆有大成就了，可以写首诗告慰老师，为何仍以这首诗相赠歙县黄宾虹故居呢？极为合理的猜度是，林散之非常敬重黄宾虹，谦恭才是弟子应有的态度。此外，自己的艺术成就是在书法上，而山水画的成就，还未被画坛认同，赠诗中说"衣钵可惜辜负了"，也是林散之当年的真实心思，山水画没能光耀师门，故不写新作，仍以此诗相赠。

鼓楼公园的画展举办不久，邵子退长媳、邵川母亲范秋如患了食道癌，林散之知道后非常着急，急忙与肿瘤医院联系住院之事，林散之行走不便，要林昌午去具体办理相关事宜。范秋如顺利住院后，据邵川在《种瓜轩漫忆》中回忆，林散之为范秋如早日康复，"写了四张字，分别送给医院院长、主刀医师、住院部主任和联系人"以示感谢，林散之这么做，除了为范秋如能及时住院对院方表达感激之外，显然是希望主刀医师认真对待，将手术做好。超越世俗，可以是诗人和艺术家的一个重要的精神向度，但人情世故是现实生活最基本的部分，劈头盖脸去否定它，也未必恰当，人在生活中要有和光同尘的智慧，人生中有一些事，你不随俗就办不好它，在这个世故世界，林散之生活了快九十年了，岂能不知。接受馈赠的这几位，当时可能不会想到作品的市场价值，这四张书法作品，没过十年，如果依市场价来论，每张作品都在三十万左右。

邵川母亲范秋如的手术做得非常成功，康复得也很快，一个月后就出院了。邵子退家族中发生的这件事，林散之毫不迟疑地将它当作自己的事，可见两人友情之深。

十月，林散之去扬州参加外孙李亚丁的婚礼，与女儿女婿在扬州五亭桥合影留念。扬州的好几位旧友已经去世了，1979年，书法家孙龙父和篆刻家桑愉相继去世，桑愉病逝数月后，林散之才得知消息，但他仍为桑愉撰写了挽联："君病不知，君死不闻，离别感匆匆，衰泪顿抛瓜步雨；我生多难，我老无成，友朋嗟落落，伤心空溯广陵潮。""广陵"是扬州的古称，林散之追忆往日友情，为友人们离去而悲伤，在挽联中说"我老无成"，未必是谦逊之词，林散之尚有未酬的艺术愿望。这次来扬州，瘦西湖风物依旧，但已是"友朋嗟落落"，当年羁身扬州与友人谈诗论书的事不复再有了。秋已深，快要到换季之时，一些树开始落叶了，从身体健康考虑，林散之回到了南京。

这年十二月，好消息如期而至，《林散之书画集》由上海书画出版社出版，大受图书市场欢迎，销量很大，弟子们上门恭贺，或撰文评论，中央路117号一时很热闹，也有聪明人把握时机，带着小礼品以恭贺为名上门求字的，林散之显然不好拒绝。弟子陈世雄去拜见林散之，林散之让陈世雄谈谈读过《林散之书画集》的感想，陈世雄当即提笔伏案，写上书评六则，称林散之书法承"唐风晋韵汉骨"，将林散之与王逸少、王献之、李北海、怀素、张旭、杨凝式、黄山谷、祝枝山、王觉斯等人进行比较，对他们的书风及长短一一作了评价,称林散之书法"存其长而废其短,超其能而能其不能"，弟子陈世雄将林散之置入书法史中去谈论，对林散之书法做出了极高评价。林散之读过弟子评价后有何说法，至今未见文字记录，也许是说几句谦虚的话，也许是默认，默认的可能性似更大一些。看到自己的书画作品集问世,可以留传后世,林散之心情大好,在与弟子庄希祖笔谈时,林散之自信地写道:"能在生前,自己看到自己作品集应世,也是自慰之事,我的作品能站两三百年,心中有数,看看内容,看看力量,可以看出,非是自夸。"在这段异乎寻常的笔谈中,林散之一反以往自谦的姿态,在书法成就上,他自我确认,自信力充沛,毫无避让,以这种坚定自信的语气谈论自己的书法成就,是以往不曾有过的。过往生活中,林散之素来以谦逊姿态与文友们打交道,是个很有亲和力的人,疏狂不及知已高二适,有时甚至会谨慎有余。在以往,林散之绝不会说出这番话,那时书艺未至大境,时机未到,说这些话,会有狂言妄语之嫌,难免遭人非议。《林散之书画集》出版后,文友和弟子们纷纷恭贺,书法界赞誉声很高,正如日本书法大家梅舒适所言,林散之已是当今中国书法界第一人。几年前,合肥友人来南京看他时,说人们都称他为书法大师,林散之曾回答说,那是"瞎吹",如今,他不再会说这是"瞎吹"了,当年,说他是书法大师的人,是有见识的人或有预见力的人。林散之自认为这大师之称已实至名归了,不谈今人论古人,林散之觉得与古人论,有艺术资本说自己的书法"能站两三百年"这番话了。有人觉得林散之此时已不够谦虚了,也有人说,林散之已年往九十高龄去了,他已剥离了俗世生活的许多负担,说话也少了日常顾忌,不必在乎别人说自己不够谦虚了。

其实,人们日常谈论的谦虚,虽是在世为人的品质,也是立身处世的生存智慧,但从对实事的尊重来谈,有时,谦虚行为是不必要之举，甚至是妥协和虚伪的代称，甚至可以与人格疾病同论。

好几年没去参加全国政协会议了，做了几次政协缺席委员，林散之觉得"辜负了国家如此重誉"[①]，自己已是年高八十六岁的人，再不去参加会议，以后不一定有机会参加了。到了夏天，林散之的气管炎不常发作，身体状态似乎比前两年略好一些，1983年6月1日，由林昌庚和他三女儿贝青陪同，林散之赴京参会。这是林散之第四次去北京，也是最后一次去北京。此后，林散之由于身体状况不佳，没能再出席全国政协会议了。

1983年6月4日，第六届一次全国政协会议在北京召开，政协主席邓颖超致开幕词，2039名政协委员出席了会议。这次政协会议提出，为了国家发展，要充分发扬民主，广开言路，通过多种方式和渠道，开展民主协商。国家在加快改革开放的步伐，委员们积极讨论议题，参政议政的勇气也比以往高了许多。

林散之入住空军招待所，空军招待所设施很好，是这次会议的指定住所。与他同住该所的还有书画家刘海粟、董寿平、黎雄才、黄苗子等人。书画界名家云聚，空军招待所的领导不会坐失良机，会议期间，他们邀请这几位著名书画家作画留念。东道主的盛情不可不领，再者，书画家们已十多天没动毛笔了，也想借此机会放松一下心情，共同创作一幅作品，

---

① 出自《致汪遵尧函》。

还可作为几位书画家友情的历史见证。

　　几位著名书画家到了作画现场，大师刘海粟欣然起笔，在六尺整张宣纸的右侧画了一棵遒劲的老松树，董寿平是著名写意画家，以画松、竹、梅、兰著称画坛，他对画面略作打量，在松树左侧画了几竿斜出的墨竹，与松树相应，"众人拟请父亲在中部画山石，父亲默然不语，坐在画前看着画沉思片刻，在稿纸上临时作了一首诗：'天下几人画松竹，海老董老真不俗。今日正逢政协会，更见松竹骨有肉。'诗成后，提笔在画纸上，自左到右，从上到下，将诗题于画中。草书如行云流水，穿行于已绘成的松枝竹叶间，美极，众皆惊叹。接着，黎雄才先生补绘红叶树，黄苗子先生用小楷注明作品创作情况和经过，其他人亦各展其所长，补绘小景。"①林散之向来慎思，刘海粟等几位都是著名画家，在画坛影响力大，地位都很高，自己以书法名世，画山石，虽然也见笔墨功夫，也见章法处理的能力，但在这幅画上题写自己即兴的诗作，才有不可取代的光芒。林散之书写时兴致很高，草书竖排六行，虽占了画面的三分之一，但疏密于董寿平所画的几竿斜出的墨竹之间，介入和避让都把握到微妙处，与松竹相得益彰。这几年，除了日本书道团来南京自己要相见写字，林散之参加文人聚会极少，文人兴会的这种喜悦感林散之已很久没有了，与这几位大画家在一起创作，游于丹青之艺，各显其长，乐在其中。

---

① 　林昌庚著.《林散之》第139页，百花文艺出版社，2007年。

刘海粟比林散之大两岁，当年，上海已是中国艺术中心，林散之从上海黄宾虹处返回乌江时，留法学习西方艺术的刘海粟回到上海，致力于中国艺术教育，主张中国画创新。其时，张大千也在上海，张大千小林散之一岁，已是名响海上的画家，刘海粟在海上画坛也颇有影响，而林散之是刚出师门的弟子，他们虽年龄相仿，也都以艺术为自己的终身所求，但无交往之缘。沧海桑田，世事多变，三位大师是同时代人，人生道路和遭遇各不相同，刘海粟和张大千与艺术界大家交往频繁，不断拓宽艺术眼界，且早已是画坛瞩目人物。林散之在乌江教私塾，管理几十亩地的农事，作诗写字画画，独自远游后回到江上草堂，继续在小地方过以文会友的日子，除黄宾虹之外，他从没与画坛其他大家有过交往，离画坛中心地带的事物很远，只在皖东书画界有些影响，四十几年后，大器晚成的林散之，才与刘海粟在政协会议上共济一堂。

刘海粟早年留法，回国后致力于中国美术教育，主张中国画创新。与张大千的大泼彩有别，晚年刘海粟别出心裁，将传统没骨泼墨法与西方印象派的技法相融合，完成了他的大泼彩写意风格。他的大泼彩作品个性强烈，泼彩苍茫而厚重，风气迷离，雄奇幽深。对刘海粟的大泼彩作品，未见林散之有过赞誉性评价，他可能更推崇黄宾虹的山水画。林散之重用笔，而大泼彩风格出自没骨法，不以笔线为重，但从艺术之境来看，这与林散之草书所求之境大致相通。刘海粟在书法和诗文上也颇有造诣，两位大师在形式上所求不一，但殊途同归，不无可谈的话题。

陈英将军退休后，对书画收藏更投入了，在世的几位书画大师都是他的朋友，刘海粟也是他的旧时相识。两位大师来北京了，陈英将军尽地主之谊，邀请刘海粟和林散之赴家宴，再叙友情，刘海粟夫人夏伊乔和林昌庚陪同前往。小车到陈宅，林昌庚扶父亲进门后，又帮父亲脱去外衣，吃饭时，将菜送到林散之的碗里，林散之起身走路，拄着手杖仍要林昌庚扶着自己。夏伊乔见状便提醒林昌庚："你这样照顾林老，方法不对头，是'虽曰爱之，其实害之'……老年人无杖而行，除可锻炼身体外，且在心理上可产生年轻感，减少暮气，对身心都有好处。"[①]林昌庚觉得刘师母的提醒很有道理，父亲晚年一些不好的习惯，是儿女们照顾方式不当养成的，为父亲身体健康着想，他尝试着让父亲自理一些小事，但林昌庚的尝试没有一次不失败，他劝父亲试着自己拄手杖行走，这样对身体很有益处，林散之会为此生气，坐着不起身，甚至朝林昌庚发火。据林昌庚回忆，其实当时他父亲可以不用手杖行走，只是被人照顾久了，已养成了依赖他人搀扶的习惯，不愿意改变现状。

为宣传政协会议精神，《经济日报》的领导来到空军招待所请林散之题写"团结奋斗，振兴中华"八个大字，会议期间刊登在《经济日报》上，林散之欣然支持。政协会议结束，林散之回到南京半个月左右，感到腹部疼痛，去鼓楼医院检查，误为肿瘤，立即做手术，剖开小腹后找不到肿瘤，手术进行

---

① 见《江苏文史资料113辑》。

了数小时后,才发现引起腹部疼痛的病因并不是肿瘤,而是急性化脓性阑尾炎,这次手术时间太长,林散之的身体受损,健康状态显著衰退了。生病住院是林散之最厌烦的事,这次在医院住了将近五十天,不能写字画画,只能坐在病床上写诗,或看看碑帖,以手指在空中临写。林散之认为,这种不得已才采取的临写方式,对掌握字形和笔势及书写速度也有效果,但必须全神贯注才行。

出院回到中央路117号,依医生所言调养身体,暂时还不宜写字画画,但见到纸笔,林散之就克制不住书写的冲动,不书写,林散之觉得自己像个废人,心理状态会很差,情绪也很不稳定。儿女们不强迫他不写,只是提醒他每次书写时间比以往短些,写字时间长了,身体吃不消。做过这次大手术之后,林散之出行时更需有人搀扶,在屋内小范围内行走也是如此。南京的冬天很冷,屋外寒气重,经常风大,就更是不敢出门了,感冒了就会连带出其他并发症,人老了骨头钙化,也要防止走路摔倒。儿女们照顾林散之,处处小心,不敢有任何疏忽。来访的客人较多,难以拒绝的访客都事先劝说尽量不要谈太久。有了较好的调养和儿女们无微不至的悉心照顾,几个月后,林散之的健康状况才有所好转,写字画画也才算是正常起来了。

第四十一章 草圣遗法在此翁

"君行早,踏遍青山人未老,风景这边独好。"这是毛泽东《清平乐·会昌》中的词句,1973年,林散之书写的这首词刊发在《人民中国》杂志上,作品名《东方欲晓》。如今,林散之已年将九十,似不宜再像浪漫主义者那般自称人未老了,但"风景这边独好"这个豪情饱满的句子,对1984年的林散之来说,显得格外鲜亮,它成了林散之晚年生活最恰当的写照。1984年,林散之八十七岁,他人生中那座令人仰目的高峰出现了,夕阳柔和的光照铺在这座高峰上,灿烂夺目,这座耀眼的高峰与草圣之称结合在一起,这一年,林散之被中国媒体誉为"当代草圣"。

严格地说,"书法大师"在书法上一定建树不凡,大师在书法界是个很高的称谓,能称为书法大师者,在当时的书坛上似有好几位,而当代"草圣",是书法大师们也望而难及的至高称谓。清朝以来，几百年的书法史中，从未出现过草书大家，更不用谈草圣类书法人物了。1984年11月19日，新华通讯社的《瞭望》周刊发表了张欣的文章：《草圣遗法在此翁——记老书法家林散之》，文章中直称林散之为"当代草圣"。这个称誉迅速传开来，一时轰动书法界。实际上，草圣之誉，是由《南京日报》在新闻报道中最初提出的，《南京日报》虽有一定的影响，但毕竟属于地方性媒体，传播面有限，《瞭望》的影响力比《南京日报》大得多，且权威性强，林散之被称为草圣，这个誉称在中国不断传开，中国书坛又一次因林散之而震撼。

这一年初夏，"日本书法友好访华团"再度来到了南京，这次日本书法访华团的团长是青山杉雨，青山杉雨和梅舒适一样，是日本书道界的领袖人物，在日本书道界，书道家来中国能受到大师林散之的接见，是莫大的荣幸，青山杉雨对林散之书法的推崇更甚于梅舒适，他急切要求与林散之见面，当他得知林散之正在家乡整修房屋，便要求不必讲究见面地点，在门外见面也可以。日本书道家如此敬重自己，林散之觉得他们来中国是为了书法交流，真要到乌江来，在还没整修好的房子里见面，这样太不礼貌了，他急忙写信让人送给弟子章炳文，让章炳文赶快将画院收拾打扫一下，下午好接见日本书法代表团，章炳文在《留得真情在人间——回忆散之老人二三事》这篇短文中，回忆了当时的情境："读完信使我感动不已，青山杉雨是日本著名书法家，对先生如此尊敬，哪怕是'在门外相见'，时间这么急促，先生的事又非办好不可，我立即与尔宾联系，安排在江南名胜莫愁湖郁金堂让两位老人见面。"

莫愁湖是古都金陵的名胜之一，影响力仅次于玄武湖，莫愁湖是江南名湖，是各界名流来南京时的必游之地，这里景点众多，风物宜人，人文与自然相契一体，郁金堂、莫愁女故居、胜棋楼、莫愁水院和华严庵等，都是园内著名景点。五月，林木葱郁，花开湖岸，姹紫嫣红，大片新荷初露湖面，生机盎然。林散之弟子张尔宾就在这里工作，老师下午要接见日本著名书法家，这事不能有任何耽搁，一切很快便安排妥当了。

下午，林散之提前来到了莫愁湖郁金堂，这是为了以礼相待，不能让日本友人在郁金堂等自己，来者为宾，中国乃礼仪之邦，不可怠慢客人，主动迎接才是好姿态。

青山杉雨一行人到来，会见交谈时，氛围融洽，1975年，青山杉雨随日本书道团访问中国，在南艺拜见过林散之，如今，林散之与他属旧时相识，已是书坛友人。青山杉雨是日本书道界的大师，艺术心志和眼界很高，但对林散之的书法推崇备至，上次拜见，他便知林散之双耳已聋，只能笔谈，这次相见前，他事先已写好提问的纸条："此番来到中国古都金陵，有幸饱览你的书法大作，无比敬佩，你是中华天才的书法家，是书家的骄傲。"林散之看过纸条，也写了一段话，回答青山杉雨："先生过誉，我不是天才。余学书法，先写唐碑，然后由碑入汉，三十岁后，广采博学，尝试行书，六十岁方才练习草书，顾念平生，寒灯夜雨、汲汲穷年，所学甚勤，所得甚浅。"林散之自称"所得甚浅",应该只是谦逊之词,只从常识看便可明白,"所学甚勤"而"所得甚浅"者,不可能被称为书法大师,不可能在1980年就自信地认为,自己的书法能站两三百年。一个成功者的谦逊,有时能增加个人魅力,也更受人崇敬,林散之这种"学然后知不足"的谦逊精神,感染了日本书道大家青山杉雨。一番交谈后,他走到放好了纸笔的书桌前,略作沉思,提笔书写了七个字"草圣遗法在此翁"敬赠给林散之,并在落款中自称"后学杉雨",在场的十多人见了这幅题字,不禁兴奋起来,林散之微笑着坐在桌前,仔细打量青山杉雨的书写,青山杉雨的篆隶根基很深,笔力深透,雄健豪迈,不愧为日本书坛的大家。"草圣遗法在此翁"这几个字,表达了青山杉雨对林散之的崇敬之意,林散之起身,挥笔题写了"鱼水"二字回赠给日本书道大家青山杉雨。

林散之会见青山杉雨的第二天,"第二届中日联合书法展览"在江苏省美术馆举行,林散之送展作品两幅,其中一副是对联,内容为"奇云思隔岸,秋水共长天"。日方访华代表团八十多人,中方一百几十人,中日双方共二百多人参加了开幕式,由儿子林昌午和林昌庚两人陪同,林散之到场祝贺。江苏书法界著名书法家萧娴、武中奇、侯镜昶等也出席了开幕式。

在展览现场,"日本书法代表团"秘书长谷村熹斋,出于对林散之的敬重,从始至终,一直推着坐在轮椅上的林散之,听林散之评论中日参展作品,并以笔与林散之亲切交谈。

青山杉雨对前来采访的媒体记者说，这次江苏书法家的参展作品，比他在日本看到的更好，在日本书道家眼中，林散之是中国书坛泰斗。青山杉雨在日本书道界也享有盛名，他是个书法眼界高且有点孤傲的大书家，在展厅，他只向日本书道团成员介绍林散之的作品。

这次书法展中，"草圣遗法在此翁"的说法开始流传，书法展开幕当天，《南京日报》即发布了一条重要通讯："著名书法家林散之先生，昨天在莫愁湖郁金堂会见了以青山杉雨为团长的日本书法代表团。在日本，林散之被称为'当代草圣'。日本朋友为能够见到林散之感到十分愉快。林老对日本朋友的来访表示欢迎和感谢。会见后，宾主互赠了题字。"

这篇通讯文字，是由林散之弟子张尔宾所写，从内容看，林散之是"当代草圣"的说法，应是张尔宾在这篇通讯中首先提出的，青山杉雨题写"草圣遗法在此翁"，是说林散之承继了草圣的遗法，在这篇通讯中，被直接说成了"在日本，林散之被称为'当代草圣'"。赞誉起自于此，争执也起自于此，在南京，赞誉声高过质疑声。关于林散之是不是"当代草圣"的争执，几十年来，一直是中国书坛的敏感话题。这次中日书法联合展览，《南京日报》和《新华日报》都做了深度报道，林散之是报道中重要的新闻亮点。那个时期，媒体的权威性和信誉度很高，林散之是"当代草圣"之说，从省城南京的书法圈子向周边城市流传。

《瞭望》周刊文章，对林散之以诗书画为根本所求的艺术人生做出了高度评价，除了提及青山杉雨题写的"草圣遗法在此翁"这幅字外，文章中还说："有人竟认为他的作品可与唐代'草圣'张旭媲美。"由于林散之一些弟子对"草圣遗法在此翁"的解读，又由于地方和国家级媒体的报道和推动，林散之被誉为"草圣"之事，在中国书坛和社会中更广泛地传开了。

应该说，"草圣遗法在此翁"，这个句子的基本语意，是林散之承继了草圣的遗法，并不等同于"林散之是草圣"，从林散之的汉语修为来说，他对这个句子的理解，应不会有多少偏差，不会认为青山杉雨说林散之是草圣。但这"草圣"之誉，已成为有界定倾向的新闻了，《南京日报》已报道说："在日本，林散之被称为草圣。" 这个说法，最初出自林散之弟子对青山杉雨题字的解读，这种引申性解读，伴随着解读者的个人意愿和想象力，当然，不排除有师生情感隐含其中。这个说法公开出现在媒体上了，在当时，新闻媒体就是权威，这就与人们在小圈子里私下谈论产生的影响大为不同了。章炳文后来去拜见老师林散之时，曾提及"草圣"之事，林散之提笔写道："瞎吹（在这两个字旁画了两个圆圈），我不承认，站住三百年才算数。" "艺术之道，诗、书、画三种，唯诗最难，我学几十年唯诗一门，未能学好，总在古人之后。"[①]林散之对弟子章炳文说的这两段话，是需要动动脑子去意会的，看似明白的话中，还包含了没有说出的东西。面对"草圣"

---

① 章炳文著.《留得真情在人间——忆散之老人二三事》，《书法报》，1990年12月26日。

之誉，林散之心理很微妙，他说"瞎吹，我不承认"，但这可能不是真正意义上的自谦，林散之说"我不承认"的理由，并不是自己还没有被誉为草圣的个人资本，而是现在人们说他是"当代草圣"，这还不一定算数，要能站住三百年，才算是草圣。现在人们称自己是"当代草圣"，是对他书法艺术成就的至高肯定和赞誉，问题只在于自己能不能在中国书坛站住三百年。这"草圣"之誉要能站住三百年，当然是后来人可见之事了，当代人不可能活三百年，无法证明在历史上这"草圣"之誉是站得坚实，还是站得不够稳定或站不住，当代人既然无法证明，也就无法否定了。从实情来谈，既然此誉已作为问题被提出来了，当代人的应答，虽然不一定比两三百年后的人更恰当，或更有历史深度，但当代人并不能因此就悬置了这个话题，这毕竟是个与书法史相关的问题，还是有必要回到当代的评价上来。其实，对"当代草圣"这个赞誉，林散之似有默认倾向，在与弟子章炳文的笔谈中，他已流露出个人态度的端倪。林散之告知弟子，艺术之道，诗、书、画三种，最难的是写诗，唯独自己写的诗 "总在古人之后"，没能超过古代大诗人，言下之意不难理解，自己在书法和山水画上，都已不在古人之后了，或可与古人并论或已超越了古人，既然可以与古人并论或超越了古人，被誉为"当代草圣"就未必是不当之说，1980年《林散之书画集》出版时，林散之就曾对弟子庄希祖说过："我的作品能站两三百年，心中有数。"从林散之对自己艺术成就的这种评价来谈，"草圣"之誉也就有可以接受的理由了。

清初自王铎往后，皇权政治文化的制约越来越强烈，又因康熙喜好董其昌的书法，学人追随，董书开始风靡海内，书坛以董为尊，至乾隆、嘉庆年往后，清朝碑学大兴，帖学渐废，草书更是式衰，书家的兴趣转向汉、魏、南北朝碑刻，像大师王铎这样个性强烈的书风，已少有人在意了。清朝几百年来，草书衰微，从未出现过草书大家，从书法史来说，草书中断了几百年，草书精神无人承继，时代文化中的自由意识陷入极度衰弱的状态，这无疑是极大的憾事。在这种书法史情境中，林散之被誉为"当代草圣"，不仅关乎对林散之书法成就的高度肯定，"草圣"这个至高称誉，还填补了书法史几百年来的空白，其重要意义不言自明。这是直接相关于书法史的事，当然不可失去书学评论的尺度，更不能等同于江湖闲谈，由林散之是"当代草圣"产生的争执，关键在于名实相符与否。

林散之作为当代书法大师，在书坛基本上没有异议，但作为"当代草圣"，争执之声在书坛从未消失过，争执涉及林散之的草书与书法史上草书大家成就的比较，但几十年来，在艺术评论刊物上，从未对这个话题有过严肃而深入的探讨。争执，大多出自网络或业内小圈子的议论，关于林散之是"当代草圣"之说，书法评论界的大家们迄今并未公开撰文论及。其实，这个颇具书学探讨意义的话题，涉及当代人对书法艺术的理解和认识，也涉及书法创造的可能，后人评说，自然更具有历史意义。但就书法艺术而言，对后人评说的期待值太高，未必理由充分，后人未必一定会胜过当代人，如同当代人在书法上未必能胜过古人。再者，艺术公共平台上发生的争执，是很正常的事，是值得称许的事，林散之被誉为"当代草圣"之事，不唯后人评说为是，后人和今人，皆可评说。

5月30日，南京展区的"第二届中日联合书法展览"结束了，日本书法大家青山杉雨的题字，在南京产生了震荡性的轰动效应，有了这个"当代草圣"之誉，立身在中国书坛顶端的林散之，已成为众目仰望的传奇性人物。南京电视台、南京市文联和南京书画院决定联合拍摄纪录片《林散之》，全国政协副主席赵朴初题写了片名，为了配合这部电视报告片的拍摄，曾在南京鼓楼公园展出的"林散之三代书画展"，在江苏省美术馆再度展出，展期仅一天半，这属于江苏省美术馆历史上展期最短的一次美术展。

电视台要拍林散之艺术生涯的艺术片，这是新鲜事，以前几位文友帮林散之画像，林散之很开心，如今要出现在电视上，林散之更加高兴。纪录片的开拍仪式在江苏省美术馆举行，在"林散之三代书画展"上，江苏省省长惠浴宇到场祝贺、江苏省人大常委会副主任汪冰石为开幕式剪彩，林散之的一些弟子已提前到达，现场看展和围观的人很多，熙熙攘攘，一些人挤上前来，以被拍摄入镜为荣。

林散之坐在手推轮椅上，神采奕奕，打量和评论林家三代人的书画作品，谈到兴奋之时，提笔书写他即兴创作的诗句："能从道子学吴装，更向碑前拟蔡郎。林家三代画成风，笔法新安一派中。"道子，是指唐代画圣吴道子；蔡郎，指东汉末至曹魏时期的书法家和书法理论家蔡邕，他曾"观象悟书",创"飞白"之技,并著有《笔论》《九势》《笔赋》等书论著作。林散之在诗句中以蔡邕相拟,主要是喻指在书法上独立成风的个人开创性。这诗句气度不凡,林散之立身在高峰上,敞开了承古开新的书法胸怀,洒脱豪放。林散之笔走龙蛇,摄制组的镜头对着他,新闻媒体的镜头也对着他,现场掌声一片。

纪录片《林散之》拍了一个多月,考虑到林散之的个人意愿,脚本曾做过多次修改,但拍摄场景基本上选在南京及周边地区。扬州虽然有林散之生活的重要印记,但相距较远,如果两地颠簸,林散之老人身体吃不消,只能放弃拍摄。江浦县是林散之工作多年的地方,也是他人生历练的关键之地。汤泉惠济寺,有三棵千年古银杏树,林散之曾为之作长诗一首,也曾以古银杏寄老人心志,创作国画《枯木逢春图》,这次拍摄电视片,古银杏树有一定寓意,有入镜的必要。去惠济寺拍古银杏树时,当年书写的诗已刻成了碑。拍摄林散之的电视片,林散之本人的意愿是一定要考虑的,这也涉及他如何叙述个人史。在拍摄过程中,林散之常"我行我素",常有些任性不合导演的意图。为了拍林散之指导弟子学书法的镜头,弟子上前请教时,林散之以笔教导,摄影机对着他,本来简单回答即可,但林散之回答时极认真,似乎忘了在拍摄,竟在纸上写了个一百多字的《散氏盘》的故事,导演也不好叫林散之停下来,也不能停机,只能等着他写完,导演曾半开玩笑地说,林散之老人是最不服从指挥的演员。

林散之一生大部分的交往都与友情相关,与文人的友情,在林散之的情感世界中，占有很重要的空间，他的许多快乐和安慰都来自友情，有苦闷和忧郁时，也常以与文友和诗的方式去排遣。一些老友已相继离开了世界，许朴庵、刁遁庵和张汝舟，这几位老友都已不在人世了，年龄越来越大了，文友越来越少了，在乌江的知交，只有邵子退还在。林散之与布衣诗人邵子退的知己之情，既重且深，素朴而天真，超越权力和物欲，也超越了受欲望支配的人对友情的理解。

纪录片《林散之》最初拟定的拍摄方案，并没有涉及林散之与邵子退这两位老人的知己之情。摄制组要去乌江江家坂村，只是想拍一组与江上草堂相关的镜头，为林散之的艺术成就做些回顾性的历史铺垫。林散之兴致很高，提前回到了江家坂村，让儿女将江上草堂收拾了一下，尽量恢复到旧时的生活状态，以便摄制组拍摄。

摄制组来到江家坂村，出了一件让摄制组意外的事，纪录片在拍摄过程中，有一组重要镜头叙述了林散之和邵子退近七十年的友情，但这些镜头原本不在拍摄方案中，由于林散之的坚持，摄制组才去乌江街邵子退处补拍的。原来，拍完外景和林散之在旧居生活的一些场景后，导演考虑林散之已八十七岁了，不能太劳累，不太满意的地方，也不再继续拍了，他们正准备收工回南京，但林散之顿时面露不快之色，"连连摇手说：'不忙！'剧组人员一时手足无措。原来老人要到乌江街上和我祖父一起摄影，他说：'我和邵子退相交七十年，临死之前争取留个镜头在人间，作为纪念，同时对我父亲邵先任说：'我同电视台的人一道上街，陪你伯在后园拍一张片子,叫你伯事前准备一下。你同(王)汉臣(林老内侄女婿)先回去告诉他们。这张片子关系大,你伯同我交了七十年,临死之前,争取照一张出国片子,留一点名在人间。别人一个不关心了。国庆节在国内放映,后到日本、美国放,你要争取,不能马虎。"①

林散之决意非如此不可,摄制组只好依老人的意愿,一群人来到乌江街邵子退处。邵子退住在一处简陋的茅草房中,与林散之在南京中央路117号的寓所比,从条件上说,可谓天壤之别。邵子退身体有恙,久病卧床难起,林散之握着他的手,邵子退站立不稳,举步艰难,后面需有人撑着他的腰才能勉强移步。林散之也要人扶着,他是被担架抬到乌江街的,这两位老人为了配合纪录片的拍摄,的确是在做力难从心之事,让两位老人"表演",他们的配合不太符合摄制组的要求,从身体状态看,也不太适合再坚持拍下去了,摄制组匆匆拍下他们相聚的几个镜头,便没再劳累两位老人。

摄制组回南京了,邵子退家恢复了安静,天色已晚,乡村的路况较差,晚上抬着担架走几里路,怕颠簸出意外,林散之未返回江家坂村,他在邵川父亲的床上睡了一夜。当晚,林散之与邵子退说话,这位知己只是听着,默默对坐,一言不发,这让林散之很吃惊,没想到老友邵子退的身体竟这么差。春节后,和县人民政府重修乌江霸王祠,请林散之题字,这事责无旁贷,林散之为霸王祠作对联时,想到了老友邵子

---

① 邵川编著.《林散之年谱》第368页,江苏凤凰文艺出版社,2016年。

退。项王庙的对联，原为邵子退父亲邵鲤庭所题，事变被毁，林散之写信给邵子退，让他将父亲做的这副对联重写好，挂到霸王祠里，可为祖上增光。邵子退饱读诗书，酷爱诗书画，也应留点笔墨在人间，但邵子退并没有写，几个月来，林散之对这件事有所不解，直到去邵子退处拍片，他才知道，这位老友实在是提不动笔了。林散之与邵子退虽是近七十年的知交，但两个人对名的态度不尽相同。雁过留声，人过留名，林散之已名响天下了，老友邵子退至今仍默默无闻，这次电视台拍片，林散之想借这个机会，让老友在人间留点名，林散之觉得，这样做很对得起老友。"这次所幸把你老爹带上电视，相交数十年，这一点对得起你老爹。"这种关于名的意识，不能说早年邵子退不曾有过，但可能已在艰难而荒诞的生活中逐渐看淡了。知己之交，可以和而不同，林散之向往高处的名声，布衣诗人邵子退只在乌江种瓜、作诗、写字、画画，一生淡泊，不求闻达，过着半隐士般的日子。这次，邵子退同意拍片，不一定是为了留名于世，林散之说，这部纪录片在国庆节放过后，要去日本和美国放，对邵子退来说，这些与名相关的事，过去就不那么重要，现在也许更不重要了。与林散之知交近七十年了，留一些镜头作为友情的纪念，这极可能是邵子退同意拍片的真实心思。遗憾的是，这部纪录片秋天正式播出时，林散之与邵子退在一起的几个镜头并没有用上，电视台考虑片子的艺术质量，没有用上的缘由不难理解。

拍完乌江的一些镜头，摄制组转往安徽马鞍山。林散之对马鞍山太白楼有一种很特别的情感，他和妻子的墓地就选在这里，离世后与他崇拜的诗人李白成为近邻，这是他生前独自感受到的慰藉。摄制组来到了马鞍山采石矶，林散之事先就对弟子陈艾中说过，不要麻烦马鞍山市的领导，但马鞍山市的领导已得知林散之来采石矶的消息，并做好了接待的准备。中午吃饭，林散之与摄制组人员，被请到山上的宾馆入宴，林散之没上饭桌，到了宾馆便呼呼大睡了，他毕竟年事已高。

拍片之初，林散之很兴奋，也很投入，自己的艺术生涯被拍成纪录片，不仅名声会传播得更广，也是自己留名于世的方式，但林散之没有料想到，拍片时要忍受许多辛劳和痛苦。几经折腾，他觉得这是挺烦人也挺累人的事，生活搞得没秩序了，自己的身体也快招架不住了，光荣感在疲惫中消失殆尽，于是他干脆说："不拍了，算了，不能把命送了！"[1]《爱国报》记者周和生当年在现场，对林散之的这段话语做了记录。自己已年高近九十，如果还为名玩命，就可能是不智之举了，关键是这个名自己已经拥有，不拍片子，自己也会名传后世，把身体搞坏，就不能写字了，这应是林散之当时的真实想法，并非民间趣谈。

林散之所求不在外物，也不在日常安逸，这和许多人的人生目的大不相同，他在乎的是诗与艺术的创造性劳作，当然，也在乎与这劳绩相称的名。

---

[1] 宋玉麟著.《群贤毕集：周和生藏画随笔》，古吴轩出版社，2013年。

名存于世，名载史册，虽是林散之生命中最深刻的愿望，但在成名之前，在日常的社会交往中，林散之对名的态度较为复杂。公开场合或与友人和诗时，他总是对声名显得很淡泊，这淡泊，是个闪着光晕的壳，其中深藏着他对名的异常渴望。其实，林散之很在意名，这名若是不虚，便是对他人生劳作业绩的认同，是对他个人艺术成就的肯定。他没必要与这个名刻意保持距离，只是担心人们说他骨子里还不够脱俗，或不够超越，他才会对名有些暧昧的反应。"名山凤昔心，蹉跌平生罪。"诗《有叹三首》中的这个句子，是林散之八十一岁时的自白，是林散之对名的态度的自我注解。名响书坛后，他已敢于直接肯定这不虚之名了。从林散之谈与邵子退拍片的那段话来看，他肯定名的态度毫不含混，人一定要在世间有大作为，一定要留名于世。一些崇拜林散之的人常说，林散之向来不在乎名，这可能已罔顾事实了。对大师的敬意再深，这敬意也不能替代实事，这一类流传很广的说法，至少可以看作是对林散之内心生活未能深入了解。说林散之向来不在乎名，似乎是为大师脸上贴金的行为，其实，脸上贴了这层金的林散之，可能是个被虚构出来的林散之，远不及一个真实的林散之更令人感兴趣。

其实，天下在乎名者，有高下之分，甚至有天壤之别，不可一概而论。一个人如认识到名贵大成而不贵小用，这就与唯谋私利而计功之人有高下之别，大成者，成于个人价值之实现，也成于人类共同体之所需，如不被时代晦暗力量遮蔽，这样的人，本当有被称誉之名。关于名，不必因循旧说一味看淡，一个人的名若不虚，实至名归，正可印证他个人的劳绩出类拔萃,希腊人认为"热爱不朽名声,胜过热爱可朽之物"，这是短暂人生对名的恰当态度，林散之也可能有类似的感觉，只是这感觉有一些模糊，还不够明亮而已。

纪录片《林散之》在南京播出后，影响很好，林散之是"当代草圣"几乎家喻户晓了。这部电视片有没有在日本和美国播出，无可靠资料可查，不得而知。1984年，是林散之声名鼎沸之年，青山杉雨题写的"草圣遗法在此翁"在中国书法界有了不寻常的解读，地方报纸和电视媒体以及北京《瞭望》新闻周刊的宣传，让"当代草圣"之说越传越广，林散之生命中的那座高峰出现了，它出现在中国书坛的薄雾之中，这一年，林散之成了书坛被众目仰望的人。各大城市乃至小城市和小县城里的文化人，提到"当代草圣"林散之，谁如果对此一无所知或知之甚少，谁就有可能会被当作见识短浅之人。写文章谈论"当代草圣"林散之，几乎成了某种写作时尚，汉语中许多赞美意味的形容词，在这些文章中派上了用场，但罕有真知灼见者。林散之是"当代草圣"了，林散之弟子在书坛的地位也提高了，在民间，谁认识"当代草圣"林散之，谁就可能会被另眼相看。更有甚者，一些不乏虚荣之心的文人，能说出林散之生活中的一两件事，哪怕是依据可疑的民间传闻，也是一种小荣耀。

人类在成长道路上欠缺引领者，欠缺继往开来的人物。对这类罕有的人物，人们还没有完全失去对他们保持敬意的能力。在某些领域作为不凡者，会被称为大师，而在世间劳绩出类拔萃、修为至高的罕见者，他们的技艺登峰造极，无可比拟，方可誉之为圣，这些圣人和大师们的精神，激励着一代又一代人的成长。从历史来看，这类修为至高者被称圣之事，基本上都是后世人所为，一个人在世时就被誉之为圣，这样的事绝少发生，在当代，它发生在书法大师林散之身上了，还带着些半神话的光晕。

南京中央路117号，享有"当代草圣"之誉的林散之，在院子里拄杖而立，他看着满天温煦的晚霞，微风中的云彩镀上了金边，从这夕阳中散放出的光芒，照耀山川、河流和大地，厚重而灿烂，再也没有比这更富诗意的黄昏风景了，林散之目光平和，满心欢喜。

第四十二章 知己情深

人类的情感生活中，友情，是不可或缺的慰藉性力量，人经常生活在不由自主的世界中，每个人都有孤独、茫然、苦闷之时，总想有所倾诉，对友情也总是渴望在心。刻骨的友情素朴深厚，超然于生活中盘结的利益关系，两性情爱不可与之并论，血缘亲情也不能取代它。

"嘤其鸣矣，求其友声。"《诗经·小雅·伐木》中的这个名句，叙述了一只寂寞之鸟，从深谷中急切飞入高枝，发出寻求友情的嘤嘤鸣叫。身处春秋乱世的诗人内心孤寂，寓心声于鸟鸣，表达了对友情的急切期待和重视。中国历史文化中，有许多关于友情的感人事例，俞伯牙为知音钟子期而绝琴，白居易与元稹友情真挚、心意相通，苏东坡与黄庭坚彼此才华相惜，他们之间情谊深厚的交往，成了世代称颂的友情典范，令人们心向往之。

林散之人生中的许多重要时光是在友情中度过的，不同时期产生的友情是林散之个人情感生活的重要寄托。友情，不仅是林散之排解寂寞、抵抗孤独的力量，也一定程度地丰富了林散之的生命，林散之名震书坛后获取了极大的荣耀，但成名之前，他从知己之情中也获取过较大的满足和安慰。

　　对绝大多数人来说，孤独，是与寂寞相随的一种幽暗的精神状态，许多人在生活中畏惧孤独，不堪寂寞，只有极少数人甘于离群索居，过一种孤独的日子。一般而言，一个天赋和个性不同于众的人，更容易孤独，一个志向高远不同于日常流俗者，更容易孤独。能自觉承担生命中的孤独，不让它成为心理疾病，向孤独更深处去，并将其转化为开创性精神的人，只有极少数杰出的哲学家、科学家和艺术家能做到。孤独这个词，在这类人的生命中似乎闪着命运之光，成为一种自觉领有的生命状态。但即便是这类异常之人，也期待人生有不孤独之时，如能在生活中幸遇二三知己，仍是他们心向往之的事。

　　但人生得一"斯世当以同怀视之"的知己难矣，世界广大，世事复杂多变，人们生活在各种利益冲突中，世事之艰难，莫过于人与人之间相处之艰难。再者，世界上最不稳定的不是物，而是人的情感。就事实而言，人的绝大部分情感都受制于欲望，现实生活中，向来就不乏称兄道弟的人，看似热闹，但真正的友情，却稀缺如炎热夏天落入荒漠的雨。人们日常谈论的友情，常裹在欲望中，常流于江湖表达，这类友情基础脆弱，一旦产生了裂隙便难以弥合者有，在利益冲突中反目成仇者也不乏其人。于是，人们常感叹：人生在世，知己难求，一个人如在生活中能遇二三知己，当属人生之大幸。

　　林散之一生，好友众多，应该说，在友情方面，林散之是幸运的，甚至比同时代许多中国文人要幸运得多。他早年便在和县乌江寻志趣相投者，与许朴庵、邵子退在一座旧庙中结为金兰之交，乌江是个有人文蕴积的古镇，儒风也畅，这件事在小镇乌江成了佳话，他们被人们誉称为"松竹梅三友"。后林散之建造了江上草堂，草堂就成了当时乌江的人文中心，林散之在草堂以文会友，结交了一批皖东文友，切磋文艺，咏诗唱和，诗书画的青春时光里，常有文友之情相伴，六十岁之后，林散之进入江苏省国画院，经常参加各种艺术活动，与江苏文坛中的一些名流交往颇多，"文革"时期，虽一度中断了与文友们的联系，林散之在书坛成名后，又与赵朴初和启功为友，并结识了一些权力界朋友。与文坛上许多大家相比，林散之的两性生活比较稳定，没什么风流韵事或浪漫事件，有人甚至认为他在这方面比较单调，诗书画之外，友情，便成了他个人情感的重要寄托。林散之一生交友甚多，他不仅有日常意义上的朋友，更有世间少见的诤友、知己和至交。

　　在这些和而不同的朋友中，林散之与邵子退和高二适的友情，以至交和知己相称，名实相融，颇为感人。他们之间的友情，在友情的温厚、浓度、品质和持久方面，与历史上流传的友情典范相比，也绝不逊色。林散之与知交邵子退的友情，延续了七十年之久，林散之诗书画的才华还没被社会认可之时，又幸遇知己高二适，孤傲不群的高二适，是第一个高度肯定林散之诗才的人，两人曾倾心长谈，相见恨晚，短短几日内，林散之便作诗多首赠高二适，可谓欣喜若狂。1977年，知己高二适在南京离世，林散之悲伤不已，这对林散之是个不小的打击，此外，他还感叹自己的诗作此后少有知者赏读了。此后，随着林散之在书坛声名的提高，他在文坛的友人也越来越多了，但艰难时世中结识的知己却越来越少了，一些文坛友人虽不是泛泛之辈，谈及诗书画，虽也有相契之时，但话题不一定能深入，这些一般意义上的文友，不可与人生知己并论。

旧时文友们不断离世了，知己高二适也离世了，新结识的文友大多只是泛泛之交，人生的阅历和见识差异较大，许多话不能深谈。如今，在世的友人中能称知己者，只有邵子退一人了。但这最后一位在世的知己病卧在床，身体状态极差，不再能和他正常交谈了。林散之虽在书坛享有盛名，弟子们来117号看望他，与他笔谈的话题只与书法相关，没有人与他谈诗和山水画了，有些话，还深藏在内心从没有说出，但想找个能说几句知心话的人，已属奢望了。"当代草圣"这个至高的称誉，让林散之既满足又觉得孤独，他经常在南京中央路117号独自坐着，挂在墙上的钟发出了钟摆声，林散之听不见，它仿佛在沉默中，一切太安静了，老人的寂寞感正不断加重。这时期，他倒是期待偶尔有人上门来求字，也好打发些寂寞。

有一些不期而至的事，属于不可避免又必须接受的事，纪录片《林散之》播出后不久，十月下旬，邵子退的病情已明显严重了，他浓痰不止，身体更虚弱，半个月左右，布衣诗人邵子退去世了，他离开了这个黑白时常混淆的世界。在乌江拍片时，邵子退不能言语，林散之已担心这位知己将不久于人世了，但邵子退几个月后离世，还是令林散之悲恸不已，年高八十七岁的林散之听到这个消息后，不禁失声号哭，老泪不止。之后一段时期，林散之便少言寡语了，有时在沉默中发愣。

邵子退去世，家人担心林散之会过度悲痛，没让他去送别，一周后，邵子退的孙子邵川将邵子退遗存的诗稿整理成册，带到南京请林散之审阅。这些诗作中，有几百首是写给林散之的，其中有许多诗林散之从未看过，有一些诗作，如本书前面章节已提及的《邻姬》等诗，表达了邵子退对现实生活的感受，这与当年林散之的感受和理解大不相同，这些诗作，虽承诗圣杜甫的精神，直面生活真实，情动肺腑，但邵子退并没有给林散之看，也许是不想让林散之读后为难。与邵子退相比，林散之在1958—1960年间写的诗，大多是歌咏山水如何美的诗，与百姓生活无关，林散之后来与友人谈诗时，曾为自己当年欠缺邵子退的写作勇气而自愧。读完邵子退的诗稿，林散之心情沉重地写道："你爷爷真保密，写这些好诗，一首未给我看，要不是病故，如何看得见呢？""今后回乌江更难受，无人谈诗，也无人谈话，写出好诗，也无人懂了，哀哉，上街也不敢走你家门前。"这一周以来，林散之每天都为邵子退的去世而悲痛，与邵川笔谈后，他当即作诗一首《哀子退》:"从今不作诗,诗写无人看。风雨故人归,掩卷发长叹。昨日接电报,知君入泉下。犹闻咳唾声,忽忽冬之夜。"这首诗写得朴素直白,怀念知己的情感真切。高二适去世时,林散之曾发愿不再作诗了,邵子退去世,林散之又发愿不再作诗了,由于"诗写无人看",才"从今不作诗",这或许只是林散之一时悲痛之言,林散之是个意志力极强的人,决定做某件事,会尽一切可能去完成,但他在生活中不可能完成的事,便是戒诗或发愿不作诗。可以说,诗比书画更内在于林散之的生命,诗,犹如他灵魂中的一盏灯,这盏灯一旦熄灭,灵魂也就随之黯淡了。就此而言,如果高二适和邵子退不是较优秀的诗人,如果不能认同林散之的诗,很难想象他们会成为林散之的知己。在这个诗意越来越匮乏的世界,能与文友们聚在一起谈谈诗,也算是一件幸事了,许多年来,一个人有没有丰富的诗性,是林散之交朋友的一个重要条件。细心的读者可能已留意到,林散之写《哀子退》这首诗时,也首先是从诗人的角度去叙述哀悼之情的。之后不久,邵川就为诗人邵子退编好了诗集《种瓜轩诗稿》,林散之题写了封面,并将《哀子退》这首诗题写在诗集的封面。

自从林散之与邵子退结了金兰之谊,乌江古镇上这两个儒门书生就过从甚密,林家与邵家相距不远,一个在驷马河之南,一个在驷马河之北,他们时常相聚研学经典、写字画画、切磋诗文之艺。林散之去江浦县政府任公职之前,两人经常秉烛夜谈,谈兴盛时,甚至会通宵达旦,话题从历史、文化、书画艺术到日常生活,几乎无所不谈。两人的交谈,虽不无时事之忧，但主要话题还是与诗文书画相关。

邵子退与林散之的时运不同，人生道路不同，对名的态度也多有不同。林散之一生努力往高处前行，邵子退性格较为内向，喜安静独处，不求闻达，对喧嚣之事不感兴趣，他逐渐远儒而崇老庄，在时代生活中"无意苦争春"。新中国成立后，乌江小学开办，邵子退的国学修为在乌江较有影响，他曾有过短暂的国文教师生活，对邵子退来说，教书育人，这是个既有兴趣又有能力干好的工作。但由于学校规范师资力量，要求每个教师填写个人履历表，满腹诗书的邵子退，只接受过私塾教育，拿不出任何文凭证书。面对这个事实，唯有遗憾地叹息："余乃布衣之士，无可填报也。"从此之后，受挫的邵子退就退居乡间，再也未出外求过职，他在乡间躬耕种瓜，读书写诗作画，过自甘淡泊、不慕名利的日子。有人说他已看破世事，也有人认为，他半辈子苦闷在心。"文革"期间，邵子退在乌江镇林场剪桃种瓜，自谓"种瓜老人"，不知这谦称中是否有种瓜得豆的自我讽喻，他隐居于种瓜轩内，布衣蔬食，终其一生。《种瓜轩诗稿》是邵子退后人邵川为他出版的唯一遗著。

在乌江许多人眼里，林散之与邵子退的身份和地位悬殊太大，一些人认为，在这种情境中，他们的友情难以久长，但林散之与邵子退交往的事实推翻了这种判断。这些显而易见的差异，并没有阻断林散之与邵子退之间的友情，无论是林散之去政府出任公职，或是入江苏省国画院，还是后来在中国书坛成为书法大师，林散之与邵子退之间近七十年之久的友情从未中断。身份和社会地位上的悬殊，也没如常识所说一定会稀释这份友情，相反，它愈发香浓醇厚。

以往，每年清明节，林散之都要回乡扫墓祭祖，1985年，林散之不忍心看到故人新坟，他没有回乌江，从此也就再没回过乌江了。

人世间最后一位知己邵子退离去了，邵子退的离世，让林散之想起了一大串友人的名字，许朴庵、傅抱石、高二适、刁遁庵、张汝舟、钱松嵒等，他们都已先后离开了这个世界，林散之的友情世界仿佛突然空寂起来，变得空空荡荡。人在孤独困窘之时，会深切感受到友情的重要，人老了被寂寞纠缠之时，也会感受到友情的重要。友情的重要性，有时并非成名的荣耀可以取代。这些旧时友人和知己都一去不返了，往日交往中友情的那种温馨似也不复再有了，唯有回忆才能安慰自己，也唯有回忆才能让内心不再那么空荡。

林散之一生重友情，在他心里，真正的友情，是人与人之间温暖而奇特的情感，是坎坷人生路上结伴而行的可靠力量，艰难时彼此慰藉，快乐时彼此分享。一个想安身于友情的人，有可能由于过度依赖而变得逐渐脆弱，而一个没有友情的人，生活中一定孤独。林散之好以文结友，远小人近君子，是他年轻时便知晓的道理，值得林散之庆幸的是，他一生中从未交过一个恶友，林散之是从乱世中走过来的人，这也算是稀少之事了。读林散之诗集《江上诗存》，其中近三分之一的诗作与友情相关，从不同年代产生的友情中，他获取过滋养和安慰生命的力量，到了晚年，他也为友情不可抗拒的消失而伤感不已。

关于友情，林散之晚年曾撰写过一副对联："生天成佛谢灵运，旷世知音钟子期。"这副对联，有林散之立身于世的态度在其中，上联的大意是，人要在这世界上修身觉悟，应像山水诗人谢灵运那般，诗意地栖身于大地，下联直接称颂了知己之情，与上联的语意关切，人要诗意地栖身于大地，这样的事，它超越了人们的日常欲求，难以被这个欲望支配的俗世所理解，知音难求，人生得一知己，要有伯牙遇见钟子期那样的幸运。林散之"求其友声"，他与高二适和邵子退等人的知己之情，产生于动荡不安的年代，在疾风骤雨中相互勉励，友情的根基越扎越深，直至终老，这样的知己之情，何其难得，当可为人生友情之经典。

第十一卷　1987—1989

第四十三章 人书俱老

散尽烟火见天真,林散之已进入人生会通的最高阶段,这散尽的烟火,可以理解为人世之诸种俗念,从书法艺术谈,也可以理解为他消解了技之役,进入了自由率真的书写状态。林散之认为:"我八十五岁静下来了,字可以看看,可与古人比,可站二三百年。"① 这是他对弟子桑作楷说的话,大致相同的话,他对弟子庄希祖也曾说过,在弟子面前再次谈论自己的书法成就,自认为能站二三百年,这种自信,显然产生于林散之与书法史上大家的比较,出自他对书法艺术的理解和判断。当然,这样的自我评价,对"当代草圣"的这个称誉,不能说没有一些捍卫的作用。评论界有人认为,林散之晚年的书法,已达到了技不掩心性的艺术高度,以往在乎的那些

---

① 南京政协文史委员会编.《金陵书坛四大家》第61页,南京出版社,2003年。

书写之技，已化入率然天真之性中。这是一种关于书写之境的说法，"散尽烟火"，是对书写之境的极高肯定，但不排除"散尽烟火"这四个醒目的汉字中，有极端理想主义文化诉求的因素。

散尽烟火、人书俱老，这不仅是一些评论家对林散之的评价，林散之对自己晚年的书法也有类似的认同。据桑作楷在《忆恩师林散之先生》一文中回忆，1985年底，江苏凤凰美术出版社出版《林散之书法选集》，这部选集由桑作楷编辑，赵朴初题签、作诗代序。在编后记中，桑作楷提议加上"当代草圣"的称誉，当时总编觉得这个提法不妥，将其删去了。《林散之书法选集》正式印刷时，桑作楷"违规"加上了"当代草圣"之说，林散之没认为这么做有什么不妥。林散之弟子众多，他们都是"当代草圣"的弟子，当然都是师出至高门槛，也都有荣耀在身，对"当代草圣"之说的认同度，要高于书坛中的其他人，从书法观的承继和师生情感来说，这都不是一件难理解的事。

《林散之书法选集》出版之际，江浦县准备建立"林散之书画陈列馆"，其时，林散之在鼓楼医院住院，时任县长程从武一行人来到了鼓楼医院，与林散之商谈建馆之事。林散之非常开心，老师黄宾虹是山水画大师，生前，政府都没有帮他建馆，"纪念馆一般在死后建，我在生前建。"这是个不小的荣耀，为自己家乡留一些书画作品，也是为了自己的作品能流传后世，林散之当即表示赞同。之后不久，来人拜访，林散之与人笔谈时写道："我与昌午、昌庚谈，将几十年的心血，二百五十余幅作品送给江浦政府永远保存，以免日后家庭争闹。江浦很高兴，选了求雨山佳地，为我造一个陈列馆，约他们弟兄二人到地看了，一同订于求雨山造石陈列。我这举动，在古人已少见，今人更少见。"林散之一生中很少缺钱，但也没有多少钱财留给儿女们，能留给儿女们的遗产，就是自己的书画，自己的书画已很值钱了，今后可能更值钱，在家庭中林散之是个权威的父亲，说一不二。生前儿女们不敢争，林散之担心自己离世后，儿女们会为他遗留的大量书画而争闹，影响儿女们和睦相处的感情，留一部分给儿女们就行了，其他的送给政府建立纪念馆，自己的作品永留世间，佐"草圣之誉"乃大快慰之事。

继《林散之书法选集》出版后，《林散之草书长卷》（论书＋绝句）又由江苏凤凰美术出版社出版，发行量很大。

林散之八十九岁时，黄宾虹研究会在北京成立，研究会聘请林散之和李可染为名誉会长。林散之送去书画三幅随同黄宾虹的书画展出，其中有诗条幅一帧，最后的诗句为："有漏竟成无量果，随风散馥灿师门。""有漏"是佛家语，喻指在世间修为者不积不聚的状态；"无量"也为佛家常用语，指觉悟者所具广大的利他心，也指普度众生的慈悲精神。有漏之说，显然是林散之的自谦，无量果散出香气"灿师门"，是林散之告慰老师黄宾虹的话。意思是弟子已学有大成，弟子不辱师门，已为师门增光，进一步解读，既然是"灿师门"，当然可理解为光耀师门。

安徽歙县是黄宾虹的故乡，地方政府着手修建黄宾虹故居，准备对外开放，1987年，黄宾虹研究会第二届年会将在这里召开，无论从艺术观还是从人生的机缘来说，没有黄宾虹当年的教导，就可能没有"当代草圣"林散之，他深怀感激地撰写了一副楹联，寄赠给黄宾虹故居："九次入黄山，勾奇峰，勾奇木，作画如狂草，洋洋洒洒，浑浑噩噩；一生堕墨池，写金文，写大籀，以斜为正则，点点斑斑，淋淋漓漓。"这副楹联，叙述了黄宾虹师古人、师自然的经历，大致阐释了黄宾虹的书画艺术观。

黄宾虹故居草堂大厅内，墙壁正中悬挂着黄宾虹的肖像，两旁是林散之书写的这副楹联，这对师生在艺术上都是大器晚成，两个人皆为艺术大师，前来参观的人进入草堂后，无不为之赞叹。

这年，黄宾虹女儿黄映家来南京看望林散之，林散之当年离开上海黄宾虹处，黄映家才三岁。五十几年后又见面了，林散之大喜，他详细询问了黄宾虹各个子女的情况，知他们的日子过得安宁，这才放下心来。见老师之女，林散之更怀念老师，与黄映家谈到黄宾虹当年对他的引领，也可能谈到自己身体欠佳，并为这么多年没去黄宾虹墓前拜谒而愧疚，也有可能没涉及这方面的话题。他坐在轮椅上陪同黄映家游玄武湖，宴请和以书法精品相赠，是应有之举。

改革开放之后，大量西方哲学、文学和艺术类文本翻译入中国，这些翻译文本广受欢迎，一定程度地影响着读者的人文精神。人们对生活的批判意识在增强，艺术家们的自我意识在觉醒，在绘画艺术领域，出现了与林散之那代人截然不同的风格和流派，年轻艺术家对新的艺术风格和形式充满渴望。他们不再沿袭苏联模式的现实主义风格，也不再按部就班地因袭中国艺术传统，转而从西方现代主义风格中寻求艺术的出路。从《星星美展》到"八五新潮"，这一类现代主义风格的作品，与过去的主流审美意识相冲突，并动摇了许多年来的主流艺术观。1985年前后相继出现的前卫派艺术，把中国艺术推上了活跃的高峰。中国传统画家感受到严重危机，在继承中国传统文化的大旗下，强调回归自然、重笔墨情趣的新文人画思潮和作品出现了。意图自新的传统中国画与现代主义的争执，成为当时重要的文化事件，当年，"中国画穷途末路"之说被提出，一时，争执的风波难平，来自传统的抵制力量仍很强大，至今，这仍是中国艺术界可争执的敏感话题。

那时，还没有人说中国书法艺术已达至巅峰状态，已完成了这种艺术门类的历史使命。那时，书法大师林散之关注的艺术重点是书法，不再是山水画，虽然林散之每天都生活在上世纪八十年代艺术变革的大语境中，但对这个时期中国艺术的整体境况，他可能缺乏了解。如果林散之了解这种艺术境况，很难想象他会接受这个事实，林散之不像张大千那样曾多次游历西方、对西方现代主义艺术比较了解，他对西方思想和艺术所知甚少，加之林散之在书画上师古多年，在他心里，中国传统书画精神根深蒂固。"五四"新文化运动以来，中国一直在反传统文化，改造旧文人，林散之在骨子里并不接受，前面我们已经说过，对旧文人这种"革命化"

的改造，在林散之身上只貌似有效，其实是失败的改造。从林散之的艺术意识去理解，他不太可能以开放心态去接受现代主义，相反，因看不懂这类现代主义作品而嗤之以鼻，不是不可能发生的事。

在改革开放的时代大语境中，西方艺术观也对中国艺术产生了较大的影响，"五四"之后，东西方文化和艺术再次交汇，其中有相互融会，也有抵制和冲突，但抵制和冲突要大于彼此融会，中国传统艺术与现当代艺术间的紧张关系，再次显露了出来，其中有许多悬而未决的问题。这些问题，不完全产生于艺术内部，在很长时期内，它们可能仍将悬而未决。可以说，林散之的晚年，生活在新旧艺术观交锋的秩序中，林散之被誉为"当代草圣"之事，正是发生在上世纪八十年代中国艺术变革之时，不同的艺术力量出现在当代生活中，成为时代审美生活中的一部分，有时，甚至会成为某种艺术事件。人们如何理解艺术，这也与人们的价值观和生活方式相关，发生在特殊时期的艺术现象，也是对可能生活的喻示。这个时期，中国改革开放的难度，也反映在中国艺术的秩序之中，艺术认知的对峙和冲突，与艺术家们的艺术观相关，但如果从更深层次来谈，这显然与这个时代究竟需要怎样的人文精神相关，与人们究竟向往怎样的生活相关。

有一种观点认为，传统艺术已过于陈腐，不变不通，甚至不变则亡，而中国的现代艺术又过于极端，甚至很离谱。人们难以理解和接受是艺术自身的问题，还是公众审美意识滞后的问题，抑或是两者都有必要反思的问题，这些问题迄今都没有合适的答案。创新和守旧，这两种艺术力量向来都处在紧张对峙中。从当年内部裂隙正在扩大的艺术秩序来看，传统中国画仍处在主导位置上，公众的审美意识和审美习惯，对传统中国画是不言而喻的支持，就书写艺术来说，在中国书法史延续的这个端点，一座出人预料的高峰在薄雾中矗立，这座令人仰目的高峰，与林散之的名字结为一体，另一方面，在书写领域，出现了一种似与书法平行的力量，新生的艺术高地，正在非中心地带出现，当代书写，正在中国悄然兴起。由于当代书写在中国的发生，中国书写艺术出现了空前的创造性变革，与传统书法不同，中国当代书写，作为中国传统线条艺术的再度发轫，它转化了西方后现代艺术的一些形式元素，一定程度地解构了传统书法。当代艺术家书写时，在意的不是传统文人的书写意趣，也不是以笔墨之法为宗（但也不忽视笔墨之法），而是线条的图像和形式的创造性生成，对图像中的线条秩序尤为关注。人们通常会将当代书写与传统书法混淆在一起来谈论，这在认知上可能已产生了误区，可以说，当代书写是在传统书法旁另起炉灶的线条书写艺术。较之传统书法，不说当代书写更具艺术性，但当代书写更具艺术的当代性，这是林散之生前不曾料想过的事，也应是林散之不能认可的事。

如前所说，林散之在世时，中国传统书法是不是已完成了历史使命？这个话题还没有被公开提出，如果传统书法仍是有生命力的艺术形式，这种生命力如何才能被解放出来？中国书法将去向何处？这一类关乎书法命运的大问题，已成了一些评论家沉思的问题。沉思的目的，是为了书写的可能，是为了现实中的决断，像林散之的弟子——著名书法家王冬龄和著名书法家、中国当代最具影响力的书法理论家邱振中，他们在传统书法领域虽也各有建树，但艺术需要另辟蹊径，开启新的道路，他们改变了传统的书写意识，发现了另类书写的可能，他们致力于当代书写，后来都成了当代书写的开辟性人物。但无论是邱振中还是王冬龄，这两位著名的当代艺术家，他们都绝不是传统书法的否定者，而是从对书法传统的再阐释中，发现了与当代性相契的创造性书写的历史机缘。这绝不意味着他们轻蔑了书法传统。相反，这是对书法传统的另一种敬重，以邱振中和王冬龄为例，他们对在草书领域成就不凡的林散之，也都深怀敬意。

寄身在大师的光芒中，可能会满足点虚荣心，也可能会沾一点荣耀，但入大师之门而不能出，便断无开辟新路的可能。开辟新道路的可能往往要从大师们的欠缺处去找，能见大师之欠缺者，必须有好眼光和出众的才华，在大师的光芒中谈青出于蓝，历史上虽不常见，但这应是身为大师者对弟子们的期待。林散之的著名弟子中，如今在中国书坛中有一定影响的不下十几人，如尉天池、王冬龄、桑作楷等，几乎没有一个一成不变地因袭"林体"，这与林散之平时对弟子的提醒有关，大书法家李北海曾谓"似我者俗，学我者死"，林散之告诫弟子们："叛我者生，学我者死，个成面目。"林散之以"叛"这个动词，取代了李北海使用的"似"这个副词，个人态度彻底明亮，"叛"是一个鼓动性的出离旧事物的具反之意味的词，不论这个极端用法是否恰当，林散之期待弟子们不亦步亦趋，在书法上能自立面目，这个心愿昭然无蔽。当代中国的一些文人和知识分子，人文意识幽晦，以私己利益为重，为了坐稳一方文化或学术山头，唯恐才华不凡的弟子超越了自己，相比于这样的一些人，林散之为大师者的书法胸襟，不可谓不开阔。

一些书法评论家说，林散之晚年人书俱老，书法已炉火纯青，炉火纯青这个比喻，显示了林散之在书法艺术上达到了很高成就。不知有没有人假想过，如果林散之能再活二十年，且身体状态很好，他在书法上会不会有新的作为。这种假想，包含了一个预设的前提：在书法上，林散之可能尚未达到个人天赋和才华的极限，也就是说，林散之在书法上仍有可进取之处，这当然也包括了林散之对他自知的某些不足的消解。由这个假想回到现实评价上来，如果这个预设的前提可以成立，那么，林散之在书法上的才华就未必是已穷尽了。人们说林散之的书法已炉火纯青时，炉火纯青这个比喻就只是个权宜的理想主义倾向的比喻。事实上，艺术并无可完成之境，这个广为人知的比喻，无论是用在林散之身上，还是用在王羲之身上，或是用在其他书法大师的身上，都是用以肯定他们的劳作业绩和不凡成就，并不意味着这些被肯定的大师在艺术上已然完美，无所欠缺。

许多人已习惯了在无思中过服从权威的日子，生命中似乎有难以消解的传统神话的基因，这种无思存在状况，显然已耽搁了一代又一代人的成长。在这种少有人追问的集体性无思状态中，人们已习惯于服从并借助权威话语评判人事，或乌托邦式地求全责备，或神话般认同某种力量，甚至不容置疑，这已成为生活中的常事。在人们的日常谈论中，大师本身便是权威的代称，当我们谈及大师们的欠缺时，许多人便不能接受，认为这是对大师的不恭。其实，这个世界上从无完满之事，大师并非完满之人，书法史上的大师，也都各有不完满之处。如果我们苛刻地说，李北海书风虽雄劲，似欠缺些书写的性情和逸气；王献之笔如游龙，风流润秀，但线条似宕荡不足，书写情绪较平；杨凝式书写时极重变化且常能出奇，但少了些自然率真之意趣；怀素行笔时圆转多变，率意颠逸，空灵出俗，却少见世间素朴人情；张旭书写时自由度很高，可谓随心所欲，变幻莫测，但细读文本，也会觉其稍失法度。

　　以上所说有关书法大师的不完满之处，也许不宜当作缺点来谈，也许可当作大师们的特点。人们总是习惯于期待完美事物，尽管这种期待是不可能实现的期待，但人们还没有学会放弃这类期待，在这个世界上，一切了不起的事物中，都命运式地包含了它自身之短缺，哲学、科学、政治等不可能不如此，诗和艺术也是如此，概莫能外。在艺术这个领域，艺术大师若是取消了自身之短，会难以避免地折损自身之长，这种很容易被验证的事，常会被人们忽略。我们这么说，不是为历史上的书法大师们作辩护，更不是为林散之的某些不足作辩护，只是说出大师并非完满之人这个事实。因此，说大师林散之在书法上炉火纯青，人书俱老，是相比于今古之人时，对他书法成就的高度肯定，是一种非同寻常的赞誉。

在艺术上，为他人不能为又有大成者，值得赞誉，一个时代多几位值得如此这般去赞誉的人，这个时代就会少一些平庸，也可能会多一些存在的诗意，当然，这也是对时代文化认知能力的考验。评论界认为林散之晚年已达到人书俱老的境界，首先是以他晚年的书法精品为依据，此外，这还与林散之晚年对书法的认知相关，林散之在书法认知上的大觉悟，可以从他与弟子们谈书法的内容看出。关于书法之技，关于书法与人，关于书法与生活，林散之的弟子们记录较多，但林散之在书学上的大觉悟，主要还是表现在他晚年的论书诗中。

我们摘选几首林散之晚年的论书诗，对林散之晚年的书学意识和艺术精神做一些解读。

论书诗之一

天际乌云忽助我，一团墨气眼前来。

得了天机入了手，纵横涂抹似婴孩。

林散之以往的论书诗中，常有"狂草应从行楷入""锥沙自见笔中力"这类谈技法的句子。但这首诗，诗句中散着逸气，林散之不再谈论书写中的笔墨之技，前两句属直观状态的句子，写自己与自然感通，云行如墨之时，得天机造化于心。于是"纵横涂抹似婴孩"，这里的"纵横涂抹"，既是对书写行为的谦称，又是从有法至无法、从这种庄子式弃知中脱胎而出，焕然如天真之婴孩、无尘俗之气。此时林散之所读历代书论中的书写之矩，甚至包括老师黄宾虹所授的笔墨之法，也不再有往日的制约力，一切书写，从出于本真之心性，如此这般的书写境界，中国书法史中似只有草圣张旭才具有。

论书诗之二

不随世俗任孤行，自喜年来笔墨真。
写到灵魂最深处，不知有我更无人。

古来书法大家尤重人文境界，皆以流俗为耻，视庸常流俗为存在之沦陷。要过不随流俗的生活，必须有离群自立的意识和行为上的决断，诗书画艺术，是古代士大夫出离流俗事物的个人寄托。审美和创造的生命意愿，大多是通过诗书画来完成，审美本身就是一种脱俗的行为，而艺术创造，给出的是礼物性的审美文本，就更不可与俗妥协了。书法艺术乃是对世间之俗的超越，书而不流俗，是书家对自身最基本的要求。林散之在这首诗的开端之句就明言"不随世俗"，这是关于立场的表达，但这首诗中言及的世俗，不仅是指书写之事，也含有林散之晚年立身在世的态度。不与世俗结盟而孤行，可以看作林散之晚年的自白，这首诗虽为林散之晚年所作，但具体年代不详，如果是1984年以后所作，这首诗中的"孤行"，也或含有"当代草圣"之誉未被书坛完全认同之孤独。"自喜年来笔墨真"这个句子，似是说以往的书写还不够真,这显然有林散之对以往书写生活的反思,从书写者的整体生命来看,这笔墨之真,也是艺术家在世之真的表达,是艺术家在书写中向存在之本真的邻近。"写到灵魂更深处,不知有我更无人。"这个句子呈现了林散之向往的书写之境,当然,也可能是诗人对自己的书写达到至妙情状的直接肯定。南朝文坛领袖沈约曾在《郊居赋》中云:"惟至人之非己,固物我而兼忘。"这个句子的语意源出于《庄子》,《齐物论》中有庄周梦蝶时物我两忘之境,后世喻之为人生修为或艺术创造的至高境界。从前句"自喜年来笔墨真"来推度,认为林散之觉得自己书写时已入这至妙情状,似也可成立。

论书绝句六首之一

笔从曲处还求直,意到圆时觉更方。
此语我曾不自吝,搅翻池水便钟王。

林散之曾多次书写过这首自作诗,"笔从曲处还求直,意到圆时觉更方",这是林散之书风中很重要的特征,方和圆是与中国文化中阴阳关系相应的一组概念。在中国传统文化中,方和圆,往往用以表示人们处世立身的方式。方为做人之本,方者坚定,圆为处世之道,圆者变通。1961年,林散之在江浦工作时,就曾写过一副对联,下联是"我志欲方,我行喜圆",林散之内心的诗书画志向不变,在时代生活中则是变通地把握各种机缘,这个下联,是林散之多年生活的写照。方和圆，在中国书法中也是一组重要概念，一般说来，隶书以方笔为主，也就是露锋折笔较多，而篆书以圆为主，藏锋转笔较多。

在中国书法中，方和圆兼用、阴与阳相生，是书家之所求，方和圆的书写诉求，与书写意识相关，但主要还是反映在需从容把握的笔法上，林散之的书法以圆为重，寓方于圆，方圆相契，线条在宣纸空间中的运动，刚柔相摩，阴阳相荡。"笔从曲处还求直，意到圆时觉更方"，这个句子披露了他驭笔的方圆观，其中含有林散之对阴阳文化的理解。林散之的诗有个重要的特点，从这个特点可以看出林散之的思维方式——一首诗的开头，常是先言及某事或某景，在情境中铺陈展开，其间，罕有突发性旁逸的句子，结句较少发问，大多是叙说某个愿望和要抵达的目的，或是关于某种事实的判断，有时也会两者相兼。"搅翻池水便钟王"就是这类目的性明确的表达，这个句子在他的书法作品中，有时也写为"搅翻墨池便钟王"，"钟王"是指钟繇和王羲之。不与今人论，只与古人比，这个说法中有内敛的桀骜之气，林散之豪情在身，直露心迹，这种直追钟王似与钟王并论的不凡心志和气魄，在书法史上也颇为罕见。自古至今，即便是一些著名大书家也未必具有这样的胸怀。

书法大师林散之的论书诗较多，一些论书诗，可能已为书法界人士和书法爱好者们熟知，从以上我们选读的几首诗，大致能看出林散之晚年在书学上的自觉，也不难读出他在书法造诣上的自我认知。

林散之年高九十后，虽名满天下，但上门求字的人不再像以往那么多了，儿女们为了林散之的身体健康，不得不公开拒绝一些索字求画的人。九十后尚能执笔书写，但儿女们觉得父亲已名满天下了，可安享晚年生命美好的时光了，可林散之为多留笔墨在人间，仍不愿搁笔。林昌庚在回忆父亲晚年生活时，曾吐露过发生在林散之身上的尴尬之事，林散之"因年老多病体衰，大小便失控，经常写过字后甚至写字过程中，把小便或大便屙在身上"[①]。其实，林散之明知自己大小便经常失控，仍倾心于书写，满足求字者的愿望，这种失控之事的发生，焉能仅以尴尬二字论之？应该为此心存敬意才恰当。林散之的身体状况已不堪书写之累，儿女们拒绝一些私人求字者，是必要之举。有了这个决定之后，求字者大多为公事而来，林散之告诉儿女们，这类求字者不好拒绝。这个时期，林散之草书条幅已写得很少了，写对联和题写大字居多，字少且大，书写的难度较高，每次书写都要面对宣纸运筹在先。远在福建的妈祖庙派人来请林散之题字，守护海上平安的庇佑之神妈祖，原名林默，为林氏祖先，林散之题写了八个大字"和平女神海峡之岛"。这八个字刻于湄洲岛的山崖上，面朝生生不息的大海。中国佛教名山峨眉山管委会决定重修金顶，请林散之题写"金顶"二字。当年为书画艺术林散之只身远游，行万里路，师法自然，登峨眉山主峰时，林散之曾受峨眉山僧人相助。为表达感激之情，林散

---

① 林昌庚著.《林散之》第159页，百花文艺出版社，2007年。

之对裁丈二宣纸，凝神书写了"金顶"两个大字，这幅作品真隶结合，略兼草意，骨力雄劲，墨韵生动，每个字大约二尺见方，林散之对这幅作品颇为满意，后又再度书写过"金顶"这两个字。"金顶"二字，是林散之九十一岁时所题，这幅作品与他九十岁时所作对联"生天成佛谢灵运，旷世知音钟子期"，皆为他晚年书写的精品。

1987年，随着中国文学和现代主义美术的兴盛，中国书坛出现了争鸣现象。这是一次自民国以来罕见的书法争鸣，它打破了书法评论和批评死水一潭的局面。这次书法争鸣，从书写技法、当代审美和书法的个性语言等多个层面展开，批评的维度并不单一，争鸣持续了大半年，肯定与否定，各持己见，两种力量对峙，难见共识。争鸣涉及许多书坛名家，启功、舒同、沙孟海、郭沫若、沈尹默等都在这次争鸣的名单中，林散之不在受批评的名单之列。谈及林散之时，评论界只是对林散之书法创作巅峰期的认识有所不同，其间，洪丕谟发表文章，认为七十多岁时是林散之书法创作的巅峰期，精品居多，而八十岁之后已见势弱；著名画家董欣宾认为，林散之八十几岁时的作品更好，"如见天风送云霓远去，清波载花叶归来"，更"清灵润率，入矩出规"。[1] 不久，著名篆刻家、书法家石开也撰文，充分肯定林散之的书法成就，称林散之是有资本与古人争衡者，认为林散之立身在当代书法的高峰上，可当仁不让。"当代草圣"之说在这些评论文

---

[1] 董欣宾著.《由林散之老人的书法谈起》，《书法艺术报》，1987年。

章中不曾成为争议话题，关于林散之的书法，批评家和评论家们都持肯定和赞誉的态度。

应该说，这是一次肇始于反权威的书法批评，虽然批评的针对性较强，直指书坛名家和书法界权威，不乏锋芒，但这次书法批评的小风潮，对书法传统的深入和对现实书写秩序的反思不足，批评的专业水平不算高。当时，书法研究的专业力量不足，评论和批评界对书法有精深研究的人很少，像邱振中这类优秀的评论家和书法理论家还没出场，相比于当年的文学和美术批评，中国的书法批评尚处在低谷状态，这次书法争鸣虽未能真正深入，但一定程度上改变了书法批评的滞后现象，属于书法批评界的一个良好事件。

这些争鸣文章，林散之都认真看了，未见相关于这场争鸣的笔谈文字，林散之对今人书法作品，基本上不作评论。林散之对同时代人书法保持类同沉默的态度，不作评论，许多人想知其究竟，人们可做如下几种理解。其一，林散之觉得，同时代人的书法弊端甚多，在艺术上与古人相去甚远，中国书法的现状还不及日本，不值得评论。其二，同时代人书法不见古法，真正深入书法传统者少，入而能出者更少，许多自诩为书家者，笔墨尚不过关，短处甚多而长处少见，评说同时代人书法，只论其长不言其短，就遮蔽了事实，无助于中国书法自身的发展，也有失大师应持之尺度。再则，谈同时代人书法常见之短，极少数人也许能理智地接受，但必然会得罪大批同时代人。在古代，书法主要是精英文人崇尚的艺术，凡大家者，无不满腹诗书，在当代，书写者大多无传统人文的修为，生命中欠缺诗意，在这种文化语境中，精英有时不敌庸众，这类事不乏其例，"我行喜圆"，是林散之多年持守的处世态度，不智之事不为。其三，中国书法的高地在古代，今人的书法处于下滑后的低谷状态，不与今人论长短，只与古人争高低，这与林散之的心志相关，也与他对书法现状的判断相关。以上这几种理解，都各有其成立的道理，从林散之的心理来分析，这些道理也许兼而有之，但还是第三种理解更有说服力。

林散之的晚年生活，过得充实而有诗意，这诗意，不是来自吃穿玩乐，而是来自越来越自在天真的书写，来自林散之对至高荣誉的品味。林散之在世时便享有盛誉，在古代，这是罕见之事，从炉火纯青和人书俱老以及"草圣"，这些至高赞誉的词语，林散之年轻时便知道，它们是用来谈古代那些卓有成就的人的。如今，这些不常用的词语已用在了自己的身上，这极可能是他年轻时不敢想象的事，这些至高荣誉，让林散之在心理上获得了极大安慰。

书法之难，最难莫过于草书，从书写之技和艺术性来看，草书是中国书法艺术的最高境界。相比于其他书体，草书更能呈现书写者的心性和自由意志。刘熙载在《书概》中谈及草书时认为："书家无篆圣、隶圣，而有草圣。盖草之道千变万化，执持寻逐，失之愈远，非神明自得者，孰能止于至善耶？""他书法多于意，草书意多于法。故不善言草者，意法相害；善言草者，意法相成。"其他书体，向来无称圣之说，唯在草书上"神明自得者"方可称圣，刘熙载对草书的认知和草书精神的阐释，虽未直接触及书写者的心性和自由意志，在草书艺术形而上的维度上表达得尚不够充分，但从他对草书尤其重"意"的界别性阐述中，这层意思大致也包含在其中。

中国书法艺术发展至唐代，真草隶篆，四体大备，草书艺术自汉代章草延续至大唐，始呈现大草风气。开元间，张旭博采众长，创为大草，或曰狂草，其书纵横挥斫，诡怪飞动，又入规而能出矩。大僧怀素师张旭之草法，率意颠逸，并臻高妙之境。古往今来，习草书而能有大成者，寥若晨星。宋代书家众多，草书上有大成就者，仅黄山谷一人，元代无草书大家，明代草书再兴，草书大家有祝允明、王觉斯等，王觉斯以后，清朝贬草书精神，崇碑而轻帖，意识形态抑制了书家的自由意识，草书衰落，近三百年后继乏人。评论界的一些人认为，林散之的草书出自大草传统，用笔跌宕奇肆，老辣畅雅，空灵洒脱，天机流荡，风华卓绝，其墨法之变化，墨色之绚烂迷离，特别是淡墨渴笔之妙，古今无人并论。至晚年，林散之人书俱老，炉火纯青，他的书法平淡天真，脱俗离尘，格调超逸，真正"写到灵魂最深处，不知有我更无人"，写出了物我俱忘、天人合一的大境界。从书法史的角度谈，林散之的草书填补了中国草书史上几百年来的空白，是近现代书法史上的一座高峰。"当代草圣"之誉，林散之受之无愧。

只与古人论高低，这志向不可谓不宏大，盛誉之下的林散之，不再匮乏笔墨劳作后的满足感。当然，正如林散之对弟子们所言，作品要能在书法史上站几百年不倒，才能称圣，今人之说，不可确信不疑，一切还需后人评说。

第四十四章 林学院的晚霞

依常识来看,名满天下的林散之,晚年可安然于南京中央路117号写字画画,接受赞誉。一个人功成名就时回忆早年的艰辛,会有更多与幸福相关的感受,不会有心愿未遂的遗憾了。但事实恰是与这种常识的看法相悖,林散之九十岁时,竟然会为身居何处而烦恼。

林散之年少便立志,不在流俗事物中兜圈子,要在诗书画艺术中安顿身心,但这个决断是精神层面的事,人总是具体生活中的人,总必须要有个安身的居所,自林散之中年离开江家坂村后,除"文革"时不得已与儿女们住一起,其他的日子,他一直住公家的房子,相比而言,条件最好的住所,便是中央路117号。林散之本以为可以终老于这座小楼,在这里从书写中感受存在最后的诗意,在这里回望短暂而艰险的人生,在这里与这个杂感无根的世界从容告别。但出乎意料的事发生了，玄武湖旁这座小楼将要被拆除，林散之必须解决去哪里安身的问题。

上个世纪八十年代末，中国对外开放的力度加大了，城市发展的速度也正在加快，中国房地产业启动，南京中央路117号的产权属于南京市房管局，小楼左边的一大排平房要拆掉，改建成五层楼，117号小楼也在这拆除计划中，林散之在江苏省国画院多年并没有自己的产权房，117号的小楼如果拆迁，政府如不给他安排新居所，他就只能回到儿女身边了。林散之年已九十，不愿离开这座小楼。他想自己在政府工作十多年，县官虽小，也算是国家干部。再说，在中日文化交流中，林散之在书法上对国家有点贡献，为国增了光，至少，日本人不再说书法领先于中国了。自己并无其他要求，只是想在这小楼颐养天年，政府也许会有所照顾。于是，他写信给省市领导："我解放后数十年来一直蒙党和政府的关怀和照顾，三宿桑下，还有依恋之情。我在此住了这么多年，现已九十，风烛残年，希望在此终老，不愿迁居。"这次，林散之的愿望没能实现，这座小楼还是被拆掉了，政府也没给他安排新的居所。林散之已是耄耋之年，身体虚弱，如回乌江老家，看病就医会有诸多不便，无奈之下，他只能去二儿子林昌庚处安度晚年。

林昌庚曾留学苏联，是南京林业大学的教授，享受国务院特殊津贴。南京林业大学原名南京林学院，林散之来此安度晚年前几年，更名为南京林业大学，这所大学，坐落在紫金山麓和玄武湖畔，这里山水相依，自然环境很好，校园内林木葱郁，空气清新，对身体健康大有益处。但在林业大学的居住条件，显然不如中央路117号。

　　林散之一生投入在诗书画创作中，儿女们成家立业后，自己忙于创作，成名后有许多不得已的社会应酬，和儿孙们相处也很少。来林业大学之后，林散之和儿孙们在一起生活，有了此前较少享有的天伦之乐，二儿媳刘城惠已退休，在日常生活方面，有她的悉心照料，林散之的吃穿起居都安排得当。但林昌庚仍担心照顾得不够周全，又请了一位经验丰富的保姆，有了无微不至的照料，林散之的日子过得很温馨，身体状态也明显好转。人们常说久病无孝子，虽说这属于社会中常见的事实，但这是儿女们尽孝之心不够诚的表现，林昌庚是个大孝子，父亲来林学院安度晚年，他要尽一切可能安排好父亲的生活，他将自己的卧室重新整理了一番后，安装了空调，让父亲住得舒心自在，而自己则住进了教学大楼的实验室。接下去，他要考虑的是治好父亲的一些病，林昌庚请名医张继泽常来家中为父亲治病。几个月后，林散之多年难愈的咳嗽多痰症基本上痊愈了，林散之的脚湿气病很严重，也由南京皮肤病研究所的研究员给医治好了，只是脑动脉粥化这种老人病无法治愈，林散之还是经常嗜睡，记忆力仍在衰退。好在林散之来林业大学后，不再参与各类文化活动了，与外界的交往甚少，受求字者的打扰少了许多，这份安宁他已许多年不曾有过。一个人身体状况的好坏，会对心情产生直接的影响，林散之来林昌庚处不久，离开117号时的不快感已消失了，他的心情比在中央路117号时更开朗。

白云出岫的紫金山逸出的山林气，与晚年林散之的心境相契，紫金山虽不高，看着紫金山，林散之常会想起当年远游的情境。南京林业大学离玄武湖很近，至傍晚，晚霞映照着玄武湖开阔的水面，金波在微风中轻轻拍岸，岸边的垂柳线条悬挂，粗细相间，长而柔韧，在彼此相让中倒映于水面，风声稍大点，水面便会现迷离之境。住中央路117号时，有重要友人来访，玄武湖近在身旁，是林散之陪文友散步的好去处，他对这里的一切似乎都很熟悉。但只要有好眼光，熟悉的地方也常会看见新风物，天气晴好时，儿女们或保姆会时常推着轮椅，陪林散之去湖边走走，让林散之保持愉悦祥和的心情。

　　林散之的身体状况明显好转了，书法创作的兴致又高了起来，书写仍是他生活中最重要的部分，他晚年的一些书法精品便是在林业大学完成的。南京求雨山的"林散之书画陈列馆"正准备兴建，马鞍山市正向安徽省政府提议，准备在采石矶建"林散之书画陈列馆"，林散之已致函马鞍山市政府，由次子林昌庚去商谈相关事宜。两个陈列馆都要有一定量的书画作品，因此，除了公家来人求题字，一些较满意的作品要留存给后人看，不再像以往那样轻易送人了。

　　1988年元旦后，江浦县在求雨山举行林散之书画捐献仪式，江苏省和南京市相关领导出席了"林散之书画陈列馆"的奠基典礼。这事关乎书法大师林散之的历史名声，关乎他的书法留传后世之事，他异常兴奋，不畏天寒，年高九十一岁了，仍由儿女陪同亲自到场。"林散之书画陈列馆"位于江浦县城西北的求雨山上，顾名思义，求雨山曾是古人设坛求雨之地，当地人喻之为风水宝地。这里林木参天，四周青竹密布，环境幽静，陈列馆占地面积一千两百平方米，馆内各项设置齐全。林散之将历年的书法作品一百七十件、画作四十件，捐献给"林散之书画陈列馆"，并同时捐献了自己收藏多年的吕留良虫蛀砚和庄定山砚，两方砚俱为名砚。庄定山原名庄昶，江浦孝义人，明代成化二年进士，诗人，历翰林院检讨，因不愿进诗献赋粉饰太平，被贬后卜居定山二十余年。林散之收藏此砚，除了因为它是名砚外，对诗人庄定山人品的认同也寄托在收藏中。这批书画作品属于首批捐献，奠基典礼完成后，求雨山"林散之书画陈列馆"便动工兴建。林散之去世后，"林散之书画陈列馆"更名为"林散之纪念馆"。1992年底，完成"林散之纪念馆"一期工程，1996年8月续建二期工程，1997年11月20日竣工开馆。"林散之纪念馆"占地面积一万二千多平方米，建筑面积两千一百平方米，展览面积四百八十平方米，展线长一百五十七米。馆内建筑群呈明清园林风格，高低参差，错落有致，馆内主要建设有主展楼——散木山房、碑廊、求雨山书画院等。馆藏林散之书画作品五百余件，其中国家一级文物草书《自作诗论书一首》一件、二级文物七件。"林散之纪念馆"匾额由赵朴初先生题写。求雨山"林散之纪念馆"一期工程完成不久，又相继建立了"高二适纪念馆""萧娴纪念馆""胡小石纪念馆"，求雨山金陵四老纪念馆比邻相依，各具风格，在松竹间闪烁生辉，国内外前来参观学习的人众多，人们将求雨山喻为书法圣地。

"林散之书画陈列馆"奠基典礼完成后,《新华日报》、《南京日报》、南京电视台等地方媒体,纷纷详尽报道,林散之再度成为书法文化界的重要话题,这件作品将留传后世的大事已成,林散之为之释怀,心情舒畅。此后不久,书法家黄惇在《书法报》撰文,阐述林散之的书法艺术精神,赞林散之为"历史上跳出龙门为数不多的'真龙'之一"。

1988年秋天,赵朴初来南京林业大学拜访林散之,两人相见,满心喜悦。林散之卧室中挂着一副对联:"不俗真君子,多情是女郎。"这副对联林散之写过好几幅,林昌庚觉得写得好,都属于精品,就挂了一副在林散之卧室的墙上。赵朴初对这副对联审视良久,或觉得君子与女郎成对似有不妥,或觉得这对子的境界尚不够高。人生活在各种欲望的纠缠之中,便苦厄难解,年高人老,应能看破世相,老人更要内心祥和,要佛心明亮,依佛理,不住一切处心者,即是佛心,亦名解脱心、如来之心,或觉悟之心。赵朴初微笑着向林散之提议,可否将对子中的"女郎"二字更换为"佛心"?林散之为佛门俗家弟子,知赵朴初的提议寓意颇深,也算点化,当即欣然同意,从案头取出宣纸,写下了"多情佛心"这四个字。为什么没写成与"不俗真君子"成对的"多情是佛心",而是独立成句,可能与林散之记忆力已不佳相关,也可能是林散之觉得,中国文化中赞赏人的君子之称,虽然在德性上具一定高度,但不可与佛心并论。再则,"佛心"与"君子",并不能严格成对,还是独立成句为宜。佛家认为,人生聚合离散,都是因缘和合，无缘对面不相识，有缘此生必相聚，林散之与赵朴初相遇相识，属于好因善缘。赵朴初当年对林散之书法的肯定，对林散之在书坛成名作用不小，《林散之书法集》出版时，赵朴初曾题诗："散翁当代称三绝，书法尤矜屋漏痕。老笔淋漓臻至善，每从实处见虚灵。"对林散之的诗，赵朴初也颇多赞誉。也许可以说，两个人今生所结之缘甚深。林散之对赵朴初敬意颇深，赵朴初的这个提议，直指人生觉悟之心，不知会不会在林散之意识里成为一道光亮。这个看似微小之事的提议，林散之事后如何去想，我们就不得而知了。

"多情佛心"这四个字，2011年出现在"林家藏林"专场拍卖会上，已流入收藏界。这个秋天，是林散之人生中最愉悦而平和的秋天，赵朴初的来访让林散之心里多了一份安慰，这个秋天，也是两位著名老人告别的秋天，对这两位向佛而在的老人来说，聚散也是因缘使然，这是他们今生最后一次见面。

《中国书法》杂志1989年第一期发表了林散之弟子李秋水的文章《墨水三千斛，青山一万重》。李秋水是林散之的二女婿，在林散之的家族中，李秋水的人文修为非家族中他人所及，他对林散之的了解和理解，绝不下于林散之的其他弟子，甚至更甚于其他弟子。这篇评论文章颇具文采，文中介绍了林散之的艺术历程，阐述了林散之在诗书画艺术上的成就，此文可为传略。

林散之在林业大学的晚年，儿女绕膝，弟子们也常来拜望，日子过得很充实。求雨山"林散之书画陈列馆"隆重奠基后，已经开工兴建了，马鞍山建"林散之书画陈列馆"的事也已上报国务院，此事不会有大的变故，林散之人生的最高心愿基本上已全部达成了。这段心想事成的时光，就像一部杰出著作的后记，这部著作本身的意义已胜过寻常之论，而后记又为之锦上添花，写到了令读者好奇地返回著作再读的程度。

南京林业大学旁的林荫道很宽，花树缤纷，坐在轮椅上的林散之在和风中表情从容，怡然自得。一群满脸稚气的孩子，正在不远处嬉闹玩耍，他们天真无邪，还不知人生中有许多必须承受和担当的东西，不知人生中会有烦恼、忧伤、困惑和孤独，当然，也会有一些快乐和喜悦。这一代人将如何成长呢？他们将如何理解人生？人们通常说，一代人有一代人的故事，但这些并不明亮的故事中，会有许多相似的情节，也会有遮蔽着的事件，尽管如此，不同的叙述方式，可能会改变人们对故事的理解。年过九十的林散之，看着这些正在成长的孩子，回想起自己的儿童时光。清朝末年，一个出生在乌江败落家族中的孩子，一个在乱世中想入非非的孩子，以诗书画为人生的至高追求，不愿其他的事喧宾夺主，却不可抗拒地被卷进了人生的狂风暴雨中，其间，有太多的困扰和艰辛，有一些心思难与人言，甚至在诗中也不便吐露。林散之晚年的荣耀，来自他的天赋和才华，来自他对书法传统的精深领会，来自他八十年来锲而不舍的笔墨精进。这个说法自有道理，但仅止于此，还不足以充分说明产生这荣耀的历史缘由，也许，林散之比许多评论家更清楚，时代的变革激浪涌动、泥沙俱下，没有对时代生活的足够敏感和包括妥协在内的恰当把握，没有与个人意愿相契合的时代机缘，就不会有这荣耀可言了。林散之八十年来与笔墨相伴，在诗书画上从未动摇过个人心志——要继往圣之绝学，开新风，念兹在兹。如今，自己被公认为书法大师，这当然与个人的劳绩相关，但时世也造就人，就此而言，不能不说自己是这个时代的幸运者之一。

赵朴初来访时关于那副对联的提议，关乎大觉悟心，关乎果断放下世间的各种俗念，在思索中达到精神上的超越，曾以佛经中的智慧安定身心的林散之，当能领会友人赵朴初的愿望。坐在轮椅上的林散之，目光平和，面露微笑。大地上的许多事已成了往事，在记忆中逐渐变淡了，淡若烟云，一些事正在因缘中发生，它们尚未完成，一切似乎都在命运的展开之中。天空广大，南京林业大学的晚霞，温煦而灿烂。

第四十五章 生天成佛

　　林散之九十岁左右，已不再写诗了，写诗颇费脑耗神，林散之患脑动脉粥化，医生一再劝他不要再写诗了。以前，戒诗的诗倒是写了好几首，但写诗已成瘾了，林散之多次戒诗不成。如今，虽然生命中诗性尚在，记忆力、精力和激情都在衰退之中，大不如以往了，生活的情绪也逐渐趋于平静。以往如几日不写诗，他便觉得生活少了真趣，欠缺诗意的生活是匮乏的生活。《江上诗存》中的诗截止于1979年，1980年后，林散之写有诗稿一本，放在书案上，新作皆收录其中，但不知何因，这本诗稿不见了，林散之曾为此痛苦不安多日。如今林散之不能再写诗了，但生命中尚存的诗性，也尽可能转化到他晚年的书法创作中去，林散之给峨眉山题写的"金顶"二字，便是这种内在转化的较好范例，其实，诗性内在于林散之的生命，诗性书写向来是林散之草书的重要特征，诗性与书意相契而生。林散之对诗人身份看得极重,在林散之的生活中,诗,似乎比书画具有更高的价值,作为一个诗人,似乎要比作为书法大师或著名画家更荣耀。他生前在采石矶自选墓地时,以与诗仙李太白为邻而格外自豪,并在墓碑上自题"诗人林散之"。由此可见,在林散之生命中,诗的事情早已刻骨铭心,林散之成名书坛后,就诗书画三者的成就而言,他多次向弟子表明,他的诗应排在第一,画居其次,而书又次之。有了"当代草圣"之誉时,他曾对弟子章炳文说过,诗书画三者,唯诗最难,自己在书画上可与古人争,唯诗不及,"总在古人之后"。这两种自我评价相冲突,林散之有时又认为自己的诗应排第一,在诗方面的成就要高于书画,这种自我认同相左的说法令人困扰。其实,如果不是林散之自我评价时意识模糊,从林散之这种自身相左的说法,我们去揣度他自我认同时的心理,也许能提供可参考的答案,林散之以书法大师名世,人们对林散之在诗和画方面成就的认同度,不及对他书法的认同度那么高,这可能是时代对他的诗关注度不够,或是时代评价能力欠缺,更大的可能是,这是林散之自身期许未实现的心理反应。在中国文化传统中,《诗》位列"五经"之首,诗人向来是个极崇高的称谓,中国传统文人中诗书画皆通者不乏其人,但重诗甚于重书画。至唐朝,只善书画而不善诗者,难入名家之列,诗书画,以诗为最崇,清末民初出生的文人也大多如此。明代徐渭,是中国大写意画的开创性人物,他曾作自评:"吾书第一,诗次之,文次之,画又次之。"齐白石也曾自评,认为他的诗第一，印第二，字第三，画其次。齐白石的诗，将乐府风气与民歌结合，有其长处，但与他的画名难以并论，也许，他们只是担心后人忽略了自己在其他方面的造就。

就个人艺术成就来谈，与书法成就相比，评论界很难肯定林散之的诗居第一。但当我们说诗人林散之时，这个称谓名副其实，绝没有可质疑的理由，在新诗已成为诗歌主流力量的时代，林散之作为旧体诗人，与同领域的诗人比，无疑有其优秀之处，作为一种自我认同，将这个评价限制在他自己身上，而不放入中国当代诗的大语境中去谈，这个"诗第一"的说法，就并非不可接受。林散之写了将近八十年的诗，他一生对人世的情感，一生时隐时现的心迹，留存在两千多首诗中。他不同时期的书风，与他不同时期的诗相契相合，林散之晚年的书法风格天真泼辣，诗的风格也稚拙老辣、不拘不束，他的书法与诗，在境界上豁然相通。对林散之来说，这个生命整体，是个流溢着诗性的整体，欠缺了诗性的书或画，一定是失败的作品。如果我们相信人有灵魂，诗性便内在于他的灵魂中，可以说，自少年至终老，林散之是将诗之事认定为生命最本真之事。

这也意味着，除了年高体弱手不从心之外，如果林散之的诗性不够充沛了，他的书法创作就会不可避免处于下滑状态。林散之生命中的最后几年，极少写草书条幅，只题写一些大字，可能与此相关。

当然，年高体弱，加上有病缠身，即便诗性尚在，书法创作也会难以继续。林散之诗不能写了，画不能画了，字也不能写了，他整天处在嗜睡状态中，醒来时只知生命最后的时光在流逝，这种几乎已完全不可自主的生活，之前的林散之难以想象，尽管身体的器官正在衰败，经常神志不清，但也无可奈何。

1987年秋天，林散之因脑动脉硬化、肺气肿住进了鼓楼医院，出院之后，他并没像儿女期待的那样有所好转，身体状况更糟糕了，大部分时间都躺在床上，有时坐在床上不言不语，闭着眼垂着头，处于半睡状态，这和邵子退离世前的征兆非常相似。据说，老年人坐着也常垂头打瞌睡，一般不超过半年就会离世，林昌庚担心父亲将不久人世，分别写信给林荪若、林荇若、林采若，父亲尚能说话，建议她们来看看父亲。林散之几个女儿接信后，急忙赶来南京与父亲见面。

大女儿林荪若也已是古稀之人，父女相见，各自感慨在心。父女相望的目光中，除了祝福便是关切，在林散之几个儿女中，林荪若在诗文书画几方面皆有作为，但她的人生道路最坎坷，中年时不遂心之事较多，林散之看着大女儿，不想说让女儿心有牵挂的话。二女儿林荇若和女婿李秋水来时，林散之对他们说："我就要走了。" 林荇若从扬州带来两小张百年上品旧宣纸，见到宣纸，林散之格外喜欢，他让儿女扶他到书案前坐下，勉力提笔，为他们画了一张简笔山水。二媳妇刘城惠这两年辛苦照顾林散之，为了表达感激，林散之也为她画了一张山水小品，这是山水画家林散之画的最后一张画。

这些年，每年到了林散之生日时，儿女和弟子们都会分别为他祝寿。1989年10月，林昌庚见父亲的身体状况日衰，甚至连吃饭都提不稳筷子，需要儿女喂，林散之的生日是阳历 11 月 20 日，怕父亲等不到那一天，于是，便提前为父亲过九十二岁生日，满堂儿孙及亲朋二十多人参加了林散之的生日宴庆，林散之见到来祝寿的儿孙亲朋，精神状态比平时好了不少，还喝了一点酒，到场的人很意外，觉得林散之的健康可能会有所恢复，举杯祝寿时，心里也都少了些不安，林散之的生日过得比较热闹，当时，为了留下生日宴庆的纪念资料，还摄制了录像。

  林昌庚比别人更了解林散之的身体状况，虽有刘城惠和保姆照料父亲，但林昌庚不放心，这时不能远离父亲，他推去一切事务，也要守护在父亲身边。生日祝寿后没几天，一天中午，林散之突然要林昌庚铺纸磨墨，他要写字，这让林昌庚很吃惊，几个月来，父亲的身体一直虚弱不堪，有时，吃饭时连筷子都握不稳，怎么能写字呢，他将想法写在纸条上递给父亲，劝父亲好好休息，暂时不要写字了，等身体状态好转了再写。林散之见儿子违拗自己，"圆睁双目，怒视着昌庚，并急得用拳头捶桌子"。[①]见父亲这般急迫情状，林昌庚不敢不依从，他知道这是反常现象，便急忙打电话给摄影技术较好的三女儿贝青前来为父亲写字拍照，他裁了两小张较窄的宣纸铺在书案上后，赶忙磨墨。

  林散之坐在书案前，喝了一点保姆为他准备好的人参汁，闭目养神，恢复精力。大约半小时里，他以曾写出震惊书坛

---

① 林昌庚著.《林散之》第 174 页，百花文艺出版社，2007 年。

之作而如今已苍老无力的手，提起了与他相伴八十多年的毛笔，自上而下，缓慢地书写出"生天成佛"这四个字，写完后，让林昌庚在指定位置盖上印章，之后，林散之闭目端坐，神情安详，林昌庚看着父亲，又看看书案上"生天成佛"这四个字，惊讶不安中，又觉得有些神秘，父亲似乎处在与这个世界作别的仪式中，父亲的灵魂，此刻似乎正被佛性的光芒充满。

林昌庚站在父亲身旁，几个月来，林散之卧床难起，竟突然动念要起床写字，这事情太异乎寻常，想必是父亲头脑中反复出现"生天成佛"这四个字，父亲已预感到，这个世界是很快就要离开的地方。想到父亲对儿女们的关爱和教育，想到父亲既艰辛又荣耀的一生，想到不久后父亲将永别人世，林昌庚不禁潸然泪下。

接下来的日子，林散之的生命基本上处在弥留状态，一些记忆开始模糊了起来，一些记忆正在被抹去，他的神志也更恍惚了，时间从睡眠中流过，也许，林散之在睡眠中做过许多梦，他梦见了什么，没有人知道。林散之读过不少佛典，中年入佛门为俗家弟子，他曾在诗作中为自己未能悟入真如而自疚，但在动荡不安的时代生活中，林散之常怀慈悲心，和合因缘，不生恶意，所谓"我行喜圆"，或多或少，也包含着这层意思。"不知有我更无人。"林散之晚年在书写中似少了些"我执"，林散之的一切执着，不在利禄之求，只在于名。他晚年已名响天下了，这个心愿已成，不再是困扰身心之事，林散之的生命即将进入极限，在睡眠中，潜意识里去向何处的疑虑可能会进入梦中。人若果真有灵魂，也当有别离人世后的向往之地，每个人对与愿望相关的事，都会在心理上有较深的自我暗示，这些暗示，不仅内在于日常生活，也会在梦中产生作用。或许与这种心理暗示相关，林散之在睡眠中曾梦见过佛光照耀，书写"生天成佛"这四个字，既是林散之人生最后愿望的告白，也可能是他在梦中接受了佛意的引领。不知此后林散之是否还在乎"当代草圣"这个称誉，不过，他再也没有拿起过毛笔了，"生天成佛"这四个字，成了一代书法大师林散之的绝笔。

"生天成佛"，这个句子古已有之，但颇为费解，人们对这个句子解释不一，我们想知道的是林散之本人对这个句子的理解。生天，为佛教用语，指在人世间积善业、行十善者，死后可转生天道、生于天界乐土。《正法念处经·观天品》中有如下这段话："一切愚痴凡夫，贪者欲乐，为爱所缚，为求生天，而修梵行，欲受天乐。"这是佛家关于"生天"语意最明确的解释。在佛家，"生天成佛"这个句子是指世间修行者灵魂的解脱，不为世间各种俗念所缚，永离生死烦恼成就无上正等正觉。无上正等正觉，是成佛者才具备的大觉悟圆满智慧。

"生天成佛"这四个字，也涉及林散之对死亡的理解，林散之书写"生天成佛"之前，一定在床上多次想过人必有死的事，人必有死，在林散之这里并不涉及灵魂，它是指肉身的衰败和崩溃。人在生活中不断变老，身体器官因年高不断衰败，这是不可逆之事，这肉身与生俱来灌注了物性，指望它不朽坏，那是人生的幻觉，是人以肉身为本的最极端的妄念。这肉身的繁荣与衰败，乃物性使然，这个世界上最了不起的诗人、哲学家或伟大艺术家的肉身，同样是必朽之身，迟早归之于尘土，不会例外。在这方面，林散之在心理上做好了充分准备，许多老人会为不久人世而感伤或畏惧，从林散之诗作和与人笔谈的文字看，林散之生前少有这类畏惧，与这些老人相比，在认识上大为不同的是，林散之认为这肉身必衰败，不可久存，但灵魂不朽。在这层意义上，灵魂之于身体之死亡，便会如蝶破蛹，进入到光明祥和的神秘空间。作为诗人，林散之晚年的诗作中几乎不谈及死亡，这可能是在心理上回避死亡，也可能是他觉得死亡不可言。这些诗作，除了因生病不能有所为而多有感叹外，大多表达了晚年生活中的泰然自若。由林散之的绝笔"生天成佛"可知，他是以佛家的目光看待死亡，这肉身虽然必朽，但人的灵魂不朽。书法大师林散之"生天成佛"，这是不是存在于另一个世界的事实？这个话题是不是太神秘了？或这是不是人生的某种幻念？我们可以克制想象力不去多谈，存而不论，哲学家维特根斯坦早期的那句名言，也许仍值得人们参考："对不可言说之事，保持沉默。"不谈林散之在离开世界时会不会顿悟成佛，但我们至少可以回到日常意义上去理解，"生天成佛"，永离生死烦恼，这是林散之作为佛家弟子离世前的愿望。

1989年12月初，林散之开始发烧，咳痰较多，家庭医生医治无效，急送南京鼓楼医院。林昌庚和保姆在病房守护两天两夜，6日早晨7点，林昌午从外地赶到了鼓楼医院，换弟弟林昌庚回家休息，林昌午见他父亲安静地躺在床上，未见异常反应，觉得无大风险，便去看望家住鼓楼医院附近中风病危的堂姐，由保姆在病房照应林散之。林昌庚回到家刚吃完早饭，鼓楼医院便打来电话，说林散之已病危，林昌庚急忙赶到病房时，哥哥林昌午还没回医院，照料了林散之多年的保姆正在悲伤落泪，林昌庚跪在父亲的病床前，泪水满面，他握着父亲的手，悲切地大喊了一声："父亲！"林散之没有应答，他不再对这个世界发出任何声音了，由于林散之浓痰太多，吸痰机吸痰无效，浓痰堵住了气管无法呼吸，1989年12月6日上午8点30分，林散之停止了呼吸。

一代书法大师林散之溘然离世了，8、9两日，《人民日报》《光明日报》《文汇报》以及《新华日报》《扬子晚报》和《南京日报》等报纸，都及时对林散之离世的消息做了报道，《新华日报》和《南京日报》发布了《林散之治丧委员会讣告》：

> 全国政协委员、江苏省政协委员、中国书法家协会名誉理事、中国书协江苏分会名誉主席、江苏省文联委员、江苏省国画院一级美术师、南京城市书画院院长、我国著名书法艺术大师林散之先生因病医治无效，于1989年12月6日8时30分在南京鼓楼医院逝世，享年92岁。林散之一生为继承和发扬中国书法艺术作出了杰出贡献，被国内外人士誉为中国当代"草圣"，他的逝世是我国书画界的重大损失。现拟定于1989年12月21日下午二时在江苏省锡剧团实验剧场举行林散之先生追悼会。

追悼会由江苏省人民政府举办,讣告没有将著名书法艺术大师的称谓写在前面,首先提及的是林散之的社会身份,就对离世者的价值评判来说,应将离世者的最高身份放在前面,但书法大师的身份似不宜高于全国政协委员,时代情境使然,这不难理解。

根据"林散之治丧委员会"的安排,悼念林散之的活动分为两次举行,一次是在殡仪馆举行的遗体告别仪式,第二次是在实验剧场举行的追悼会。12月12日上午,大字横幅"林散之先生永垂不朽"悬挂在南京市殡仪馆的灵堂上方,灵堂两旁依次放置着中央有关部门以及江苏和安徽两省领导机关送来的花圈,南京有关单位和亲朋、弟子们送来的花圈共有一百多个,挽联九十多帧。各地赶来向林散之遗体告别的人很多,告别现场,氛围肃穆,在厚重的哀乐声中,在松枝与洁白的花丛之间,林散之的遗容平和而安详。

国家机关的挽联放在最重要的位置,儿女、亲朋、文友和弟子们敬写的挽联也都很醒目,这些情感叙抒角度不同的挽联,深切表达了人们对书法大师林散之的高度敬崇、缅怀和悼念。

查《江苏文史资料第113辑》中所录告别挽联,林散之二子林昌庚敬写的挽联是:"池塘思春草每当困苦艰难为父解忧不计一身挑重担,陟岵望仙京念我弟兄姐妹谨遵遗训要倾全力振家声。"父亲的成就由世人评说,在这副挽联中,林昌庚只字未提父亲的成就,说的都是与家族亲情相关的话,这副情思真切的挽联,只言及家族亲情,似有耐人琢磨处。

赵朴初撰写了挽联："雄笔映千古，巨川非一源。"此联在北京由电报发送时，曾将"源"字误写为"港"，五年后，赵朴初发现了当年之误，又重新题写了联语。黄宾虹弟子赖少奇、王伯敏等林散之的师门兄弟也敬送了挽联："风范长存，临池为圣。"林散之生前文友萧娴、费新我等也撰联悼念，这些挽联，都对林散之的艺术成就评价极高。林散之弟子众多，受恩师林散之多年教诲，林散之在南京的六大弟子尉天池、陈慎之、冯仲华、章炳文、庄希祖、桑作楷，合撰了一副悼念之情深切的挽联："一代仰宗师忽惊鹤驾遥归草圣诗豪神永在，频年承教诲讵料音微顿杳春风化雨泽难忘。"林散之的这些弟子，在书法上受恩师林散之多年指点，在为人修为上也颇受教益，师生之情向来深厚，书法大师林散之的艺术精神，引领并造就着他的弟子们。

22日下午，林散之追悼会在实验剧场举行，前来参加林散之追悼会的有一千多人，江苏省和南京市的重要领导人以及中共江苏省委全体常委到场，"彭冲、杜平、赵朴初、启功等一千多人和单位发来了唁电唁函。省长陈焕友主持追悼会"。[①]追悼会由副省长杨永沂代表省政府致悼词。在江苏，这是极罕见的非党内文人最高规格的追悼会。

参加追悼会的人拥满了实验剧场，当省长陈焕友宣布向书法大师林散之的遗像致哀时，哀乐刚响起，林散之的大弟子、著名书法家尉天池，无法抑制他对恩师的情感，屈身跪倒在

---

① 《雄笔映千古，风范照日月》，《新华日报》头版，1989年12月23日。

林散之的遗像前,声泪俱下。尉天池身后林散之的其他弟子,至亲好友中的晚辈青年,数百人瞬间都恭恭敬敬地跪了下来,恸哭声充满了实验剧场。

追悼会后,林散之与妻子盛德翠合葬在马鞍山采石矶太白楼旁的小九华山南麓,"诗人林散之暨妻盛德翠之墓"1997年迁葬于建成后的采石矶林散之艺术馆。如今,这里已成为著名历史景点采石矶的一块胜地,诗仙李太白和"当代草圣"林散之的名字,让采石矶的人文气息更加浓郁,人们来此缅怀和追忆大师,接受诗与艺术光芒的照耀。日照月沐中的山石草木,似多了些生长的灵性,岁月中涌动不止的江水,日夜拍打着采石矶,是对大师的缅怀,也是怀着敬意的提问。这个人们劳作于其中的世界,仍是不够鲜活的庸常世界,仍是诗意匮乏的世界,有时,它甚至是与诗为敌的世界,但杰出的事物仍会令人向往,每当人们心怀敬慕地来到这里,就会多了些与想象力相关的诗意,也会对诗与艺术的生活产生油然向往之心。

一生劳作于诗与艺术,林散之有过困惑、失落、忧伤、恐惧和烦恼,有过与反传统的时代主流不合作的"偏执",也有过风险中的睿智避让和不得已的妥协,林散之一生中的大部分时光都处在幽晦难明之中,但林散之的诗性不败。到了晚年,他的生命才奇迹般轰轰烈烈,有了大器晚成后的至高荣耀,并完成了不寻常的生命意愿。

一代书法大师、画家和诗人林散之长眠于此了,书法史寥若晨星的大师名单中多了一个名字,林散之的名字正散发出它的光辉。

人们谈到这个时代的草书艺术时，会首先想到林散之，除了敬慕林散之在草书艺术上取得的成就之外，人们对林散之个人生活的历史真实，仍会有追问的好奇心。也许，林散之个人生活中有些真实与时代生活的隐私相关，至今仍不为人知，它还深藏在这个时代谈论林散之文字的蛛丝马迹中。

如前文所说，人的有限性，在所有未知而神秘的事物中，是最神秘的，人还没有对抗这神秘的能力。虽然人必有死，但一个受制于有限性的生命，不一定因短暂而失去存在的意义，林散之一生为这个意义而劳作，晚年享有生的荣耀，在别离这个世界时，他书写了"生天成佛"四个字，这四个字是林散之对死亡的应答，为林散之灵魂的皈依之音。这与俗常生活意识相抵牾，远出乎人们的预料，许多人对此不解，这个看似散着虚无气有点神秘之事，这个超越了死亡之事，人们可以理解为是林散之生前对大觉悟的向往。

这个世界利欲的尘灰飞扬，多余的东西堵截新事物的产生，这些东西有待打扫，但几乎无人打扫，许多人过着无思的日子，在庸常事物中兜圈子，甚至没有能力判别它们是多余的东西。同时，这个世界欠缺的东西又太多，它迫切需要别开生面的创作性给予，一切来自个人的创造性给予，都是罕见的礼物性馈赠，而能对这个欠缺的世界有此馈赠的人，向来极少。林散之便是这样的馈赠者之一，他馈赠给这个世界的礼物，不仅是那些在书法史上闪耀的作品，也不仅是与庸常生活的私下较劲，林散之贯彻着诗性的艺术创造精神，本身就是对这个世界的礼物性馈赠。

这馈赠，在我们这个时代，仍是稀罕之馈赠。

一个杰出人物的个人存在史，一定隐含着时代的事件，没有对复杂背景的深入，一个人存在的真实，就会或多或少遮蔽在其中。这部关于书法大师林散之的评传，已写到可以止笔之时，有些未明之事，或许只有在将来的评说中才足够明亮，而来自林散之的创造性馈赠，林散之留给后人的那些诗性流溢的文本，还有待读者们去认领。

跋：

林散之与二十世纪书法史

邱振中

林散之是二十世纪重要的书法家。路东的《不俗即仙骨：草圣林散之评传》以巨大的篇幅，讲述了林散之的生平，探微掘隐，为林散之研究提供了新的丰富的材料。这使我们能够比以往更深入地思考林散之与二十世纪书法史的关系。

林散之在书法上的成就，可以归结为这样三点：（1）创造了一种新的笔法；（2）塑造了一流的书法作品的意境；（3）代表了当代对传统风格书法创作的认识。

1

林散之最重要的贡献，是创造了一种全新的笔法。

笔法是中国书法的核心技巧，它决定了作品中线条的品质。笔法经过几千年的发展，各种可能的运动形式、节奏变化几乎已经开发殆尽，笔法被认为是书法创作中最不可能做出创造性贡献的区域，但林散之却在这里做出了他最重要的贡献。

笔法的发展与字体的发展息息相关。经过漫长时间的演变，到唐代，各种字体伴随着笔法基本的运动方式——平动、绞转、提按，均已发展成熟，此后的书写只是在前人所创造的运动方式上加以调整：行进中增加停顿、颤抖，或艰涩行笔以造成质感的变化。例如清代碑学的笔法，看起来很有特点，但据作品分析，仍不出平动、提按的范畴。笔法发展至此，似乎已经没有任何开拓的空间。

用毛笔进行书写，最困难的地方，是笔画方向发生改变时要控制笔锋（笔尖）的指向，使它始终处于理想的位置（不同时期有不同的要求）。使用短锋毛笔控制笔锋指向是比较方便的，但是长锋笔毫弯曲后不能即时恢复原有的状态，在笔画方向频繁改变时便会产生不规则的扭曲，这样书写出来的笔画就非常复杂。这种笔法在书法史上从来没有过。这种笔法，在笔毫扭曲后能随着书写的行进而逐渐恢复原状（与短锋的及时恢复完全不同），线条又回到单纯的平动的状态。

这种笔法，书写时笔锋内部有复杂的搅动，但又不是绞转（绞转是连续使用笔毫锥体的不同侧面）。复杂性不是来自运动方式，而是运动（平动）与工具复合的变化。

线条质地的这种改变，其中虽然有工具的因素，但它与作者的操控汇合在一起，改变了线条内部运动的原理。书法史上毛笔的制作工艺不断在变化，但任何新工艺的出现都没有改变笔画内部运动的基本形式，然而林散之以平动为主体的用笔，在长锋羊毫不可预计的变形的配合下，产生出一种前所未见的线条，它内部所蕴含的运动方式（书写者的动作与笔毫随机变化的复合运动）不同于所有已知的笔法。

谁也没有想到书法史上会出现这样一种笔法。

以前的笔法，动作与笔画之间有一种清晰的对应关系。按一定的动作去做，便能得到相应形状的笔画：由动作可以推测笔画，由笔画也可以推测动作。虽然晋唐时期笔法中的动作不容易还原，但宋代以来笔画内部的动作是清晰的，笔画的轮廓也是清晰的。不过这种新的笔法改变了动作与笔画的对应关系。这种笔法产生的线条随机生发，与笔毫此刻含墨的多少、笔毫瞬间弯曲的状态等都有关系，无法预计、无法重现，甚至无法分析。复杂的段落与平直的段落频频交替，这是一种从来没有过的节奏类型，它大大丰富了毛笔线条的变化。

这是笔法史上一次质的变化。

对于书法这样一种已经充分发展过的艺术，人们一直在苦苦思索它在当代的可能性。像笔法这样一种几乎在所有方面都经过反复探究的技法，在今天竟然展现出一种全新的面目，这使我们不得不去思考，书法领域还有哪些定见必须重新进行审视。

2

神采与意境。

张怀瓘说:"善识书者,唯观神采,不见字形。"[①] 神采是书法传统评价体系中最重要的范畴。但如何感知神采,是艺术理论中至今无法解决的问题。

赵无极(华裔法国画家,1921—2013)说到看保罗·克利的原作,画面的感觉不好。这里有中国人对作品细微感觉的苛刻要求,这种细微感觉正是感知神采的起点。董其昌说:"临帖如骤遇异人,不必相其耳目、手足、头面,而当观其举止、笑语、精神流露处。"[②] "精神流露"即神采的呈现。

意境一词指作品(或自然)的情调和所到达的境界,前人所说的"格调""韵致""气息",大抵上都属于神采和意境的范围。我把神采与意境合说,指的是作品的精神氛围以及它所处的层次。

要说到一件作品的神采和意境,需要做到以下几点:其一,必须面对原作。人们习惯据印刷品以立论,书法是极为精微的艺术,任何印刷品都不能替代原作。贡布里希(英国艺术史家,1909—2001)说,他从来不谈没有见过原作的作品。其二,观察要推及最细微处。优秀作品的所有细节(无论作品拆分到何种程度)都会融合成一个统一的整体,而其

---

① 唐·张怀瓘著.《文字论》,《历代书法论文选》第209页。
② 明·董其昌著.《画禅室随笔》,《历代书法论文选》第547页。

他层级的作品，总会有某些细节不协，像脚下硌着一颗石子，迫使你从感觉中跳开，作品这时便无任何神采可言了。其三，把积存的对杰作的感受加以比较：一件作品是否能带来新的感觉；其次，它所带来的感觉到达内心的哪一层次。

庞德（美国诗人，1885—1972）说，真正的大师会把他对作品修改的过程掩藏起来，使你看不出任何修改的痕迹。书法与诗歌不同，调整都是在创作之前完成的，但最后的结果在这一点上没有什么不同。

一流作品神采与意境的特征可以归纳为：洁净、灵动、高贵；浑厚而不凝滞，流动而不轻薄，漫不经心而不草率；控制精准，能把人们带到未曾有过的感觉中。书法史上达到一流境界的作品亦不多见，林散之最优秀的作品，雅致、浑厚、纯朴、天真，在意境上与历代一流作品相比毫不逊色。

这一类作品的创造，受作者潜意识中理想标准的制约。这种标准，来自积累、选择、与伟大作品在内心的融合，来自虔诚、对庸俗的判断与抵制等。这种观点可能会招致"主张精英艺术"的批评，但是在说到这一类面向传统的进路时，应该说，它是必要的条件。

林散之书法作品中字的结体有个人特征，行气生动，但章法较少变化，为此常常听到批评的声音。一位书法家不可能在形式的所有方面都做出独创性贡献，最重要的是那些平淡之处与杰出的贡献汇合成的整体效果：它们塑造出了怎样的意境？林散之作品的结构和章法，与他的笔法、意境契合无间，它们不曾妨碍作品所达到的精神上的高度。

3

一个时代，书家的作品可分为三个层级：

（1）对某一派系、风格、类别的把握。如对颜真卿或米芾的把握，都属于对某一风格的专攻，一般来说，后来者不会超越被模仿者的成就；对碑学或帖学的把握属于对某一派别的专攻，其中的佼佼者成为这一派别的代表人物。

（2）在此基础上抹去模仿的痕迹，发展出自己独特的风格；

（3）在技法、观念或创作方式等基础问题上做出创造性贡献，在创作出杰作的同时，改变了书法才能、书法创作的定义。

林散之的《论书诗》中记下了他对书写的感悟，其中包括许多真知灼见。"搅翻池水便钟王"，即表现出林散之对书法创作境界的认识[1]。

"钟王"是中国书法史关于创作的最高理想。钟繇几乎没有可靠的存世作品，后世多略去"钟"而只说"王"：

> 右军之书，末年多妙，当缘思虑通审，志气和平，不激不厉，而风规自远。[2]

---

[1] 林散之著.《论书诗》："笔从曲处还求直，意到圆时更觉方。此语我曾不自吝，搅翻池水便钟王。"本文所引林散之诗，均见于林散之《江上诗存》，花山文艺出版社，1993年。

[2] 唐·孙过庭著.《书谱》，《历代书法论文选》第129页。

（王羲之）备精诸体，自成一家法，千变万化，得之神功，自非造化发灵，岂能登峰造极。①

右军笔法如孟子道性善，庄周谈自然，纵说横说，无不如意，非复可以常理拘之。②

右军书为千古一人，即大令亦逊之远矣，后此再无及者。盖开天辟地之人，乃间气所钟，生知之质，又加困勉功夫，苟不真知其秘，徒劳数十年，终属歧路异辙。③

比较林散之谈"钟王"，他们不外从气质、天资、功夫和变化立论，都是对"池水"的观察、分析，而林散之从书写的状态切入，从底处开始重构。这里有不同于书法史的理解。

蔡邕说："任情恣性。"就此而论，张旭、怀素可称极致，但林散之与他们不同。张旭、怀素仍然是在某种规范中的放纵，林散之针对的是书法这整池的溟水。只有回到林散之所钟情的王铎，才能见出此中端倪。

林散之说到王铎，不仅是形式上的借鉴，更有书法史上的抱负与美学观念上的契合。

---

① 唐·张怀瓘著.《书断》，《历代书法论文选》第180页，上海书画出版社，2014年。
② 宋·黄庭坚著.《题绛本法帖》，《黄山谷全集》第748页，四川大学出版社，2001年。
③ 清·王沄著.《书法管见》，《明清书法论文选》第762页，上海书店出版社，1995年。

王铎的《文丹》论文章作法，他的美学主张贯彻其中①。人们经常引用的他对书法的论述，并没有充分反映他的审美理想。王铎说，《史记》"敢于胡乱"；"文要一气吹去，欲飞欲舞，捉笔不住。""文要斩钉截铁，如临阵者提刀一喝，人头落地。"这些都不是常规的观念，但由此追溯王铎书法风格的由来，若合符契。

《文丹》仅存于顺治版《拟山园选集》初印本中（第八十二卷），其他印本皆未收录（国家图书馆藏顺治版仅存八十一卷）。林散之也不一定读过《文丹》，但他与王铎有默契，"搅翻池水便钟王"，与王铎会心处不远。

"搅翻池水"远远超越了"任情恣性"，其中有颠覆和反叛，但王铎、林散之如此倾心于晋人，为什么要"反叛"，"反叛"的又是什么？

"任情恣性"说的是个性的呈现，是主体表现的问题，主体所具有的，借某种风格而充分表达，不受任何拘束；而"胡乱""搅翻"针对的是一个领域公认的秩序——在艰难地获取之后再加以粉碎、重构。两种陈述的出发点完全不同。

"搅翻"看似狂放不羁，蔑视一切法则，但林散之的作品仍然不曾背离传统的诸多原则。他所说的"搅翻"指的是对已经把握的传统没有任何限制地驱遣，是超越传统之上的胆识、观念、才情与欲望。

---

① 明·王铎著.《文丹》，中国社会科学院图书馆藏顺治版《拟山园文集》卷八十二。

"搅翻"超越了"风格"的含义。

书法史上的贡献，可以分为两类：一类是针对作品的构成方式，如笔法中的运动形式、字的结体方式、章法类别等；一类是利用已有的原理、技法创造新的风格。唐代以来，构成方式的创造越来越罕见，绝大部分作品仅仅是风格的呈现，如陆柬之、杜牧、苏轼、赵孟頫、董其昌等，皆无例外，而"搅翻"一词，隐含着一种重建的抱负。如果真能"搅翻"一池溟水，整个局面改观，风格的新异当然不在话下。

林散之的基调始终是雅致、平和，甚至可以说安谧——如孙过庭所说的"不激不厉"，但他的作品中有任性、狂狷、叛逆，"搅翻"之时眼空四海。这种状态使他在认识上超越了历代对"钟王"的论说，超越了他的时代。

这不是一种能以风格来指称的创作状态。观念上承王铎而来，但在作品形态上独树一帜。林散之为书法史确立了一种创作的境界。

林散之由此而处于创作的第三层级中，他成为二十世纪书法创作中这一层级的代表。

二十世纪的书法名家大多代表一种风格、一个派别，而林散之代表一个时代对书法感悟的水平。

4

以上既说林散之的成就，又说成因。就林散之成就的由来，还有两点必须说一说。

（1）随黄宾虹学画

林散之到上海随黄宾虹学习绘画，时间只有一年，另外再加上几次通信，但黄宾虹影响了林散之的一生。

林散之全盘接受了黄宾虹的观点和方法[①]。

中国绘画一直向书法学习笔法，到明代依然如此，如陈淳、徐渭，他们的绘画与书法使用的笔法密切相关，提按、顿挫是其中的核心部分，但是清代以来情况有了很大的变化。

石涛绘画分粗细两种，粗笔山水中线条起止已不见提按，但书法仍然沿袭旧法；八大山人的书法与绘画便具有高度的同质性，以中锋为基础，很少用到提按；黄慎的草书与绘画互为表里；虚谷的绘画几乎不考虑用笔，放手直行，书法与绘画如出一辙，像是用画中的笔触拼合成字。

画家处理书写，已经逐渐远离书法而以绘画为依凭。书写的自由度提高，个性鲜明，风格多样化。如吴昌硕的行书，几乎看不出与前人的关系，直笔横扫，但用作题款，与图形深深契合。这一切都说明，画家的书法已经有了自己独特的进路。

更进一步，要说到"水"和提按的问题。

书法史上墨法比较简单，只有在绘画中人们才注意到"水"的作用。

早期绘画使用的材料几乎没有渗化，只是在普遍使用具

[①] 参见《黄宾虹书法与绘画作品笔法的比较研究》一文中对林散之与黄宾虹关系的论述。邱振中著．《书法的形态与阐释》第210-212页，生活·读书·新知，2021年。

有渗化性能的纸张之后,"水"与"墨"的关系才逐渐引起关注。

"苦瓜佛去画人少,谁写拖泥带水山?"①是潘天寿1961年所作《晴峦积翠图》上的题诗。"拖泥带水"指笔触运行中同时包含对水与墨的控制,它生动地刻画了清初以来以石涛为代表的山水画家使用的一种融水墨、笔触为一体的笔法。

林散之1966年左右所作的《题画》诗中有句:"笔法沾沾失所稽,不妨带水更拖泥。"②这不像是他与潘天寿的偶合,更可能的是他对潘天寿诗作的回应。

这种笔法亦是黄宾虹绘画的核心,他毕生对水墨运用的心得、技巧,亦汇合在这种笔法中。林散之接受了这一笔法,从他留存的画作来看,他是这种笔法忠实的追随者。

1963年以前,林散之主要寄希望于绘画,书写只是他从属于绘画的一项工作,书写自然采用了与绘画相同的笔法。林散之没有想到,这种选择对于他的未来具有何种重要的意义。

"拖泥带水",这种笔法对笔触的流动性有很高的要求,瞬间的停顿亦使画面无法收拾,因此它注定与书法领域唐代以来通行的,以提按、留驻为主体的笔法分道扬镳。

提按是唐代楷书盛行以来,所有书写的核心笔法。日积

---

① 潘天寿《题拟石涛山水轴》:"习俗派争吴浙间,随声相誉与相讪。苦瓜佛去画人少,谁写拖泥带水山?"此为潘天寿1961年所作《晴峦积翠图》上的题诗。卢炘、俞浣萍编.《潘天寿诗存校注》,中国美术学院出版社,1997年。
② 林散之1966年左右所作的《题画》诗中有句:"笔法沾沾失所稽,不妨带水更拖泥。"

月累，提按以及与其共生的顿挫、留驻的笔法已经带来严重的弊病，特别是行草书，每况愈下。包世臣所称"中怯"，即为此而发①。选择"拖泥带水"的笔法，无意中清除了提按的积弊。这是林散之从绘画中得来的意外收获。如果没有绘画作为中介，在书法中要改变唐代以来笔法的程式，是无法设想的，更不用说在这样一个沿袭了十几个世纪的技术领域，能够做出开创性的贡献。

创作有许多环节，选择哪一环节作为着力点，至为关键。林散之贡献的是笔法，这不是一个从开始学习就能做出的选择。谁也不可能在一九三〇年代预见二十世纪书法的这种变化。它只能是机缘巧合的结果，但可以说道的是，真正的贡献一定是本质的、非表面的，如林散之的笔法。它一定处于形式构成的表层之下，出人意想，隐藏深深。这个点很难被发现，即使人们触摸到了这个点，也很难相信这里隐藏着珍贵的矿脉。深刻的变革注定是一个对传统尽可能深入之后的结果。

这也是今天那些利用汉字结构的变化进行探索的作品，总让人怀疑的原因。现代艺术史中对形式构成的想象已经无远弗届，熟悉现代艺术史的人们来看书法中的这一类探索，总有似曾相识的感觉，而不熟悉二十世纪艺术史的作者，还在这条路上奔波。

在这里可以讨论在书法之外寻求支点的重要性和判断其意义的原则。

---

① 包世臣著.《艺舟双楫·历下笔谭》，《历代书法论文选》第653页。

书法是一个已经充分发展的形式体系，它在技术、构成的每一方面都经过漫长时间的探索，形式的每一个细节几乎都被利用来创造过出色的作品，后人在这一领域的创作容易落入前人的窠臼，因此从其他领域寻求借鉴，是一个重要的思路。与书法邻近的领域，首推绘画，书法史上很早便有人这样去做了。林散之在这一点上步武前人，并非首创，但通过向黄宾虹学习绘画而把晚近绘画中运用笔触和水墨的方法带到书法中，并做出了重要的贡献，这恐怕是所有人都想不到的结果。

这里有众多的偶然性，例如我们可以提到林散之进入江苏省国画院后，几次画展落选，使他改变选择，决心以书法为主要的创作方向。

这里也表现了书法的某种宿命。

弘一是现代书法史上的重要人物，他最重要的贡献，是他的书法创作观念。他说："朽人于写字时，皆依西洋画图案之原则，竭力配置调和全纸面之形状，于常人所注意之字画、笔法、笔力、结构、神韵，乃至某碑某帖某派，皆一致摒除，决不用心揣摩。"[①]这种观念成为书法史从近代转向现代的标志，它也导致弘一创作出他风格独特的作品。这种作品看似清淡典雅，但个性鲜明，糅合了复杂的传统，而又不依傍任何派别，这使他成为二十世纪最重要的书家之一。

弘一对美术的取法成为通往他个人成就的支点，离开这

---

① 林子清编注《弘一法师书信》，第254页。生活·读书·新知三联书店，2007年。

个支点,他可能只是碑学系统中一位优秀的书写者。

与此成为对比的是于右任。于右任毕生致力于北碑,他的行书作品成为这一派系当代最高成就的代表者,随心所欲、大气磅礴,但是他摆脱不了北碑书风代表者的身份。他代表的是书法史中的一个部分、一种取向,我们无法把他作为一个领域、一个时代的代表——无论是作品还是相关的观念。不能确定于右任是否已经察觉到这一点。于右任同时致力于草书,但他的草书并不成功,它缺少运动感而且单字分立,与草书应有的丰富的节奏变化、结构变化相去甚远。或许是由于北碑与行书的影响,而使他的草书缺少流动连绵之致?或许是由于他做了一次错误的选择——怀素小草千字文?如果他选择张旭或者怀素的《自叙帖》作为出发点,结果会怎样?不过,由于对行书沉浸之深,他不太可能选择那种连绵不断的风格作为依凭。他后来用草书书写了大量对联,这仍然与他的感觉模式有关。如果不经过特殊的处理,对联这种格式与狂草是无法契合的。于右任没有关注绘画和现代美术的意识,这使得他缺少了一个自我审视的支点。

现代书法创作是否在其他领域寻找支点,决定了创作是否能注入书法史上所不具备的新质。回顾中国艺术史,都是书法给绘画以影响,但从林散之开始,绘画影响到书法,而且使书法产生了如此重要的变化。这是中国书法史的一次重大转折。

(2)中锋与长锋羊毫

书法的创造,要在传统的基质上生长。林散之对传统的选择，是中锋笔法。中锋，指书写时笔锋始终处于笔画的中央部位。中锋之说盛行于清代。

唐代楷书影响各种书体以来，行笔简化，操作移到端部与折点，笔画中部越来越羸弱，为了保证笔画的圆满、厚实，使笔锋处于笔画的中央是最简单的方法，这便是所谓的中锋。经过几个世纪的传播，中锋产生了广泛的影响。林散之是在这种氛围中成长的。

林散之反复强调中锋的重要性。中锋既能独立构成作品，如篆书，又能与各种笔法衔接，例如在平动上可以增加提按，也可以增加顿挫；增加波动则近于碑学，强调流畅则与帖学靠拢。换一个角度来看，各种流派的书写都可以汇聚于此。中锋并不复杂，但具有很强的融合能力。"拖泥带水"的笔法与中锋笔法的结合，圆融无碍。

林散之对中锋的强调，使得他早年学习的碑学传统，与黄宾虹处学来的"拖泥带水"的笔法叠加在一起，带来他摆脱时代局限的机会。可以设想，如果他选的是"二王"，它如何与"拖泥带水"融合？"二王"的笔法是难以接近的，其基础亦绝不是中锋（运行时笔锋在笔画内部做曲线运动）。中锋是一个被若干世纪的实践证明的实用而有效的平台。

林散之还有一个选择：长锋羊毫。羊毫弹性比较差，长锋羊毫尤甚，书写时笔毫变形后不能及时恢复原状，即使使用的是简单的平动笔法，笔毫的缠绞也会产生形状非常复杂的线条，这种线条无论是外形还是所包含的内部运动，都会呈现出全新的面貌。

笔法的发展与字体的发展息息相关。经过漫长时间的演变，到唐代，各种字体与笔法基本的运动形式——平动、提按、绞转，均已发展成熟，此后的书写只是在前人使用的运动形式上加以调整：行进中增加停顿、错动、颤抖，或艰涩行笔以造成质感的变化。如清代碑学派系的笔法，看起来很有特色，但从内部运动来分析，仍然是平动、提按的天下。

　　笔法运动形式的发展已经结束，但是工具的改变带来了新的可能。仔细观察林散之的作品，控制"拖泥带水"笔法的基本动作并不复杂：中锋、平动。笔画的复杂性是中锋笔法与笔毫的扭曲叠加的结果。

　　任何工具的使用，都没有增添笔画内部运动的基本形式，可是林散之以平动为主体的用笔，在长锋羊毫不可预计的扭曲的配合下，产生出一种前所未见的线条。书写者的操作并不复杂，但笔毫变形之后的运动、线条的内部运动、笔画形态的变化，均超出所有已知的笔法。以前我们说到笔法的时候，只需要说"笔毫的空间运动"，因为书写者的动作、笔毫在笔画内的变化、笔画的形态，三者相关，但在这种新的笔法中，三者成为相对独立的部分，三者之间失去了相关性。这里涉及书写原理的改变。

　　中锋的意外发展，成就了林散之，也成就了这个时代。

　　技术的质的变化，往往不以人的意志为转移。中锋的现代进展，似乎在说明一个现象：如此普遍地应用的中锋，早已成为社会、时代书写的一种共识，林散之在此之上增添了一点，不多的一点——更换一支毛笔。因此无论是操作，还是视觉形式的变化，都与原有的基础保持一种天然的联系：接受因此减少了阻力。当人们发现林散之的作品时，几乎没有任何阻碍，一片欢呼。

林散之通过中锋与整个书法史联系在一起。

中锋是基底：既是创作的基底，也是接受的基底。

中锋经过漫长时间的铺垫，深入人心，而在中锋之上的任何变化，都被看作是历史的一种自然的推进。

5

书与人的关系，是书法史上最重要的命题。一位书法家，他作品的内涵，在某种意义上，可以说就是这个人精神生活的全部。

通常由于人的精神生活的复杂性，这里所说的"全部"，只是一个观念，我们实际上是没有办法了解一个人的全部精神生活的。即使是最详尽的传记，也会有无数的遗漏，因此我们几乎无法用这种方法来阐释一件作品的涵义。

不过林散之的生平使我们获得了一种暗示：他与他的同时代人的比较，使我们察觉到他经历的特殊性，他在漫长的一生中获得一种少有的幸运，避开了这个时代的种种牵绊。由此我们有可能把他一生的精神生活作为他作品的内涵，与他创作上杰出的成就作一比照，以求对"人"和他的书法作品之间的关系获得一些新的认识。

（1）生平

林散之生于1898年，没有接受过任何现代教育。这一代中国文化的代表人物没有接受过现代教育的不多，即使没有进过新式学堂，也在投身社会的过程中受了各种新思想的影响，无论保守的还是激进的，时代都在他们身上打下了深深的烙印，但林散之与这一切都十分疏远。新文化运动在他身上几乎没有留下任何印记。

1949年以后，他作为开明士绅受到政府的重视，被任命为体委主任，后任副县长。他有意无意地避开了历次运动的冲击，得以在平静的生活中从事自己热爱的书画创作。

1973年的成名，使他比其他人更早摆脱了"文革"对生活状况的影响。①

林散之一生中没有大的波折，他与当代社会的各种变化保持了一定的距离。

与同时代的人相比，他对传统文化的观念几乎没有受到社会变迁的任何影响，这使他成为这个时代绝无仅有的人物。他对传统的观念、趣味得到了最大程度的保护。

林散之的生平中当然有大量我们还不了解的细节，例如他对历次运动的态度，但结合他一生的经历，可以猜想，他谨慎而平静地度过了那些岁月。此外，从他一九七〇年代以来心境的舒展、所思的专注，看不出时势对他的影响。

（2）诗歌

---

① 日文版《人民中国》1973年第1期发表一组当代书法作品，其中林散之的草书受到中日书法界的高度评价。

从诗歌对于林散之一生的重要性，也可以在某种程度上窥知他精神生活的结构。

林散之的诗集《江上诗存》，收录诗歌两千余首，绝大部分是记游、赠友、感怀、题画，题材不出前人范围，但有几点值得注意。

林散之家人说，他几乎没有一天不作诗。

诗歌贯穿了他的书画、阅读与生存，使他的精神世界始终保持着与传统的密切关联。他远远超越了所谓"画家吟咏"的状态。

诗歌中的感觉方式、思维方式已经渗透在他的生存中，如：任何感触必须有所记录且尽可能联系所阅读的文献、超越日常生活状态、精致的不计工本的表达以及诗歌的节奏等。它们以各种方式影响到他的观念和书写。

诗歌亦成为林散之社会交往的重要方式。他与启功、赵朴初都有诗歌的交流，与高二适长期保持深厚的友谊，诗歌亦是主要的因素。

林散之的《论书诗》具有特殊的价值。《江上诗存》中有二十余首《论书诗》。历代作论书诗者不在少数，但他人的论书诗大多从旁观者的角度品评书家、书作，而林散之则从自己的书写经验出发，真知灼见，未经人道。它们成为林散之作品最好的诠释，同时成为当代书论的重要收获。

（3）"生天成佛"

林散之留心佛典，中年皈依佛教。留下的文字中，有关佛教的不多，但是在他言及佛教时，内心的感发给人留下深刻的印象。他在晚年追忆早岁壮游，还写下这样的诗句："八月我归来，梦中犹惊悸。菩萨一棒喝，醒时堕双泪。"

林散之生前最后一件书迹，写的是"生天成佛"。"生天"，佛教谓行十善者死后转生天道。"生天成佛"，是愿望，还是信念？它标志着林散之精神生活最后到达的状态。

人生的悲苦、感悟、自信，对死亡平静的接纳，归结于此。与弘一的"悲欣交集"相比，林散之更坦然。

如果说他的前半生还有一些隐没不彰的断片，一些潜伏在暗影中未知的细节，但是到此时，生命已经圆成。这是一个有期待，但最后完满的生命。他的后半生，是一段朝传统文化理想之境升华的历程。

6

林散之是一个特殊的个案。他前半生生活在中华民国，后半生生活在中华人民共和国，但实际上他一直以自己的方式生存在自己的世界里，并最终实现了自己的梦想。这是一个奇迹，虽然他的成名依赖于现代社会的某种机制，但他本质上属于过去的时代，而且在生命的最后时刻，初衷不改。

书法史若干世纪以来，仅仅是一部关于书写风格的历史。林散之改变了这一点，在书写方式上做出了开创性的贡献。但是，追究这种重大变革产生的原因时，把他一生的经历与他的贡献对看，不能不得出这样的结论：现代教育，以及现代思想、现代生存的体验，不是对传统风格书法创作做出重要贡献的必要条件。

　　如果考虑到做出此种贡献的罕见与要求的苛刻，以及比较其他才华相近而没有获得相应成就的书家，甚至可以说，对现代知识、思想的关注，很可能影响到人们对传统的深入和选择。这是一个令人惊愕的结论。

　　这使我们意识到，书法是一个如此特殊的领域，它精微、敏感，对形式、技巧，对作者和观赏者，都有着极高的要求。人们一直认为书法"门槛低"，任何人都可以在这里施展身手，但是当我们深入到它的隐微之处，便发现书法的变动、推移始终是在精神生活深处，以人们意想不到的方式在进行，精妙而从容。它不是一个仅仅对构成加以想象便能成就一位"大师"的领域。书法与精神生活数千年的共生，使它始终保持着敏感、精微、高贵的品质，对精神生活有着极高的要求。任何形式的变动，只有与精神生活的迁移联系在一起并获得充分的证明时，才具有相应的价值。

　　此外，它的变动与书法史有着割不断的联系。它必须从书法史中生长出来，才会具有生命的活力。

　　林散之的成就告诉我们，这是一个必然和偶然重叠在一起的事件，而且它永远具有这种不可知的品质：我们无法预计下一个突变会在哪里发生，但是我们已经知道怎样去鉴别这种突变的意义和价值。

　　书法逐渐成为"万人的艺术"（井上有一语），然而它始终要求与精神生活的深层联系。从其他角度来看是成功的作品，但是用这一个标准来衡量，很可能便无成功可言。这是一个苛刻的标准，它使我们意识到，书法的门槛从来就有两条：最低标准和最高标准。

林散之给出了一个榜样。传统意义上的书法必须像林散之这样去做，才能深入，以全身心的交付为前提，才有希望。一位书者对传统文化和精神生活的深入，对传统技法的深入、把握、转化，缺一不可；任一方面的缺失，都会导致虚伪和矫饰。这本来也只是深入的常理，但隔绝得太久，又有种种误解，便被看得轻易了。借助林散之，我们又记起了这一切。

把其他人深入传统的努力与林散之进行比较，就可以知道此中的区别。全心钻研传统技法，但知识、趣味和感觉的基础不对，技法便游离在"心"之外。尽力把生活做成前人的样子，但视觉、生存、交往的各种现代信息时时影响人与传统的融合。作品看起来与传统有几分相似，但只是一种"扮相"。

林散之的时代已经远去。

林散之在那个时代就是一个特殊的个案，而孕育这种例外的土壤也已不复存在。——再没有人能够用五十年的时间抹去自己身上前五十年生存的印迹，人们再没有林散之那样疏远整个时代的可能。

对深入的苛求是为了另一种东西。

变化仍然会发生，但性质、方式将有不同。

2021 年 5 月　北京